江苏省高等学校重点教材（编号2021-2-244）

小学数学教育专业实训

于国海 主 编
曹 军 周根龙 沈红霞 赵玉梅 吉智深 副主编

清华大学出版社
北京

内容简介

本书分两部分：第一部分面向实训教师探讨师范生专业实训体系的构建与实施路径；第二部分侧重师范生专业实训指导，首先从小学数学教学中课堂导入、课堂提问等基本技能切入，指向教师资格证国考与地方教师招聘考试，撷选典型案例，围绕教材分析、教学设计、模拟授课等展开系统有序的专业实训，最后讨论师范生校内外实训及教育论文写作。本书依据义务教育数学课程标准，理论阐述与时俱进，实践资源丰富致用，凸显时代性、针对性，不仅提供基本实操模式，更注重引领读者展示个性、敢于创新，提升专业实践素养。

本书是小学数学教育专业方向的本、专科师范生专业实训教学用书，也可作为自主实训读本，供有志于小学数学教师职业的其他读者阅读或参考。本书是2020年江苏高校“青蓝工程”优秀教学团队项目成果，更多资源参见职业教育国家级在线精品课程“小学数学教学设计”。

图书在版编目(CIP)数据

小学数学教育专业实训/于国海主编. —北京：清华大学出版社，2023. 12
ISBN 978-7-302-65016-4

Ⅰ. ①小… Ⅱ. ①于… Ⅲ. ①小学数学课—教学研究 Ⅳ. ①G623.502

中国国家版本馆 CIP 数据核字(2023)第 235427 号

责任编辑：吴梦佳
封面设计：常雪影
责任校对：袁　芳
责任印制：沈　露

出版发行：清华大学出版社
网　址：https://www.tup.com.cn，https://www.wqxuetang.com
地　址：北京清华大学学研大厦A座　　**邮　编**：100084
社总机：010-83470000　　**邮　购**：010-62786544
投稿与读者服务：010-62776969，c-service@tup.tsinghua.edu.cn
质量反馈：010-62772015，zhiliang@tup.tsinghua.edu.cn
课件下载：https://www.tup.com.cn，010-83470410
印 装 者：三河市龙大印装有限公司
经　销：全国新华书店
开　本：185mm×260mm　　**印　张**：15.25　　**字　数**：367千字
版　次：2023年12月第1版　　**印　次**：2023年12月第1次印刷
定　价：49.00元

产品编号：089011-01

前　言

自教育部颁布《教师教育课程标准(试行)》(教师〔2011〕6 号)以来,实践取向的教师教育课程改革渐获教育界共识,聚焦师范生专业实践素养涵育成为教师教育课程设置的关键目标。2021 年,教育部颁布了《小学教育专业师范生教师职业能力标准(试行)》,该标准进一步强化了"教学实践"这一职业能力。另外,随着我国中小学教师入职选拔机制的规范与完善,国家中小学教师资格证考试与地方各级各类教师公开招聘考试成为广泛使用的社会化选拔形式。教师入职"双考"从操作层面凸显了师范生专业实践素养发展的重要性。毋庸置疑,专业实训是涵育师范生专业实践素养的关键环节与现实路径,本书的出版在一定程度上满足了小学数学教师职前培养的需要。

本书充分贯彻教师教育"实践取向"育人理念,致力于构建新师范教育背景下的专业实训体系。全书包括上下两篇:上篇是专业实训理论,重点阐述师范生专业实训的内涵与价值、困境与对策,以及专业实训体系的构建与实施,旨在期望授课教师充分认识师范生专业实训的价值并积极探索专业实训的可操作路径;下篇是专业实训指导,以《义务教育数学课程标准(2022 年版)》(以下简称《课标(2022 年版)》)为依据,参照现行国内主要版本小学数学教科书,指向师范生专业实践素养发展,分成基本技能实训、教材分析实训、教学设计实训、模拟课堂实训、校内外实训、教育教学论文写作六个层层递进的实训模块。在编写思路上,根据章节特点灵活呈现实训内容,并适当辅以专题实训微课、小学教学微课、文献自助阅读等数字化学习资源。

本书主要突出以下三个特点。

(1) 突出操作性。以案例为载体,引领学生经历专业实践素养生成过程。实训案例目标明确、易教便学,实训过程鼓励创新、展示个性,实训作业任务具体、易训便测。例如,教学设计实训案例根植小学一线课堂,通过有说服力的成熟案例言传身教,包括案例背景、实训目标、案例赏析、反思迁移等环节,力求引领受训学生举一反三、灵活变通。

(2) 彰显时代性。当前小学数学课程与教学正处于新旧方案过渡阶段。《课标(2022 年版)》已经推出,如何把新课标的前瞻理念融合于现行小学数学课程与教学,实际上是困惑当前一线课堂教学的关键问题。本书力求在新课标背景下解读旧教材,如教材分析实训,注重在解读现行教材基础上顺应新课标理念,挖掘教材中蕴含的时代教育元素,提升认识层级。

(3) 注重实用性。首先,本书内容包括实训理论与实训指导,从而可使教材对实训教师有用,也对受训学生有益;其次,本书不仅是师范生专业实训的致用教材,也是有志于从事小学数学教师职业的其他读者自主实训的实用读本;再次,依托本书编者主持的 2022 年职业教育国家级在线精品课程"小学数学教学设计"及江苏高校小学数学教师教育课程群"双元协同”优秀教学团队，追求理论高度、实践厚度、目标向度，不仅可满足专科师范生的专业实训需要，也是提升本科师范生专业实践素养的良好实训读本。

本书案例中注明的小学教材，参考的是 2015 年 6 月第 2 版苏教版《义务教育教科书　数学》，以及 2022 年 12 月第 2 版人教版《义务教育教科书　数学》。

本书主编于国海负责全书的策划与构思，副主编曹军负责二维码案例等素材遴选并编写录制课程教学视频，副主编周根龙负责后期教材审校统稿。本书具体编写分工如下：于国海（第一、二、六章，第四章第一至三节），赵玉梅（第三章），曹军（第四章第四、五节），沈红霞、于国海（第五章），吉智深（第七章），周根龙（第八章）。

本书编者从教材构思到项目实施反复磋商研讨，从素材优选到行文表达仔细斟酌推敲，力求达成编写预期目标。在编写过程中，国家级职业教育教学成果奖一等奖主持人、江苏省职业教育“十四五”规划教材《小学数学教学设计》主编孙国春教授给予了大力支持并具体指导；首批江苏省人民教育家培养工程培养对象许卫兵老师、全国优秀教师冯桂群老师，以及陆玉辉、夏延春、瞿燕、徐玲玲、陆乐、顾卫、韩晨晨、吴中杰、穆春凝、陈胜南、吴荣荣、陈亦陶等许多小学一线教师提供了一系列增色添彩的优秀案例；江苏省特级教师冯桂群工作室、南通市中青年名师任卫兵工作室提供了大量精彩实训素材，在此不一一列举，谨代表编写团队表示衷心的感谢！尽管我们非常专心、反复研讨、数易其稿，但书中难免存在疏漏或不足之处。同时，本书的编写参阅了大量文献资料，虽然行文审慎有加，但也难免存在表述不妥之处，敬请广大读者批评、指正。

编　者

2023 年 9 月 20 日

目　　录

上篇　专业实训理论

下篇　专业实训指导

上篇　专业实训理论

第一章　师范生专业实训概述

近年来，我国中小学、幼儿园教师入职选拔机制渐趋规范与完善，国家教师资格证考试与地方各级各类教师公开招聘考试成为普遍使用的社会化选拔形式。具体来讲，一位有志于从事教师职业的考生只需符合学历、年龄等条件即可先通过国家教师资格考试获得教师资格证书，然后参加地方教师公开招聘考试，通过教师公开招聘考试获得教师编制①，即入职“双考”。这一改革意味着师范毕业生将与社会考生同台竞争教师岗位，师范院校不再是教师培养的唯一平台，其他高等院校毕业生乃至社会人员只需通过相关专业国家教师资格证考试以及地方行政部门组织的教师公开招聘考试也可获得教师岗位。入职“双考”制本着良中选优的评价原则，提升了入职教师的整体素质，促进了教师职前培养与职后发展的无缝对接，也对高职师范甚至普通高等院校师范专业人才培养导向乃至具体课程设置提出严峻挑战。

基于入职“双考”背景，传统观念下的注重理论说教的教师教育课程逐渐主动或被动地向“实践取向”的课程模式转变。无论是通识教育课程还是学科教育课程，不仅课程名称处于不断变化发展过程中，即使教学内容呈现也致力于融合各类实践元素。一言蔽之，教育界对于“实践取向”的教师教育课程模式已经趋于普遍认同，一些高校已经围绕教师入职“双考”重构新师范教育背景下的教师教育课程体系。但不可否认的是，实践取向的教师教育课程范式无论对人才培养规格还是师资力量都提出了越来越高的要求。如何构建一套科学合理的教师教育课程体系成为当下教师教育面对的现实而迫切的课题。

第一节　专业实训的内涵与价值

一、什么是专业实训

基于教师入职“双考”背景，专业实践素养已成为考量师范专业人才培养质量的重要指标，传统教师教育课程体系中的专业实训也逐渐从附庸或形式化任务转变为关键的教育环节。从某种程度上讲，“淡化空洞理论，强化专业实训”已成为新师范教育背景下教师教育课程建设与改革的主流理念。

专业实训这一概念，从字面理解是专业实践训练的简称。实际上对此概念内涵的认识偏差可能会导致教育实践过程进入误区。因此，有必要首先厘清概念本身所蕴含的丰富内涵。

从职业教育角度看，学习者在取得相关职业资格前必须针对自己所学专业进行相关的

---

① 钟铧，徐立明．职前教师教育质量观刍议——以师范毕业生参加“双考”为背景[J]．教师教育学报，2016(1)：26-32.

实践技能训练，以便及时顺利地获得行业资格证书，适应职后工作需要。在职业教育体系中，专业实训已经成为职业院校学生的必修项目，也已经建立严格健全的实训体系。自师范教育转变为教师教育并纳入职业教育体系以来，“专业实训”这一概念实质上并没有比较一致的理解。谈到专业实训，可能有人会简单地将其视为教育见习、实习等。当然，在教育见习、实习等校外实训前也存在各种校内实训。例如，在一些培养小学与幼儿园师资的师范院校，“三字一话”等通用技能训练一直存在，也建有比较系统的考核机制。对于学科指向的专业实训，通常是以专业技能考核的形式出现，虽然也安排一些零散的技能训练，但是并未获得系统性关注。也就是说，教师职前培养并没有形成一套完善高效的实训体系。实际上，“专业实训”这一概念的内涵比较丰富，对其剖析可从以下三个层面展开。

第一，针对什么人进行实训的问题。一般来说，专业实训应有职前与职后之分，只不过实训内容的价值指向与组织形式不同而已。所谓的专业实训是针对教师这一职业并且重点关注职前实践训练。也就是说，在一位职前教师取得教师这个行业资格或者成功入职前所进行的一系列专业实践训练，这些训练不仅涉及职业基本素养方面，也包括专业指向的实践训练。职前教师是指哪些人呢？传统理解中，职前教师一般指师范院校在校学生，因为我国传统教育体系中，从事教师职业的大多是师范院校毕业生。但随着教师入职资格的包容开放，非师范院校毕业生甚至社会上有志于从事教育职业的劳动者只要符合教师行业入职标准也可通过入职“双考”取得教师岗位，因此对于职前教师的身份特征就存在广义与狭义的理解。从广义上讲，职前教师是指一切希望获得教师岗位的学习者；从狭义上讲，职前教师是指当下普通高等院校或高等职业院校师范专业在校学生。客观上说，两类学习者都应该开展职前专业实训，但就当前情况看，对于希望获得教师岗位的非师范生来说，专业实训实际是一个盲区。目前了解到一些非师范考生没有学习教育学、心理学理论，也没有系统的学科教学论功底。这些非师范甚至名校毕业背景的入职教师后续职业发展如何，还有待观察。

第二，对专业实训中“专业”的理解。教师职业本身的专业性很强，这种“专业性”也有广义与狭义的理解。从广义上讲，专业性是指教师这一职业，相应的专业实训就是职业技能训练，也就是说，实训内容不仅包括学科专业指向的实践训练，还包括作为教师所应该具有的通用职业技能训练，如“三字一话”等。从狭义上讲，这种“专业性”一般指向教师从教的具体学科，如语文，数学等。在本书中，主要针对小学数学教育方向的师范生探讨学科专业指向的实践训练。简单来说，就是通过系统训练使小学数学师范毕业生能够适应小学数学教师的岗位用人需求，并期望通过训练引领师范生在后续的职业生涯中获得可持续发展，从而实现职前培养与职后发展无缝对接的一体化人才培养愿景。当然，由于教育是个特殊的行业，各个分支领域并非孤立发展，不仅其中蕴含着许多互联互通的普遍性原理，而且从素养角度看，专业基本素养往往可以迁移。因此，这些探讨应该对于其他学科的职前教师专业实训也具有启发作用。

第三，对专业实训中“实训”的理解。实训，即实践训练。首先，应与通常的专业实习区分开来。“训练”说明需把受众方方面面所需要的东西视作技能来操练，技能形成需要经过有系统、有步骤的操练过程。也就是说，师范生专业实践素养的形成难以通过短期训练获得，应该经历循序渐进、日积月累的积淀过程。虽然一般情况下学校会安排充裕时间进行教育见习、实习，但实训的系统性显然不够。在我们的观念中，倾向于把教育见习或实习视为专业实训的一个环节或阶段(一些学校还设有教育体验、观察、研习等环节)。其次,不赞同把实训视为简单的技能训练,若此,就可能退化为一个机械的、枯燥的同时还可能是脱离教学实际的过程。例如,学科教学技艺训练中的项目“导入技能”,它固然可以训练师范生各种各样的导入技能,但是由于训练可能脱离课堂的整体性设计背景,学生所获得的技能或许难以适应变化的学情或课程内容背景支撑,即不会灵活应变而生搬硬套。所谓的“专业实训”旨在期望通过实践或者“准实践”训练获得专业实践素养。最后,不应把职前教师的专业实训与其他行业的专业实训混为一谈。其他行业的受训者的操作对象可能是机器之类的物化对象,虽然也存在一个创新操作问题,但对于一个新手来说,通常需谨慎小心,严格执行操作流程,规范操作方式非常重要。但教师行业的受训者在其将来工作中面对的是学生,固化的操作有时非常可笑。因此,应鼓励实践创新,并且鼓励在模仿基础上彰显个性、勇于创新。在新师范教育背景下,创新是教育实践应有之义,也是小学教育专业实训的价值期望。

综上所述,对于“专业实训”的内涵,从广义上可以将其理解为提升职前教师职业核心素养而开展的一系列有步骤、有系统的实践项目训练,从狭义上可以将其理解为提升职前教师专业实践素养而开展的一系列有步骤、有系统的学科专业指向的实践项目训练。

二、师范生专业实训的价值分析

(一) 促进师范生专业素养的各要素均衡、和谐发展

师范生专业素养一般可包括专业文化(专业底蕴与专业精神)、专业发展(学会学习与健康心理)和专业实践(专业态度与实践创新)三个方面。毋庸置疑,师范生专业实践素养的生成与发展建立在专业文化与专业发展意识基础上。专业实践素养培育的主渠道就是有计划、有组织的专业实训,试图依靠师范生自发的专业发展意识提升专业实践素养实际非常困难。教学实践中不难发现一些师范生专业发展意识比较强,积极利用业余时间自主训练,但是依然存在一些学生没有自觉的训练意识或者由于训练的惰性心理而难以坚持,因此需要依赖教育的促进。教学实践中可能还会发现一些学生专业文化基础比较扎实,虽然具有专业发展意识,但是职业基本素质比较薄弱,这些学生的占比有时还较大。这是由于招生机制造成的,一般院校师范专业不可能精挑细选具有教师基本素质的生源,而是主要凭着文化成绩入学,普通话、写字等比较差的学生入学并不受影响,定向培养师范生情况例外,因此教师职前培养就出现了一种怪异现象,一些日常学习的优等生,或者说通过理论学习一些学生能够获取很多的荣誉,但是一旦走上讲台,其弱势就变得非常明显;而平时理论学习一般的学生在专业实践阶段却表现出良好的专业素质与职业自信。对于此类现象,一些人可能归咎为师范生入学素质,其实并非这样。在笔者参与的一次教师资格证国考模拟课堂中,一位来自本科院校的考生基本素质着实一般,口齿不流利,板书随意,写字歪歪扭扭,并且授课文不对题,结果不必多言。碰巧的是,这位考生再次参加面试又到笔者考场,出乎意料的是,该生焕然一新,板书工整,语言流利,而且设计有方。两次考试仅仅相隔半年时间,可想而知,这位考生在半年里付出了多少努力。显然,没有经过系统的专业实训不可能产生如此效果。该案例充分说明了专业实训的价值,也充分说明专业实训的确有可能改变一个人的职业素质。

（二）为教师资格证国考与地方教师招聘考试奠定必备基础

随着时代的进步，得益于国家的重视、社会的认同，教师这一“太阳底下最光辉的职业”逐渐成为许多年轻人的职业追求。但是当下一位师范院校或非师范院校毕业生要获得教师岗位必须通过教师资格证国考与地方教师招聘考试，如果没有较强的专业实践素养就难以在入职“双考”中立于不败之地。两种考试性质不同，但也具有一些共同特征。教师资格证考试属于资格考试，通过考试意味着考生具有从事教育行业工作的资格，并不表明就能成为一位编制内教师。客观地讲，教师资格证考试通过的门槛并不高，但是通过率也不是很高。笔者曾经碰到许多对模拟授课没有基本感性认识的考生。虽然从 2020 年起教师资格证国考对象有了进一步改革，但要成为一名编制内教师依然需要通过地方各级各类行政部门组织的教师招聘考试。各地通过率由于招聘规模、参考人数等也会不同。但两种考试也存在共同点，就是对教师专业实践素养的考察占比较大。例如，国考理论考试中包含学科教学设计，面试则主要是模拟授课，模拟授课采取的评价机制独立于理论考试。也就是说，理论考试的结果不影响最终测评，这无疑加大了模拟授课的分量。而地方教师招聘考试对专业实践素养的要求则更高，无论是说课还是模拟课堂等，都是评价的关键指标，有的地区甚至理论考试与面试按 3∶7 比例评价，也就是说，理论考试非常优秀的考生也可能落榜。而如果一位考生通过了理论考试，即使分数低一点，也可以通过说课或模拟课堂成功逆袭，华丽转身。在调查中，此类案例并不少见。因此，从某种程度上说，专业实训是入职“双考”成功的关键。

另外，由于现在许多师范院校（尤其是高职类师范）正处在转型升格时期，高职师范本科办学的车轮也已经启动，毕业生参加入职“双考”的成功率某种程度上会直接影响这些学校的办学水平与办学资质。因此，无论是职业院校还是普通高等院校的师范专业都不同程度地关注入职“双考”，甚至根据入职“双考”变革课程体系，使毕业生在入职“双考”竞争中能够取得上佳表现。这些客观情况也凸显了师范生专业实训在学校发展中的价值。

（三）为职后持续发展奠定必要专业理论与实践基础，实现职前学习与职后发展无缝对接

职前教师与入职教师最本质区别是身份的转变。入职期是教师专业成长的起步时期，如果有较好的发展基础，将更有利于教师后续专业成长。随着竞争性入职机制的确立，用人单位也希望入职教师能很快适应日常教育教学工作。传统分配机制下的教师专业成长历程中，入职期教师通常还处于努力寻求学生、同事、学校与教育行政人员认同的时期，对于日常的教育教学工作往往处于摸索阶段。现行的入职“双考”机制可能促使入职教师在职前阶段就形成比较理想的专业实践素养基础，入职后能够起步于一个较高的发展平台。这一做法实际上是职前培养与职后发展一体化思路的体现。实际上，师范生专业发展有着得天独厚的优势，因为始终得益于高校导师外在的引领与指导，并且这种引领与指导往往站位高、理论强，可使学生对所学理论在实践中的指导作用获得深刻体会，也可及时通过专业实训运用理论分析教育现象。另外，学生群体还可以平等和谐地讨论教育问题。导师的专业引领与同伴的互助交流是他们专业发展扎实的基础平台，为职后持续发展奠定必要的专业理论与实践基础。而在入职后，随着身份的改变，可能由于其他各种因素，职前的专业发展氛围不复存在，许多教学工作中碰到的问题需要自己揣摩参悟。一言蔽之，专业实训实际上已经成为教师专业成长过程中关键的一步，重视职前专业实训，可以为师范生的职后持续发展奠定扎实的专业理论与实践基础。

第二节　师范生专业实训困境与对策

一、当前师范生专业实训困境

(一) 教育者层面

1. 对师范生专业实训的价值认识不足

入职“双考”背景凸显了师范生专业实训的价值。从教育者角度看，无论是学校的管理者还是一线教师，对专业实训的价值依然存在有关偏颇的认识，本质上还是传统思想所致。在以往高校里，由于普遍存在的学术化氛围，学科教学论教师的学科地位较低，甚至有人认为教育研究不能称为“学术”。例如，在数学教育领域，20 世纪 90 年代之前数学教育是基础数学专业的附属，一些人甚至认为研究那些普通人看不懂的东西才是学术研究，而教学论教师研究的是大家都能看得懂的东西。这一观念的沿袭使得一些高校教师轻视该类课程，认为专业实践能力可以通过师范生毕业后自我磨炼与感悟形成。如果调查一些从教多年的老教师，他们也可能认为自身的成长得益于职后努力。另外，管理层也可能会区别看待这类课程，在一些管理者看来，技能课与理论课不可相提并论，不愿意给予足够的训练时间，却不知要使技能训练产生理想效果，教师付出的代价更大，不仅体现在课内，而且辅导工作经常会延伸到课外，没有理论课教学来得那么干脆。教育者层面的认识不足往往会直接反映到学生日常专业实训中。

2. 高素质实训指导团队匮乏

毋庸置疑，师范生专业实训小班化最能产生效果。如果能组建高素质团队进行小班化实训，效果必然大幅提升。但是在当下高职师范甚至普通高校，实训指导团队严重缺乏。由于受训者人数众多，一个班级往往是 30～50 人不等，同一专业学生可能有几个班级，实训教师通常还承担着其他教学工作，因此仅仅靠教师个体的单兵作战或少数几个实训教师的薄弱团队完成实训任务往往难以奏效。这就导致实践中不可避免地存在任务式训练、形式化走场现象。就小学教育来说，一些由传统中等师范转型而来的高职院校，由于师范办学厚重的文化积淀，这方面的师资情况比较乐观，但对于那些近些年才着手小学教育师资培养的高校来说，显然师资力量严重缺乏，甚至连教学论专任教师都屈指可数。因此，专业实训就成为当下一些师范专业的老大难问题，甚至存在“放羊式实训”现象，或者把专业实训推向社会教育培训机构，当然就谈不上团队素质。况且，成就感缺失、为人作嫁衣的观念也可能使一些优秀教师不愿意承担这类耗时并且耗费精力的事情。

3. 专业实训的管理与评价机制不完善

毋庸讳言，无论教育者的教育促进程度如何，都难以确保每个师范生成功通过入职“双考”，这涉及整个社会对教师的需求及地方学校的用人倾向，也涉及学习者自身的职业意识与知识能力基础，但是教育者总是期望更多的学生能够成功入职，否则他们多年的悉心培养就会形成客观上的价值折损。虽然毕业生也会考虑就职于社会教育培训机构，但这种游离于教育主流的边缘性就业非长远之计，实际很难坚持。因此，给予学生良好的专业实训的环境与条件是学校的必然选择。要使专业实训产生显性效果，建立严格的管理与评价机制非常必要。学校层面通常都有一套比较系统的管理与评价机制，但依然侧重于校外实训，即教育见习与教育实习等，而且通常是学校或学院层面的管理行为。对于校内实训，则更加关心结果而不是过程，当然需要说明的是，这种现象的产生往往不是管理部门不作为，而是存在客观的师资、场地等困难。换而言之，现行机制下通常都具有一套比较完善的测评机制。实际上，学习者通过了一系列的测评并不意味着他的专业实践素养令人满意，尤其是现实中一些学习者无论其实际状况如何，绝大部分还是能够通过测评，这并非要求降低，而是教育者迫不得已的做法。从某种程度上说，校内技能的测评机制带有形式化倾向。另外，对于那些测评的困难学生，也缺失完善的补差机制。这种校内测评并不会对学生的后续入职"双考"带来本质性促进。如果能够把专业实训的结果性测评改良为过程性测评机制，并且纳入常态化运行，学习者专业实践素养就会获得循序渐进的提升，更能在入职"双考"中立于不败之地，也更有利于他们的职后持续发展。

（二）学习者层面

通过日常观察可以发现，重视专业实训的师范生往往在入职"双考"中能取得理想成绩。一些学生平时对专业实训满不在乎，虽然职业素质底子不错，在入职"双考"中也可能遭遇滑铁卢。

高职师范与普通高等院校或师范本科院校，客观上存在生源差距。当前高职师范主要涉及学前教育与小学教育专科学历教育。为适应教师入职的学历要求，近年来高职师范与本科院校联合办学引进初中起点"5＋2"或高中起点"3＋2"学制（即专接本或专转本），生源有一定改善，但差距依然存在。以高中起点为例，高职师范生的入学成绩普遍低于本科师范院校同类专业学生。入学基础的客观落差导致高职师范毕业生要赢得入职"双考"竞争需付出更大努力，尤其是地方招聘考试。以小学教育专业为例，他们将与普通本科院校师范专业本科生、硕士研究生同台竞争，甚至还包括高素质非师范毕业生。另外，高职院校班级情况也更为复杂。由于我国各省教育发展不平衡，对入职教师的学历要求不同，如江苏省小学语数外教师需要本科学历条件，但有些外省地区允许专科学历入职，这些区别客观上导致高职师范班级由于生源差异形成的班级之间发展不平衡，这种不平衡加大了班级管理难度，甚至会映射到入职"双考"中，从而影响日常生活与专业发展，具体分析如下。

1. 专业思想不稳，发展意识不强

稳固的专业思想是师范生专业发展的基本保证。思想决定行动，师范生若专业思想摇摆不定，势必会影响专业发展意识性与专业实训积极性，从而影响在校的日常学习生活。

（1）一些师范生在中学阶段就存在学习惰性，有些学生仅是为获取学历，了解入职"双考"制度后可能会产生排斥情绪，导致在校期间专业思想难以摆正。

（2）一些师范生虽然非常希望成为教师，但在了解入职"双考"后可能会产生退缩心理，这种心理会导致专业思想动摇，看到一点成绩就信心倍增，出现一点小失败就患得患失。

（3）一些师范生入校时并没有做好充分的专业准备，甚至可能源于家长的强制行为，因此虽然具有专业发展潜质，但专业发展积极性低下。

2. 学习压力加大，就业心理复杂

从客观上讲，高职师范毕业生就业渠道多元，即使不能获得教师编制，还有诸多职业选择，如加盟各类教育培训机构，但工作不稳，"双减"政策背景下实非理想选择；自主创业，可能面临如资金、能力甚至政策层面等客观限制，存在难度；考研深造，对于专转本学制的大部分毕业生来说，本质上竞争力不强。因此，通过入职"双考"就业应是首选。但近年来教师岗位编制趋紧，僧多粥少状况短期内依然存在，同时，岗位入职竞争放开，毕业分配制度基本消除(定向师范除外),各种学历、各类学校毕业生与社会人员只要符合条件都可参与竞争。由于就业竞争压力加大,许多非师范生都有报考教师编制的意愿,这对于高职师范毕业生来说,客观上形成了就业压力。就业压力不仅会导致专业思想的摇摆不定,更可能会对一些在校师范生心理健康发展带来负面影响。一些师范生专业发展不错,具备入职“双考”竞争力,但心理素质差,缺乏自信,产生不必要的焦虑情绪;一些师范生思想上进,专业素质一般,目标明确但力不从心,经常无所适从;一些师范生天性好强,但缺乏专业发展底蕴。

3. 学习任务加重,不善统筹安排

(1) 由于入职“双考”介入,高职师范生学习任务显著增加。尤其对于“专转本”学生来说,还存在大学英语四级考试与转段考试的压力,学习任务繁重。例如,大学英语四级考试,对于普通本科院校学生来讲并非难事,但对于一些高职师范学生讲,四级英语甚至可能是难以突破的障碍,个别学生甚至就是由于英语拖后腿才不得已读高职。

(2) 大学生的社会活动普遍较多。一些学生入校后热衷于参加各类社团或者在各类学生部门担任职务,难以有时间静下心来应对自己的专业发展。

(3) 一些学生不善统筹规划自己的日常学习与生活,虽然忙忙碌碌但效率低下,从而难以应对越来越多的学习任务。入职“双考”来临,只是临时抱佛脚,难有必胜信心,最后成为“运气派”考生。

二、师范生专业实训对策分析

(一) 教育者层面

1. 面向入职“双考”,重新认识专业实训的价值取向

通过入职“双考”选拔优质教师是国家提升入职教师综合素质的重要举措,能使职后教师发展始于较高的起点。入职“双考”成绩某种程度上也是检测一个学校办学实力的关键指标。毕业生的入职率高必然会产生积极的社会影响,这种影响往往又会吸引更多的学生来报考,进而形成良性循环。因此,无论是管理者,还是一线教师,都应该深刻意识到专业实训的价值,从宣传层面、制度设计层面传递积极信息,引导一线教师乐于参与专业实训辅导,从而在学习者中创设一种专业实训的良性氛围。

2. 加强实训指导团队建设

高素质实训指导团队是提升专业实训效果的有力保障。专业实训指导教师一般应具备“双师素质”或者为“双师型”教师。虽然教育界对“双师”内涵还存在不同角度的理解,但在高职教育领域,“具备相应的理论教学和实践教学能力”应是普遍共识。根据教育部2022年颁布的《职业教育“双师型”教师基本标准(试行)》[①](以下简称《标准》),高等职业学校“双师型”教师包括初级、中级、高级三个层级,每个层级的认定除了应具备《标准》给定的四个基本要求外,还包括相应层级的具体条件。高职师范是高职教育的特殊类型,《标准》的出台将大幅促进高职师范教育“双师”队伍建设。一方面,管理层面可通过高效的激励措施在一线教师中营造一种“双师”身份的价值感与荣誉感,从而吸引更多教师争当“双师”,积极参与专业

① 中华人民共和国教育部. 教育部办公厅关于做好职业教育“双师型”教师认定工作的通知(教师厅〔2022〕2号)[EB/OL]. [2022-10-25]. http://www.moe.gov.cn/srcsite/A10/s7034/202210/t20221027_672715.html.

实训指导；另一方面，可创造各种可能机会鼓励教师接触基础教育一线，把“双师型”教师培养落到实处，而不是在制度设计或者红头文件中；再一方面，通过常态化的讨论交流活动营造实训指导团队成员的团结协作、互帮互助、互相学习的集体氛围，提升团队成员的学术底蕴。管理层还可定期对实训指导团队进行考评、表扬、表彰，以增强实训指导团队的成就感。

3. 严格专业实训管理，建立外在约束机制

校内实训与校外实训都是专业实训的主要组成部分，应建立一套严格的管理与评价机制，只有通过外在的约束机制才能确保实训工作的正常运转，否则就可能陷入形式主义的泥潭。一方面，可建立专业实训的层级管理架构，并定期检查考评辅导老师履职情况，从制度层面奖优惩劣；另一方面，可建立学生实训的过程性评价机制，对各类实训任务进行分项评价与加权综合评价，并根据评价结果对参训学生进行动态化管理，以使学生产生实训的荣誉感、成就感，以最佳状态参与每一项实训活动。

（二）学习者层面

师范生专业实践素养的提升固然离不开实训团队的悉心辅导，但从学生自身看，专业实训的一些困扰问题的解决可能离不开高职师范的基层管理者，也就是班主任或辅导员。班主任与辅导员的管理工作虽有交叉，但通常也有明确区分。专职辅导员一般面对若干个班级，师生比不低于1∶200，工作侧重学生的党团管理与学习纪律、生活起居等，班主任直接面向具体班级，是班级的组织者、领导者与教育者，全面负责所带班级学生思想、学习、生活和健康等[①]，班主任通常还承担相关专业课程教学，因此班主任在学生专业发展方面的引领作用难被替代。由于入职“双考”给高职师范生带来的专业发展困境，班主任等学生的直接管理者有义务寻求各种高效策略破解学生专业发展困境，引领师范生专业成长。

1. 及时了解思想动态，引领师范生提升专业发展积极性

虽然职业取向明确，但由于入职“双考”客观压力，高职师范生的思想动态变化较大，势必会对班集体的整体性发展，尤其是专业发展积极性带来潜在影响。因此，一线管理者在日常工作中对学生的各种思想动态应注意及时关注体察，并采取针对性措施做好思想引领，化解师范生专业发展隐忧。

（1）集体教育。通过充满正能量的主题班会或专题讲座等形式对学生进行专业思想教育，组织学生近距离了解入职“双考”，帮助学生分析自身优势与不足。例如，当前地方招聘考试通常分笔试与面试。面试占比一般不会低于笔试。也就是说，考生通过了笔试，即使分数低一点，面试成绩高，也能后来居上。这种机制下可能出现一种现象，一些高职师范考生理论课程学习不占优势，笔试一般，但通过面试成功逆袭，实现华丽转身；而一些普通高等院校考生虽然理论课程可能比较优秀，但实践能力弱，最后招聘考试名落孙山。追溯原因，高职师范办学的实践底蕴厚重，对专业技能训练重视程度要高于普通高等师范院校。班主任应让学生认识到高等师范的办学优势，同时对自身情况客观定位，及时弥补短板以适应招考需求。

（2）个别教育。班主任应深入学生中了解学生思想现状，针对每个学生的不同特点，分析其长处与短板，并依据学生实际提供个性化发展方案。如围绕入职“双考”量身定制三年（或五年）专业发展规划，并注意阶段性自查。不建议为每个学生设计发展规划，这样做容易

① 郭冬梅. 高职院校推行专业教师班主任负责制的思考与实践[J]. 教育与职业，2015(25)：60-62.

走向泛化极端，易使学生误认为形式主义而不落实到具体行动；反之，若有所选择却能使学生感受教师的人文关怀，从而提升专业发展积极性；应与学生家长及任课教师及时沟通，了解学生思想动态。若对学生缺乏充分了解，思想教育就可能蜕变为低效、空洞的说教。家长往往是影响学生职业定位的关键因素，不容忽视，而任课教师则能通过专业学习过程中师范生倾向性言行暴露其思想动态。因此，班主任与学生家长和任课教师及时沟通往往有助于深入了解学生思想动态，提升师范生专业发展积极性。

2. 加强心理疏导，帮助师范生树立专业发展信心

现实的就业压力客观上会导致师范生出现各种不同的就业心理：焦虑、紧张、无所适从者有之，自卑、担忧、缺失自信者有之。在高职师范，对那些对职业定位无所谓或者有更好就业思路的师范生来说，入职"双考"完全"事不关己，高高挂起"；但对那些好学上进、教师职业期望明确的师范生来讲，若不妥善疏导，近则会影响入职"双考"成败，远则可能会影响他们将来的工作与生活。班主任在日常工作中应格外关注学生的就业心理对专业发展的负面影响，可经常与学生平等交流，用励志故事或者入职"双考"成功的现实个案激励他们树立专业发展信心。例如，笔者过往学生中不乏"笔试一般，面试华丽转身"成功案例，这些鲜活案例对提振师范生专业发展积极性往往具有事半功倍的说教效果。为帮助学生树立专业发展信心，有时还可采用善意谎言进行心理疏导。心理学上有一个著名的皮格马利翁效应，通俗来说就是"说你不好就不好，好也不好；说你好你就好，不好也好"，为了增强学生专业发展信心，用善意谎言进行心理疏导，有时虽然欠妥，但很管用，这是教育艺术的体现。

3. 深度介入入职"双考"备考管理，关心每个学生身心成长

高职师范生，尤其是"专转本"学制学生，大都怀揣教师职业梦想而来，毕业之后不能成功入编，某种程度上讲是师范专业几年学习的价值折损。为使尽量多的学生能达成愿景，班主任应以高度的责任心深度介入到入职"双考"的备考管理中，关心每一个学生身心成长。

(1) 配合各级部门做好备考宣传。把入职"双考"宣传渗透到班级日常管理中，通过各种可能方式让学生感受到入职"双考"成功并非可望而不可即，尤其对那些职业技能(如"三字一话")一般的学生，要让他们充满信心，寻求专业突破。

(2) 大力营造互帮互助的备考氛围。每个学生的专业发展都存在优缺长短，在班级内组建合作小组，通过同伴之间的相互交流、切磋，可以取长补短，大幅增加备考成效。班主任可深入合作小组，帮助他们分析每个人的优势，制订补短计划，统筹安排时间，少走弯路。

(3) 全程跟踪备考复习。没有付出，哪来收获，班主任要让每一个学生明了蕴含其中的哲理。对于信心不足者，要不断鼓励；对于焦虑紧张者，要及时疏导。必要时，要善于为学生出谋划策，提供合理化应考建议。如地方招聘考试，因为各地区考试的内容、形式各有不同。有的地区理论考试只需考查教育学、心理学和教育法规等，有的地区则涵盖学科知识内容，涉及中考试题或高考试题等；面试形式也有地区特色，如有的地区采用说课形式，有的地区采用模拟课堂形式。由于诸如此类的各种客观因素，一些高校复习迎考采取"放羊式管理"，但班主任可利用公开信息、人脉资源等帮助学生收集关于各地区招聘考试的各类信息资料，为学生提供力所能及的帮助。

第二章　师范生专业实训体系的构建与实施

第一节　师范生专业实训的理论基础

文献　于国海，等. 指向“双考”的职前教师专业实训体系构建与实施路径

一、深度学习理论

关于深度学习，业界研究一般是沿着两条脉络展开：一是机器学习领域的探索，二是与人的浅层学习相对应，反映的是学习者的认知触及事物本质的程度[①]。这里属于第二种，指学习者基于自发自主的内在兴趣与动机形成的得以长期维持、全身心投入的持久学力。浅层学习是一种以完成外在任务、避免惩罚为取向的学习行为，以机械记忆和反复操练为主，缺少深度思维加工，因此学习成果多以复制为主，难以迁移和深化。还有一种类似的学习称为虚假学习，学习过程中学生没有真正进入学习状态，采用各种“伪装”的方式来蒙蔽老师，进而逃避学习[②]。

深度学习这一概念首先由美国学者弗伦斯·马顿(Ference Marton)和罗杰·萨尔乔(Roger Saljo)在1976年提出。相对于浅层学习(surface learning)，深度学习(deeplearning)凸显理解、推理、分析、综合、评价、创造等高阶思维，以知识深度加工、深度思维、意义建构为主要特征，可产生较高水平的认知迁移[③]。深度学习中，学习者思维突破了浅层学习的感知、记忆、模仿、操练等低阶方式，不仅能营造一种愉悦的、沉浸的学习状态，还能形成自主的、持续的探索冲动，深化为不断发展的内驱系统。

当前课堂教学的最大困境在于学生普遍存在虚假学习和浅表学习的情况，从而产生了大量的“学困生”[④]。实际上这种情况不仅在基础教育中存在，与基础教育唇齿相依的教师教育也是如此。理论课程学习中的虚假学习、浅表学习现象导致一些理论学习的优等生在专业实训中的短板凸显，这种现象进而反映到入职“双考”中，一些在校期间的优秀学生或者不能成功入职或者职后发展碌碌无为。因此，深度学习在教师教育课程中同样表现出良好的实践操作价值。及时的专业实训完全可以不是一种机械的操练，如果通过理论的运用获得

---

① 伍红林. 论指向深度学习的深度教学变革[J]. 教育科学研究，2019(1)：55-60.

② 陈静静，谈杨. 课堂的困境与变革：从浅层学习到深度学习——基于对中小学生真实学习历程的长期考察[J]. 教育发展研究，2018(Z2)：90-96.

③ MARTON F，SÄLJÖ R. On Qualitative Differences in Learning I：Outcome and Process[J]. British Journal of Educational Psychology，1976(46)：4-11.

④ 陈静静，谈杨. 课堂的困境与变革：从浅层学习到深度学习——基于对中小学生真实学习历程的长期考察[J]. 教育发展研究，2018(Z2)：90-96.

对所学理论的深层理解，那么这样的专业实训就是必要的，也是应该大力提倡的。例如，小学数学教学设计通常都有着深刻的学习理论支撑，如三角形概念学习属于概念形成，有着科学的教学步骤，如果在理论教学后及时进行专业实训就可以使学生领会所学理论的应用价值，并迁移到其他概念甚至不同领域概念学习中，实现教学设计的迁移创新。因此，深度学习是专业实训应有之义。引领学生深度学习可以从本质上提升专业实训效果。

二、教师实践性知识建构与反思学习理论

（一）教师实践性知识(PK)建构理论

关于教师知识结构，学术界比较一致的观点是包括本体性知识、条件性知识和实践性知识[①]。也有学者把前两项知识概括为理论性知识，并认为教师实践性知识"是教师真正信奉的，并在其教育教学实践中实际使用与表现出来的对教育教学的认识"。这种认识既来自个人经验的积累、领悟，同行之间的交流、合作，也来自对"理论性知识"的理解、运用和扩展。[②]教师实践性知识具有内隐性、缄默性、个体性等特点，难以言传表意，往往内隐于教师的日常教学活动之中，不仅包括对本体性知识与条件性知识的个人理解，也包含着对课堂教学知识的境域解读。教师教育研究的"实践导向"凸显了教师实践性知识（与此类似的研究还有学科教学知识 PCK）在教师专业成长中的关键地位，这一点与近年来教师教育关注专业实践素养的提升是一致的。系统的专业实训可以综合体现教师的实践性知识，促进受训者隐性知识显性化。

（二）反思性学习理论

该理论是 20 世纪 80 年代，在欧美许多国家的教育界兴起的一种备受关注的教师培训理论。它强调教师要在教学过程中对自身的教学行为不断进行反思，对自己的教学目标过程、结果及教学价值系统和背景进行全面的反思，以促进教师个体专业发展。在我们国家，早期关注并有深刻见解的叶澜教授有言：一个教师写一辈子教案不一定成为名师，但写三年反思，却可能成为名师。这段话充分说明了反思学习在教师专业成长中的价值。职前教师通过同伴间的讨论交流可以实现对教学设计的反思、修正、完善，当然这类反思是基于预设层面的，无法对教学效果进行反思。而通过模拟课堂可以实现对教学设计的反思、修正，模拟课堂不仅可以对教学设计进行反思，也可以对模拟教学的效果进行反思，这些反思有助于职前教师在后续的教育实习中大幅提高现实课堂效果。

三、教师专业发展阶段性与专业实践素养发展连续性理论

关于教师的专业发展阶段性研究，对教师的专业发展具有重要意义。它指明了教师专业发展的阶段和路径，帮助教师明确自己在专业发展过程中要经历的步骤，既有助于教师根据发展阶段制定自身发展的短期和长期的目标，同时也有利于学校或教师培训机构针对教师专业发展的特点提供促进专业发展的辅助性条件。因此，国内外许多学者对这一话题给予高度关注。[③]

① 林崇德，申继亮，辛涛. 教师素质的构成及其培养途径[J]. 中国教育学刊，1996(6)：16-22.

② 陈向明. 实践性知识：教师专业发展的知识基础[J]. 北京大学教育评论，2003(1)：104-112.

③ 范颖杰. 国外教师专业发展阶段理论对我国中小学教师评价的启示[J]. 吉林教育，2011(11)：18-19.

例如，美国学者卡茨(Katz)在1972年提出教师专业发展四阶段理论，把教师专业发展划分为以下四个阶段：求生存时期、巩固时期、更新时期、成熟阶段。美国俄亥俄州州立大学伯顿(Burden)的研究团队在1979年提出教师教学生涯发展三阶段理论：求生存阶段、调整阶段、成熟阶段。

再如，美国约翰霍普金斯大学的费斯勒在20世纪80年代提出教师生涯循环理论，把教师的专业发展分成八个阶段：职前准备阶段、入门阶段、能力形成阶段、热心和成长阶段、生涯挫折阶段、稳定和停滞阶段、生涯低落阶段、生涯退出阶段。

在国内外学者的研究中，职前教师通常处于"没有教学经验"或者"角色储备"阶段，与入职教师的发展状况显示出比较明显的差异。但是从教师的专业实践素养发展来看，本质上难以进行明确的阶段划分。也就是说，教师专业实践素养的发展应是一个循序渐进的过程。专业实践素养是教师专业素养结构中层级最高的素养。这些素养不是教师获得的公共的、理性的、显性的知识的堆砌，应当类似于实践性知识的自我建构，同样包含了"对外来知识的吸纳与内化，对前人与他人经验的借鉴、总结与反思"[①]。

专业实践素养的形成与发展建立在教师本人的专业文化素养与专业发展意识基础上。职前教师通过系统的专业实训可以在一定程度上消除职前职后发展之间的断层，逐步形成专业认同、专业担当、团队协作等良好的专业态度与教学能力、技术融合意识与创新意识等实践创新素养，从而实现职前职后发展的对接，职前职后发展的连续性显然更加符合用人单位的期望。现实中，一些职前教师通过系统的专业实训，其专业素养在入职后完全可以与职后若干年内的教师相媲美，甚至一些师范生在校期间就已经显示出经验丰富的老成教师素质。入职"双考"的良中选优无疑极大地提升了入职教师的质量，促进了一些优秀的入职教师迅速成长为骨干教师、行业标兵。

四、混合式学习理论

基于戴维·梅里尔(M. David Merrill)的"首要教学原理"的混合式学习(blended learning)的核心是在建构主义背景下融合传统学习与网络化学习方式，实现二者的优势互补。21世纪初在我们国家逐渐掀起了一股混合式学习的理论与实践研究的思潮。倡导混合式学习不仅标志着教育技术理论的与时俱进，更是体现了数字化时代教育思想与观念的隘口跃升与价值诉求。十多年来，随着教育技术支持的不断升级换代，混合式学习逐渐成为各级各类学校教学改革关注的主流模式。

就师范生专业技能实训讲，当前大都还是以线下面对面教学为主，常见方式有教师面对面讲授、学生个人训练、学生自评互评、教师点评等。虽然该实训体系相对成熟，但也伴生着一些新的问题。例如，教学方法单一，不易激发学习兴趣；学生的信息化素养难以充分锻炼，课时紧张，难以解决面向全体与因材施教的矛盾；不能满足不同层次学生的实训需求等。

---

① 宋萑. 说课与教师知识建构[J]. 课程·教材·教法，2012(4)：120-124.

师范生专业实训引进混合式学习模式的实质是在传统线下实训基础上引进线上自主性、个性化实训方式，线上线下、课内课外、校内校外融合互补，在信息技术环境下重构教师教育课程专业实训体系，一定程度上可以消解单一的面对面实训的困境，值得提倡。

五、项目化教学理论

项目化教学是师生通过共同实施一个完整的项目工作而进行的教学活动。“项目化教学模式是基于建构主义学习理论、杜威的实用主义教育理论和情境学习理论而形成的一种教学模式，也是近年来在我国职业教育领域中大力推崇的一种教学模式。这种教学模式实质上是一种以职业实践活动为主导的理论与实践有机结合的‘做中学’教学模式，这一模式在教学过程中突出以学生为主体，以素质为核心，以能力为本位，以职业活动为主线，以典型工作任务（项目）为载体，通过理论与实践的有机结合来组织教学。其目的是把学习者融入任务完成过程之中，让其积极地进行探索与发现，自主地进行知识的整合与建构。在项目研究过程中，学生能够更深刻理解任务的主要技术要求、工作原理和操作程序等。作为一种教学模式，有着其自身鲜明的特征，如教学内容的实践性、教学方式的开放性、教学过程的探究性等。”[①] 项目化教学在高职院校已成常态。师范生专业实训中，项目化实训实际上也有着现实的用武之地。例如，一段教材内容，要弄清教材的脉络结构、呈现意图，挖掘教材字里行间渗透的思想因素、德性引领，个人的独立思考与同伴的讨论交流显然效果是不同的。设计一份完善的教学预案，个人的巧妙构思有时会弄巧成拙，但是团队合作的成果往往可以实现最佳效果。因此，借鉴项目化教学理念设计专业实训方案有时非常奏效。

第二节 师范生实训体系的构建与实施策略

从广义上讲，师范生专业实训应包括“三字一话”（即钢笔字、毛笔字、粉笔字及普通话）等在内的职业技能训练。就小学教师教育来说，由于教育对象（小学生）正处于基本素质的发展阶段，教师的语言、书写对小学生的成长必然会产生不同程度潜移默化的影响，因此，“三字一话”自然就成为一个合格乃至优秀的小学教师的基本要求，这一点早已成为教育界共识，无论是过去的中等师范教育还是现在的高等师范教育，“三字一话”通常都是小学教育师范生职业技能训练的必备项目，许多学校都把其安排在师范生日常学习与训练中，并保有严格规范的考证或测评机制。当然，毋庸置疑的是，“三字一话”对于成人的训练效果并不是非常理想，这是因为一个人技能的形成有着内在的发展规律。因此，实践中存在一个现实的问题，对于高中起点入学的师范生训练效果远不如初中起点入学的师范生，一些素质比较好的师范生在入学前就已经奠定了“三字一话”的基础，甚至入学的原因也是由于“三字一话”基础的促进。因此，对于师范生“三字一话”的训练实质上是一个困扰当下教育界的话题。本书指向狭义的职前教师专业实训，也就是关注具体学科指向的专业实训。

---

① 谭永平，何宏华．项目化教学模式基本特征及其实施策略[J]．中国职业技术教育，2014(23)：49-52．

一、师范生专业实训体系的构建

（一）构建基于专业实践素养发展的实训目标体系

教师教育课程的关键目标是发展师范生专业素养。专业素养包括专业文化、专业发展和专业实践。在“实践导向”的教师教育背景下，专业实践素养在教师专业素养结构中属于层级最高的指标。虽然传统的教师教育课程体系也关注专业实践素养，但是由于教师入职的分配机制，教育见习、实习等只是作为学习者毕业的一项重要指标，其质量并没有落实严格的刚性要求。因此，一些教师并不讳言地认为他们的专业实践素养发展起步于职后，更多得益于职后的个人修悟，对职前专业实践并没有感受到有价值的引领。但是，教师入职“双考”背景无疑提升了专业实训的价值。成功入职是职前教师教育所追求的目标，不仅对于学生是如此，对于学校的发展来说更是如此，因为就业率往往是学校对外宣传的窗口，也是学校办学成功的关键因素。无论是课程设计还是学业评价，围绕专业实践素养构建科学合理的教师教育课程是教师教育发展的内在需求。而专业实训则是发展专业实践素养的主渠道。因此，构建基于专业实践素养发展的实训目标体系本身就是教师教育课程适应职前教师后续发展的内在需要。

专业实践素养包括专业态度和实践创新两个方面。其中，专业态度包括专业担当（如乐于奉献、爱岗敬业等）、专业认同和团队协作三个方面；实践创新包括教学能力、技术融合和创新意识三个方面。因此，专业实训目标不能仅仅囿于技能层面进行界定，应充分认识到教师专业实训与一般的职业技能实训的本质区别。常规性的教学技能训练是必要的，但是要注意受训者实践创新意识的形成与发展，要注意培养受训者的技术融合意识。另外，还应注意通过专业实训培养学生的团队协作意识（把学生组成实训小组是一种不错的选择）。关于专业担当与专业认同，这对于当前一些高职师范生实际上是一个关键的问题，应注意通过专业实训对这些学生进行思想上的正确引导。

（二）构建以模拟课堂为核心的循序渐进的实训内容体系

在当前入职“双考”中，模拟课堂是高权重考测内容。例如，教师资格证国考分为笔试和面试。笔试包括教育学、心理学、教育法规及分学科教学设计等内容。考生只有通过笔试才能取得面试资格，同时笔试成绩清零，即无论考生笔试成绩何等优秀，若面试失利则无法获得教师资格证。该规则无疑从制度层面诠释了面试的重要性。而面试内容主体已由传统说课改为模拟课堂，并且专家提问通常也是围绕模拟课堂展开。地方教师招聘考试同样也包括笔试和面试，并且重视实践测试的倾向显著。入职“双考”的这种导向充分反映了用人单位高度关注一线教师专业实践素养状况，用人单位期望教师能入职于一个较高发展起点，而非经历一段或长或短的专业发展过渡期。因此，从某种程度上讲，模拟课堂是入职“双考”成功的关键，理应成为高师院校专业实训的核心项目，甚至教育实习等校内外实训也可能被迫围绕模拟课堂进行时间、内容等调整。因此，要使模拟课堂高效高质，必须循序渐进。教材解读与教学设计是模拟课堂的基础，校外见习可使受训者感受真实课堂场景，教育实习则可使学生亲身参与课堂运行，这些校外实训对于模拟课堂的“现场感”的形成是非常有效的。具体地说，职前教师专业实训的基本内容包括以下几个方面。

1. 校内实训

(1) 教材解读。教材解读是职前教师专业实践素养发展最基础的环节。作为师生联系的直接中介，教材理解状况直接影响教学设计与课堂教学。试想一下，教师本人若对教材茫然不解，又如何引领教学对象理解教材呢？但实践中似乎许多师范生淡漠这一点，如教师教育课程群中有门课程“中(小)学学科课程标准与教材研究”，该课程实践性较强，如果依照传统理论课程教与学的模式运行，显然背离课程设计者本意。因此，从学生长远发展来说，对教材解读进行针对性训练有助于职前教师后续的专业发展。

(2) 教学设计。教学设计是模拟课堂及现实课堂的教学基础。严格规范的教学设计应包括目标内容设计、重点难点设计、教学流程设计、板书设计等，而不仅仅是教案编写。当然，模拟课堂教学设计与现实课堂的教学设计还是有所区别的。例如，教师教育课程群中也有一门实践性非常强的课程“中(小)学学科教学设计”，但是这并不意味着学习了这门课程就万事大吉，不进行系统专业实训同样不能适应后续专业实践需要。

(3) 模拟课堂(或说课)。这是校内实训核心内容。由于说课这种教研活动形式在实践操作中的形式主义、程式化倾向，近年来教师入职“双考”普遍采用模拟课堂，传统说课实训也大都被模拟课堂替代。模拟课堂实训必须建立在教材解读与教学设计基础之上，不可孤立看待。要使模拟课堂达成训练预期，前期的教材解读与教学设计不可漠视。一再强调专业实训循序渐进的原因就基于此。一些职业基本素质如“三字一话”较好的师范生由于忽视系统训练，虽然基本素质较佳但不能成功入职，实为憾事。为使师范生能有充分底气应对入职“双考”，需重视模拟课堂系统训练。

2. 校外实训

校内实训是教育见习与实习等校外实训的基础，校外实训是校内实训的教学延续与效果检测。在传统课程体系中，校外实训通常是学校课程设计整体规划的重要一环，是职前教师专业实践素养提升的主渠道。某种程度上说，师范生在校期间的各类技能训练也是为了能顺利通过校外实训成为一名合格的毕业生。

(1) 教育见习。教育见习可使师范生获得感性教育教学经验，滞后开设易导致师范生在理论与实践之间产生错位[1]。因此，教育见习活动一般宜渗透于日常相关课程教学活动中。基于教师资格证国考与各类招聘考试背景，教育见习也有值得改进之处。

(2) 教育实习。教育实习是师范生取得毕业资格的一个关键环节，通常由学校相关部门统一管理。方式有集中实习、分散实习、顶岗实习等。一直以来，校外实训与学业课程相对独立，现行的课程体系对实训课时具有量化要求，但由于入职“双考”的介入，若依据校外实训时间来衡量实践课时，或许存在欠缺之处。因此，在入职“双考”背景下，校外实训如何定位，这是一个值得探讨的问题。

(三) 构建理论学习与专业实训深度融合的智慧训练体系

在“实践取向”的教师教育背景下，“人们对理论教学与实践教学的认识发生了改变，实践教学在专业教学中的地位不断强化，而理论教学也正向项目教学、情境教学等转变。”[2] 也就是说，理论课程学习融合实践元素已成共识。

文献 于国海，孙国春. 智慧融合：SPOC下教师教育课程深度教学研究——以职前小学数学教师课程为例

但在课程学习中，“实践取向”往往异化为实践性作业而非常态化训

① 谢明明，周平. 师范生职业能力培养的困境及其对策[J]. 教育观察，2018(3)：58-60.

② 孔德兰，王玉龙. 高职院校专业教学有效融合职业精神的路径[J]. 现代教育管理，2018(10)：100-104.

练。因此本质上讲，长期以来职前教师专业实训依然与理论学习相互割离，与“理论与实践相结合”的课程理念实质相背离。由于学生不能在日常学习中及时运用所学理论解释教育现象，也不能及时通过自身实践印证理论，因此，他们经常会感受到所学理论的空洞与苍白。在后续专业实训中，由于相关理论没有及时消化吸收，他们面临教育现象往往不会想到运用所学的理论去解释，导致在专业实训中经常会出现一些背离教育理论的教学操作，甚至会辐射到职后教育实践中。

在一项研究中，曾基于混合式学习与深度学习理念提出一种教师教育课程“智慧融合”教学的实践模式。“智慧融合”教学意指依托智慧校园环境，借助 SPOC 平台在线下实体课堂基础上引进线上自主性、个性化学习方式，通过线下与线上、课内与课外学习的多元耦合，引领学习者在信息环境下从浅表学习转向深度学习。“融合”的内涵可从四个维度诠释。第一，课程内容的智慧融合。改变教师教育课程理论学习与专业实训相互割离现象，把模拟课堂等专业实训与理论学习相互渗透，实现教师教育理论与实践的融合汇通。第二，活动对象的智慧融合。改变传统课堂教学“一对多”现象，组建课程教学团队与学习共同体，通过教师共同体的智慧引领与学习共同体的智慧互动，促进学生以高度投入的、沉浸的心理状态进行线上线下融会贯通的深度学习。第三，学习环境的智慧融合。线下与线上学习智慧互补与智慧互联，课前线上自主学习，课中线下合作学习，课后线上与线下学习交互并进，从而促进教师教育课程与教学的深度转型与升级。第四，学习方式的智慧融合。学习共同体与教师共同体通过线上点对点智慧互动与线下课堂组间组内智慧碰撞共享深度思维成果，冲破“滋生浅层学习温床”的障碍，实现智慧共生共长。①

作为职前教师教育课程“智慧融合”教学的一个重要模块，专业实训必须破解传统教学中理论学习与教学实践相互隔离状态。现行学科教育课程基本上都已经在传统课程体系上根据“实践取向”教师教育的内在需求进行了变革。例如数学教育，主要课程包括“中(小)学数学课程标准与教材研究”与“中(小)学数学教学设计”等。这些课程虽然不排除理论学习内容，但是实践性显然非常强。专业实训就可以依托这些课程的开设，及时地渗透实践训练内容，把教材解读、教学设计、模拟课堂等校内实训深度融合在理论课程学习中，改革实训模式，转“机械训练”为“智慧训练”，破解传统实训教学单一性、极端化倾向，营造愉悦沉浸的学习状态。

(四) 构建促进职前教师专业成长的长效评价体系

传统实训评价一般是基于教育见习与实习等校外实训的评价机制，由于没有渗透到师范生学习活动全程，这种评价的实践效果并不理想。虽然管理者也试图建立一种相对客观的评价，如建立基地导师、高校导师、班主任(或辅导员)的三方协同评价机制，但缘于一些难以避免的因素，可能会导致评价结果失真(如基地导师通常一人带着若干学生，只能对几个学生进行相对评价，但评价结果置于一个班集体中，就会产生失真现象)，因此这类评价并不能对学生学业产生积极影响。换言之，这类评价缺乏一种外在约束与激励机制，难以促进师范生专业成长。从入职“双考”看，师范生能否通过入职“双考”本身就是一种极具约束力的客观评价。一个师范生如果不能通过入职“双考”，在某种程度上就意味着学业的价值折损，

① 于国海，孙国春. 智慧融合：SPOC 下教师教育课程深度教学研究——以职前小学数学教师课程为例[J]. 教育观察，2019(16)：135-137.

学生在思想上如果认识不到位,在实践中可能就不愿怀抱积极心态参加实训。因此,对于专业实训,过程性评价更有助于学生专业成长。因此认为,根据学生专业实训的各个项目,从管理层面建立一种外在约束机制(如与各类评优挂钩等),把实训评价贯通于日常训练,或许更能恰切考量学生专业实践素养发展状况,同时也能使学生正确认识自身优缺长短,并针对自身的薄弱之处进行强化训练,以期最终在入职“双考”中立于不败之地。也就是说,把日常专业实训的各个项目如教材解读、教学设计、模拟课堂等进行分项评价与加权综合评价,或许更能从本质上改变目前这种形式主义的评价机制,也能使学生、教师、管理者从本质上认识到职前教师专业实训的价值旨归。

综上所述,入职“双考”背景下职前教师专业实训体系的构建思路如下:建立以模拟课堂实训为核心项目、以专业实践素养发展为价值指向的专业实训内容体系与长效评价机制,以使职前教师适应入职“双考”的实际需要。

二、师范生专业实训的基本思路

(一) 团队研讨,明晰实训路线图

专业实训不易窄化为教育见习、实习等活动,它不仅包括校外实训,还包括系统的有步骤的校内实训。由于在校生学习不仅包含各类课程的理论学习,还面临着诸多考级考证压力,因此,无论是从学生还是从教师层面看,日常学习或工作任务实际都比较繁重。校内实训安排可能经常与其他活动产生时间冲突,有时组织者迫不得已采取“临时组织,见缝插针”的做法。因此,没有系统的预先策划,势必会造成实训内容的无序选择、实训时间的随意安排、实训人员的频繁变换等,实训效果必然形成价值折损。因此,建立一个稳定的实训指导团队是非常必要的。实训教学团队对校内实训可以根据实训目标从实训时间安排、教师分工协作、实训内容推敲等方面进行精细研讨磋商,从而明晰专业实训基本框架,并力求路线清晰,有的放矢,严格执行,以期实现实训效果最大化。

(二) 项目运作,循序完成实训任务

项目化教学是当下高职院校实践类课程运作比较成熟的一种课程与教学设计理念。根据实训目标,借鉴项目化教学理念,可把实训任务分解为若干循序渐进的训练模块,每一模块根据相关课程理论学习映射实训专题,再依据实训模块与专题特点确定具体实训项目(必要的话,还可考虑子项目安排)。以小学数学模拟课堂实训为例,可简要阐述如下。

(1) 实训模块分解。根据理论学习内容,梳理出具体实训模块,如“课堂教学基本技能”“数与代数”“图形与几何”“统计与概率”“综合与实践”。

(2) 实训专题梳理。以模块“数与代数”为例,可分成三个具体实训专题:数的认识、数的运算、数量关系等。

(3) 实训项目确定。在项目化设计中,通常实训模块与实训项目是两条交互推进的实训线索。实训项目是内隐于实训专题的一条训练暗线,通常应具有一般性的可迁移特征,项目的顺利完成可以引领受训者举一反三、以点盖面。不可能也没有必要组织学生训练小学数学中的每一节课,但是如果随机选择实训案例容易产生训练空白。因此,实训项目有序设计尤为关键。只有项目指向明确,才能通达实训预期,否则可能导致无序无效实训。就“数与代数”模拟课堂讲,可以安排“数学概念教学模拟”“数学规则教学模拟”“数学解题教学模拟”等。实训项目还可进一步细化为更加具体的子项目,如数学概念教学模拟可以进一步细

化为“概念同化教学模拟”“概念形成教学模拟”，在此基础上遴选实训课题。

（三）精推细敲，遴选经典实训课题

专业实训时间的充裕程度是师范生专业实践素养持续发展的基本保证。即使作为一项基本技能看，技能训练缺乏充裕时间是难以见效的。但实践中并不能确保足够时间进行专业实训。因此，总是期望受训者通过有限时间的训练实现实训效果最大化。例如，小学数学共十二册教材，每册教材中都包含着几十个教学课题，若师范生对每一个课题都能非常熟悉，自然在后续入职“双考”中就能底气十足、从容应对。但这不现实、不经济，也没有必要。学校不可能组织学生逐个训练，况且长时间枯燥反复训练也可能打击学生训练积极性，甚至导致受训者生厌。比较现实的做法是根据实训模块特点与实训项目的价值指向梳理出若干经典实训课题，目的是期望学生能够举一反三，触类旁通。

例如，小学数学教材含有许多经典课题，或是某个知识领域学习的核心内容，或是凸显数学科学中那些最为本质的思想、原理，或是小学生数学素养形成与发展中的关键性内容，这些课题的教学运行还具有一般性，可迁移到同类内容教学中去。例如，“图形与几何”模块中，课题“认识三角形”涉及概念形成学习，并且蕴含着空间观念培养，具有代表性；“数与代数”模块中，课题“乘法分配律”是数学规则学习课例代表，其中蕴含了贯穿小学数学始终的归纳推理，只要弄清楚其教学基本思路，就可举一反三地进行同类课题教学模拟。实训教师可遴选出诸如此类的经典课例组织学生研讨训练。当然，实训课题遴选还应考虑兼顾年级段分布及近年来教师入职“双考”与地方教师招考的选题走向等。

三、师范生专业实训的实施方式①

（一）演示模仿

虽然教师专业实训与一般的技能训练有所区别，但演示模仿是职前教师专业实训必须经历的发展阶段。没有演示谈不上模仿，没有模仿就没有创新。只有通过一定程度模仿，受训者才可能逐渐形成自我思考，或借鉴，或质疑，揣摩技艺，形成风格。在“一对多”班级授课制背景下，这种实训方式操作性强。以小学数学模拟课堂为例，主训教师组织学生进行经典案例解读、名师视频赏析，促进学生建立模拟课堂感性层面认识；然后选择班级学生代表现场模拟，师生即时评点；教师提醒要注意的问题，引导学生取人之长，补己之短。这种方式固然可产生大面积引导作用，但实践中效果可能不佳，容易导致一些学生的“陪训”现象，对于一些思想上不重视的学生收效甚微，这些学生在实训过程中往往存在“事不关己高高挂起”心理。由于现在高校普遍师资缺乏，而受训学生较多，因此许多学校迫不得已采用这种方法。

（二）团队指导

客观上说，团队指导属于比较理想的训练方式。针对学生专业特色，组建辅导团队，分工完成训练任务。可有两种基本做法。

一是在“一对多”集体实训中，教师团队分工完成不同模块或专题的辅导任务，一则可发挥教师专长，减轻辅导负担；再则也可使学生获得不同教师高屋建瓴的引导。

二是把学生组成若干训练小组，辅导教师分工完成实训任务。实践中可在主训教师集

① 于国海，冯桂群，孙国春. 指向“双考”的职前教师专业实训体系构建与实施路径[J]. 教育观察，2021(10):42-45.

体教学基础上把学生分成若干小组，每个小组配备实训教师。由于辅导团队教师对同一问题可能存在不同见解，即使在“一对多”班级授课制下，学生也能通过不同辅导教师的点评分析提升训练效果。当然，一个优秀的辅导团队必须充分考虑人员构成。目前高校教师专业实训团队主要是兼职，也就是说，教师辅导学生的同时还承担着其他繁重的教学任务。因此，辅导团队若能吸收小学一线名师加盟实为不错选择，这种做法也符合“校地协作”“产教融合”的职教办学理念。

（三）同伴互助

实训过程中指导教师的纠偏指正固然可使受训者醍醐灌顶、茅塞顿开，但受训者若过分依赖教师辅导显然不可取。专业实践素养的形成与发展是一个循序渐进的过程，自主性常态化训练往往是学生专业实践素养提升的重要举措。实践中发现，虽然主训教师要求学生加强个人自主训练，但经常流于形式，甚至一些学生在思想上不以为然，或者由于看不到显性进步而不善坚持，或者由于自卑心理缺失信心而主动回避甚至排斥。若根据学生特点引入同伴互助训练机制，通过同伴讨论交流、相互推敲、矫正，往往能有效突破个人训练障碍。一般有两种方式：一种方式是引领学生结对互助训练，不过不易管理，对思想意识不强的学生效果不大；另一种方式是建立 4～6 人的自主训练小组，往往能形成良好的训练氛围与理想的训练愿景。这种方式的关键是如何分组。在实践中发现，一些实训小组学生非常积极，成效显著，但另外一些小组却进步缓慢，甚至一些小组消极对待实训任务。这些现象的产生往往与分组思路有关。分组必须考虑多方面情况，如实训组长的号召力、成员日常人际关系、小组成员知识基础、职业基本素质互补，甚至成员的性格特征、专业发展积极性等都应充分考虑。必要的话，实训分组教师应与班主任或辅导员进行适当了解沟通。另外，还必须建立一个严格的管理架构，包括确定核心的学生管理者以保证小组实训正常实施，以及责任心强的教师管理者以监督学生自主实训的常态化运转。

（四）分层推进

分层推进是团队指导与同伴互助相互结合形成的实训方式。分层实训应以分组实训为基础，不提倡直接分层，因为直接分层可能会使学生一开始在心理上形成自我定位，易使一些学生形成自卑心理或消极对待甚至排斥对抗。在分组实训一个阶段后，采取动态化分层推进方式进行补充。即根据分组实训中存在问题，把一些情况特殊的受训者分层编组强化实训，并给弱势小组配以精干辅导教师，同时辅以“层间流转”机制。在实践中可以根据学生的个性心理与实训思想灵活选择“显性分层”或“隐性分层”两种形式，显性分层凸显补差提优，隐性分层侧重以强带弱。这种动态化分层实训由于引入了层间流转机制，实践价值强，往往可以迅速提升效果。

（五）师徒结对

毋庸置疑。师徒结对是一种大幅提升专业实训质量的路径，通常有以下两种方式。

(1) 建立常态化“一对一”或“一对几”的师徒模式（类似于现在高校流行的导师制），利用实训教师的业余时间对师范生进行常态化跟踪辅导，当然需要建立切实可行的激励与监控机制，否则难以确保实训效果，甚至可能导致形式主义。

(2) 选拔优秀学生与中小学一线名师结对，这种做法可使一些被选中的学生产生荣誉感，促进这些优秀的苗子能够较早地茁壮成长。当然，试图安排每个学生与小学教师结对并不现实，也容易导致形式主义。例如，现在各地各级“名师工作室”等教师发展平台沉积了大量优秀一线教师，师范院校应善于主动与其建立产教合作关系，让那些未来的教坛新星能够在较早的发展阶段润植于一线沃土。

第三节　基于SPOC的师范生专业实训路径

当下对教师教育的高度重视已升格至国家战略层面，国务院《关于全面深化新时代教师队伍建设改革的意见》（以下简称《意见》）明确指出要突出教师教育特色，到2035年要大幅提升教师专业化水平、综合素质及创新能力[①]。《意见》是党中央在新中国成立以来颁布的首份指向教师队伍建设的里程碑式文件，标志着我国教师教育已步入全新发展时期。毋庸置疑，职前教师教育在这一宏观背景下必将迎来新的发展机遇。随着中小学教师资格证考试的全面推广及各地区教师招聘考试的普遍实施，如何培育师范生专业实践素养成为教师教育关注的热点话题。虽然传统面对面专业实训体系相对成熟，但已不能满足信息环境下师范生专业实践素养发展的价值诉求。本节试在学科教学论课程SPOC（small private online course，小规模私密在线课程）教学平台支持下探讨师范生专业实训路径。[②]

一、依托学科教学论SPOC平台开展职前教师专业实训的价值分析

SPOC源于混合式学习理念的实践应用。SPOC融合了传统课堂与在线学习的小众教学、微课、集成化，使线下课堂更加动态、灵活、高效[③]，因此获得一线教师广泛认同。高师院校学科教学论课程的SPOC支持也渐成常态，但师范生专业实训依然以线下师生面对面为主，深挖学科教学论SPOC课程平台教学优势，构建更为高效、更具操作性的专业实训模式，符合信息技术与教师教育深度融合的价值愿景。

（一）促进教师教育理论课程与实训课程融合汇通

近年来，围绕混合式学习开展的教育教学研究如火如荼。但梳理过往成果，大多研究指向理论课程教学。就学科教学论课程来讲，虽然教师教育"实践取向"已成共识，初步形成了"学科课程标准与教材研究"及"学科教学设计"的基本课程架构，但作为专业理论应用与检测的专业实训却与理论课程并列开设，在实践中存在相互割裂现象。专业实训应以实践智慧提升为中心，努力实现教师教育理论与实践的融合[④]。因此，作为职前教师培养的一体化方案，在混合式学习视阈下，依托SPOC平台把专业实训与理论学习置于一个统一的信息环境，可以更好地促进二者融合汇通，使学生深刻感受到"理论与实践密切联系"的哲学意蕴。

（二）破解传统线下实训障碍，高效发展职前教师专业实践素养

前已述，在教师专业素养结构中，专业实践素养是最为核心的要素，专业实训则是职前教师专业实践素养发展的主渠道。现行实训体系下，教材解读、教学设计、模拟课堂、见习实

---

① 中共中央，国务院. 关于全面深化新时代教师队伍建设改革的意见[EB/OL]. (2018-01-20)[2018-01-31]. http://www.moe.gov.cn/jyb_xwfb/moe_1946/fj_2018/201801/t20180131_326148.html.

② 于国海，孙国春. 基于SPOC的职前教师专业实训路径[J]. 教育观察，2018(17)：87-89.

③ 贺斌，曹阳. SPOC：基于MOOC的教学流程创新[J]. 中国电化教育，2015(3)：22-29.

④ 何二毛. 教师实践智慧：理解、建构教师教育理论与实践融合的关键[J]. 河南师范大学学报(哲学社会科学版)，2015(6)：178-181.

习等通常表现为线下师生面对面教学。前已述,该实训体系伴生着一些实践困顿,如课时紧张,实训过程难以避免走马观花;要求固化,难以满足不同层次学生的个性化需求;形式呆板,难以激起学生训练兴趣;等等。基于 SPOC 教学平台的专业技能实训,通过引进线上自主性、个性化实训方式,创造性地将在线教学与传统面对面教学两方面优势深度融合[①],可破解线下单一的面对面指导与训练的障碍,实现线上与线下实训的优势互补、扬长避短,促进专业实训模式的转型与升级,更加高效地发展职前教师专业实践素养。

(三) 转变职前教师学习方式

传统学习方式是基于线下的与接受式的。当下"学生"和未来"教师"的双重身份要求师范生学习具有自主性,这样才能在未来教学实践中形成较强的课程执行力与创造力[②]。当前智慧校园及移动互联使用的常态化、师范生手机与电脑的普及化及课余生活的信息化,客观上给他们提供了自主学习的厚重氛围,但他们上网更趋关注社交使用或游戏消遣,鲜见用于学习。植根 SPOC 教学平台开展专业实训,可通过外在的约束与激励机制,营造一个全新学习环境,吸引学生线上自主学习。学生可根据自身兴趣需要自主选择主题,主动思辨与探究、自由讨论与评价。在这种线上线下立体交融的专业实训中,不仅可使学生产生较强的归属感、成就感,更重要的是促进他们转变学习方式,以适应后续的职业发展内在需求。

二、基于 SPOC 平台的职前教师专业实训路径

职前教师专业实训一般包括校内实训和校外实训两个阶段。校内实训除基本素质项目如"三字一话"外,主要包括专业指向的教材解读、教学设计、模拟课堂等循序渐进环节;校外实训即传统意义下的教育见习与教育实习。要使专业实训产生显著效果,关键是构建完善的专业实训体系,每个阶段与环节都应科学合理地设计与布排。

(一) 校内实训

在中小学教师资格证国考及各地区教师招聘考试背景下,众多师范院校都设置了模拟课堂之类的校内实训课程。由于师资力量与教学时间等客观因素制约,校内实训实难全面系统展开,训练时间也不易充裕保证。以小学数学教师教育为例,校内实训的基本思路是遴选小学数学教材中经典课例进行针对性、个性化训练,以使师范生通过训练在提升基本素养的同时能在未来实践中由此及彼、举一反三。若依托学科教学论 SPOC 教学平台,可在一定程度上消解当前训练模式短板,提升校内实训效率。

1. 教材解读

教材解读是职前教师专业实践素养发展最基础的环节。对教材认识不到位往往会直接影响教学设计。如果师范生缺乏教材解读系统训练,他们在模拟课堂甚至职后教学工作中,就可能出现分析教材走马观花、浮于表面,断章取义、主观臆想,甚至看偏误读教材现象。[③]主讲教师可借助 SPOC 平台通过典型案例进行针对性训练,引导学生掌握正确解读的方法与路径。

---

① 黄建锋.基于 SPOC 的智慧课堂构建策略研究[J].教学与管理,2017(4):74-76.

② 朱桂琴.核心素养视域下的师范生实践教学变革:方向、困境与路径[J].教育发展研究,2017(12):46-51.

③ 于国海.新手教师教学设计常见误区例析[J].教学与管理,2017(23):23-25.

基于 SPOC 平台的教材解读训练主要步骤如下。

（1）教师共同体根据遴选系列课例组织编撰教材解读资料，可采用在线微课、讲座、文本等方式呈现。

（2）SPOC 平台发布实训任务，提出具体要求，说明教材解读的重要性与方法路径。

（3）学生利用课余时间（课前、课后）通过 SPOC 平台自主浏览视频或文本资源。

（4）通过线下课堂引领学生研读典型教材分析案例。

2. 教学设计

教学设计是模拟课堂的基础。实践中指向模拟课堂的教学设计并不那么严格，甚至有人认为只需设计一个简单流程。这种理解是偏颇的，易使师范生对以后现实课堂的教学设计形成认识误区。因此，即使 10 分钟左右的模拟课堂，也应严谨规范，引导学生经历教学设计的基本流程，以便学生也能从容应对设计现实课堂教学。由于学生模拟课堂训练时往往缺乏现场教学经验，因此教学设计更多情况下是基于模仿与想象。一方面，与其他众多技能一样，模仿是必要的，任何个性化、创造性的设计都源于最初模仿；另一方面，想象与现实是有差距的。在某种程度上，模拟课堂成功的关键是"现场感"，实践中经常会发现师范生背离教学场景的表演式模拟。因此，为使模拟课堂更具现场感，可组织学生实地见习或短期实习以体验现实课堂，缩短想象与现实的差距。

基于 SPOC 平台的教学设计训练基本流程可设计如下。

（1）SPOC 平台发布教学设计任务，提供可参照的设计模板与经典设计案例。

（2）学生自主选择训练课题（当然也可统一规定），在教材解读基础上独立设计，也可把学生 4～6 人编组，小组共同讨论，形成设计文本。

（3）学生（或学习共同体）在 SPOC 平台发布教学设计作业，教师共同体与学生共同体通过平台进行异步或同步的留言跟帖，提出意见或建议。

（4）学生（或学习共同体）修改教学设计，形成模拟授课脚本。

3. 模拟课堂

此为校内实训的核心内容。当前高师院校模拟课堂实训通常采用"一对多"模式，即一位指导教师辅导多位学生。教师指定训练课题，要求每一位学生（或每组学生）进行教学设计，然后课堂中请若干学生或小组代表模拟课堂，教师与学生再对模拟课堂进行述评。这种模式虽具有较强操作性，但其缺陷是不易使每个学生能获得充分的模拟授课训练，并且对授课者的实训评价也容易形成"一言堂""一边倒"等倾向，即使一些线下实训平台（如微格模拟等）也难有实质性扭转。在师资力量比较厚实的院校，弥补方式是建立教师辅导团队，分工协作，采用小班化训练的模式，这类做法本质上还是"一对多"，介于教师日常工作较多及专业化差异，小班化训练模式的实践虽有效果但需依赖充裕人力、物力的支持。依托 SPOC 平台的实训流程在"一对多"基础上结合"多对多"，即教师共同体对学生共同体进行在线辅导或交流，不仅可减轻教师的线下辅导负担，也可大幅提升模拟课堂效率。

基于 SPOC 平台的模拟课堂训练基本步骤可设计如下。

（1）SPOC 平台发布典型模拟课堂视频案例（各类比赛视频或过往学生训练优秀视频），学生课前线上自主观摩或者课中集体观摩。

（2）小组代表在充分准备基础上课中模拟课堂展示，师生评点。

（3）学生分组，二次模拟课堂，教师共同体承担分项辅导任务。

(4) 学生小组将模拟课堂视频与教学反思上传到 SPOC 平台讨论区。

(5) 教师共同体与学生共同体同步或异步在线交流。

在上述流程中，通过充分耦合线下训练与线上交流可凸显“多对多”教学优势。同时，学生小组成员也会从思想上高度重视，在上传视频之前往往会反复推敲、讨论以便展示比较完善或完美的内容，这一过程实质也是对模拟授课的自我反思、修缮过程，有助于职前教师专业实践素养的自我提升。另外，介于模拟课堂自身存在的设计缺陷，实践中还可融合说课与模拟课堂优势，通过“说教课堂”进一步提升训练效果[①]。

(二) 校外实训

教育见习与实习等校外实训是校内实训的教学延续与效果检测。在传统人才培养方案中，校外实训通常是学校课程设计整体规划的重要一环，是职前教师专业实践素养提升的主渠道。从某种程度上说，师范生在校期间的各类技能训练也是为了能顺利通过校外实训成为一名合格毕业生。

1. 教育见习

实践中由于教育见习安排工作量大，需耗费大量人力、物力甚至财力。因此，教育实践中这一实训环节往往重视力度不够。若能在统一管理基础上借助 SPOC 课程教学平台，把在线见习与现场见习结合起来，在一定程度上可缓解校外实训各方面压力，提升见习效果。例如，遴选经典教学课例视频录像，借助 SPOC 教学平台组织学生在线观摩，并通过即时在线交流与评价提升认识；也可通过在线观摩近期地区教研活动课例，拉近师范生与小学一线的距离。另外，在师范生现场见习前可通过 SPOC 平台发布见习任务，提供见习准备资料，如教材分析、教学赏析等，见习后要求学生通过 SPOC 课程平台提交见习感想、评价反思等；或在线围绕一些共同关注的话题进行讨论，实现观点在线碰撞。

2. 教育实习

当前教育实习某种程度上未能充分发掘信息技术的辅助功能。实质上，学科教学论 SPOC 教学平台在教育实习中功能不可小觑，如授课教师要求学生在实习期间定期上传教学设计或其他相关材料，不仅可使教师共同体及时了解师范生实习动态，还可实现即时性或随时随地性在线指导，解答师范生实习中碰到的问题；实习生也可通过教学中共同关心话题的在线讨论交流获得对小学一线教学更为深邃的理解。

信息化背景下职前教师专业实训的线上与线下智慧融合对学习者专业实践素养培育与教师团队的专业成长都有着重要的实践价值，与教师教育目标愿景高度契合。诚然，由于线下专业实训具有师生场景对话的即时性、亲和感，实训过程面对面的交往互动，实训评价的人文关怀等特质，其主流地位不可随意颠覆。基于 SPOC 平台支持的专业实训在实践中需要一定的人力、财力、技术等支持，客观上也存在推广的局限性，一些环节如过程监控、评价机制等还需通过不断探索研究加以完善。

① 于国海. 模拟课堂的实践失位与归正[J]. 教学与管理，2018(3)：9-11.

下篇　专业实训指导

第三章　小学数学课堂教学基本技能

第一节　课 堂 导 入

课堂导入是教师应该熟练掌握的教学基本技能之一。人民教育家于漪曾说：课的第一锤要敲在学生的心灵上，激发起他们思维的火花，或像磁石一样把学生牢牢地吸引住。于老师所说的"第一锤"即指课堂导入。作为教学过程的首要环节，课堂导入起着目标定向、激发学习兴趣、产生强烈求知欲、创设轻松愉快氛围的作用。

一、课堂导入的含义

"导入"又称"开讲"或"开场白"。"导"有引导、启发之意，"入"就是进入。课堂导入，指教师依据教学目标，运用各种教学媒体、教学方式，引发学生兴趣、产生学习动机、明确学习目标，从而吸引学生的注意力，自觉进入课堂的学习状态。

教学微课　新知导入的基本思路

从心理学角度看，课堂导入实为一种"首因效应"。这种效应最强，持续时间最长，比以后得到信息对事物整个印象产生的作用都要强，是一种一旦产生就很难改变的思维定式。一般来说，课堂导入系统包括人、物、操作三种要素。人的要素指教师与学生；物的要素指导入的材料和内容，包括导入的素材、教学媒体等；操作要素指教学活动方式①。按人的要素对课堂导入分类的话，可以分成两大类：一是以教师活动为主体的方式，如讲述、提问、实验、演示、表演、魔术等；二是以学生操作活动为主体的方式，如阅读、思考、讨论、游戏、辩论、操作等。这些方式可以进行优化组合，从而形成很多独特的课堂导入策略。

二、课堂导入的作用

（一）激发兴趣，引领学生进入学习状态

兴趣是学习动机中最活跃因素，也是影响学生学习积极性和主动性的最直接因素。苏霍姆林斯基认为："教学的起点，首先在于激发学生学习的兴趣和愿望。"著名心理学家布鲁纳也认为："最好的学习动机是学生对所学材料有内在的兴趣。"②教师在课堂中要充分利用学生的好奇心强、渴望探索新知的心理，让环环相扣的课堂导入诱发学生的活跃思维。

---

① 肖荣，黄宏新，车云霞．论课堂导入及其设计[J]．天津市教科院学报，2001(2)：38-41.

② 李亚男．小学数学教学攻略大全[M]．长春：东北师范大学出版社，2010.

例 3-1　角的度量[北师大版义务教育教科书数学四年级上册][①]

师：孩子们，请看屏幕。（出示第 1 个倾斜度比较小的滑梯）玩过吗？

生：玩过。

师：地球人都玩过！（全班学生都笑了）（出示第 2 个倾斜度稍大的滑梯）想玩哪个？

（大多数同学说"第 2 个"。教师出示第 3 个倾斜度很大的滑梯。"第 3 个。"可是大多数同学马上笑着改变主意——"第 2 个"）

师：这三个滑梯的不同之处在哪儿呀？

生：三个滑梯有高有矮。

生：有宽有窄。

师：（惊讶）还有宽有窄。你们说的这些都有点像，不过有一个很重要的不同之处，那需要有数学的眼睛才能看得出来。

生：（齐声）角度！

师：哎呀，厉害！是不是这样啊？（抽象出三个角）

生：是。

师：最主要的是它们的角度不同。（隐去两个角，留下第 2 个滑梯的角）那么滑梯的角多大才算合适呢？这就需要量角的大小了，怎么量角的大小呢？今天这节课，我们就一起来学习——（板书：量角的大小）

本环节导入，三个不同倾斜角度的滑梯情境既符合学生的生活经验，又体现出角的大小的作用，可使学生强烈感受到角的大小是影响下滑速度的重要因素。虽然学生具有相关生活经验，但现实中的滑梯几乎都是"标准的"、安全的。学生没有思维上的对比和冲突，就不会有意识地思考下滑速度与角的大小之间存在的本质联系。通过华老师的精心设计，学生对度量角度大小的学习愿望与需求变得更加迫切，这样的导入极大激发了学生的学习积极性和主动性。

（二）唤起注意，引领学生融入学习情境

注意是指人的心理活动对外界一定事物的指向和集中，是伴随着感知觉、记忆、思维、想象等心理过程的一种共同的心理特征。俄罗斯教育家乌申斯基曾精辟地指出："注意是我们心灵的唯一门户，意识中的一切，必然都要经过它才能进来。"学习需要对情境的积极反应，如果失去注意力，学生就无法进行学习。短暂的课间休息结束后，学生难以迅速进入课堂学习状态，教师可借助巧妙的导入，引领学生把注意力指向课堂内容与活动过程，从而全身心地投入课堂学习。

例 3-2　7 的乘法口诀[苏教版义务教育教科书数学二年级上册][②]

师：请看屏幕（屏幕先后动画出示白雪公主、七个小矮人）。森林里，有一位漂亮的公主，她是谁呢？她有几位好朋友，又是谁呢？

生：白雪公主和七个小矮人。

师：数一数，七个小矮人都来了吗？（随着学生数数，屏幕先出示 1 至 7，在气球中出现 7、14、21 三个数）

---

① 华应龙. 我这样教数学——华应龙课堂实录[M]. 上海：华东师范大学出版社，2010.

② 吴正宪，钟建林. 小学数学名师名课经典篇[M]. 北京：教育科学出版社，2011.

师：七个小矮人每人手上拿着一只气球。观察气球上的数，你发现了什么？

生：后一个数比前一个数多7。

生：第一个数是7；第二个是14，两个7相加是14；第三个数是21，3个7相加是21。

师：接着往下写，是哪些数呢？（学生回答28、35、42、49，屏幕中出示各数）你们是怎样想的？

师：我们一起把这一列数读一读，这些数和谁有关呢？今天这节课如果我们学习乘法口诀，将学习——（随着学生回答，完成课题板书“7的乘法口诀”）

苏教版教材“7的乘法口诀”是一堂单元起始课，贲友林老师创设了白雪公主和七个小矮人的场景，呈现了“找规律、再填空”的数学问题，让学生在课的开始，就步入了数学课所追求的有着“数学味”的情境。这种富有挑战性的学习情境，集中了学生的注意力，引领学生进入学习的佳境。

（三）揭示目标，引领学生明晰学习目的

心理学研究表明，目标性的行为效率明显高于无目标性的行为效率。在学习活动开始前，明确学习目标，能引起学生对新学内容的心理期待，调动其学习的积极性。课堂导入中，教师通过直接或间接的方向性指引，让学生明确本节课将要学习什么、怎么学、为什么要学，往往能有效调控学生的学习，从而促进教学目标的完成。

例3-3 用字母表示数[人教版义务教育教科书数学五年级上册]

师：今天我们将要来学习“用字母表示数”，看了这个课题，你们有什么疑问呢？

生：什么是用字母表示数？

生：怎么用字母表示数？

生：用字母表示数是谁第一个发明的？

师：同学们提出的问题都值得研究，还有没有其他问题了？

生：为什么要学习用字母表示数？

师：是的，也就是用字母表示数有什么意义和价值，今天我们就围绕大家提出的这些问题来进行研究。

五年级的数学课，教师直接出示课题，让学生提出自己的疑问，为本节课用字母表示数明确了研究的方向。

（四）承前启后，引领学生建立知识联系

建构主义者认为，学生进入课堂前并不是一张白纸，他们在生活中已经积累了一些知识经验，教学应基于学生的已有经验开展。学习需要先前知识的支持。如果学习者头脑中没有丰富的知识经验，并且这些经验不能与新知识建立联系，那么他们将不能吸收新知识。[①] 在导入活动中，教师通过对旧知的复习、提问、交流等活动，向学生提供了新知与旧知联系的支撑点，往往能有效地降低新知的难度，从而帮助学生快速地建立新知与旧知之间的联系。

例3-4 异分母分数加减法[苏教版义务教育教科书数学五年级下册][②]

师：同学们，我们今天的学习就从这个正方形开始，请看——（出示下图3-1）涂色部分一共占这个正方形的几分之几？你会列式吗？

---

① 莫雷．教育心理学[M]．广州：广东高等教育出版社，2002．

② 金姝茜，施乐旺．“法”“理”并举，发展数学运算素养[J]．小学数学教师，2019(5)：43-49．

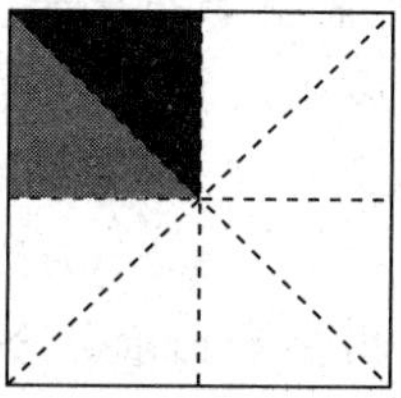

图 3-1

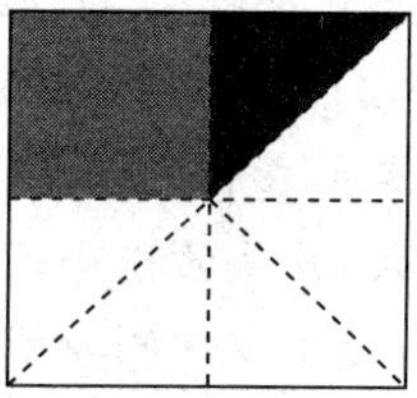

图 3-2

生：$\frac{1}{8}+\frac{1}{8}=\frac{2}{8}=\frac{1}{4}$。

师：你是怎么想的？

生：同分母分数相加减，分母不变，分子相加减。

生：分母相同其实就是分数单位相同，所以1个$\frac{1}{8}$加1个$\frac{1}{8}$就是2个$\frac{1}{8}$，也就是$\frac{2}{8}$。

师：同学们把同分母分数加减法计算的道理说得真清楚。

师：(课件演示覆盖原来的$\frac{1}{4}$，再贴上$\frac{1}{8}$，如图3-2所示)现在涂色部分一共占这个正方形的几分之几呢？又该怎么列式？

生：$\frac{1}{4}+\frac{1}{8}$。

师：比较这个算式与刚才的算式，有什么不同？

生：这两个分数的分母不同。

师：没错，今天我们就来研究异分母分数的加减法。(板书课题)

上述课堂导入从直观的正方形开始，开门见山引出分数加减法的数学问题，唤起了学生原有的知识经验，既复习了同分母分数加减法的算法算理，又引出了本节课异分母分数加减法的学习主题。

三、课堂导入的策略

良好的开端是成功的一半。恰切合理的引入策略，可以迅速调动学生的学习积极性，顺利进入新课学习。因此，教学设计应结合学生的心理特点和数学学科内容特点，充分发挥导入的作用，为更好地进行新课教学做好铺垫。这里围绕新授课、练习课、复习课三种常见课型，探讨课堂导入的不同策略。

(一) 新授课

新授课是以传授新知识为目的、以形成新技能为核心、以培养学生数学素养为宗旨的课型，是小学数学教学最基本课型。新授课导入常见策略如下。

1. 故事导入策略

新课导入时，利用儿童心理，通过生动有趣的故事，往往能迅速吸引学生的注意力，有效调动学生的主观能动性，使学生全身心地投入新课学习活动中。

例3-5 认识厘米[苏教版义务教育教科书数学二年级上册]

师：小朋友们喜欢听故事吗？

生：喜欢。

师：在古代没有发明尺之前，人们都是运用身体尺来测量长度的。有一天，裁缝师傅给顾客测量了衣服的长度是 4 拃，让小徒弟去做。小徒弟认认真真地用自己的手量出 4 拃做好了衣服。第二天，顾客把衣服穿在身上，却发现衣服太小了，这是为什么呢？

生：因为师傅的手大，徒弟的手小。

师：是呀，所以人们为了方便测量和交流，统一了测量的标准。今天我们就来学习测量长度的单位。

这里通过裁缝师傅和小徒弟同样测量 4 拃，做出的衣服长度却不相同的故事，让学生明确测量时统一单位的必要性，从而引出本节课的学习内容“长度单位厘米的认识”。这样的导入，让学生在积极的氛围中思考、辨析，快速投入到新知的学习过程中。

2. 问题导入策略

问题导入策略是借助“问题解决”教学理念，把所要学习的新知置于一个现实的问题情境中，提出问题，引领学生思考与探索。问题导入是当前小学数学教学设计普遍采用的策略。通过问题情境设置悬念，引导学生一层层进入新课学习，能让学生在新知的探索过程中获得快乐感和满足感。

例 3-6　小数的性质［苏教版义务教育教科书数学五年级上册］

师：同学们，你们发过微信红包吗？昨天老师从微信里准备发一个红包（如图 3-3 所示）。

师：你观察到了什么？有什么疑问？

生：输入 0.3 元，下面显示是￥0.30，0.3 元就是 0.30 元。

生：为什么 0.3 等于 0.30？

师：在单个金额里输入 0.3 元，下面显示的是￥0.30，看来 0.3 和 0.30 之间有着密切的关系。今天，我们就一起来研究小数的性质。（板书课题）

心理学研究表明，人的学习能力与其积极情绪有着密切关系。在导入环节，用学生喜闻乐见的微信红包作为学习研究的素材，输入“0.3 元”却显示为“0.30 元”，学生产生了这两个小数为什么相等的疑问。这一疑问是学生学习的导火线，也是后续探索新知的内驱力，它能使学生的求知欲由潜伏状态转入活跃状态。

图　3-3

3. 实验导入策略

该导入方式是教师在新知教学前，通过小实验演示，引导学生观察实验现象，分析、归纳实验结果导入新课的方式。这种导入方式新颖，利用多种感官，容易引起学生的注意，活跃课堂氛围。

例 3-7　长方体的认识［北师大版义务教育教科书数学五年级下册］①

师：（出示一张 32 开白纸）一张白纸可以看作一个长方形吗？

生：（齐）可以！

师：那么，50 张、100 张、200 张……同样大小的白纸重叠起来，就成了这样的书本（出示一本较厚的书），还可看作长方形吗？

---

① 华应龙. 我这样教数学［M］. 上海：华东师范大学出版社，2010.

生：不可以了！

师：将一张白纸看作一个长方形，可以不去考虑它的厚度，50张、100张、200张……同样大小的白纸重叠在一起，就不能忽视它的厚度，不能将它看作长方形，而要看作长方体了。(板书：长方体)

师：同学们，桌子上的火柴盒、积木，这里的磁带盒、牙膏盒(在讲台上出示)，造房子用的砖，医生用的保健箱等，这些物体的形状都是长方体。这节课我们就一起来认识长方体。(补充板书：的认识)

师：(出示一些长方体形的、非长方体形的物体和模型，其中有一块玻璃)现在请两位同学来分一分，把长方体形的物体放在左边，不是长方体形的物体放在右边，拿不定主意的放在中间。

(生上台前分，把玻璃及一组对面是正方形的长方体模型放在中间)

师：他们分得对不对？等我们研究了长方体的特征后就知道了。

华老师从一张白纸到几十、几百张白纸叠加成书的演示，让学生的空间观念从平面扩展到立体，学生在实验中带着浓厚兴趣初识了长方体。当学生对"玻璃"等变式一时拿不定主意时，教师轻轻一句话就调动了学生深入探究知识的学习心向，自然过渡到长方体特征的研究。运用实验导入法时，需要注意实验的设计要巧妙、新颖，同时实验的内容要和新知识的学习有密切联系。

4. 复习导入策略

"温故而知新"，复习旧知的过程就是唤起已有学习经验，这种导入策略抓住新旧知识的联系，有利于学生学习的正向迁移。数学知识前后联系比较密切，学生已有认知结构中的相关知识往往是新知的生长点，因此认知主义背景下的教学设计非常重视这一导入策略。

例3-8　一个数除以分数[人教版义务教育教科书数学六年级上册]

师：这段时间，我们一直在学习分数的计算。接下来，让我们玩一次穿越，把前面我们所学习的过程，做一个简单的回顾。分数除以整数，比如$\frac{3}{8}\div 6$，回忆一下，怎么算？

生：除以一个整数等于乘这个整数的倒数，$\frac{3}{8}\div 6=\frac{3}{8}\times\frac{1}{6}=\frac{1}{16}$。

师：今天，我们要继续学习"分数除法"。猜一猜，你觉得接下来可能学习怎样的分数除法呢？

生：我觉得可以学分数除以分数。

生：整数除以分数。

师：同学们的意思是，今天我们学习的除法，除数不再是整数，而是分数了。(板书：□÷分数)

上述导入引导学生借助原有的分数除以整数计算方法，大胆地对本节课要学习的除数是分数的除法的学习进行迁移类推，同时也体会到蕴含其中的转化思想。

5. 游戏导入策略

著名教育家陈鹤琴做过这样的论断："小孩子生来就是好玩的，是以游戏为生命的。"小学生喜欢各种各样的游戏，他们对于游戏有着天然的兴趣，运用游戏来导入新课，往往会极大地激发学生的学习热情。

例 3-9 圆的认识[苏教版义务教育教科书数学五年级下册]

师：同学们，请看，老师今天带来了什么？

生：体育老师上课用的哨子。

师：今天是上数学课，为什么要带哨子呢？请看，老师把这个哨子绕在手指上，让哨子旋转起来，你看到了什么？

生：圆。

师：哨子绕着手指旋转，运动后形成的轨迹是一个圆。今天我们就一起来研究圆。（板书课题）

根据学生的心理活动特征，教师选择了体育老师用的哨子绕在手上旋转，通过这样一个小游戏，让学生观察哨子运动的轨迹，这为后续圆的特征的学习做了铺垫。

（二）练习课

练习课是学生在理解新知的基础上，巩固新知、形成技能的一种课型，通常以学生独立练习为主。练习课与新授课相比，更容易平淡无味，设计巧妙的导入往往能激起学生的学习兴趣，提高练习效率。练习课常见导入策略如下。

1. 开门见山导入策略

练习课是新授课的延伸，以学生自主练习为主，在导入阶段让学生明确练习内容与目标，目的是对所学知识的有效巩固和强化。

例 3-10 圆柱体的表面积练习课[苏教版义务教育教科书数学六年级下册]

师：同学们，上节课我们学习了圆柱体的表面积计算，今天我们来上一节练习课。通过练习，首先让我们进一步熟练掌握圆柱表面积的计算方法；其次，运用已经掌握的数学知识，灵活地解决生活中的实际问题。今天，我们要来比一比，看哪些同学善于思考、踊跃发言、学得灵活！

教师在练习课导入阶段，用短短几句话让学生明确了这节课的目的、内容及要求，这样可以提高学生练习的效率。

2. 情境导入策略

对于抽象的数学知识，创设生动有趣的练习情境，更能有效地提高学生参与学习的积极性，也能培养学生主动运用知识解决实际问题的能力。

例 3-11 长方体、正方体表面积、体积练习课[苏教版义务教育教科书数学六年级上册]

师：同学们，前面我们学习了什么内容？

生：长方体、正方体的表面积、体积。

师：学习了这个知识后，小东和他的同学在爸爸的带领下来到了牛奶厂进行参观。他们在参观牛奶厂的过程中，遇到了不少的长方体、正方体的知识，还帮助那里的工人叔叔解决了一些数学问题呢！你们想知道他们都遇到了哪些数学问题，又是怎么解决的吗？

生：想。

师：这节课，就让我们一起随着小东同学走进牛奶厂，解决一些实际问题。（板书：长方体、正方体的表面积、体积练习课）

在这样的情境中，学生必然能兴趣盎然地进行学习和思考，牛奶盒的占地面积、表面积、包装盒的大小等实际问题，让学生体验到学习数学的乐趣，也进一步体会到数学知识在生活中的广泛应用。

3. 错题资源导入策略

学生在练习中出现的错误，如果能合理巧妙利用，将是练习课宝贵的资源。因此，教师将学生平时作业中出现的典型错误整理、改编，作为课堂的导入环节，可为学生的练习提供纠错、辨析的机会，从而化错成彩。

例 3-12　分数乘除法练习课［苏教版义务教育教科书数学六年级上册］

老师直接呈现学生新课后作业中的错误：

$$\begin{aligned}&\frac{3}{8}+\frac{5}{8}\times\frac{7}{10}\\&=1\times\frac{7}{10}\\&=\frac{7}{10}\end{aligned}\qquad\qquad\begin{aligned}&\left(\frac{2}{3}+\frac{4}{5}\right)\times3\times5\\&=\frac{2}{3}\times3+\frac{4}{5}\times5\\&=1+1\\&=2\end{aligned}$$

师：大家看，这是大家作业中的两道题，有同学是这样做的，你觉得他们做对了吗？

生：不对。第一题的运算顺序是先算乘法再算加法，不能先算加法。

生：第二题的乘法分配律用错了，我们学的乘法分配律是一个数乘两个数的和，这里是两个数乘两个数的和，这样分配就不对了。

师：是呀，很多计算题往往有一些迷惑人的地方，如果我们能做到"看出陷阱，又能不掉入陷阱"，那你的计算就很厉害了！今天，我们就一起来上一节分数乘除法的练习课。（板书课题）

在上述导入过程中，教师选择了学生在新授课练习中出现的错题，让学生观察思考错误的原因，为接下来的练习提升奠定了基础。

（三）复习课

复习课是以复习巩固所学阶段知识为主要内容，促进学生知识网络化、系统化的课型。复习课的目的是完善学生认知结构，加深学生对知识的理解，同时也是学生对已学知识的查漏和补缺过程。合理巧妙的导入可调动学生学习的积极性和主动性，提高复习课的质量。常见的复习课的导入策略如下。

1. 思维导图导入策略

由于小学生的认知特点与思维发展规律的独特性，很多知识在教材中采用了螺旋递进的形式编排，学生不容易理解碎片化形式存在的知识之间的逻辑联系。在导入环节引导学生构建思维导图，往往能有效帮助学生厘清知识逻辑，比较知识间的差异。

例 3-13　因数倍数的复习课［苏教版义务教育教科书数学五年级下册］

师：同学们，我们这个单元学习了因数和倍数，这节课我们就来进行这一部分内容的整理和复习。（板书课题：整理和复习）

师出示复习要求。

（1）这一单元，我们学习了哪些知识？

（2）这些知识之间有着怎样的联系？

师：请同学们用思维导图的方式进行整理，然后在小组内进行交流。

教师巡视，掌握各小组学生整理的情况。

单元复习的数学概念多，知识点琐碎，学生常会出现知识应用张冠李戴的现象，其本质就是没有很好地建立认知结构。单元复习课的导入环节采用思维导图进行知识整理，既能实现让学生的知识从“点状结构”向“框架结构”的递进，又可让学生掌握良好的学习方法，从而保证后续的研究和学习。

2. 自主建构导入策略

开放的复习课，有时放手让学生进行自主建构，将所学知识和方法通过自我的表达，往往能让学生抓住重点，促进学生主动地进行复习。

小学微课 赵玉梅：表内除法复习（一）

例 3-14 小数的意义、性质和加减法复习课［人教版义务教育教科书数学四年级下册］

（师在黑板上写下 0.3）

师：同学们，如果你要向别人介绍 0.3 这个小数，你有哪些不同的方式来介绍这个小数呢？请看活动的要求。

（1）可以通过画图、语言描述、计算等方式，记录下你的想法。

（2）比一比，谁的方法多，又不同寻常。

（3）写完后，在小组内进行交流。

教师在学生活动时进行巡视。

在这样的复习导入环节中，教师通过让学生向别人介绍 0.3 这个小数，让学生将所学的小数的意义、性质、加减法的知识全都联系起来；学生由这个普通的小数，想出了一系列的题型和题目，理清了这个单元的知识之间的脉络。

总之，课堂导入设计需要基于学生已有认知和心理特点，用富有启发性、趣味性的方式，引起学生的好奇，激发学生强烈的求知欲，才能让学生在课堂一开始就迅速地全身心投入到学习状态。

第二节 课堂提问

课堂提问是课堂教学的基本活动，教师提问的质量在很大程度上会直接影响课堂教学效果。日本著名教育家斋藤喜博认为：“提问是教学的生命。”恰到好处的提问，能引发学生探究知识的欲望，激发学生积极思考，唤起学生心灵深处探究学习的认知需要。

一、课堂提问的含义与类型

课堂提问是贯穿教学全程的一种具体教学行为，这种行为一般不包括教师或学生可以独立完成的提问（如自问自答）。裴娣娜认为，只有通过师生双方共同参与，学生与教师进行语言或非语言互动的行为才算真正意义上的提问行为①。到底什么是课堂提问呢？从广义上说，课堂提问是指课堂上所有涉及的问询方式或者问询意义的语句，包括教师向学生提问、学生向教师提问、学生向学生提问。狭义的课堂提问主要指教师向学生提出问题，引发学生心智活动的行为。这里主要探讨狭义上的课堂提问。

文献 冯桂群，于国海.优化数学教学手段 提升“提问—理答”实效

根据不同分类标准，课堂提问可划分为不同类型。根据提问交流的形式，查尔斯 · C. 狄

① 裴娣娜. 教学论［M］. 北京：教育科学出版社，2007.

诺凡将提问分为特指式、重复式、泛指式、反诘式、自答式这五种类型[①]。布鲁纳根据教育目标进行的分类最具代表性,他将问题从低到高分为知识、理解、应用、分析、综合及评价六种提问[②]。

根据问题答案预设的数量,提问还可分为开放式提问和封闭式提问。开放式提问的答案不唯一,只要学生的回答符合一定标准,即可满足回答需要。例如,“转化策略我们并不陌生,你在以前的学习中哪里还用过转化策略呢?”“生活中,还有哪些物体做成了圆形?”封闭式的提问只有极少数的预设答案,教师只要根据学生的回答是否符合预设的答案来作出判断,或者这类问题只需要学生进行判断,“行不行”“能不能”“是不是”。例如,“怎样的两个三角形能拼成平行四边形?”“长方形的面积计算公式是什么?”

根据提问的难易层次不同,提问可分为识记性提问、理解性提问、创造性提问、批判性提问[③]。识记性提问是针对学生已掌握的数学知识点设计问题,目的是考查学生对知识点的记忆情况,通过学生回忆、复述再认已学的知识点。例如,“你能来说一说什么是商不变的规律吗?”理解性提问是建立在学生已经学习或掌握某方面知识、技能基础上,教师根据需要让学生讲述这方面知识的问题,目的是帮助学生理清所学知识,为后续学习做铺垫。例如,“谁来回顾一下,平行四边形的面积计算公式是如何推导出来的?”创造性提问是指教师提出需要学生进一步分析已知信息、抽象出知识内在联系的问题,这不仅仅需要学生对知识的记忆、再认和简单应用,还需要其对知识进行一定程度的加工。例如,“利用两个完全相同的三角形拼成平行四边形的方法推导出了三角形面积计算公式,如果只利用一个三角形,可以推导出三角形的面积计算公式吗?”批判性提问是教师根据学生的学习情况,提出的帮助学生建立批判性思维的问题。例如,在“分数的初步认识”中,教师在学生折纸涂色表示了1/2后,提出“为什么纸的形状不同,折的方法不同,涂色部分的大小也不一样,涂色部分却都可以用1/2来表示呢?”

二、课堂提问的作用

课堂提问不仅是教师调控课堂教学、提高学生参与度的重要手段,也是集中学生注意力、激发学生求知欲、提高学生课堂参与度的重要手段。正如斯特林·G.卡尔汉指出:课堂提问是教师促进学生思考、评价教学效果,以及推动学生实现预期目标的基本控制手段[④]。如果教师能充分运用课堂提问的手段,创设良好的互动学习氛围,将有助于促进学生的深度学习,发展学生的学习能力。

(一) 激发学生学习动机

课堂是点燃学生智慧的场所,具有挑战性的问题能引起学生的注意,使他们的情绪处于最佳状态,激发他们探究的欲望。

① 腾鲁阳,等.小学数学教学论[M].长春:东北师范大学出版社,2000.

② 特雷弗·克瑞.有效讲解和提问的技巧[M].朱晶,译.广州:广州教育出版社,2013.

③ 邝孔秀,胡娟淼,姚璐,等.提高小学数学课堂“提问”教学质量的策略探析[J].湖州师范学院学报,2016(6):27-30.

④ 刘娟娟.小学数学教学技能[M].上海:华东师范大学出版社,2011.

例 3-15 圆柱的认识[人教版义务教育教科书数学六年级下册][①]

师：同学们，今天我们要学习"圆柱的认识"。昨天，老师给大家布置过一项回家作业，要求大家将书本附页中的圆柱手工制作图剪好带来，现在请大家拿出来吧！（学生每人拿出两个圆和一张长方形纸片）

师：老师昨天特意没让大家把这些材料粘成一个圆柱。现在有一个思考性问题要挑战一下大家了。已经剪好的圆直径是5cm，不用尺量，你知道我们剪的那个长方形的尺寸吗？（学生一下子有点无措，教师引导学生先观察、思考，再自己动手围一围，仔细研究长方形的尺寸和圆之间的关系）

关于圆柱的认识，常规教学是让学生将圆柱学具剪下来粘好，然后研究圆柱的侧面与底面的关系。但是本课设计中，顾老师却反其道而行之，事先不让学生粘好学具，通过提出"不用尺量，你知道我们剪的那个长方形的尺寸吗？"的问题，引领学生通过观察与想象，借助操作与推理，思考圆柱侧面与底面的关系。

（二）促进学生深入思考

苏霍姆林斯基说过："学生来到学校里，不仅仅是为了取得一份知识的行囊，更主要的是为了变得更聪明。"在教学过程中，教师充分挖掘教材的智力因素，提出开放性、思考性的问题，才能让学生主动探究、深入思考，巩固和深化对新知的认识，提高学生的思维水平。

例 3-16 圆柱的认识[人教版义务教育教科书数学六年级下册]

在获得"长方形的长等于圆柱底面的周长，长方形的宽等于圆柱的高"之后，教学进入巩固练习阶段。

师：同学们，老师这里还有一张纸片，它的长是31.4cm，宽是15.7cm。如果把它当作圆柱的侧面，要给它配两个圆当作底面，要配的圆的直径该是多少厘米呢？

生：用 31.4÷3.14＝10(cm)。

生：也可以把15.7cm当底去配圆，那就是 15.7÷3.14＝5(cm)。

师：这样的两个圆柱各是什么样子，你们想象得出吗？

生：一个粗，一个细；一个短，一个长。

（很多学生努力地想象着，教师适时以动画将长方形卷曲成两个不同的圆柱，让学生体会采用不同的卷曲方式会得到不同的圆柱）

师：我们刚才都是把两个圆配上一个合适的长方形围成圆柱的。不知道大家想过没有，这两个圆还可以配一个什么图形来围成圆柱呢？

（课件呈现图 3-4）

生：还可以配一个正方形。

生：那当然可以，正方形就是特殊的长方形嘛！

生：我觉得配一个平行四边形也行。（教师适时呈现图 3-5）

……

师：同学们，两个圆配一个平行四边形能围成圆柱，这个问题并不难。难的是，你知道这个平行四边形和围成的圆柱之间的关系是什么吗？

---

① 顾志能.创新照亮课堂[M].北京：中国人民大学出版社，2018.

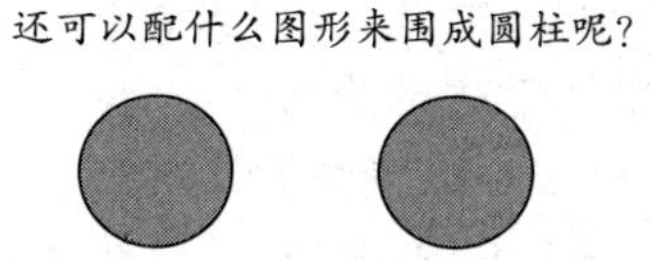

图 3-4

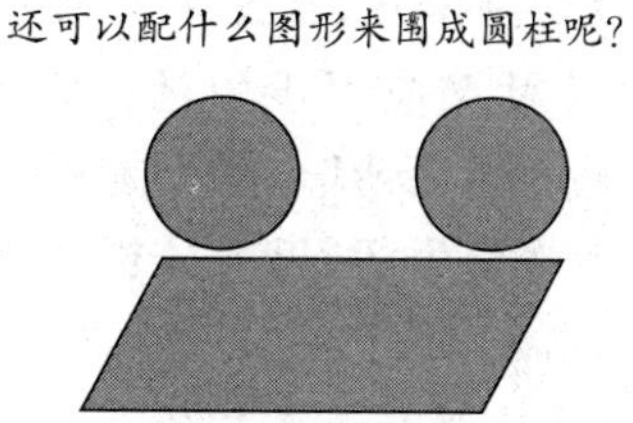

图 3-5

学生获得新知后，教师通过合理变式，提出“长方形需要配怎样的圆?”此时练习答案就不唯一了，目的是让学生更牢固地掌握圆柱侧面与底面的关系，进一步提升解决问题的能力。之后，又进一步拓宽教学思路，“两个圆还可以配一个什么图形来围成圆柱呢?”“平行四边形行不行，为什么?”“它和圆柱之间有什么关系?”这些问题又促使学生打开思路，大胆想象，学生深刻地经历了内涵丰富的探究之旅。

(三) 形成反馈调整教学

课堂上，教师通过提问，得到学生的反馈信息，不仅可了解学生对学习内容的掌握程度，而且还可发现学生学习上存在的问题，及时调整后续教学活动。

例 3-17 折扣问题练习课[苏教版义务教育教科书数学六年级上册]

师：同学们，一件商品打八折，是什么含义呢?

生：打八折就是按照商品原价的 80%出售。

师：在生活中，商店促销的方式不同，你觉得打八折还可能怎么表达?

生：我觉得买四送一也就是打八折。

生：满 100 元送 20 元也是打八折。

师：同学们提出的这两种方式，是不是完全等同于打八折呢? 请大家先独立思考，再在小组内进行交流。

优惠促销的几种方式，是学生学习的一个难点。教师通过引导式提问，学生的回答反映了他们对折扣问题的认识还不深刻，教师及时调整教学，并提出疑问，促使学生进一步地研究“买四送一”和“买 100 元送 20 元”与“打八折”的关系。课堂上这样的提问，除了能让老师及时捕捉学生认知盲点，迅速调整教学方向，还能促使学生在学习中不断反思，及时改进自己的学习。

三、课堂提问的策略

“施教之初，贵在引导，而引导之法，贵在善问。”课堂提问是一门艺术，课堂提问的策略不仅包含教师课前有效的问题设计策略，还包括课上教师的提问方式，以及学生回答后教师的评价策略。一个好的问题设计，能把学生带入“问题情境”，使他们的注意力迅速集中到特定事物、问题或知识上；恰当的提问方式，能引导学生追忆、联想，促进学生积极思考，创造思维；巧妙的评价应答，有助于学生更自信地投入学习，促进学习目标的顺利达成。

(一) 问题设计策略

问题是数学的心脏，设计符合学生认知发展水平的问题，能极大地激发学生学习积极性，促进学生思维发展。如何设计出好的问题呢?

1. 问题设计生活化，激发学生学习兴趣

数学源于生活又应用于生活。教师要善于从学生丰富多彩的生活经历中寻找教学素材，以学生熟悉的生活情境、感兴趣的事物作为教学的切入点，设计出有价值的生活化数学问题，引导学生观察生活、思考分析现象背后的本质，激活学生的思维。

例 3-18 24 时记时法[苏教版义务教育教科书数学三年级下册][①]

师：看看，老师今天带来了什么？老师在钟面上拨一个时刻(拨 3:00)，你能认出来吗？

生：3 点。

师：通常，3 点你可能在干吗？

生：我在上课。

生：如果是周末，我可能在玩。

师：有不一样的吗？

生：我应该在睡觉。

师：奇怪，同样是 3 点，怎么有人在上课，又有人在睡觉？

生：因为有的是凌晨 3 点，有的是下午 3 点。

师：看来，只说 3 点容易混淆。而有了像凌晨、下午这样的时间词呢？

生：很清楚，不会再混淆了。

师：生活中，像这样带有时间词的时刻还有很多。你能再说一个，并说说这时候你可能在做什么吗？

这是学生初步建构时间概念的第一环节，张老师通过在钟面上拨出 3 点的时刻，提出“你可能在干什么”的问题，激发学生发挥主体性，联系生活经验，将时间和自己的生活行为进行关联，建立时间概念。

2. 问题设计探究化，促使学生深入学习

苏霍姆林斯基认为：“在学生的心灵深处，都有一种根深蒂固的需要，就是希望自己是一个发现者、探究者和成功者。”教师设计探究性问题，引领学生通过操作、观察、讨论交流来寻求数学的本质，这样的问题往往能有效激发学生的探究热情，促使学生深度学习。

例 3-19 图形的放大与缩小[苏教版义务教育教科书数学六年级下册]

师：同学们，老师带来一张照片，但是太小了，你有办法让后排的同学都能看到吗？

生：我能把照片放大。

师：老师也尝试着将照片变大。(出示长不变，宽拉大；宽不变，长拉大)这样的变化你们满意吗？

生：不满意，形状变了。

师：是的，在生活中，为了需要，我们经常会将物体或图片进行不变形的放大，照片在计算机上进行不变形的放大只需要鼠标简单地操作。如果是一个长方形，如何在方格纸上将它进行不变形的放大呢？独立思考后，画一画、填一填，如图 3-6 所示。

生活中只要将图形变大了，就认为是放大，这与数学研究中的“放大”有本质区别。如何帮助学生在课上准确地建立不变形的放大呢？教师在课始提出问题：如何在方格纸上画出长方形放大后的图形？该问题对于学生来说思维难度较大，具有很强的挑战性。但是通过

① 张齐华.“24 时记时法”教学实录[J].小学教学(数学版)，2013(4)：17-20.

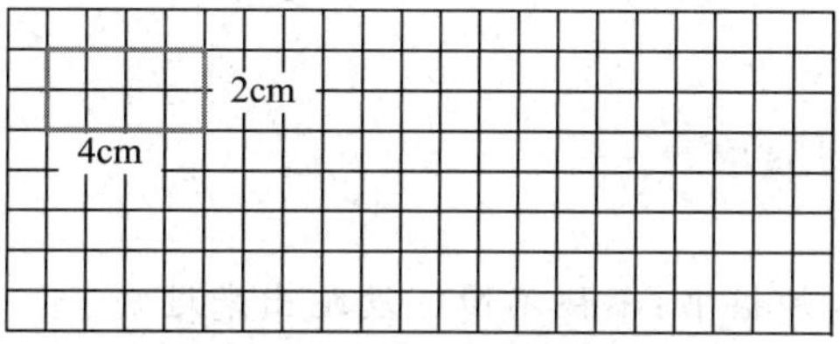

	现在	原来	倍数
长			
宽			

图　3-6

这一富有探究性的问题，可以促使学生在操作中思考，不变形的放大过程中长方形的长宽变化蕴含着怎样的规律，怎样才能保证画出的图能不变形。

3. 问题设计递进式，挖掘学生智力潜能

对于思考层面广、难度相对大的内容，教师设计递进式的问题环环相扣、层层递进，可降低问题的难度，由浅入深地进行提问，不仅符合学生的认知规律，也可为学生接受新知做铺垫，减缓了思维难度，挖掘学生智力潜能。

例 3-20　平均数[人教版义务教育教科书数学四年级下册]①

教学材料：一位二年级教师向学生了解 60m 跑步所用的时间，某生很认真地请父亲记录了 5 次跑 60m 的时间。分别如下(单位：s)：15　14　12　10　14。

问题：60m，我通常要跑________s。

师：我发现这位小朋友填了 15，一会儿又把 15 划了，大家能理解他是怎么想的吗？

生：15s 虽然是第一次跑，但也是最慢的一次。

生：他填 15 是不甘心的。(师板书：最慢　不甘心)

师：我发现他又填了 10，可又划了，你认为他是怎么想的？

生：10s 是他跑得最快的一次，但并不是每次都能跑出来。

生：万一老师让他跑，他跑不出来，老师会说他骗人，他会不好意思。(师板书：最快　不好意思)

师：同学们，如果 15、10 都不合适，大家认为填几是比较合适的？

生：14。

师：理由是什么？

生：因为跑出过两次，最有把握。(师板书：14　最多　有把握)

师：填 14，大家认为这位二年级小朋友会满意吗？

生：不满意，14s 跑的次数最多，可 14s 在他的水平中，和真实水平相比还是偏慢的。

师：这位同学说 14s 虽然次数最多，可是偏慢，大家认为呢？

生：那就填 12。

师：12 满意吗？

生：只能填 12 了，虽然 12s 偏快一点点。(师板书：12　偏快)

师：同学们，14s 偏慢，12s 偏快，就没有正好的吗？

① 俞正强. 平均数，不可省略的理解[J]. 小学数学教师，2018(10)：36-39.

生：有 13。

师：那为什么不说？

生：没有啊，没有跑过 13s 啊。

师：能填吗？

生：不能填，要诚实。（师板书：不快不慢　没跑出来过）

师：同学们，13 能填吗？

生：不能，没跑出来过。

生：能填，没跑出来过，不等于他跑不出来。

师：什么意思？

生：也许第六次就跑 13s 了。

在上述师生交流过程中，俞老师精心准备的教学素材来源于学生的生活，数据设计巧妙，层层递进的问题设计，将平均数的两个内涵理解充分呈现在学生面前："不快不慢""没有跑出来过"。"不快不慢"代表了这组数的真实水平；"没有跑出来过"意味着平均数的"虚拟性"。

4. 问题设计互逆化，拓展学生思维宽度

人的思维可分为顺向思维和逆向思维。数学学习中的顺向思维常常容易被学生掌握，逆向思维则成为学生思维上的难点。课堂教学中，教师有意识地设计互逆问题，通过对比可以有效加深学生对原有知识的数学理解，拓展学生思维的宽度。

例 3-21　圆锥的体积练习课[人教版义务教育教科书数学六年级下册]

师：同学们，有一个圆锥与一个圆柱底面积和高相等，圆锥与圆柱体积有怎样的关系？如果有一个圆锥和一个圆柱体积相等，底面积也相等，它们的高有怎样的关系呢？

生：圆锥的体积是圆柱的 1/3。

生：高也是 1/3。

师：他们说的对吗？请同学们尝试着进行说明。

通过圆锥体积的学习，学生已经掌握了等底等高的圆柱和圆锥体积之间的关系，但是学生对于圆柱与圆锥关系的理解还是浮在表面，因此教师设计互逆性问题，引导学生进行比较和分析，进一步发现圆柱、圆锥之间的关系。

（二）提问方式的策略

1. 提问的语言要有指向性

教师陈述数学问题时，表述必须清晰、准确，指向性明确，才能提高课堂提问的效率。这就要求教师在课前精心准备问题预设，提问时使用简洁自然的、与学生认知发展水平相适应的数学课堂语言。

例如，在教学"11～20 各数的认识"中，教师让学生摆出 12 根小棒，A 教师提问："小朋友们，老师带来了 12 支铅笔，你能在桌上摆出 12 根小棒吗？"B 教师提问："小朋友们，老师带来了 12 支铅笔，你能用小棒代替铅笔在桌子上摆一摆吗？想一想，怎样摆让别人不用数，一眼就看出是 12 支？"比较两位教师的提问，虽然都是用小棒代替笔摆一摆，但是 B 教师的指向更明确，"怎样摆让别人不用数，一眼就看出是 12 支"，鼓励学生进行数学思考，小棒满 10 根捆成一捆，旁边再放 2 根单根的小棒。

2. 提问的语言要有启发性

在提问过程中，教师尽量避免问一些只有唯一答案或修饰性强、暗示性强的问题。这些问题有时会让学生不用思考，或者不用深入思考就脱口而出，会导致一部分学生思考不深入。因此，教师在提问时，可以采用引人深思的语气和方式，促使学生不要着急回答问题，再添加一些启发性的话语促使学生深入地思考。

例如，在教学“小数乘法”中，学生在判断“积末尾的小数位数”的专项练习之后，得出“在小数乘法中，两个乘数中一共有几位小数，积就有几位小数”的结论。这时教师提出问题：“你觉得这个结论对吗？请举例说明。”学生经过自己的独立思考发现：把两个小数当成整数相乘的积，点了小数点后不需要化简时，结论是正确的；当相乘的积末尾有零，点了小数点化简后，结论就不正确。通过激烈的争论，学生对问题的理解逐渐明朗，第二种情况中，在积化简之前也是符合规律的，学生对发现的数学结论也更趋于正确和全面。

小学微课　赵玉梅：小数的初步认识

3. 提问的数量要控制

教师提问要尽量做到少而精，那些理解、技艺类的问题，除涉及高认知水平问题做铺垫的知识外，大多可以省略。同时，提问题时尽量避免琐碎的小问题，否则就容易出现“满堂问”，学生思考的时间少，思维容易浮于表面。如果能提炼出每节课的核心问题，在核心问题的统领下，学生思考的时间才会充裕、空间才会更大。

小学微课　仇婕好：简单的小数加减法

例如，在教学“圆的认识”这节课中，教师提出这样一个核心问题：“你觉得圆是一个怎样的图形?”一开始，学生对圆的认识是模糊的，语言表达也不能精准，但是教师通过画圆，研究圆的直径、半径等活动，让学生不断体会“圆是一个怎样的图形”，学生在操作中，对圆的认识进一步加深，直至对墨子的“圆，一中同长也!”产生共鸣。因此，教师应控制提问的数量，还学生深度学习的空间。

4. 候答的时间与参与度

教师提出问题后留给学生思考的时间，是学生思维最活跃的时间。因此，这时教师不要急于解释、引导，也不要急于请举手同学回答，要留出充裕时间给学生深入思考。课堂提问后，中间没有候答时间或候答时间很短，容易导致学生无效回答，也有可能让一些学生失去信心，不再主动参与教学活动。因此，足够的候答时间，可让更多学生，尤其是学困生，参与到问题思考中，提高课堂的参与度。同时，教师要对班上学生个体的学习情况了如指掌，什么样的问题适合什么样的学生作答，教师心中要明确。对学生来说，“跳一跳能摘到果子”，才是最佳的学习思考状态。因此，提问后的叫答，教师既要关注全体，更要关注个体。当然，也可变换叫答方式，如随机抽取学号、小组推举等，让所有学生保持注意力，使他们意识到自己在教师提问后都要积极思考，每个学生在课堂上都应积极投入学习。

（三）评价应答的策略

第斯多惠曾说：“教育的艺术不在于传授本领，而在于激励、唤醒、鼓舞。”罗森塔尔效应也启示我们，赞美、信任和期待蕴含着一种正能量，可使人获得积极向上的动力。学生在课堂上，感受到教师的信任与期待，会更加努力地投入、更加积极地思考。如果提问后学生普遍没有理解教师所提问题时，教师要善于对问题进行澄清，也就是用不同的术语重新陈述同一个问题。学生回答后，教师还可对这个问题进行追问，“为什么?”“你能解释一下吗?”“你能举例来说明吗?”等,通过经常性追问,可让学生更加深入地思考问题。如果学生回答不完整或者存在错误,教师可以进行转问,或者让学生描述一下自己的思考过程,这样能帮助学生找到思考的原因。

例 3-22　平行四边形的面积[人教版义务教育教科书数学六年级下册]

师:(出示一个平行四边形)平行四边形的面积怎么求呢?请你测出相关数据,计算它的面积。

(几分钟后,教师开始组织反馈)

生:我量了平行四边形的这两条边(相邻的边),分别是 8cm 和 5cm,$8\times5=40(cm^2)$。

(教师做了现场统计,约有一大半学生用了这种方法)

师:这种方法和绝大多数同学的方法一样,说明大家测量、计算都有自己的道理,我们来听听这些同学的想法,怎么想到去测量这两个数据的?

苏霍姆林斯基说:“有时宽容所引起的道德震撼要比惩罚更强烈。”学生根据长方形面积计算的方法,推测出平行四边形的面积计算方法,虽然有错误,但是却是在积极思考和探索基础上的回答。该教师在学生出现错误的思考后,没有急于否定,而是让学生说出自己的真实想法,从而错误就成了后续学习的资源。

另外,课堂应答语言也要经常进行变化,学生往往更喜欢幽默化的评价语言。除了用语言应答,眼神、手势、微笑等都是积极的应答方式。教师要善于运用这些积极的应答方式。

总之,课堂提问是一门艺术,一方面,教师需要精心设计、实施和总结;另一方面,教师还要以“局外人”的身份,多审视自己的课堂提问。

第三节　练习设计

数学练习是学生巩固知识、形成技能、发展思维、提高问题解决能力的重要途径。数学练习设计的优劣,直接影响课堂教学的成效。设计针对性、高质量的数学练习,是教师重要的教学基本功之一。

一、练习设计的含义

根据《现代汉语词典》释义,“练习”一词作动词解释意为“反复学习、实践,以求熟练”,作名词解释意为“巩固学习效果而安排的作业等”。练习是课堂教学不可或缺的环节。一般来说,新知识教学后都会安排适度练习,通常还会安排专门的练习课,对阶段知识的复习整理也离不开练习。无论是新授课,还是练习课、复习课,练习的设计都要遵循数学学科的特性,做到科学、准确;更要遵循学生的心理特征,力求生动、有趣,通过练习,切实提高学生的数学能力。这里重点讨论知识巩固环节的练习设计。

小学微课　商万群:倍的认识练习(一)

二、课堂练习的作用

根据艾宾浩斯遗忘曲线规律,人的记忆遗忘速度先快后慢。因此,合理利用练习,可以帮助学生回忆知识、形成技能。教师设计具有较高水平的练习,能有效地激发学生的学习兴趣,培养良好的学习习惯,还能促使学生独立思考,培养学生的创造性思维。

(一) 巩固知识学习

学生掌握数学知识应在理解基础上通过知识的应用不断巩固和深化。课堂练习正是帮助学生巩固习得的新知识并增强数学理解的重要环节。

例 3-23 三角形的三边关系[人教版义务教育教科书数学四年级下册][①]

学习了"三角形的三边关系"的新知后,顾志能老师设计了这样的基本练习。

图 3-7 中每组小棒能否围成三角形?(单位:cm)

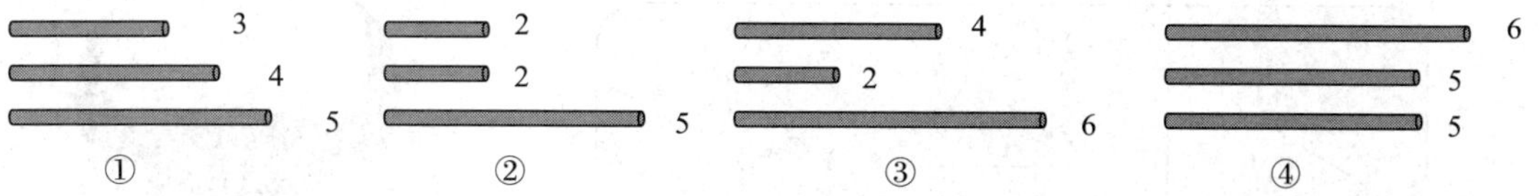

图 3-7

任何一个新知识的掌握,都需要一定题量的练习。学生学习了三角形的三边关系后,顾老师通过四组小棒的数据,让学生运用已学的知识判断每组的小棒是否能围成三角形,进一步巩固了三角形的三边关系。

(二) 拓展应用能力

数学练习的设计在原有知识体系的基础上循序渐进,学生在练习的过程中因知识点不断积累和丰富,使得在解决问题的过程中应用的能力得到进一步提升和拓展。

例 3-24 三角形的三边关系[人教版义务教育教科书数学四年级下册]

在图 3-8 这组小棒里,如果把 4cm 的小棒换掉,需要一根几厘米长的小棒,它们才能围成三角形呢?

学生空间想象能力的培养,需要借助多样化学习情境加以刺激。在基本练习后,顾老师通过变式练习,"如果把 4cm 的小棒换掉,需要一根几厘米长的小棒,它们才能围成三角形呢?"该练习由于答案的不唯一性,暴露出学生不同的认知,引发思维的碰撞,促进了学生的积极思考,拓展了学生的应用能力。

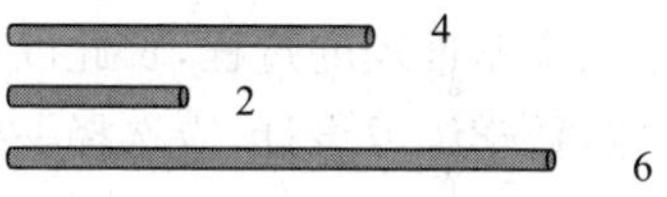

图 3-8

(三) 形成教学反馈

教学活动是师生双向的互动过程。学生处于特定的年龄阶段,他们理解和掌握知识过程中的思想方法、思维方式和解题技巧等都需要通过练习反馈给教师,为教师进一步开展教学活动或调整教学方式提供依据。对教师而言,设计练习活动,应充分注意通过练习反馈,及时了解学生的学习状况,有机地调整教学方法与策略,设计新的练习内容与练习方式。因此,练习是评价学生学与教师教的重要途径。

例 3-25 角的认识[苏教版义务教育教科书数学二年级下册]

在初步认识角之后,教师设计一组判断练习,如图 3-9 所示。

学生进行判断后,对于最后一题,判断错误的同学较多,于是教师及时调整教学。

师:小朋友们,刚刚最后这个图形,你们知道老师是从哪里描下来的吗?请看(出示图 3-10),你们认为牛角的角是今天我们研究的数学中的角吗?

① 顾志能.创新照亮课堂[M].北京:中国人民大学出版社,2018.

生：不是数学中的角。

师：为什么呢？

生：它没有两条直直的边。

师：是的。牛角上尖尖的部分，我们可以看成一个点，但是它没有两条直直的边，所以不是我们数学中研究的角。看来生活中的角并不一定就是数学中的角，我们还要细致地分辨。

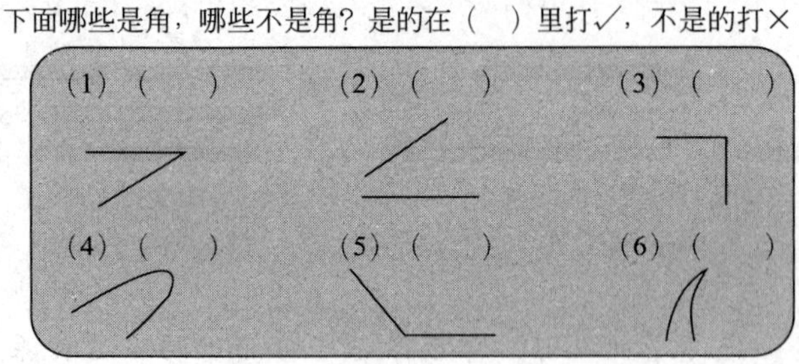

图　3-9

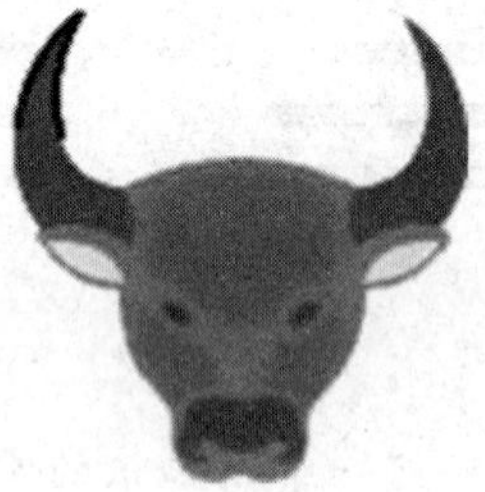

图　3-10

上述案例中，教师通过学生的练习反馈，发现学生对于生活中的角与数学中的角有些混淆，及时调整教学，突出数学中角的本质特征，角有一个顶点和两条边，帮助学生建立正确的概念。只有通过反馈，教师才能获得练习实施的效果，从而根据学生的反馈信息，重新调整教学的过程，达到教学过程的最优。

(四) 蕴含育人功能

任何一门学科都离不开育人，数学教学也不例外。数学作为一门基础学科，反映了事物的空间形式和数量关系。数学的逻辑推理又是十分严密的，在练习的过程中，离不开学生分析探究、严密推理的过程，长此以往可以培养学生养成独立思考的习惯，做事严谨认真的习惯。当然，数学练习设计，应选择一些充满正能量的、健康有益的内容，教育学生形成良好的品格。

例 3-26　认识时分［苏教版义务教育教科书数学二年级下册］

1. 请小朋友们选择一项任务在 1 分钟内完成。

任务一：1 分钟写字（春、飞、冬、风、雪、花、入、什……）

1 分钟我写了（　　）个字。

任务二：1 分钟完成计算题。

17＋20＝	9＋7＝	53＋20＝	36＋10＝	23＋40＝	40＋5＋7＝
18－9＝	38＋40＝	34＋5＝	53＋6＝	17－9＝	9＋5＋20＝
55＋4＝	8＋8＝	66＋30＝	14－5＝	32＋30＝	5＋20＋4＝
33＋2＝	31＋6＝	9＋4＝	40＋58＝	46＋3＝	6＋5＋40＝

1 分钟我完成了（　　）道计算题。

2. 观看《中国一分钟》视频。

在这组练习中，不仅让学生体会到了 1 分钟时间的长度，而且还教育学生珍惜时间，养成提高办事效率、合理安排时间的良好习惯。

三、练习设计的策略

数学课堂练习的科学设计与呈现，是提高课堂教学质量的重要环节。有效练习应当坚持练习内容和练习形式相互统一，依赖大量机械反复的训练让学生掌握知识的练习忽视了学生的能力发展，不是有效练习。在小学数学课堂练习中，主要有以下几个方面的策略。

小学微课　张湘：倍的认识练习(二)

(一) 以点带面策略

教学过程中，常会发现学生对所学的新内容很快理解，并能正确地进行模仿性练习。但在后续综合练习中，一些学生仍会不同程度地出现错误。问题就在于当学生学习新知时，一方面学生对知识可能是一知半解，另一方面也可以看出教师原先设计的练习存在一些问题。因此，在教学中，教师需要根据学生学习中的难点，有的放矢，设计专项练习，以点带面进行巩固，“胡子眉毛一把抓”的练习设计往往事倍功半。

例 3-27　除数是小数的除法[人教版义务教育教科书数学五年级上册]

1. 把下面的算式转化成除数是整数的除法算式。

4.68÷1.2=□÷12　　　　2.38÷0.34=□÷□

5.2÷0.32=□÷32　　　　161÷0.46=□÷□

2. 不计算，把除数转化成整数。

$1.4\overline{)2.1}$　　$0.6\overline{)1.78}$　　$4.03\overline{)42.6}$

3. 根据 135÷3=45，直接写出下面算式的得数。

13.5÷0.3=(　　)　　　　13.5÷0.03=(　　)

1.35÷0.3=(　　)　　　　1350÷0.3=(　　)

除数是小数的除法是除法计算中学生极易出现错误的类型，上面三组题层层递进，主要练习如何正确地将除数转化成整数。此类专题练习通过纠错、辨析等形式，针对学生出现的问题，让学生在练习中巩固将除数是小数的除法转化为除数是整数的除法的技能。

例 3-28　三角形的面积练习[苏教版义务教育教科书数学五年级上册]

1. 如图 3-11 所示，以 AB 为底，画出与 $\triangle ABC$ 面积相等的三角形。

2. 如图 3-12 所示，$\triangle ABC$ 中 AB=8cm，以它为底的高是 5cm，DB 所在的直线平行于 AC。求 $\triangle ACD$ 的面积。

3. 如图 3-13 所示，梯形 $ABCD$ 中，有几组三角形的面积是相等的？

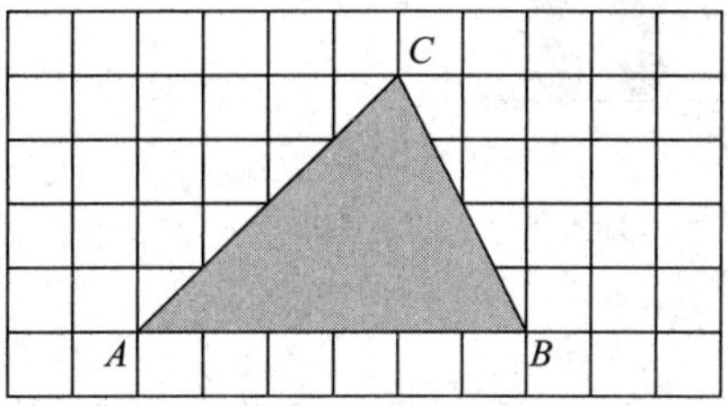

图　3-11

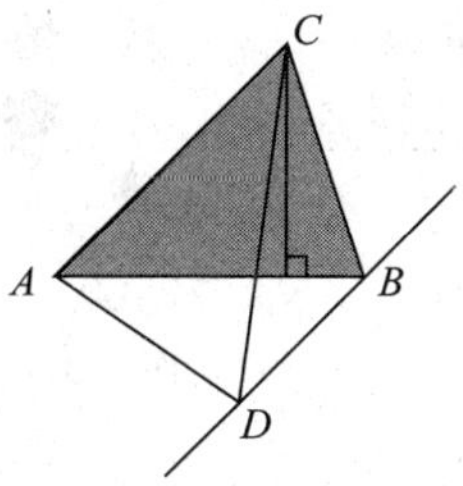

图　3-12

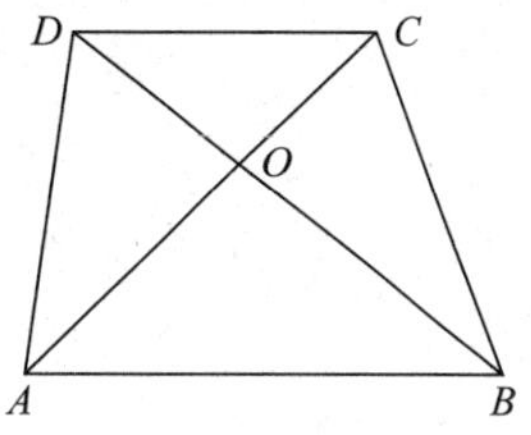

图　3-13

“等底等高的三角形面积相等”是三角形面积学习中的一个难点，针对这个难点，教师设计了上面一组练习，让学生画一画、找一找面积相等的三角形，以帮助学生巩固这个知识点。

(二) 同源递进策略

数学知识丰富多变，但变化中总有本质属性是不变的，因此，设计一些形式上变化的练习，能帮助学生在复杂多变的各种属性中，抽象出数学的本质属性。这样不仅有利于学生思维的提升，还能通过逐层抽象理解，进一步理解知识结构的发展变化，从而形成较为系统的知识网络。

例 3-29 年、月、日[人教版义务教育教科书三年级数学下册]①

学习了"年、月、日"的新知识后，袁老师设计了这样的练习。

1. 简单应用

练习要求：我们三年级的同学都要开始练钢笔字了，购物网站上有这样一本字帖《30 页练字帖》，每天一页，一个月能练成好字。运用年、月、日的知识，想一想，上面的信息一定正确吗？

2. 综合应用

练习要求：还是每天练一页，有这样两款字帖。

A. 每本 30 页，有 12 本　　　B. 每本 31 页，有 12 本

选择哪一款，一定够用一年呢？

3. 独立练习

练习要求：网站推出了新款《两个月练字帖》，规定时段购买还可享受优惠价。你能写出几种可能的情况？

(1) 每天练一面，要连续练习两个月，这本字帖可能会有多少页？

(2) 优惠截至下个月 2 日，现在还剩最后 4 天，会是哪 4 天呢？请写出可能的日期。

上面的练习以字帖为素材情境，在同一情境不同的变式中，引导学生结合所学的知识去猜想、推理和运用。以解决问题为线索，问题环环相扣，层层递进，一次又一次激起学生探索的欲望，引导学生在积极解决问题的过程中应用所学的知识突破本节课的重点和难点，使学生的思维得到进一步的拓展。

(三) 差异对比策略

差异对比策略是指练习设计时，同时呈现两个或两个以上有内在联系的题目，进行对比练习，这样的练习能帮助学生在对比中提高分辨的能力，形成知识意义的建构。

例 3-30 两位数加减练习[人教版义务教育教科书数学二年级上册]②

如图 3-14 所示，水果盖住的数是几？

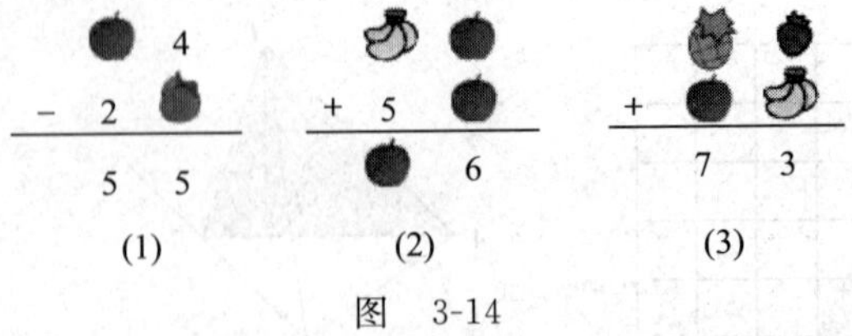

图 3-14

在两位数加减练习中，刘老师同时给出了这三道题，让学生算一算水果盖住的数是多少，然后对比这三道题，发现这组题目的异同。虽然这三道题水果盖住的数不一样，但是解决的时候都要先观察竖式中已知数的特征，然后想办法找到突破口后找到答案。

例 3-31 分数乘整数[苏教版义务教育教科书数学六年级上册]

① 袁晓萍. 学会向学生借智慧[M]. 杭州：浙江教育出版社，2018：211-212.

② 刘德武，李礼."两位数加减练习课"教学实录及赏析[J]. 小学教学(数学版)，2013(7-8)：37-40.

1. $\frac{2}{25}\times 3=$　　　　　　　　$\frac{2}{25}\times 8=$

2. $\frac{2}{25}\times 25=$　　　　　　　　$75\times\frac{2}{25}=$

学生初步学习了分数乘整数，明确了分子与整数相乘作分子，分母不变的规律。这时，教师设计了上面的两组练习，使学生进一步巩固分数乘整数，通过对比发现上面的两题算出的乘积就是一个最简分数，不需要约分；下面的两题算出的乘积不是一个最简分数，还需要进行约分。于是，教师引导学生进一步观察，发现下面的两道算式中乘数的分母与整数有除了 1 以外的因数，可以先约分再相乘，这样算更简便。

例 3-32　分数的意义练习［苏教版义务教育教科书数学五年级上册］

1. 有一根绳子，剪下的第一段占全长的 1/3，剪下的第二段长 1/3m。哪段绳子长一些？（　　）

A. 第一段长　　　B. 第二段长　　　C. 一样长　　　D. 无法确定

2. 一根绳子剪成了 2 段，第一段占全长的 2/3，第二段长 2/3m。哪段绳子长一些？（　　）

A. 第一段长　　　B. 第二段长　　　C. 一样长　　　D. 无法确定

3. 两根绳子同样长，第一根剪下全长的 2/3，第二根剪下 2/3m。哪根绳子剪下的长一些？（　　）

A. 第一根长　　　B. 第二根长　　　C. 一样长　　　D. 无法确定

虽然题目都是在剪绳子，但是题目的条件略有差异，这三题的解题思路就完全不同。第一题，一根绳子，剪下的第一段占全长的 1/3，第二段长 1/3m，是 1m 的 1/3，这两个分数的单位“1”不统一，无法确定哪段绳子长；第二题，虽然和第一题很类似，但是因为绳子被剪成了两段，第一段占全长的 2/3，已经超过绳子总长的一半，不管第二段有多长都不可能超过绳子总长的一半，所以是第一段长一些；第三题，虽然是两根同样长的绳子，但是两个 2/3 的单位“1”不统一，因此也是无法确定谁长。通过对比练习，可以提升学生关注细节、关注不同点的能力。

（四）多元开放策略

设计的练习不局限于答案的统一，而是因呈现的条件、问题或解题策略的多元，使得练习呈开放式的状态。这样的开放题，以不确定性引起学生的挑战欲，给学生创造思维提供了广阔的空间，为培养学生的创造素养提供了条件。

例 3-33　小数的性质［苏教版义务教育教科书数学五年级上册］

在学完“小数的性质”一课时，为了加深对“在小数的末尾添上 0 或去掉 0，小数的大小不变”这一重点的理解，教学中可设计这样的练习。

请给 6 020，602，60 200 三个数点上小数点，使其相等。

答案一：6.020＝6.02＝6.020 0

答案二：60.20＝60.2＝60.200

答案三：602.0＝602＝602.00

通过开放题设计，给这组数添上小数点，使得原先不等的数变成相等的数，小数点添的位置不唯一，给学生更多的思考空间，也满足了不同层次学生的学习需要，注重培养了学生的发散思维。

例 3-34 小数乘除法简便计算练习[苏教版义务教育教科书数学五年级上册]

在□内填上合适的数，使得计算简便。

3.2×□+□×3.2

27.5×17.145−27.5×□

5.88×□−5.88

4.7×9.9+□×□

这组题目具有乘法分配律的外在形式。学生为了能使计算简便，一定会想方设法填上合适的数，使得自己计算时能运用乘法分配律简便计算，而此时答案的不确定性，给学生一定的挑战，这样的练习能帮助学生进一步建立乘法分配律的模型。

例 3-35 简单的分数除法实际问题[苏教版义务教育教科书数学六年级上册]

从甲地到乙地，客车 3 小时行了 180km，占全程的 6/7，照这样的速度还要行多长时间才能达到乙地？

思维层次不同的学生解决这道题的策略就各不相同。

$$\left(180\div\frac{6}{7}-180\right)\div(180\div3)$$

$$180\times\frac{6}{7}\times\left(1-\frac{6}{7}\right)\div(180\div3)$$

$$\left(1-\frac{6}{7}\right)\div\left(\frac{6}{7}\div3\right)$$

$$1\div\left(\frac{6}{7}\div3\right)-3$$

$$3\div\frac{6}{7}-3$$

……

学生的学习基础和能力是有差异的，开放性的练习设计遵循了问题具有“跳一跳能摘到”的原则，设置合适的障碍，让不同层次的学生思维突破自我的水平方向。

事实上，练习设计时，策略的使用不是单一的，我们要根据所教内容、学生情况等，设计出贴合学生实际的练习，以少胜多、以精代泛，让学生学得轻松、灵活。

第四节　板书设计

板书是课堂教学顺利运行不可或缺的辅助手段。精心设计的板书，能优化课堂教学结构，揭示教学的内容，辅助教师的教学，提高教学的效率。

一、板书设计的含义

板书设计是把讲授的纲目、重点语词等通过文字、图画、图表等呈现在黑板上，以促进学生感知、理解教材内容。从动态的角度理解，板书设计是教师在上课时在黑板上书写的文字、符号以传递教学信息、教书育人的一种言语活动方式。从静态的角度理解，它是教师为帮助学生理解掌握知识、感知数学思想和方法、提升问题解决的能力、收获情感态度与价值观体验，利用黑板以凝练简洁的文字、符号、图表等呈现的教学信息的总称。[①]

数学课堂上的板书设计，是指教师根据自身的教学思路、学生的学习思路，针对所要讲授的教学内容的重点和难点，运用粉笔将简明的文字、数字、图画、符号、表格等书写在黑板上，进行梳理及补充说明。

二、板书设计的作用

研究证明，人所获得的信息80%是通过视觉获得。课堂板书是教学过程中必不可少的环节，是课堂教学的画龙点睛之笔。独具匠心的板书，既能帮助教师授课，又能活跃学生的思维，它在小学数学教学中具有十分重要的作用。

（一）明确教学思路

板书设计是沟通授课教授、学习者与教材内容的桥梁与纽带，可视为传递教学信息的浓缩的教案。条理清晰、精致美观的数学板书是一节课精华的高度概括，可以更好地促进学习者理解已学知识。因此，教师备课时精心预设本节课板书设计，能帮助自己更加清晰地认识教材，也能够帮助自己厘清教学框架，明确教学思路。

例3-36　用括线和问号表示的实际问题［苏教版义务教育教科书数学一年级上册］

教学目标：

（1）初步了解括线和问号表示的意思，会从括线和问号表示的实际问题中收集信息，说清已知什么、要求什么；能联系加、减法的含义，列出算式，解决用括线和问号表示的简单实际问题。

（2）联系具体情境，进行简单的、有条理的思考，初步学会与同学交流思考问题的大致过程，培养初步的分析、推理和判断能力。

（3）体会数学问题就在自己身边，体会学习数学能解决实际问题，初步形成学好数学的积极心向。

板书设计如图3-15所示。

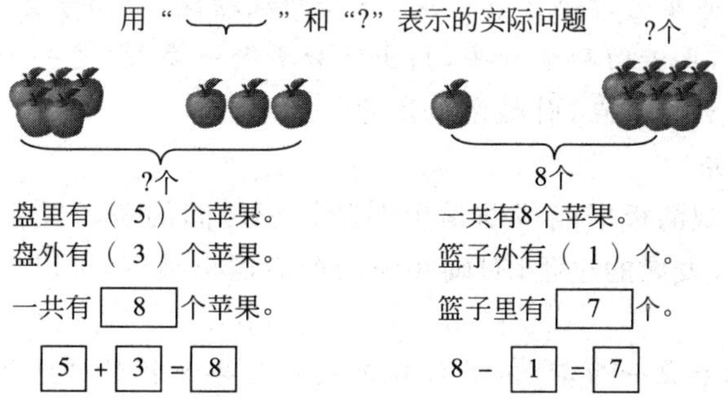

图　3-15

设计意图：用括线和问号表示实际问题是教材第一次出现相对完整的实际问题。此前只是让学生看图列式，没有给出过明确的问题。板书中左边部分，5个苹果在盘子里，3个苹果在盘子外，括线下标注“？个”，也就是要求一共有多少个苹果。右边的板书，是用减法解

① 胡淑珍．教学技能［M］．长沙：湖南师范大学出版社，2001．

决的用括线和问号表示的实际问题,引导学生从解决例题的经验出发,用减法算式解决问题。板书中展示了本课的教学流程,通过直观图,让学生学会提取数学信息,然后提出问题,再解决问题。

(二) 突出重点、难点

教师讲解重点、难点教学内容时进行适当的板书,并且在关键地方进行圈圈画画,活用不同颜色的粉笔进行书写或圈点,往往能帮助学生掌握重点,突破难点。

例 3-37 认识百分数[苏教版义务教育教科书数学六年级上册]

教学目标:

(1) 在现实的情境中,初步理解百分数的意义,会正确地读、写百分数。

(2) 经历百分数意义的探索过程,理解百分数与分数、比的联系与区别,进一步积累数学活动经验,发展良好的数感。

(3) 在用百分数描述和解释生活现象的过程中,体会百分数与生活的密切联系,增强自主探索与合作交流的意识,增强学好数学的信心。

板书设计[①]如图 3-16 所示。

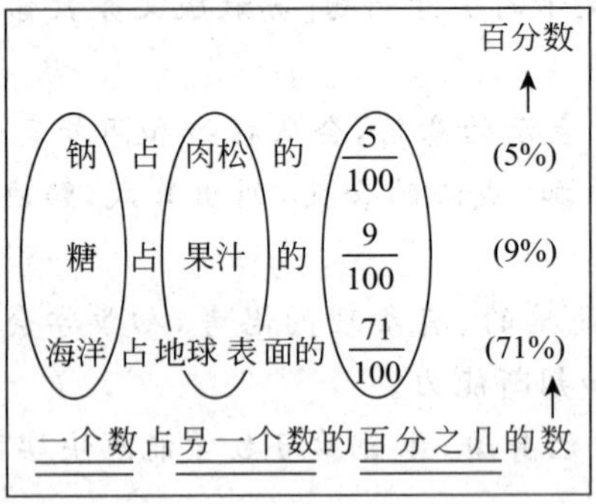

图 3-16

在上面板书中,张齐华老师画了三个圈,并借助双横线,帮助学生理解"一个数""另一个数""百分之几"的含义,再借助两个箭头,指出百分数是一个数,是一个表示两个量之间关系的数,从而突出本课重点和难点,引起学生注意。

(三) 明晰逻辑关系

条理清晰、规范美观的板书能帮助学生明晰知识之间的逻辑关系。借助弧线、箭头、圈画,体现数学知识产生、发展的过程,明确知识的前后逻辑顺序,可以帮助学生建构思维发展的脉络。

例 3-38 两、三位数乘一位数(不进位)[苏教版义务教育教科书数学三年级上册]

教学目标:

(1) 通过操作、思考、探究,了解乘法可以用竖式笔算,认识乘法竖式,理解两、三位数乘一位数(不进位)的笔算方法,会笔算两、三位数乘一位数(不进位),能用再乘一遍的方法验算。

(2) 经历操作观察、分析思考获得两、三位数乘一位数(不进位)笔算方法的过程,理解

① 张齐华."认识百分数"教学实录[J].小学教学(数学版),2020(11):24-29.

两、三位数乘一位数笔算方法的算理，沟通一位数乘一位数与两、三位数乘一位数之间的联系，积累乘法笔算的基本经验。

(3) 通过探究笔算方法，感受自主探索和合作交流对于数学学习的作用，养成细心读题、认真计算、仔细检查的学习习惯。

板书设计[①]如图 3-17 所示。

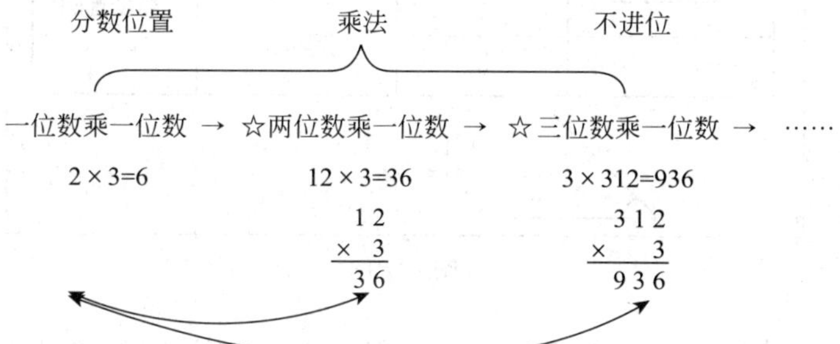

图　3-17

设计意图："两、三位数乘一位数(不进位)"一课是建立在整十、整百数乘一位数的口算基础上的，它为后续进一步探索进位的两、三位乘一位数，两、三位数乘两位数，小数乘法等知识打下基础。教学中，教师从学生熟悉的乘法口诀入手，明确了一位数乘一位数的计算方法，出示两位数乘一位数的算式后，与之前学习的内容进行比较，得出多种算法后，确定笔算的格式。最后进一步拓展到三、四位数乘一位数，引导学生在拓展中深化，形成多位数乘一位数的计算法则。通过板书，让学生边学边思、边悟边用，明晰多位数乘一位数的知识结构，用认知的整体性和方法的连贯性促进学生思维的结构化。

(四) 提炼知识记忆

板书是教师口头语言的书面表达形式，板书传递的教学信息能辅助和弥补教师语言上的表达不足、不清楚等问题。板书中，教师利用图画、表格等手段，对数学中的重要概念进行分析，有利于加深学生对概念的理解，在头脑中留下深刻的印象。

例 3-39　直线、射线和角[苏教版义务教育教科书数学四年级上册]

教学目标：

(1) 经历观察、比较、画图和交流等活动，掌握射线、直线和角的特征。

(2) 理解线段、射线、直线之间的联系和区别，培养比较、抽象、概括等思维能力。

(3) 感受数学与生活的密切联系，积极参与学习活动并获得成功的体验。

板书设计如图 3-18 所示。

设计意图：利用表格形式设计板书，将线段、射线和角的特征呈现，沟通了三种不同图形之间的相同点和不同点，帮助学生进一步理解三种线的特征，获得概念内涵正确的数学理解。

三、板书设计的方式

小学数学板书设计丰富多彩，好的板书不仅可体现数学的科学性，更可体现教学的艺术

① 高小娣. 整体建构教学：数学学科育人的实践探索[J]. 小学教学(数学版)，2020(12)：16-18.

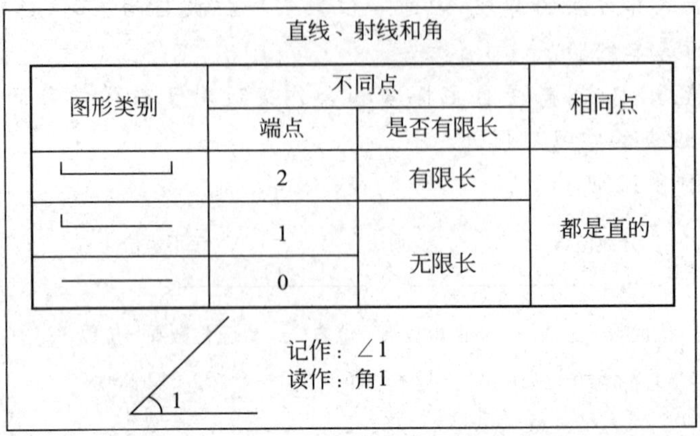

直线、射线和角

图形类别	不同点		相同点
	端点	是否有限长	
	2	有限长	都是直的
	1	无限长	
	0		

图 3-18

性，需要根据教学内容的侧重点不同、教学对象的年龄结构的不同，设计不同形式的板书。

(一) 文本式

文本式板书是通过重点词语、关键句子、公式等，将教学的重点和难点进行有序板书，是教学中教师常用的一种板书方式。就具体板书的位置而言，文本式板书又分为三种：横式、纵式、纵横式。教学中，教师首先要确定板书的位置，注重内容和形式的统一。好的板书要充分体现一节课的内容和教学目标。

例 3-40 认识年月日[人教版义务教育教科书数学三年级下册]

教学目标：

(1) 认识时间单位年、月、日，知道一年有 12 个月，认识大月、小月。

(2) 通过观察年历、数每月的天数等活动，了解年、月、日的知识，培养观察、收集、归类分析等能力。

(3) 感受数学来自生活、融于生活，培养学生学习数学的兴趣。

板书设计如图 3-19 所示。

年 月 日

大月（31天）：1 3 5 7 8 10 12

小月（30天）：4 6 9 11

特殊月（2月）< 29天 / 28天

一、三、五、七、八、十、腊，三十一天永不差。

图 3-19

设计意图：认识年、月、日的知识点比较多，特别是大小月的概念，学生容易混淆。教师在板书时，有意识地将月份数进行横纵排列，使学生一一对应，方便记忆。同时，板书的位置设计，也是为了更好地将教学内容展示给学生。板书的内容讲究少而精，简练准确。

(二) 表格式

表格式板书是教师把教材所表述的事物或有关概念列入表格，进行分类和对比，从而认识其本质特征。这类板书的优点是分类清晰、简洁明了，便于学生分类归纳，进行比较，建立知识间的联系，加深对知识本质的认识和理解。

例 3-41　比的意义[苏教版义务教育教科书数学六年级上册]

教学目标：

（1）在具体情境中理解比的意义，掌握比的读、写方法，知道比的各部分名称；会根据要求写出两个数量的比，会求比值；经历探索比与分数、除法关系的过程，初步理解比与分数、除法的关系。

（2）在探索并理解比的意义的过程中，进一步体会数学知识之间的内在联系，培养初步的观察、比较、分析、综合、抽象、概括等能力。

（3）在参与数学活动的过程中，进一步体会数学与生活的联系，感受数学的应用价值，获得学习成功的体验，增强学好数学的信心。

板书设计如图 3-20 所示。

比的意义

$$3 \ : \ 5 = 3 \div 5 = \frac{3}{5}$$

前项　比号　后项　　比值

比	前项	:	后项	比值
除法	被除数	÷	除数	商
分数	分子	—	分母	分数值

不能是0

图　3-20

设计意图：在教学比与分数、除法之间的关系时，学生通过观察发现三者之间关系，教师把学生的发现整理成表格，意在帮助学生进一步沟通新旧知识之间的联系，既充分发挥学生的主观能动性，又使学生进一步加深对比的意义的理解，构建合理、完善的认知系统。

（三）图示式

图示式板书设计是指教师运用图形、符号、数字等与文字相结合的方式展示教学内容的一种板书形式。这种板书图文并茂，形象生动，将复杂的文字表达简化成简洁清晰的图示，有利于学生分析和理解，找到解决问题的方法。

例 3-42　稍复杂的分数乘法实际问题(1)[苏教版义务教育教科书数学六年级上册]

教学目标：

（1）在经历解决“求一个数的几分之几的数是多少”实际问题的过程中，初步理解相关实际问题的数量关系和解题思路，能正确解答类似的实际问题。

（2）在运用已有知识解决一些稍复杂的分数乘法实际问题的过程中，进一步体会数学知识的内在联系，积累解决实际问题的经验和策略，发展思维能力，提高分析问题、解决问题的能力，增强应用意识。

(3) 在解决实际问题的过程中，进一步体会数学知识和方法在日常生活中的广泛应用，获得学习成功的体验，增强学好数学的信心。

板书设计如图 3-21 所示。

设计意图：利用线段图分析较复杂的实际问题是小学生应掌握的一项重要策略。教师利用图示板书，将题目中的已知条件和问题通过线段图呈现，清楚地展示数量之间的关系：运动员的总人数－男运动员的人数＝女运动员的人数，其中男运动员的人数不知道，所以要先求出男运动员的人数。学生观察线段图也容易发现男运动员的人数占总人数的 5/9，那么女运动员的人数占总人数的 4/9，再求出女运动员的人数。

稍复杂的分数乘法实际问题

岭南小学六年级45个同学参加学校运动会，其中男运动员占$\frac{5}{9}$，女运动员有多少人？

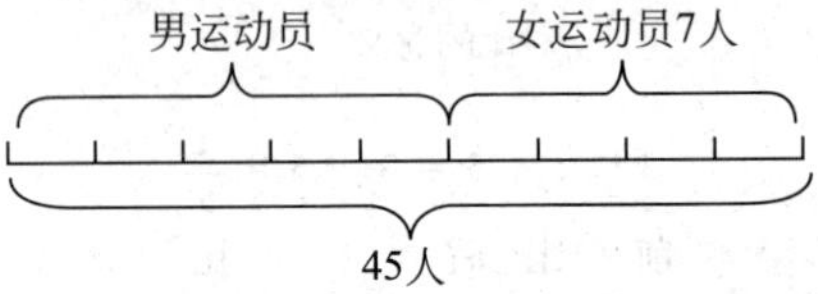

方法一：$45-45\times\frac{5}{9}$

$=45-25$

$=20$（人）

方法二：$45\times\left(1-\frac{5}{9}\right)$

$=45\times\frac{4}{9}$

$=20$（人）

答：女运动员有20人。

图 3-21

(四) 导图式

导图式板书设计是将教学中所涉及的几方面的知识综合地反映出来，适合于复习课上整理知识环节。导图式板书便于学生将零散的、孤立的知识合并、对比，形成系统化、简约化的知识网络图。

例 3-43 三角形的整理与复习［苏教版义务教育教科书数学四年级下册］

教学目标：

(1) 通过三角形知识的整理，进一步认识三角形的特征，能对三角形正确地进行分类。

(2) 能比较和加深对三角形的认识，进行简单的判断、推理，发展比较、推理等能力，进一步发展空间观念。

(3) 初步了解知识之间的联系，产生对图形与几何知识的兴趣，提高学习数学的主动性和积极性。

板书设计[①] 如图 3-22 所示。

设计意图：三角形的知识内容比较多，包括三角形的认识、三边关系、内角和、分类等，学生识别三角形没有问题，但是较难理解各知识之间的联系和区别。课上，通过师生的共同努力，将所学知识进行罗列，形成知识网络图，有利于学生沟通知识之间的联系，形成结构化的

① 石汉兰. 小学数学复习课的教学实践与思考[J]. 小学数学教育，2020(12)：16-17.

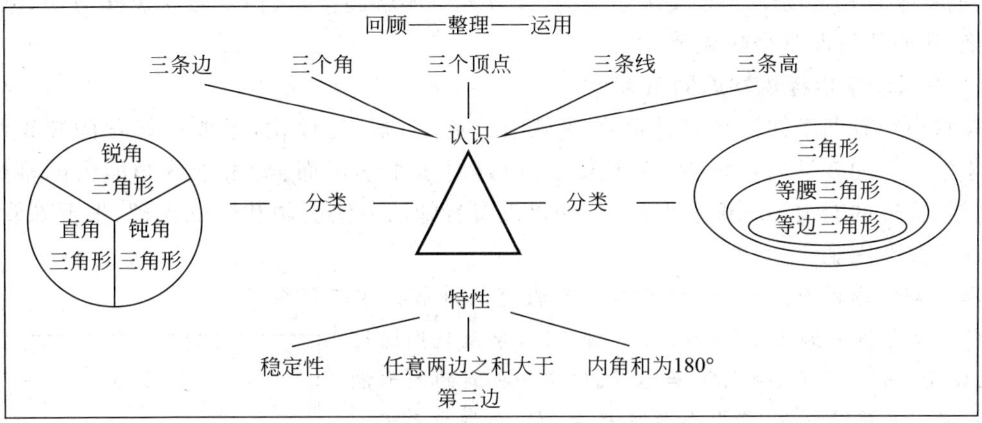

图　3-22

思维。

科学、美观、富有特色的板书，是教师引领学生理解知识、发展思维的重要工具。课堂板书设计是教学的一面镜子，既可呈现教师的教学思路，也可反映学生的学习过程。因此，教师备课时要认真思考和写好板书设计，将所教内容的重点、难点进行合理布局，帮助学生理解和掌握新学知识。

第五节　课堂小结

课堂小结是日常课堂教学的最后环节，往往是整节课教学的点睛之笔。课堂小结的有效性直接关系学生本节课学习的质量，因此，教师要充分发挥课堂小结的教学价值，科学设计课堂小结的内容和形式，帮助学生建立起新旧知识之间的联系，提高课堂教学的有效性。

一、课堂小结的含义

课堂小结又称结课或课堂结尾，是一节课的结束和总结。小学数学课堂小结，是教师通过归纳总结、启发询问等不同方式，对整节课的重点内容进行系统回顾、概括提升、反思升华。有效的课堂小结，能让学生在获得数学理解的同时，思维能力、情感态度及价值观等方面得到提高和发展。卓斌老师认为新授课可包括六个基本环节：问题情境、学生活动、意义建构、数学理论、数学运用、回顾与反思。教师在整个过程中，都要引导学生积极做数学，有效地提出和解决高质量的数学问题，促使学生的数学思维和数学能力获得良好的可持续发展。[①] 也就是说，不管是从教育技术角度，还是从教学艺术角度看，课堂小结设计都是课堂教学的重要一环。在课尾处如何引导学生进行反思、促进学生思维能力发展，从而使学生获得进一步的发展，这些都需要教师深思熟虑、精心设计。

二、课堂小结的作用

课堂教学是一门艺术，如何设计课堂小结更是一门艺术。教师借助语言、实物等，通过

---

① 卓斌.例谈数学新授课有效课堂达成之法[J].上海教育科研，2010(8)：92-93.

归纳、抽象等方式帮助学生形成认知结构，提升学生的解题技巧，提炼数学思想方法，激起高阶思维，从而使得课堂余味无穷。

(一) 帮助学生提炼知识的重难点

课堂小结有助于知识从具体问题情境中分离、明晰、显性化，形成脉络化的知识结构。尽管小学数学的教学内容较少，也不复杂，但是对于小学生而言，由于认知能力的稚嫩，抽象、概括、提炼的能力还在逐步形成中，如果没有教师的方法引领和知识梳理，把握课堂的重难点往往存在困难。

例 3-44 角的初步认识[苏教版义务教育教科书数学二年级下册]

师：(结合板书如图 3-23 所示)小朋友们，今天我们通过找角、指角、描角、画角、做角等活动，认识了一个新的图形朋友——角。如果你就是“角”，打算怎样向大家介绍自己呢？

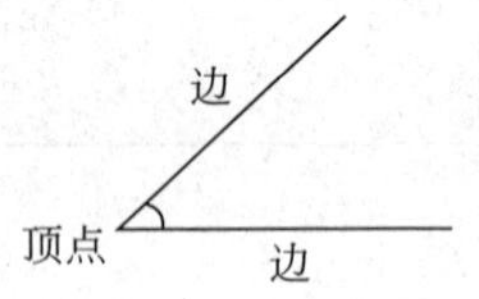

角的大小与两条边张开的大小有关。

图 3-23

生：我是角，我有一个顶点，两条边。

生：我是角，我有一个顶点和两条直直的边。

生：我的大小与两条边张开的大小有关，与边的长短没有关系。

师：小朋友们介绍得都很棒！关于角，还有更多的知识等着我们去进一步地研究它呢！

记忆心理学对“近因效应”的研究表明，越是靠近结束部分的内容在记忆上越容易产生近因效应。也就是说，在记忆位置上越是靠后的学习内容，学生记忆得越好，越难遗忘。因此，在课堂小结中，帮助学生将课堂上学习的重要知识点进行再次梳理，有助于帮助学生保持记忆。但小学生对知识的提炼、概括能力参差不齐，教师结合板书进行课堂小结是课堂教学中常用方式。本节课学生根据黑板上的板书提示，能较快地回顾、概括出角的特征：“角有一个顶点和两条边”；“角的大小与两条边张开的大小有关”。

(二) 促进学生知识的内化

建构主义学习理论背景下，学习的本质不是教师简单地将知识传递给学生，而是学生基于已有的经验将新知内化，从而建构新的经验系统的过程。数学课堂小结中，学生主动回顾知识的学习过程，有助于学生将知识纳入原有的知识框架中进行知识意义的自主建构，从而促使学生主动地将新知进行内化。

例 3-45 含有中括号的混合运算[苏教版义务教育教科书数学四年级上册][①]

师：到今天为止，整数四则混合运算的学习就告一段落了。我们二年级学习的只有加、减法或只有乘、除法的算式。这样的算式，我们要按怎样的顺序进行计算？

生：要按从左往右的顺序依次计算。

师：三年级学习的既有加、减法，又有乘、除法的运算。这样的算式，要按怎样的顺序计算？

生：先算乘、除法，再算加、减法。

师：出示算式“300－(120＋25×4)”，这是我们刚刚学过的含有小括号的四则混合运算。计算时，我们要——先算小括号里面的。出示算式“525÷[(81－56)×3]”，今天这节课，我

① 陈刚. 让学生的思维走向更深处——“含有中括号的混合运算”教学实录与反思[J]. 小学数学教育，2020(20)：36-38.

们又认识了中括号，如果一个算式里既有小括号，又有中括号，我们要——先算小括号里的，再算中括号里的。

师：有了小括号和中括号，我们是否就可以用综合算式解决所有问题了呢？（不能）那如果要再次改变运算顺序，应该怎么办？

生：有了中括号，还不能满足解决问题的需要，这时就要使用大括号。

师：有了大括号，还不能满足需要呢？

生：用大大括号……

师：是的，数学就是在这样不断发现新问题的过程中发展起来的。人们在生活中有了计数的需要，于是就发明了数字；随着生产和生活的发展，人们又有了计算的需要，于是发明了运算符号和括号。其实，人们最初使用的括号并不是现在的样子，括号的使用也经历了漫长的过程。直到 400 多年前，人们才统一了括号的使用方法。关于这一方面，教材上“你知道吗”做了比较详细的介绍，请大家读一读，并和同学说说你知道了什么。

学生独立阅读后，组织全班交流。

本节课学完，学生就已经基本上完成四则混合运算的学习任务。尽管学生在之前的学习中积累了丰富的知识经验，但也是零散的。教学中，需要将这些碎片化的知识连成片、织成网，这样才能更好地促进学生良好的认知结构的形成。为此，陈老师利用课堂小结，引导学生回忆学过的混合运算，通过交流使得原本点状的知识结构化，促使学生在头脑中把知识内化成有机的整体。这对学生深刻理解数学、形成技能、培养能力有着重要的作用。

（三）培养学生反思的习惯

曾子曰：“吾日三省吾身：为人谋而不忠乎？与朋友交而不信乎？传不习乎？”笛卡尔也曾给出著名的哲学命题“我思故我在。”学习应是一个发现问题、提出问题、解决问题，通过反思再发现问题、再提出问题、再解决问题的循环往复过程。课堂小结的核心就是反思，反思是一个由态度、认识、技巧等组成的复杂行为。通过反思，引领学生深入感悟知识的发生与发展过程、问题解决过程中蕴含的数学思想，有助于促进所学知识的数学理解、数学思想与活动经验的正向迁移。

例 3-46　分数的四则混合运算［苏教版义务教育教科书数学六年级上册］

师：同学们，通过今天的练习课，你有什么收获呢？

生：我知道了整数的四则混合运算规律在分数的四则混合运算中，同样适用。

生：我不完全同意。我觉得分数的乘、除法混合运算和整数乘、除法混合运算，还有不同的地方。比如整数 $5\times4\div2$，在计算的时候，是要按照从左到右的顺序进行计算。而在分数乘、除法混合运算中，比如 $\frac{3}{4}\times18\div\frac{6}{7}$ 可以将分数乘、除法混合运算转化成分数连乘，这样可以先约分再计算，就简单多了。

师：是的，分数乘、除法混合运算又有着自己独特的地方，计算时要适时地进行转化，能约分的要先约分，再计算。还有其他的收获吗？

生：计算的时候，还要认真书写，我刚开始做分数混合运算的时候，因为书写不认真，就把约分后的数字搞错了。

师：是的，良好的学习习惯是学好数学的保障。

通过自我反思，不断完善自我认知，形成严谨的科学态度。在上面的课堂小结中，有学生通过自我反思，发现分数乘、除法混合运算的特殊之处，并总结出简便计算的方法；有同学反思自己做错题目的原因，提醒自己和同学养成良好的书写习惯的重要性。这些富有个性的反思，帮助学生走向深度学习。

例 3-47 审题[苏教版义务教育教科书数学六年级下册]①

师：上完这几课，现在你有什么收获？

生：审题时要看清楚题目，不能盲目下笔。

生：看题目的时候，看清楚条件与问题、条件与条件之间的联系。

师：(板书：审题)那怎么审题呢？

生：仔细读条件，看清楚条件与问题是不是相干。

生：做应用题时，看问题最后求什么。就像刚才第 4 题，实际上仔细看了，就明白了。

师：还有其他的想法吗？

(学生窃窃私语)

师：从刚才的练习可以看出：我们在解决实际问题时，要认真读题，不能想当然，不能根据已有的经验盲目判断，经验有时候也会害我们。我写了一首儿歌，与大家一起分享。

审　题

审题不误答题工，
匆匆动笔希望空，
量量关系要读懂，
读完三遍再起动。

(学生们读完，教师接着说)审题就是审题目中的数量关系——已知量和已知量、已知量和未知量之间有没有关系，有什么关系？我建议大家一般读三遍，第一遍理解题意，第二遍分析关系，第三遍确认算法。不能读一遍就动笔，更不能读 0.7 遍、0.8 遍哦。

(全班同学微笑着走出了教室)

通过一节课的教学，学生掌握了审题方法和程序。在小结环节，学生和教师一起总结审题方法，将精妙的审题口诀牢牢地印在学生心中。

三、课堂小结的策略

课堂小结犹如画龙点睛，独特巧妙的小结无疑可以提升教学成效，促进学生认知内省，甚至有助于对学生情感态度价值观施加积极的教育影响。日常教学中常见的课堂小结策略如下。

(一) 归纳总结策略

归纳总结型小结是教师利用一节课结束前的几分钟，让学生回顾这堂课的收获，学生及时进行归纳总结，教师再进行提炼概括。这样的总结方式，一方面可以引领学生回顾梳理所学知识内容，加深对新知的理解和掌握；另一方面可以进一步明确教学重点和难点，帮助学生辨清知识之间的联系和区别，以促进认知结构的建立和完善。

例 3-48 小数乘小数[人教版义务教育教科书数学五年级上册]

① 华应龙.我这样教数学——华应龙课堂实录[M].上海：华东师范大学出版社，2010.

师：同学们，这节课你们有什么收获呢？

生：我会计算小数乘小数了。

师：怎样计算小数乘小数的呢？

生：先把小数看成整数，算出整数乘整数的积，然后再数出两个乘数中一共是几位小数，在积里点上小数点。

师：表达得很完整！有没有哪位同学能用更简洁的语言来概括小数乘小数的方法呢？

（学生流露出怀疑的眼神）

师：老师想到了用三个字来概括。乘、数、点，大家想想可以吗？

生：可以的。老师，我还要提醒大家注意的是，如果积的末尾有零的，要记得化简。

"乘、数、点"三个字就简洁地概括了小数乘小数的计算方法，这样的课堂小结为学生深刻理解和掌握小数乘法提供了方法，使得数学学习轻松而有效。

例 3-49　分数乘除法练习［人教版义务教育教科书数学六年级上册］①

师：通过这节课的学习，我们应该积累这样的经验——做计算题，"一看二想三动笔"（把板书补充完整），这是一种好的学习习惯，也是一种好的学习方法。最后，把几句顺口溜送给大家。

学好计算并不难，
认真细致放心头。
一看二想三动笔，
包你成为小能手。

这节计算练习课上，"一看二想三动笔"的方法贯穿课堂。学生经历了观察、比较、尝试、推理、演算等有意义的学习活动，数感、运算能力、推理能力等得到了一定程度的提升。通过课堂小结，再次让学生感悟学习的方法，这有利于培养学生良好的学习习惯。

（二）释疑解惑策略

为激发学生强烈的求知欲望和学习兴趣，教师经常在课堂的导入部分提出问题、设置悬念，让学生带着问题学习新知。因此，在课堂小结时，不妨引导学生利用所学新知识，分析和解决课始提出的问题，解决悬念。这种课堂小结通过首尾呼应，突出了一节课的完整性，体现了一种整体的美感。

例 3-50　用字母表示数［苏教版义务教育教科书数学五年级上册］②

课前交流部分如下。

师：老师给大家讲一个阿凡提的故事——有一次，国王故意要为难阿凡提，他把阿凡提叫到了王宫，指着王宫前面的一个水池问阿凡提："你知道池塘里的水有多少桶吗？如果你说对了我就赏你黄金万两，如果回答错了，你就要在众臣面前承认你愚蠢。"阿凡提眼珠子一转，就给了国王一个非常满意的回答。同学们，你知道阿凡提是怎样回答的吗？

生：如果那个水桶跟水池一样大的话，一桶就够了；如果水桶是水池二分之一的话，只要两桶。

生：我知道了，如果水桶是水池的三分之一的话，就只要三桶。这样的话，只要水桶是水

① 顾志能．创新照亮课堂[M]．北京：中国人民大学出版社，2018．

② 任卫兵．在亲历故事中实现数学知识和数学精神双丰收——"用字母表示数"教学设计与说明[J]．小数数学教育，2020(24)：71-72．

池的几分之一，就只要几桶。

师：是的，在不知道水桶大小的情况下，我们可以进行大胆的假设，假设是解决问题的一种好方法。

课堂小结部分如下。

师：同学们，还记得课前老师讲的阿凡提的故事吗？通过今天的学习，如果再来回答国王提出的问题，还可以怎样回答呢？

生：设池塘的容量是 x，水桶的容量是 y，池塘里的水可以装“$x \div y$”桶。

在课堂小结环节，任老师对课前讲的阿凡提的故事做出了回应，引导学生利用新学的用字母表示数的方法，重新来解决国王提出的问题。用“$x \div y$”这个式子表示装的桶数，不仅强化了用字母表示数是对每一种具体情况的概括，还渗透了字母式也是对每一种具体关系的概括。这种释疑解惑的课堂小结，解除了留在学生心中的疑惑，也让学生进一步体会到数学学习的实用性价值。

（三）反思质疑策略

反思质疑型小结，是教师或学生提出一些富有启发、趣味性的问题，在课堂上不作回答，以造成悬念，留给学生课后进行解决的一种小结方式。这样的小结方式能有效激发学生进一步探索新知的欲望，也能培养学生探索和发现的习惯。

例 3-51 年、月、日的认识[人教版义务教育教科书数学五年级上册]

师：同学们，我们今天认识了“年、月、日”，你们有没有什么疑问呢？

生：为什么 7 月和 8 月这两个月连续都是大月呢？

生：为什么一年有的时候是 365 天，有的时候是 366 天？

生：为什么通常每 4 年里有一个闰年？

师：同学们提出的这些问题都是值得研究的问题，老师建议大家课后去查一查资料，了解一下古代的历法，相信你会有更大的收获，下节课我们来交流大家学习的成果。

在上述课堂小结中，教师让学生提出了心中的疑问，引导学生课后自己查阅资料，了解历法的知识。这样的课堂小结意味无穷，既重视课外阅读的学法指导，又可激发学生从课外主动学习的动机，培养学生自主学习的习惯。

（四）拓展延伸策略

课堂小结看似一节课的结尾，但绝不是学习终点，对学生而言，它甚至可能是后续知识的起点。在小结中，让学生在熟练掌握已学知识的基础上，通过巧妙的拓展和延伸，可激发学生探索创新的欲望，为后续学习进行铺垫。

例 3-52 梯形的面积[人教版义务教育教科书五年级数学上册]①

师：同学们回想一下这节课，你有什么收获吗？

生：我知道了用不同的方法计算出梯形的面积。

生：我知道了怎么用公式计算梯形的面积。

生：我知道了怎么用一个梯形或两个梯形转化成我们学过的图形。

生：我学会了用转化、移一移的方法来计算梯形的面积。

生：我要补充上面几位同学的收获，求梯形面积可以用割补法、拼合法来进行。

① 邹瑞荣，罗鸣亮．“梯形的面积”教学实录与评析[J]．小学数学教育，2020(Z1)：122-124.

师：有了这些办法后，圆的面积能解决吗？（课件出示一个圆）

生：能！

师：其他图形的面积能解决吗？

生：能！

师：同学们，带着这些学习图形面积的经验，咱们就开心地下课，好吗？

在本课小结中，教师引领学生反思学习过程，体验探究带来的成就感，让学生切身感受到学习方法的重要作用，同时又为他们打开了一扇窗，激发他们探索圆形等平面图形的面积，拓展了课堂的宽度。

（五）情感升华策略

情感升华型小结，是教师以激发与提升学生的数学学习情感、态度与价值观为主设计的课堂小结。数学知识相对比较枯燥，虽然很多教师将数学与生活紧密连接，但是数学让学生还是感觉比较枯燥和难学。因此，在课尾设计情感升华的小结，能进一步激发学生学习的兴趣，提升其学好数学的信心。

例 3-53　折扣问题［苏教版义务教育教科书数学六年级上册］[①]

师：通过今天这节课的学习，你们有什么收获？

师：最后我们一起分享一段话。

努力不打折

99％和 101％，到底相差多少？

表面上看，它们只差了 2％，微乎其微。如果每天做 101％，365 天之后，100％就会变成 3778.3％；如果每天做了 99％，365 天之后，100％就会变成 2.55％。

每天只要比别人多做一点点，就会超过别人一大截；每天如果比别人少做一点点，就会落后别人一大截！所以，努力不打折，哪怕是九九折。每天稍稍偷一下懒，365 天后将会失去很多！

师：读完这段话你想说些什么？

课尾，程老师让学生对本节课的知识进行梳理，同时，还通过“努力不打折”一段话的分享，让学生阅读后明白，商品的价钱可以打折，可我们的努力不能打折。教师在整个过程中，始终是以欣赏的态度鼓励、引导学生，旨在培养学生良好的学习品质，为学生的终身发展打下基础。

例 3-54　折线统计图［人教版义务教育教科书五年级数学下册］[②]

师：在这节课快要结束时，让我们用折线统计图来做一个数学式的小结。你能不能以上课时间为横轴，以你这节课的心情指数为纵轴，来描述一下你这节课的学习感受？

袁老师巧妙地选择了学生学习本节课的“心情指数”作为小结素材，它能很好地反映学生活学活用知识的能力，同时也在结课阶段将气氛再次推向高潮，给学生留下愉悦的体验和长久的回味。

一堂成功的数学课，开场先声夺人，过程引人入胜，终章引发深思。当然，课堂小结策略多样多变，教师要灵活设计课堂小结，以发挥课堂小结对教学的提升功效。

---

① 程华，郭利霞，庄小芹．“折扣问题”教学实录与评析［J］．小学数学教育，2020(23)：58-60.

② 袁晓萍．学会向学生借智慧［M］．杭州：浙江教育出版社，2018.

第六节　教学反思

教学反思是教师教育教学活动的重要组成部分，贯穿教育教学活动的始终，是提高教师教学质量、促进教师专业发展的关键环节。叶澜教授指出：一个教师写一辈子教案不一定成为名师，如果一个教师写三年反思有可能成为名师。这就说明，教师不仅要有经验的积累，还应该对自己的日常教学进行及时的反思和研究。

一、教学反思的含义

根据《现代汉语词典》释义，反思就是思考过去的事情，从中总结经验教训。通常把反思等同于“内省”，从这个意义上说，反思就是对自己过去的思想、心理感受的思考，以及对自己体验过的东西的理解、描述、体会和感悟。

教学反思是教师以自己的教学活动过程为思考对象，对教师自身做出的某种教学行为、决策，以及由此产生的结果进行审视和分析的活动。更具体点，它是指教师为了实现有效的教育教学，对已经发生或正在发生的教育教学活动及这些活动背后的理论、假设，进行积极、持续、周密、深入、自我调节性的思考，而且在思考过程中，能够发现、清晰表征所遇到的教育、教学问题，并积极寻求多种方法来解决问题的过程。①

因此，教学反思应是教学实践的一个重要环节，是一个能动的、审慎的认知过程，也是一个与情感和认知活动紧密相关的过程。正如杜威所指出的：“一个人进行反省思维时，需要从观察开始，以便审查种种情境。有些观察是直接通过感官进行的；另外一些是回忆自己的或别人的旧经验。”教学反思也是如此，也是始于教师对课堂教学中师生活动的观察或教学后对教学过程及自身或他人教学经验、理念的回忆。在实际教学中，有的教师可能只是处于最里面的一环，有的教师能够达到中间的一环或最外面的一环。

二、教学反思的作用

（一）教学反思促使教师总结经验、改进教学

教学反思的对象是课堂教学活动中的实践，包括是否达到教学目标；分析教学中的不足；教学中的困惑；教学中的方法是否合适等。有效的教学反思能促进教师的专业成长。课堂教学反思有助于教师逐步培养和发展自己对教学实践的判断、思考和分析的能力，从而进一步深化自己的教育教学知识，促进教学的优化。

例 3-55　三角形的特性［人教版义务教育教科书数学四年级下册］②

教后反思如下。

“三角形的特性”这节课内容多，如果在课堂上面面俱到，每个知识点平均着力，会造成重点不突出，难点不能突破的弊端。即便借助微课让学生先学，教学效果依然不能令人满意。所以，对于学生能自学的知识用微课的形式先学，对于学生难以自学、需要教师引导的

① 申继亮，刘加霞. 论教师教学反思［J］. 华东师范大学学报（教学科学版），2004(9)：44-49.

② 杨熠. 学在当学处教在该教时——微课视域下的“三角形的特性”教学实践与思考［J］. 教学月刊（小学版），2020(3)：31-34.

知识在课堂中研究讨论，做到先学后教，以学定教，这样让学生有更充裕的时间经历探究过程，体验数学思想，培养数学核心素养。通过对"三角形的特性"微课辅助教学的实践与思考，我们认为，微课改变了教与学的形式，但改变不了数学教学的本质：要遵循学生已有知识基础，遵循数学知识的学科本质，遵循学生的认知规律展开教学，把微课和课堂教学有机结合，做到学在当学处，教在该教时。

借助微课进行辅助教学在当下已是一种流行趋势，杨老师在进行教学实践后，反思教学的效果，发现在小学阶段微课还不能取代课堂教学，把"先学"和"后教"相融合，各有侧重。老师重新设计了微课内容，结合学情，精心设计练习，在关键的知识点上给学生提供充足的探究和思考的空间，有效地提高了课堂效率，让学习真正发生。

（二）教学反思是教师专业化发展的有效途径

美国心理学家波斯纳(Posner，1989)曾指出：一个教师若不对经验进行深入思考，其能力可能会永远滞留于一个新手型教师水准。波斯纳提出一个教师成长公式：成长＝经验＋反思。这意味着，教师的专业化发展，除了要有教学经验的积累，还要对自己的经验进行剖析和研究。请看一个真实的教育案例。

蒋老师做了近 40 年的教学工作，可直到退休的时候仍然讲不好课，是学校出了名的不为学生欢迎的教师。而与其是同事且只有 9 年教龄的小章老师的情形是，小章老师刚参加工作的时候，她的教学也不为学生所欢迎，甚至有一次去上课时被学生拒之门外。这件事对她刺激较大，但庆幸的是，她能从这件事对自己的教学进行深刻地反思，而不是简单地抱怨学生。小章老师在其后自己的教学中主要做了这样一些事：听教师的课(不仅听专家型教师的课，也听新手教师或类似蒋老师的课)；邀请同行听自己的课；阶段教学结束前向学生征询教学意见；每次教学结束后做教学反思记录。这样坚持做了 5 年，小章老师的课有了明显的长进。工作只有 9 年的她现在成为学校的教学骨干，也是全校范围内师生一致认可的优秀教师之一。①

类似这样的例子在日常教学中随处可见，如果说经验意味着成长，那么这个经验必须是包含着反思的经验。不加反思的经验，不仅难以提高教师的教学能力，反而可能成为教师处理教学问题的绊脚石。教师从教学实践中发现的问题或自我确定的有研究价值的问题出发，不断分析问题、解决问题，在学习理论的基础上，将普遍性的知识内化为自己的知识、经验和理论，从而促进自我成长。

三、教学反思的策略

如何通过教学反思切实有效地促进教师的成长，这是一个理论问题，更是一个实践问题。张定强教授认为数学教学反思就是认知者对自身教学思维活动过程和结果的自我觉察、自我评价、自我探究、自我监控和自我调节②。根据 2011 年版义务教育数学课程标准目标要求，小学数学教师的教学反思应包含教师在数学教学后对数学教学目标的设置、教学方式、教学过程的合理性等进行调控，对教学结果进行分析，对学生的基础知识、基本技能、基本思想和基本活动经验发展情况进行检查。

---

① 王映学，赵兴奎. 教学反思：概念、意义及其途径[J]. 教育理论与实践，2006(2)：53-56.

② 张定强，赵宏渊. 论数学反思能力[J]. 课程·教材·教法，2005(3)：49-54.

(一) 反思教学内容

教学过程是由许多要素构成的，教学离不开“内容”和“形式”。作为一名数学教师，教学后，首先要反思的就是教学的内容是否恰当，对教材的理解是否合理，对学生的认知起点把握是否合适等。

例 3-56 解决问题的策略（一一列举）［苏教版义务教育教科书数学五年级上册］[①]

教材中给出的学习材料是：王大叔用 22 根 1m 长的木条围一个长方形花圃，怎样围面积最大？

在教学中，因为学生在三年级学完长方形的周长面积后，知道了长方形周长相等时，长宽越接近面积越大的规律，他们往往不采用列举的策略就解决了这个问题。因此用这个学习材料难以激起学生用列举法来解决问题的欲望，教学时可以对学材进行一些微改造。

文献 赵玉梅．建构数学深度学习三大“真学支架”

王大叔用 22 根 1m 长的木条围一个长方形花圃，花圃的面积会是 20m^2 吗？

此设计中，学生必须通过一一列举，才能知道花圃的面积是否有可能为 20m^2，也才有了研究的需求。审视很多成功的课例，就在于执教者深度开发了既能联系学生又能指向知识本质的学材，从而让学生不断有新的规律发现、有新的思想产生，并将它们融入原有的认知结构中。

在该案例中，教师在实施教学的过程中，发现教材的教学内容选择低于学生的认知起点，因此对教材进行微调整，使得学生的学更主动。课堂教学之后，教师要及时总结和反思，“巧妇难为无米之炊”，对于教学内容选择的反思，尤为重要。

(二) 反思教学行为

教师的教学观念是教师在教学实践中形成的对有关教学现象的深层理解，它对教师的教学行为、教学方式具有深刻影响。教师的教学行为是在一定的教学观念的指导下进行的，也就是说，一定的教学行为是特定教学观念的反映。因此，教师能够站在“他者”的视角，对自己的教学行为进行客观、准确的评定，是反省教学行为背后的教学观念的途径。

例 3-57 百数表的认识［苏教版义务教育教科书数学一年级下册］

A 教学：教师请小朋友在百数表里照样子圈出个位上是 2、4、6、8、0 的数，并介绍这些圈出来的数就是双数，其余的是单数。

B 教学：教师请小朋友在百数表里照样子圈出个位上是 2、4、6、8、0 的数，并介绍这些圈出来的数就是双数，其余的是单数。

围绕着圈好的百数表，教师进行“你还有哪些发现？”的追问，得到了下面的回答。

生 1：横着看，我发现了圈出来的数每次都是加 2。

生 2：竖着看，我发现了圈出来的数增加了 10。

生 3：我发现了所有圈出数都在同一竖行里，没有圈出来的数也在同一竖行里。

生 4：我们组还发现，在每一行有 10 个数，圈出来的有 5 个，没有圈出来的也有 5 个。

……

实施 A 教学后，教师发现班上还有不少学生并不能区分单数和双数。反思教学行为，是

① 赵玉梅．建构数学深度学习三大“真学支架”［J］．教学与管理，2020(3)：51-54.

因为学生对单数和双数的观察、思考不够深入。因此,教师对教学进行了二次调整,在另一个班进行B教学。

确实,对百数表的认识属于"一目了然"的知识。但如果课堂能再给出些时间,让学生更细致地观察与思考,他们就会有更多的发现。从长远来看,很多看似简单的发现,在未来能够让学生数学知识的骨架更丰满,让知识与生活产生更多的连接点,这样的过程就是有意义、有深度的。

从教师的角度反思教师的"教"是教学反思常用的一种策略,这样的反思能较快地加速教师的成长,也能使自己的眼光敏锐、思维清晰,在实践中形成自己独特、有效的教学风格,提高自己的教学水平。

(三) 反思教学效果

教学反思与一般的教学行为不同,不仅要关注教学过程,还要关注教学目标达成。教学过程的设计、实施、评价、调控等是为了教学目标的顺利达成,教学目标的设定、贯彻和调整是为了优化和提升教学过程的质量和价值。因此,教学反思要处理好教学过程与目标之间的辩证关系,才能提高课堂教学的效率。

例 3-58 小数的近似数[苏教版义务教育教科书数学五年级上册]

教师教学小数的近似数后,让学生小结,学生往往会认为 1.50 与 1.5 这两个小数大小相等,它们和原数 1.496 相比较,相差的数是一样的,为什么说"1.50 比 1.5 更精确一些"呢?

本课的教学目标如下。

(1) 理解保留几位小数和精确到哪一位小数等的含义,能根据要求用四舍五入法正确地求一个小数的近似数。

(2) 理解保留小数近似值末尾有 0 时,表示近似值的精确度。

(3) 通过生活实例体会小数的近似数在生活中的应用,培养应用意识,产生对数学的兴趣。

教学后,对照教学目标,"理解保留小数近似值末尾有 0 时,表示近似值的精确度。"课堂上要让学生理解"1.50 比 1.5 更精确一些",的确是一件困难的事。于是,在教学中,教师尝试进行"反推",告诉学生有一个小数保留两位小数后是 1.50,保留一位小数后是 1.5,这个小数原来可能是几。学生通过反推,得出保留两位小数是 1.50,原数的范围是大于等于 1.495,小于 1.505,误差不超过 0.005。保留一位小数后是 1.5 的,原数大于等于 1.45,小于 1.55,误差不超过 0.05。

教师教学后,将教学效果与教学目标相对比,发现本课的难点学生并没有突破,从而寻找更恰当的突破难点的策略"反推",这样的反思能让教学落在实处。

教学反思不是主观想象,需要教学经验的积累,更需要一定教育理论和教学理念的支撑。日常教学中教师应该养成及时反思教学的习惯,善于借助先进的教育理论与教学理念及时反思、修正、完善教学行为,才能不断地提升自身专业实践素养。

本章项目训练

实训项目 1:导入设计

实训内容:典型课例的导入设计。

实训任务：选读下列2节课例，设计导入环节。

(1) “分数的初步认识”[人教版小学数学三年级上]。

(2) “加法交换律与结合律”[苏教版小学数学四年级上]。

(3) “平行四边形的面积”[人教版小学数学五年级上]。

(4) “三角形的面积”[人教版小学数学五年级上]。

任务一：独立设计，小组展示，阐述设计理由。

任务二：通过相互比较，概括导入设计的基本思路。

实训目标：

(1) 能深刻体会导入环节对课堂教学的关键作用。

(2) 理解导入设计的基本思路与设计技巧。

实训项目2：板书设计

实训内容：“9加几”板书设计[人教版小学数学一年级上册]。

实训任务：

任务一：独立设计，小组展示，并阐明板书设计思路。

任务二：合作小组内讨论交流，互相指出各自板书的优缺点，并形成统一意见。

任务三：以“9加几”的板书设计为例，概括出板书设计的要点。

实训目标：

(1) 能深刻体会板书对于课堂教学的辅助作用。

(2) 能重视并精心设计板书，了解板书设计的要点。

实训项目3：教学反思

实训内容：选择自己教育实习课例，进行教学反思。

实训任务：

任务一：从教学内容、教学行为、教学效果等方面进行自我教学反思。

任务二：合作小组内讨论交流，互相指出各自教学的优缺点与改进建议。

实训目标：

(1) 通过教学反思培养师范生反思型实践的意识与习惯。

(2) 理解教学反思的价值及反思的主要内容。

附：项目训练建议

(1) 形式一：个人独立作业。

(2) 形式二：建立4～6人合作小组，安排讨论时间，以书面报告形式完成训练。

(3) 训练应有明确重点，不必面面俱到。

第四章　小学数学教材分析

正确分析与解读教材是教学设计成功的前提。人们常说，课堂教学不应满足于“教教材”，而应立足于“用教材教”。也就是说，教学设计不能照本宣科，要善于个性化、创造性地使用教材。鼓励教学创新是现代教育的价值取向，但要达到这一境界必须看懂教材、读透教材。因此，教材分析是教师的一项专业基本功。

第一节　小学数学教材分析基本步骤与实践误区

一、小学数学教材分析基本步骤

(一) 研读课标，把握课改的时代精神

教学内容的选择、组织与呈现是特定历史时期课程改革发展趋势的反映，而课程改革的精神、理念集中反映于国家行政部门的相关指导文件。就小学数学课程来说，课程标准是直接指导小学数学教育教学方方面面的重要文件。因此，研读课程标准、理解课程标准的设计理念、内容要求、实施建议等是正确解读现行教材的前提。随着《课标(2022 年版)》的推出，聚焦学生核心素养发展成为数学课程与教学的价值导向。如何发掘教材中蕴含的核心素养表现，确定科学合理的教学目标，并落实到日常教学中去，自然成为小学数学教材分析必须关注的重要方面。例如，根据《课标(2022 年版)》，数与运算的一致性是重要的课程理念，计数单位则是感悟数与运算一致性的核心概念，分析整数、小数、分数的认识与相应四则运算教材内容时就务必关注这一重要理念。

文献　于国海.生成性数学的实践困境与应对方略——以小学数学教学为例

(二) 系统梳理，厘清教材的知识脉络

许多学科的知识体系具有系统性、逻辑性，但数学学科系统性、逻辑性更强，同一领域前后知识内在联系密切，不同领域内容往往也存在内在关联。厘清各类知识的来龙去脉、纵横联系，可充分管窥所教内容的知识基础，为后继知识学习做铺垫，从而避免教学设计的前后脱节或重复。例如，两位数乘两位数笔算，由于其本质是转化为两位数乘一位数及两位数乘整十数，因此其教学基础显而易见，教学设计就应充分考虑。

值得注意的是，由于小学数学教材“循序渐进、螺旋上升”的编排特征，知识复现频率较高。同一知识点经常根据小学生的思维特点与认识规律将相同或相近内容编排在不同年级段教学。对教材前后内容的熟悉程度会直接影响教材重点难点的精准把握、教学目标的合理定位。例如，分数意义的阶段性编排。第一次出现通常在三年级上学期，主要是从感性层面初步认识分数。人教版教材安排认识一个物体(图形)的几分之一和几分之几，即通过大量感性直观，结合具体形象描述分数，初步理解分数是平均分的结果，并知道谁是谁的几分之几；第二次飞跃是在五年级下学期，利用三年级学习基础，由具体到抽象，在理解单位“1”

基础上获得分数定义。单位“1”既可表示一个物体、一个图形、一个计量单位，还可表示一个整体等，最后抽象出：分谁，谁就是单位“1”，单位“1”与自然数“1”的本质区别就更加清楚，从而把分数概念从具体事物中抽象出来，概括出定义：把单位“1”平均分成若干份，表示其中的一份或几份都可用分数来表示。①

（三）纵横比较，读懂教材的编排特色

同一版本不同时期的教材往往反映不同时期的教育理念与行为，同一时期不同版本的教材往往也反映不同编写群体的价值指向。纵横比较分析往往能更清晰地透过所教的教材表面呈现分析其内在逻辑。例如，当下我国小学数学教材中课时内容通常始于具体情境，甚至单元教材也会呈现一个整体性情境，其本质是基于建构主义学习理论的教材编排；过去教材曾经始于旧知复习，甚至教材中明确标有“复习”二字，这类教材实质是基于认知主义学习观的教材设计。二者都有存在的理论基础，因而教学设计也就存在相互结合的理据支撑。再如，比较人教版与苏教版“梯形面积计算”的教材内容，具有明显不同之处。一是两种教材的引入不同。苏教版教材通过求方格图中的梯形面积引入，在数小方格基础上提出讨论问题；人教版教材通过如何求汽车挡风玻璃面积这一实际问题引入。二是梯形面积公式获得过程不同。虽然二者都讨论了梯形面积公式的几种常见求法，并重点围绕一种方法进行研究，但苏教版教材通过几个具体梯形的数据测量、填表、讨论，最后获得公式，显然突出了数学结论比较完整的“先猜后证”的过程。

对教材比较分析的关键是要多问几个“为什么”，为什么现行教材要改变过去的做法？为什么所教版本教材内容呈现与其他版本教材不同？编者是如何考虑的？意图何在？教学设计能否借鉴其他教材的做法？等等。

（四）关注细节，分析教材的内容结构

细节决定成败，分析教材务必关注内容呈现细节。看漏一句话就可能偏移编者意图，对教材呈现的细节（如文字、图表等）要反复推敲。例如，教材中经常会有“再写几个式子，与同学交流，看看有什么发现？”这就意味着编者建议教学设计要引领学生合作学习，在交流讨论基础上形成认识，同时希望教师引领学习者经历科学的推理过程获得认识。实践中发现一些教师想当然地从一个具体事例就引导学生获得结论，这种不科学的做法就是由于没有读懂教材字里行间的本意。分析教材的内容结构一般步骤如下。

第一步，梳理教材的逻辑呈现序列，务必明确新课主题。因为有些教材（如苏教版）一般单元主题非常明确，一节课主题经常不呈现，需要教师结合学情与教材内容确定主题。如何切入主题，是借助情境问题还是已有知识回顾？再看教材主体内容的呈现思路，概念课是按照概念形成还是概念同化学习思路呈现？定律、法则、性质课是按照归纳法还是演绎法获得？

第二步，关注教材中的例题、习题呈现。例题是新知教学的核心内容，在过去教材中往往明确标注。当前许多版本教材的例题与教材正文融为一体，是帮助学生建构新知、增强数学理解的重要载体，通常具有以下特点：一是设计一个问题情境，从而例题成为教学起点，由于情境的灵活性，自然允许教师进行自主化处理（如增删问题、变换情境、变化数据等）；二是例题设计形式多样、开放度高，便于现代课堂中组织学生动手实践、自主探索、合作交

---

① 曹国玺．我的“概念课”教学初探[J]．内蒙古教育，2012(12)：54-55．

流；三是例题呈现形式更加感性、鲜活、生动，大量采用能够吸引学生的生活图景，融趣味性、知识性、欣赏性于一体，不仅可拓宽学生视野，也可关注到跨学科认知及德性熏染渗透。

习题分析可从数量、类型、选材、难度、功能、特色、呈现方式、编写理念八个维度进行。其中，数量、类型、选材、难度和功能是开展数学教材习题研究的主要维度，另外还包括习题特色板块、呈现方式、编写理念等①。习题分析要注意层次性，一般来说包括基本题、变式题、发展题、综合题、思考题等。习题处理是教学设计重要的一个模块，在教材分析时不可忽视。

第三步，关注教材中的插图。插图是现代教材的重要内容之一。插图的广泛使用提升了教材的欣赏性。当然，美观是表面现象，插图往往起辅助解释、说明作用，可使抽象的数学内容更形象、生动。合理诠释教材插图不容忽视。教材插图通常有以下几种形式。

一是单元场景图。这类图往往是整个单元学习内容的落脚点，蕴涵着大量信息。例如，一些教材单元初始阶段经常配备这类图。

二是课时主题图。这是课时教材的核心插图，在现行教材中普遍使用，主要作用是导入新知(特别是新概念、新技能、新思想、新观念等)。需注意的是，许多主题图可能是整节课学习背景，经常以问题情境形式呈现。例如，苏教版与人教版"加法运算定律"均是借助主题图在问题情境基础上提出问题，整节课就是围绕"创设情境、提出问题、解决问题、总结认识"展开教学。

三是思维引导图。此类图一般出现在新知教学的操作探究活动中，其作用是引领学生经历和体验图中所提示的思维路线。

四是例题习题背景图。这类插图的使用使得抽象枯燥的例题习题更加生动、鲜活，也能使学生体会到数学的应用价值。此类插图的教学价值需要深刻理解、深入挖掘。当然，这类插图过多也会导致情境切换过快，冲淡学习主题，可能使学生产生认知负荷。富有经验的教师往往会对例题习题背景进行整合，从而优化例题习题情境的教学功能。

五是背景装饰图。此类插图通常供学生欣赏，目的是吸引学生的学习兴趣，起到烘托气氛、减轻阅读压力、提高阅读效果的作用。当然，充满正能量的装饰图还可彰显独特的思政教育价值。

(五) 综合考量，分析教材的重点难点

对所教单元或具体课时教材做深入研究，确定教材的重点、难点，才能在教学设计时科学组织教学内容，突出重点，突破难点。综合之意是指分析"重点难点"应考虑各方面情况，如课标精神、学情实际、教学条件等，尤其是学情。学生的知识基础、学习兴趣、学习习惯等都会影响对教材的科学处理。

1. 教材重点

教材重点是确定教学重点的重要依据。一般来说，模块教材中直接影响其他知识学习的内容是重点。关于课时教材重点，首先要分析这节课与前面相关教材的主要区别是什么，这个区别是学生认识转折点，往往就是本节课的重点。例如，两位数的进位加法这节课，显然，与前面两位数不进位加法相比较，进位的方法就是教材的重点。

① 马云鹏. 小学数学课程标准与教材研究[M]. 北京：高等教育出版社，2016.

2. 教材难点

教材难点就是教师难教、学生难学或者学习中容易产生相互干扰、易混、易错的内容。教材难点是确定教学难点的重要依据，难点突破是教学目标达成的关键。例如，“万以内整数加减法”学习单元中，连续进位加法与连续退位减法难以被学生理解与掌握，是整个单元难点。有时教材重点也可能是教材难点。例如，“分数加减法”学习单元中，异分母分数加减法既是教材重点，又是教材难点。

(六) 开阔视野，拓展教材的育人价值

当前基础教育已转向聚焦学生核心素养发展，新的义务教育数学课程标准已经颁布。根据《课标(2022年版)》，小学数学课程中的核心素养表现包括11个指标。这些指标都是层级上高于知识技能的教育元素，但是教材中呈现的往往是知识技能方面的学习内容，因此核心素养实质内隐于教材。分析教材要善于开阔视野，挖掘核心素养培育因素。例如，苏教版教材第二册运用20以内的加法算减法时在“13－9＝□”下面出现“想9＋( )得13?”这里实质蕴含了初步的数学推理意识；在苏教版第八册“多边形面积的计算”中，教材编排突出通过观察、操作与连续性问题讨论引导学生自主获得结论，这样安排可为发展推理意识创造有利条件。另外，现行教材在推理、抽象、模型思想基础上渗透了集合、对应、函数、极限等具体的数学思想方法，这些思想方法是核心素养在数学课程中的关键体现。所谓渗透，就是把数学思想方法融合于教学设计，这是一种高水平的深入浅出。分析教材必须挖掘这些渗透因素，抓得住，吃得准，教学过程才能有的放矢、驾驭自如，真正达到渗透数学思想方法的目的。创造性素养无疑是核心素养的最高境界，分析教材要善于登高望远，拓展教材的育人价值。

例如，现行教材中许多数学习题甚至例题功能多样丰富，有些直接反映编者设计意图，有些则需教师深度挖掘才能凸显问题的学习价值，才能在教学中有意识、有目的地引领学生深度思维，感受数学探索的魅力。如“有趣的乘法计算”[苏教版小学数学教科书三年级下册]，教材主体包括两个关联性内容：一是引导学生探索一个乘数是11的两位数乘两位数的规律；二是探索两个乘数的十位相同而个位和为10的两位数乘两位数的计算规律。对于第二部分教学，按部就班地引导学生对实例归纳出规律并不困难，如果教师分析教材时能够居高临下，就可领略到教材潜在意图。实际上，教材揭示的只是两位数乘两位数三种情况中的一种。在小学数学“速算”中有对应口诀“头乘头，加上同，添上尾乘尾”。教师可以抓住契机，考虑引领学生进一步思维：如果两个乘数的个位相同而十位和为10的两位数乘两位数乘积有无规律可循？一个乘数十位与个位相同，另一个乘数十位与个位和为10，乘积有无规律可循？甚至进一步，三种情况下有无统一的规律？这些问题，课堂上或许难以完成，但若鼓励学生课后思考或与家长共同探寻，相信可使学生实实在在地感受数学发现的乐趣，并从中领略到数学学习的价值。当然，要达到这种教学预期，需要教师对教材深度解读，不人云亦云，敢于提出自己意见，才能高屋建瓴，实现创造性设计，形成较强的教材分析能力。

二、小学数学教材分析实践误区

教材分析是教师的一项基本功。教师的学科知识功底、教育思想观念都会影响教材的认识层次。初上讲台的教师虽然具备一定的职前理论与实践准备，但由于缺乏教学经验,因此教学设计虽能精心构思,课堂实践却经常背离预设,以致教学效果不佳,其中就可能存在教材的不当处理。这里梳理教材分析的几个常见误区并提出相应的纠偏策略。[①]

(一) 走马观花,只看现象不看本质

一般来讲,从宏观上看,教材内容的选择与编排反映了特定时期的课程与教学理念。从微观上看,有的教材内容呈现看似简明,但字里行间往往蕴含着编者某一视角的编排意图。走马观花,只能看到表面现象。

例如,一位教师教学"5－2＝3"[苏教版义务教育教科书数学一年级上册]。首先教师提问:图中有几位小朋友在给花浇水?(板书5)现在走了几位小朋友?(板书2)走了2位是多了还是少了呢?在学生回答基础上,教师总结:少了就用减法算。(板书5－2)然后教师介绍减号名称。接着提问:还剩下几位小朋友在给花浇水?(3位),最后教师板书5－2＝3。

主题图本质上反映的是一道实际问题。理应先揭示问题才能解决问题,教学中问题未出现算式就已经出现,显然不科学。另外,这道题用减法运算的本质是"求剩余",而不是"少了","少了"只是现象。如此教学会给儿童后继学习产生误导。

因此,解读教材不能浮于表面,应抽丝剥茧,由表及里,廓清教材编排意图。从情境呈现、问题提出与解决、知识的抽象与概括到例题与习题安排,反复推敲细节,透过现象分析本质。也就是说,只有下马观花,才能充分领略教材内容安排意图。

(二) 主观臆想,不善追溯理论支撑

听课过程中,经常发现新手教师对教材解读不彻底,根据主观臆想处理教材,出现各种教学漏洞,或者缺失课程与教学理论的支撑,或者学科知识理论存在盲区。

例如,一位教师教学"乘法分配律"[苏教版义务教育教科书数学四年级下册]。先请学生围绕主题图运用两种方法计算"四、五年级共需领多少根跳绳?"根据两种解法获得等式(6＋4)×24＝6×24＋4×24后,再请学生思考等号两边式子有何联系,从中可以发现什么规律,进而在学生讨论基础上指出该规律就是乘法分配律。

小学数学虽是数学科学中最基础的部分,但在知识与思想方法上都蕴含了数学科学最本质的一些元素。有些内容若不认真推敲,也会出现模糊认知。上述教学中乘法分配律的教学过程应严格遵循数学规则一般认识步骤,即呈现例证、考察例证、归纳结论、验证结论。运用经验归纳(或称不完全归纳)发现数学结论,显然一个例证分析是不严密的。另外,由于通过经验归纳获得结论的科学性必须通过理论证明确认,验证的目的是增强结论可信度,这个环节是必要的,但须在结论确定前进行。因此,上述教学过程是不科学的。作为新手教师,应勤学善思,学会用高观点来考察推敲小学教材,领略教材内容背后的深层内核。即认识教材要源于教材,但更应高于教材。

(三) 视角单一,囿于教材不善变通

课堂教学充满诸多变数,即使教师预设天衣无缝,教学中也可能由于各种教学或非教学意外难以有效实施预设。若在教材分析时考虑不周全,不善突破教材呈现内容,想当然地处理教材,教学中就可能不能灵活应变,被教材束缚,经常处于尴尬局面。

例如,一位教师教学"梯形的面积"[苏教版义务教育教科书数学五年级上册]。课始引

---

① 于国海.新手教师教学设计常见误区例析[J].教学与管理,2017(23):23-25.

导学生回顾平行四边形与三角形面积公式推导过程，再根据教材思路组织学生讨论梯形面积计算方法，并重点就“两个完全一样梯形拼组成平行四边形”展开探究。教学流程顺畅自然，但有位学生提出可把梯形直接转化成一个三角形（教材中没有呈现该方法），显然教师预设未充分考虑，只能蜻蜓点水，错失了可能的教学亮点展示契机。

俗语说：有一千个读者就有一千个哈姆雷特。课堂中出现各类意外司空见惯，要避免出现可能的被动，教学分析就应开阔思路，反复推敲各种可能，避免闭门造车。教师应经常考虑：怎样提问更合适？提出问题后学生可能有哪几种回答？如果学生的回答出乎意料或答非所问，教师怎么应对？并养成换位思考习惯：假如我是学生，我可能会怎么回答老师的问题？等等。

（四）夜郎自大，盲目创新适得其反

新教师往往专业成长意识较强，但看问题难以深入透彻。为了产生所谓的教学亮点，常常在分析教材时产生创新的冲动，试图标新立异，在无充分理据情况下曲解教材编排本意，或打破教材呈现序列，或擅自变更教学内容，结果适得其反，产生设计偏差。

例如，一位教师教学“加法结合律”[苏教版义务教育教科书数学四年级下册]。先根据主题图提出问题“参加活动的一共有多少人?”再从简便运算角度引导学生思考问题的两种解法。课后研讨时，该教师说是看到人教版教材这么安排，并且苏教版教材后面也有简便运算。其实两版本教材主题图情境有本质区别。苏教版教材问题的两种解法是针对主题图从不同角度理解数量之间关系的自然思维。而人教版则基于怎样算比较简便提出两种解法。因此，本节课教学苏教版教材不宜教学简便算法。

新课程鼓励教师教学创新，但创新客观上存在风险。建议在没有读懂读透教材的情况下还是要尊重教材，若无充分把握，还是应步步为营，稳扎稳打，不要盲目创新。

第二节　数与代数教材分析

义务教育阶段“数与代数”主要包括数与运算、数量关系、式与方程及函数等，它们都是研究现实世界问题的基本模型。根据《课标（2022 年版）》，小学数学中数与代数主要学习内容包括“数与运算”和“数量关系”两个主题，分布广、跨度大，三个学段均有涉及，学段之间的内容联系紧密，由浅入深，层层递进，螺旋上升，构成了相对系统的知识结构。

一、数与代数教材结构梳理

（一）数与代数的教材内容

以人教版小学数学教科书为例，教材内容结构如图 4-1 所示。

该结构导图实际是《课标（2011 年版）》背景下人教版教材数与代数的教材结构。《课标（2022 年版）》围绕小学数学课程要体现的核心素养，相应调整了有关学习内容，具体如下。

文献　于国海.指向深度学习的知识教学——以小学数学为例

一是把学习内容整合为“数与运算”和“数量关系”两个主题。

“数与运算”包括整数、小数和分数的认识及四则运算。数的认识的学习强调体会数是对数量的抽象，感悟数概念本质上的一致性，形成数感和符号意识；数的运算重点在于理解算理、掌握算法，感悟数的运算及运算之间的关系，体会数的运算本质上的一致性，形成运算

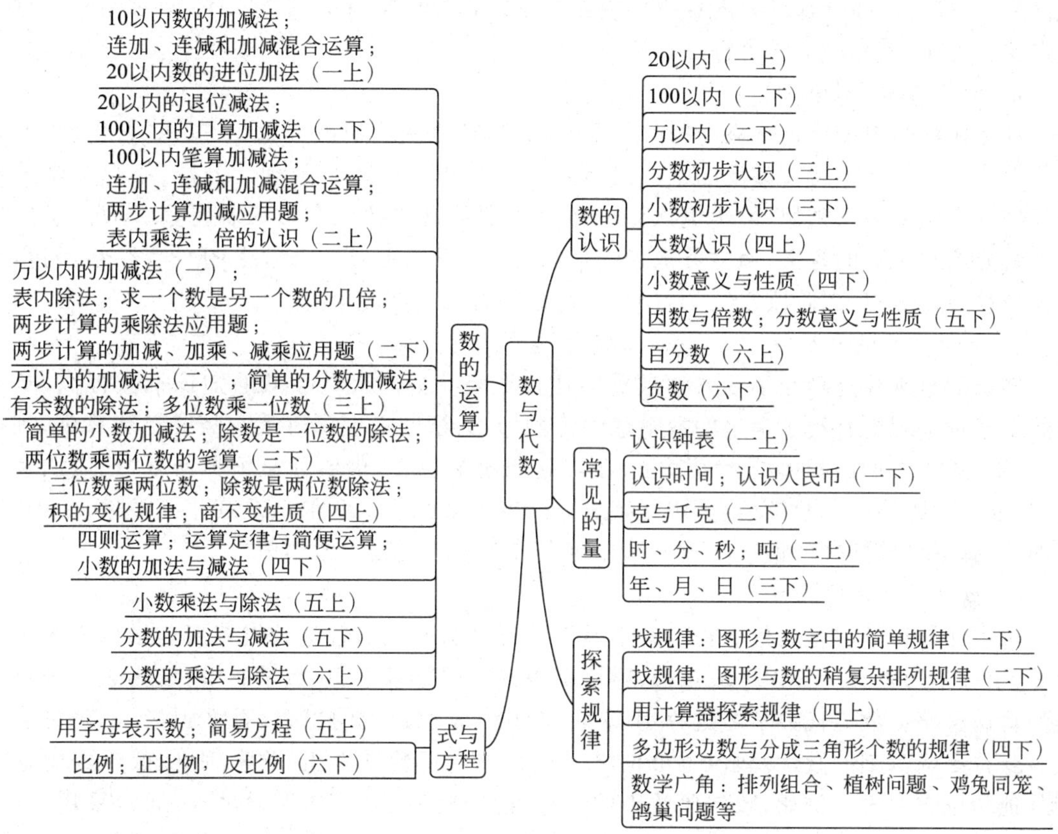

图 4-1　数与代数

能力和推理意识。

"数量关系"主要是用符号(包括数)或含有符号的式子表达数量之间的关系或规律，主要包括：①常见数量关系(如加法模型与乘法模型)；②运用数与运算解决问题，这里的问题更多指真实背景下的实际问题；③探索规律，更多是从数量关系角度探索数量之间蕴含的数学规律；④用字母表示关系，是指用字母表达数量之间的关系；⑤正比例。数量关系学习重在引领学生经历在具体情境中运用数量关系解决问题的过程，感悟加法模型和乘法模型的意义，提高发现和提出问题、分析和解决问题的能力，形成模型意识和初步的应用意识。①

二是调整部分内容的模块归属。"常见的量"与"负数"等学习内容调整到综合与实践领域，通过主题活动呈现；百分数内容作为统计知识处理，方程与反比例后移到第四学段。

（二）数与代数的教材编排

作为基础性内容领域，数与代数不仅需要学习各类概念、规则等核心知识，而且包含基本技能训练(主要是计算技能)。另外，课程标准所注重的基本数学思想与活动经验也贯穿始终。

由于小学生思维正处于从具体形象思维向抽象逻辑思维过渡的阶段，他们认识抽象数学知识通常需借助于事物的直观形象，并且认识事物往往不能一次完成，需要多次反复、逐

① 马云鹏.怎样理解"数量关系"学习主题[J].小学数学教育，2022(11)：11-13.

步提高。因此，这部分教材的内容编排遵循数学知识发展本身的逻辑顺序，同时兼顾儿童的认识发展规律，具有以下三个特点。

1. 知识编排的阶段性

数与代数知识编排具有显著的阶段性。例如，整数的认识被分成20以内、百以内、万以内等教学阶段。一个比较突出的案例是分数与小数内容的教材处理。分数、小数概念虽然与我们日常生活关系密切，但学生认识分数与小数的含义要比整数困难得多。为使学生深刻理解分数与小数的含义，通常分成两个阶段：第一阶段主要结合学生的生活经验，初步地认识分数与小数；第二阶段系统学习分数、小数的意义与四则运算。

2. 知识呈现的直观性

知识的直观性呈现在小学数学教材中比比皆是。数与代数领域的知识抽象性高，具象的数学直观呈现更有利于学生的数学理解。例如，为帮助学生理解乘法竖式计算算理，利用“点子图”或长方形面积模型直观表示；在实际问题解决中，借鉴苏霍姆林斯基“把应用题画出来”的方法提炼问题数学信息，用文字、符号、字母来标明这些信息及其相互关系，其中“线段图”“列表格”等熟知的做法实质上是几何直观在数与代数中的体现。

3. 知识学习的过程性

过程性知识学习是现代课程与教学设计的价值指向。随着基础教育聚焦学生发展核心素养，引领学习者经历知识生成过程，感悟蕴含其中的数学思想、数学思维，成为数学教材编排的普遍思路。数与代数学习过程中，关注知识生成过程中的思想、思维因素，不仅可引导学生获得更为深刻的数学理解，也可把学习过程中获得数学思想、数学思维、数学经验迁移到其他领域学习中。例如，数与代数中的一些性质、法则、规律的探索过程，通常采用“创设情境、提出问题、解决问题、总结结论”的编排模式，其中蕴含的核心素养表现具有广泛的迁移价值。

二、数与代数典型案例分析

例 4-1 “分数的初步认识(一)”单元教材分析[苏教版义务教育教科书数学三年级上册]

案例背景：中年级学生的思维正处于由具体形象思维向抽象逻辑思维过渡的关键阶段。本单元是分数概念与运算学习的起始阶段，首次接触分数缺乏明确的认知基础，因而小学数学教材通常都是层层递进、分段安排。苏教版教材在三年级上学期教学“把一个物体或图形平均分成若干份，其中的一份或几份可以用分数表示”，还将在下学期安排“分数的初步认识(二)”，教学“认识整体的几分之一与几分之几，以及求整体的几分之一与几分之几是多少”的内容，旨在进一步从感性层面引导学生认识分数。五年级下学期则系统学习分数的意义与四则运算。本单元也为系统学习小数做好知识铺垫。另外，由于分数知识抽象程度高，不像小数概念那样具有丰富的生活经验，客观上学生对分数概念的理解会存在一定困难。

教学微课 “分数的意义”教材分析

小学微课 赵玉梅：分数的初步认识

实训重点：单元教材结构梳理；例题之间的相互关联。

单元内容编排分析：本单元内容共分三个部分，编排5个例题。第一部分结合具体情境初步感知几分之一的意义；第二部分在几分之一基础上初步认识几分之几;第三部分是分数的简单计算,只涉及同分母分数(分母小于10)加减法。本单元还安排"你知道吗",简要介绍分数产生和发展的历史。

1. *初步认识几分之一*

教材通过两个孩子平均分三种食品的场景图切入,引领学生通过操作活动从感性层面认识几分之一,另外还涉及简单的分数大小比较,旨在帮助学生更深刻理解几分之一的含义。

例1:首先呈现分食品的场景图,揭示"平均分"这一分数概念认识的逻辑基础。教材通过问题"把每种食品平均分成2份,每人分得多少?"发现苹果、矿泉水的数量都能用整数表示,但是每人分得半块蛋糕无法用已经学过的数来表示,从而通过平均分结果的表示激发认知冲突,引出分数概念。

由于本单元认识的分数较多,因此,在"认识几分之一"这部分集中力量教学1/2,以启发学生把学习1/2的经验自然迁移到其他几分之一的认识。教材从"半个也叫1/2个"的认识结合实物图示过渡到分数1/2,具体描述了1/2的意义,再引导学生认、读、写1/2。

"试一试"组织学生通过折折、涂涂正方形纸来表示这张纸的1/2。一方面可使学生在操作、交流中深化理解:虽然折法与涂色位置可能不同,但是只要把纸平均分成两份,其中的一份都可用1/2表示。

例2:在感知几分之一意义基础上,直观体会并比较两个几分之一的大小。教材借助圆这个典型的面积模型,要求学生通过折折、涂涂,借助图形直观进行比较,不要求概括出比较分数大小的方法。从《课标(2022年版)》的角度看,这里实际上蕴含了几何直观这一重要的核心素养表现。实际上,借助几何直观理解分数概念与运算贯穿分数学习始终。

"想想做做"安排的习题是新知学习的延伸。如第1题引导学生在1/2的理解基础上,写出涂色部分表示的分数1/3、1/6、1/9和1/8;第2题通过判断使学生进一步明确只有在平均分的情况下才能用分数表示图形的一份。这些习题紧扣几分之一的意义进行了层次性编排,深化了学生对几分之一的数学理解。

2. *初步认识几分之几*

例3:在几分之一的认识基础上进一步通过操作活动教学"一张正方形纸折成同样大的4份,其中3份是这张纸的3/4"。"试一试"组织学生在几分之一理解基础上通过图形直观进一步理解几分之几的意义。

例4:对于两个同分母的几分之几大小的比较,教材依然借助图形直观,引导学生在理解分数意义的基础上,通过折纸活动进行比较。

"想想做做"让学生通过涂色活动进一步深入理解几分之几,同时加深两个同分母几分之几大小比较的数学理解。

3. *初步体会简单的分数加减法计算*

例5:教学同分母分数加减法计算(分母不超过10)。例题设计了两个孩子分享巧克力的实际问题情境,提出问题"两人一共吃了这块巧克力的几分之几",列式"5/8+2/8"后,借助几何直观解决问题:把一个长方形的5/8涂上红色,2/8涂上绿色,通过涂色活动理解5/8+2/8=7/8。本单元教材不概括同分母分数加减法的计算法则,仅要求学生通过几何直观初步感悟算理。

学习目标：

(1) 借助生活情境，初步认识几分之一与几分之几，并能比较简单分数的大小；知道把一个物体或图形平均分成若干份，其中的一份或几份可以用分数表示；能解决有关分数的简单实际问题。

(2) 通过观察、操作等实践活动，借助实物、面积、数线等直观模型感悟几何直观，发展数感。

(3) 体会分数在实际生活中的应用价值，激发数学学习的积极情感。

反思迁移：

(1) 单元教材解读是课时教材分析的基础。单元教材往往反映特定模块内容的知识技能与素养发展要求，模块内各知识点之间相互联系紧密。把握教材整体性结构也可为课时教材的科学解读奠定基础。当然要注意单元教材的独立性是相对的，其内容往往也存在知识基础的溯源与知识系统的延伸。例如，苏教版教材中多边形面积教学单元虽然通常从平行四边形面积开始学习，但是却要追溯到早期的面积单位与长方形、正方形面积公式教学。

(2) 关于分数的初步认识，人教版教材集中安排在三年级上学期，苏教版教材别具一格，把平均分一个整体的情况后移到下学期。教材分析时对教材进行适当的比较分析，可更好地领会编者意图，把握所教版本教材的重点难点。

(3) 几何直观是《课标(2022 年版)》提出的重要核心素养表现。分数概念与运算的理解有一定难度，教学中突破难点的关键是借助长方形、正方形、圆等直观面积模型帮助学生理解概念内涵与运算算理，同时借助几何直观也有助于学生感悟分数、小数、整数概念及四则运算系统内在的一致性。

例 4-2 乘法分配律［苏教版义务教育教科书数学四年级下册］

案例背景：四则运算的核心知识包括运算定律、运算法则与运算性质等，是数与代数领域规则学习的重要内容。在五条运算定律中，乘法分配律较复杂，包含乘法运算与加法运算，是学生学习的难点。学生在已经学习了加法与乘法的交换律、结合律后，也能进行相关简便运算，客观上为新知学习奠定了基础。同时学生在以往学习中初步接触过新知，只是没有进行抽象层面的提炼。例如，学生在计算长方形的周长时，周长＝(长＋宽)×2，周长＝长×2＋宽×2；再如两位数乘两位数的竖式计算，其算理本质上就涉及乘法分配律。学习乘法分配律，可以获得四则运算更深刻的数学理解，也可进一步提升学生的运算能力与推理意识。

实训重点：数学规则课时教材的呈现思路；推理意识的培养。

教材解读：教材首先创设了四年级、五年级学生在保管室领取跳绳的实际问题情境，提出“四、五年级一共需要领取多少根跳绳”的问题，问题有两种不同的解题思路，从而根据两种解法获得乘法分配律的一个特例“$(6+4)\times 24=6\times 24+4\times 24$”，再引导学生认识等号两边的算式有什么联系。其次是引导学生通过合作交流，经历观察、分析、比较与概括过程，对分配律由感性层面逐步上升到理性层面认识。先要求学生写一些类似的等式，再组织学生小组交流讨论，看看有什么发现。最后在学生发现的基础上引导学生用语言或者其他方式交流，并用字母表示出定律，点明主题。

“练一练”第 1 题设计的练习包括直接运用或者逆用定律解决。从“$27\times 12+43\times 12=(27+\square)\times\square$”看，教材引领学生体会运算律有助于简便运算。第 2 题通过判断两个式子的结果是否相同进一步体会乘法分配律。而习题十的第 6 题则明确地指出了乘法分配律在简便运算中的作用。因此，乘法分配律是学生以后进行简便运算的前提和依据，有助于提高学生的运算能力。

本节教材层次清晰，遵循了数学规则学习的常用思路，但是不能忽视的是教材中所蕴含的核心素养要素。换句话说，本节课不仅要使学生理解并掌握乘法分配律，更要引领学生经历规律探究的过程，进而培养分析、推理、抽象、概括的能力。

学习目标：

(1) 经历乘法分配律的探索过程，理解并掌握乘法分配律的意义并能用字母表示；能正确地运用乘法分配律进行一些简便计算。

(2) 在探索过程中培养学生归纳、抽象、概括的能力，体会用字母式子表示乘法分配律的严谨与简洁，发展符号意识与推理意识。

(3) 培养学生对数学现象的好奇心及自主探究的精神。

学习重点：引导学生自主发现乘法分配律，用字母表示乘法分配律。

学习难点：自主探究、归纳总结运算律。

反思迁移：

(1) 本节课内容编排采用了“创设情境、提出问题、解决问题、概括认识”的呈现模式。这种呈现模式在现行教材中普遍使用，具有广泛的迁移价值，不仅有助于学生学习方式的改变，也有助于学生发现与提出问题、分析与解决问题能力的培养。

(2) 本节课是运用经验归纳获得数学结论的典型案例。经验归纳的关键是通过分析若干个事例的共同特征，再推广到一般形成结论。因此，教材中要求学生在获得 $(6+4)\times 24=6\times 24+4\times 24$ 基础上“再写几个这样的等式”，目的就是体现科学合理的归纳过程。这一过程具有广泛的迁移价值，因为在小学数学中许多数学结论是用经验归纳学习的。

(3) 推理意识是《课标(2022 年版)》针对小学数学教学提出的重要的核心素养表现。从某种程度上说，推理是数学思维的核心。本节课结论的获得是运用所谓的合情推理(即猜想)。这是小学数学教学需要突出体现的一种推理，教学设计要挖掘引导学生感悟推理意识的素材，为数学推理能力的形成奠定经验基础。

例 4-3　三位数乘两位数[人教版义务教育教科书数学四年级上册]

案例背景：三位数乘两位数的笔算乘法是在学生掌握两位数乘两位数及三位数乘一位数的笔算乘法基础上学习。从本质上说，多位数乘法运算的算理与算法是一致的，因此，教学本节课可以把已学的两位数乘两位数的算理与算法直接迁移，要让学生理解算理与算法困难不大，但是随着计算位数的增加，以及计算过程中出现的各种不同情况，会导致各种计算错误的产生。另外，根据《课标(2022 年版)》，这部分内容是引导学生感悟多位数乘法一致性的关键内容，为后续理解小数、分数四则运算的本质奠定基础，因为从本质上讲，无论是整数、小数，还是分数，四则运算都可视为计数单位个数的某种操作。因此，合理的教学处理能引领学生对数的运算获得整体性的数学理解。

文献　吉智深. 探寻算理与算法之间矛盾的根源及解决方法

实训重点：整数乘法运算的一致性；算理与算法的感悟。

教材解读：教材沿袭数的运算教材编排的一般思路，分成三个层次。

(1) 实际问题情境引入。教材通过李叔叔乘火车的实际问题情境，提出运用乘法计算的问题,并列出算式 145×12。问题蕴含了后面要学习的常见数量关系"路程=速度×时间"的乘法模型。

(2) 计算 145×12。教材引导学生回忆两位数乘两位数的计算方法,并迁移到三位数乘两位数,思考三位数乘两位数的竖式计算。当然,实际教学中可以先让学生"估一估"(培养估算意识),并要求学生用计算器验证答案的正确性。

(3) "做一做"的安排。教材安排了 8 道计算练习,这 8 道计算呈现了三位数乘两位数计算过程中可能出现的各种情况。如第 6 道题需要连续进位,最后一道题计算结果末位是零等。

学习目标:

(1) 结合实际问题情境探索三位数乘两位数的算理与算法,能正确计算三位数乘两位数。

(2) 通过两位数乘两位数到三位数乘两位数的算法的类推迁移,感悟多位数乘法的内在一致性,培养运算能力与推理意识。

(3) 在自主探索、合作交流学习活动中,进一步树立数学学习的自信心,发展数学学习的积极情感。

学习重点:理解三位数乘两位数的算法与算理。

学习难点:正确规范地书写乘法竖式,感悟整数乘法运算的一致性。

反思迁移:

(1) 算理与算法是计算教学的重点,通过教学,学生不仅要掌握如何进行计算,而且要理解相应的算理。《课标(2022 年版)》进一步突出了算理与算法教学的融合,在内容要求中明确提出要"探索加法与减法、乘法与除法的算理与算法"。教材中女生对话"我会计算两位数乘两位数,三位数乘两位数乘法怎么算呢?"如果停留于算法层面的迁移类推,实际上与新课标精神相背离。教材分析时要注重发掘算理感悟的路径。例如,借助几何直观可以引导学生进一步感悟四则运算的本质。这一点,在两位数乘两位数的学习中碰到过,实际上,在后面学习小数、分数的四则运算中依然可以借助几何直观帮助学生理解算理。

教学微课 "质数与合数"教材分析

(2) 数的运算的一致性是《课标(2022 年版)》的重要理念。从本质上讲,数的运算实质是数的计数单位个数的某种操作,加减法如此,乘除法也是如此。学生能从本质上认识到这一点,也就能感悟到数的运算的一致性,也就对计算的算理与算法的理解更加深刻。145×12,实际就是 1 个百、4 个十、5 个一的和与 1 个十、2 个一的和的积,构造一个长为 145、宽为 12 的长方形,这些数据之间的关系即可一目了然。

例 4-4 和与积的奇偶性[苏教版义务教育教科书数学五年级下册]

案例背景:本案例属于探索规律范畴。关于规律的探索,实际上在现行教材中普遍存在。例如,许多性质、法则、公式等新知学习过程往往表现为规律的探索过程,"探索"被视为理解与掌握知识的有效方式。作为单立的探索规律内容,根据《课标(2022 年版)》,探索规律是数量关系学习主题的一部分,侧重于从数量关系角度探索规律。因此,安排这部分内容的重要目的是引领学生经历规律的探索过程,从而进一步获得活动体验、思想感悟与方法应用。显然,这部分内容是学生核心素养培育的重要载体。前面几册教科书里的探索规律,大多指向现实生活,如间隔排列、周期现象等。本课内容直接研究数学现象,探索整数加法和乘法中的规律。

四则运算是数学学习的基本操作，但是计算教学通常关注算理与算法的理解、掌握与应用，一般不会进一步研究得数规律。学生运算时也很少关注加法的和、乘法的积是偶数还是奇数。五年级数学中整数知识已全部完成，学生也已理解奇数和偶数概念，引领学生进行适度数学研究有助于激发他们数学探索与发现的热情。

实训重点：探索规律教材内容的编排思路；核心素养培育。

教材解读：教材编排分两部分：先探索和的奇偶性，再研究积的奇偶性。

1. 和的奇偶性

和的奇偶性探索分“两个非 0 自然数相加”与“多个非 0 自然数相加”两个层次。

1）第一层次研究分四个步骤

(1) 小组协作，积累例证。学生任选两个非 0 自然数，求出它们的和，再把选出的加数与算出的和，填在教材表格中，积累探索素材。表格最后一栏“和是奇数还是偶数”，填写该栏目可初步感受整数加法的和是奇数还是偶数。

(2) 考察例证，初步探索。填表时学生可能自发产生疑问：“什么数相加的和是奇数，什么数相加的和是偶数?”教材顺势呈现“玉米”卡通发问：“观察填好的表格，说说你的发现”，引导学生初步探索规律。

(3) 交流发现，验证结论。“玉米”卡通的提示指出了思维方向。教材通过“辣椒”“蘑菇”“萝卜”三个小卡通提示引发学生讨论交流。当然，实际教学过程需要适当整理学生的交流结果，才能像三个小卡通那样有条理表述。在讨论基础上继续举例，验证发现。

(4) 联系实例，拓展认识，进一步体验两个数和的奇偶性。打开数学教科书，左、右两页的页码是两个连续自然数，一定是一个偶数与一个奇数，这样两个数的和一定是奇数。再拓展认识任意两个相邻自然数的和，这一步可以视为规律的应用。四个步骤层层递进，比较规范地呈现了规律探索的科学过程。

2）第二层次研究分三个步骤

(1) 任选素材，自主探索。任选几个不是 0 的自然数，写成一道连加算式，猜想算式的和是奇数还是偶数，并通过计算验证猜想。

(2) 小组交流，发现规律。围绕教材中两组问题开展讨论，连加算式里有几个加数是偶数、几个加数是奇数，并思考奇数加数的个数与连加算式最后得数的关系，从中发现规律：任何一道连加算式，若所有奇数的和是偶数，则连加算式的最后得数是偶数；若所有奇数的和是奇数，则连加算式的最后得数是奇数。(这里的探索可充分体现推理意识这一核心素养表现)从而得出若干个自然数连加的“和的奇偶性规律”：连加算式最后得数的奇偶性，由算式里奇数加数的个数决定。

(3) 规律应用，拓展认识。应用发现的规律，引导学生体会规律的应用价值，在复杂的连加情境里作出判断。如 $1+3+5+\cdots+99$ 的加数比较多，并且都是奇数，根据加数的个数，能否直接说出得数是奇数还是偶数？实际教学还可鼓励学生写一些复杂的连加算式，判断和的奇偶性。

2. 积的奇偶性

积的奇偶性的探索过程步步为营，旨在引领学生经历规律的探索过程，从中感悟数学思想，积累数学活动经验，这些思想与经验可以迁移到积的奇偶性研究。因此，研究若干个自然数连乘的积的奇偶性的内容，教材编排简洁精致，重在鼓励学生自主探索、开放思维。

教材首先让学生自己写连乘式子，通过从左往右计算体会规律。如计算 5×7×8×4 要做三次乘法，每次所得积依次为奇数、偶数、偶数。再通过几次类似计算，就能获得类似"辣椒""番茄"卡通那样的结论。组织学生探索积的奇偶性，应充分借助学生探索和的奇偶性的活动经验，大胆放手，给他们的自主探索提供机会。

学习目标：

(1) 经历和与积的奇偶性规律的探索与发现过程，理解和与积的奇偶性规律，能判断加法和乘法的得数的奇偶性。

(2) 通过举例、观察、比较、猜想与验证活动，积累探索规律的活动经验，感悟数学思想，发展推理意识。

(3) 主动体会数学科学的内在规律，获得规律探索的成功体验，树立学好数学的自信心与探索数学的好奇心。

学习重点：探究并发现和与积的奇偶性规律。

学习难点：规律的探索与发现过程。

反思迁移：

(1) 探索规律是苏教版小学数学教材编排的一个特色内容，教材非常明确地安排了间隔排列(三年级上册)、有趣的乘法计算(三年级下册)、简单的周期(四年级上册)、多边形的内角和(四年级下册)、钉子板上的多边形(五年级上册)、和与积的奇偶性(五年级下册)、表面涂色的正方体(六年级上册)、面积的变化(六年级下册)。这些规律的探索过程突出体现了推理意识的培养。教材内容依照特例、猜测、归纳、验证的模式按部就班呈现。因此，厘清一个课例往往能举一反三，实现教学设计的合理迁移。教材分析应重视对教学内容适当的开放性思考，增强主题探索的学习价值。

文献 赵玉梅. 切中关键点：让数学学习"深入浅出"——以《小数的性质》一课为例

(2) 和的奇偶性与积的奇偶性虽然结论有区别，但共同点是探索过程类似。因此，教材对两个非 0 自然数相加的和这种简单情况重点展示规律的探索过程，而多个非 0 自然数相加的和比较复杂，教材则重点引领学生逐步深入、获得认识。这种探索思路也适用于积的奇偶性，因此，积的奇偶性的研究在教学设计时就不必给予过多引导，可组织学生回顾和的奇偶性的探索过程，借鉴其方法，有计划、有步骤地开展积的奇偶性的探索活动。

(3) 本节课教材注重引领学生经历探索过程，感受探索方法，积累探索经验。教材中呈现的规律探索步骤具有广泛的迁移价值，对教材编排的这一意图要领会到位。

三、知识拓展阅读：数学推理

(一) 归纳推理

归纳推理是从特殊指向一般的推理，是当下中小学数学学习中普遍蕴含的推理方式。例如，小学数学中运算定律、运算法则、运算性质、计算公式的形成过程往往蕴含了归纳推理。

归纳推理一般可分成不完全归纳(也称经验归纳)与完全归纳。例如，根据"直角、锐角、钝角三角形内角和都为 180°"推出"所有三角形内角和都是 180°"即属于完全归纳推理，但通过度量若干锐角三角形内角获知内角和在 180°左右猜测出"锐角三角形内角和为 180°"则属于不完全归纳。显然，不完全归纳推理获得的结论不一定正确，但又属于科学发现的重要方法之一。因此，从学生核心素养发展角度考虑，中小学数学学习过程都对这一推理予以高度关注。

(二) 类比推理

类比推理为从特殊指向特殊的推理，也称类推，即依据两个或两类对象的某些相同或相似属性推出它们在其他方面也存在相同或相似属性的结论。一般包含两种情形：一种情形是同类对象之间的类比，例如小学数学中多位数四则运算可以与一两位数四则运算进行类比学习；另一种情形是不同类对象之间的类比。一个比较典型的例子是分数基本性质的学习，若把其与整数除法中商不变性质类比，则可迅速达到对性质内涵的深度理解。中学数学中类比推理的典型案例要算三角形与四面体的类比了(当然很难界定是属于同类还是不同类事物类比)，三角形与四面体有许多性质存在类似之处。

值得关注的是，类比对象还可涉及解题方法层面，例如，在图形与几何学习中，若学生知道三角形面积公式推导"以盈补亏"方法，则可以通过方法的类比迁移到梯形面积公式推导过程。

(三) 演绎推理

演绎推理为一般到特殊的推理。演绎推理是从定义、公理、定理等已有事实和确定规则出发，按照逻辑推理的法则进行计算或证明。演绎推理的训练通常集中于中学数学。欧氏几何是演绎推理训练的代表。但是作为一种重要的核心素养表现，推理素养有一个逐步感悟、生成、发展的过程。因此演绎推理实际上也是贯穿于小学数学教材。《课标(2022年版)》所提出的推理意识实质包含了演绎推理。例如，在平面几何图形面积计算学习中，公式推导过程实际体现了数学结论的"先猜后证"。需要说明的是，在中学数学中有一种重要的证明方法，即数学归纳法，从方法论角度看并不属于归纳推理，应属于这里所说的演绎推理范畴。

第三节　图形与几何教材分析

"图形与几何"包括空间与平面图形的形状、大小、位置关系及变换。根据《课标(2022年版)》，小学阶段内容分"图形的认识与测量""图形的位置与运动"两个主题。

图形的认识与测量都是对静态空间图形的认识：图形的认识主要引导学生在由实际物体抽象出几何图形的过程中积累观察与思考经验，逐步形成空间观念；图形的测量是基于度量单位理解图形的长度、角度、周长、面积、体积，并在推导常见图形的周长、面积、体积过程中逐步形成量感与推理意识。图形的运动是感知图形在运动和变化过程中的特征，图形的位置是从数量关系上理解图形的性质，它们都是对动态空间图形的认识。

小学生通过静态和动态两个层面上的空间与平面图形认知，逐步形成几何直观，发展空间观念。

一、图形与几何教材结构梳理

以现行人教版小学数学教材为例，图形与几何的教材内容结构如图4-2所示。

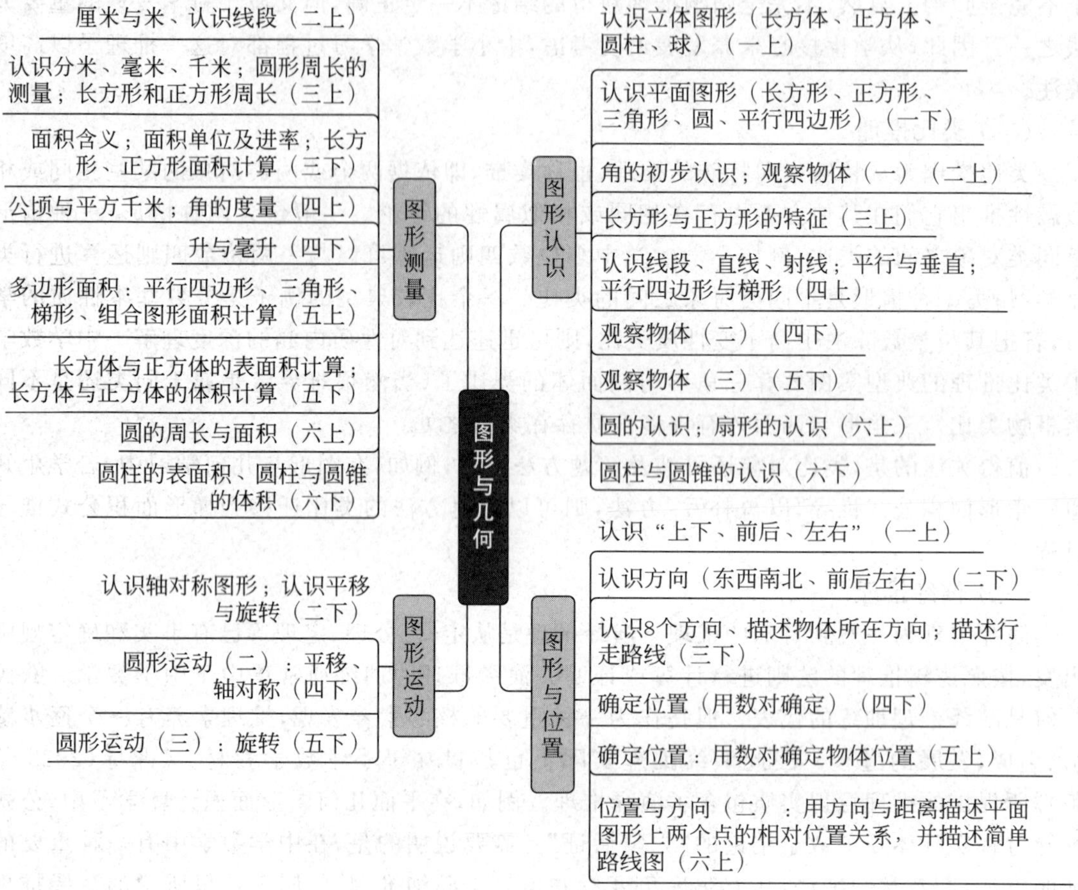

图 4-2 图形与几何

图形与几何领域的内容结构遵循现代小学数学教材编排的“循序渐进、螺旋上升”原则与其他领域内容穿插安排，但该部分内容自成体系。总的来说，从教材内容结构导图中可观察到两个明显的编排思路。

一是教材具体安排充分考虑几何知识本身的发展顺序与儿童的认识发展顺序进行螺旋分段编排。一年级教材中先对常见的立体图形与平面图形进行初步的感性层面的认识。这些图形都是后面要具体学习的图形（梯形一般不出现）。二是教材系统安排从二年级开始，按照“点动成线、线动成面、面动成体”的几何知识发展顺序编排。先安排平面图形，再安排立体图形；先安排直线围成的图形，再安排由曲线围成的图形。

应予指出的是，图形与几何领域突出体现了空间观念、量感、几何直观及推理意识等核心素养表现。

1. 空间观念

空间观念是形成空间想象力的经验基础。自从 1963 年《全日制小学算术教学大纲（草案）》颁布以来，空间观念一直是历次大纲或课程标准对小学几何学习提出的重要课程目标。根据《课标（2022 年版）》，空间观念主要指对空间物体或图形的形状、大小及位置关系的认识。主要表现在三个方面：能够根据物体特征抽象出几何图形，根据几何图形想象出所描述的实际物体;想象并表达物体的空间方位和相互之间的位置关系;感知并描述图形的运动和变化。在几何教学过程中,一位有经验的教师经常在一个几何图形认识后引导学生闭上眼睛想想所学概念,本质上就是针对空间观念培养的设计。

2. 量感

量感是《课标(2022 年版)》新提炼的核心素养表现。量感是对事物可测量属性与大小关系的直观感知,是形成抽象能力与应用意识的经验基础。因此,图形的测量这部分内容就是形成量感的重要载体。当然,为了促进学生量感的形成与发展,在综合与实践活动中还安排了一些量与计量的主题活动。教师的教学设计应关注测量活动过程的体验与感悟。

3. 几何直观

几何直观主要指运用图表描述和分析问题的意识与习惯。根据《课标(2022 年版)》,几何直观主要表现在以下四个方面:能够感知各种几何图形及其组成元素,依据图形的特征进行分类;根据语言描述画出相应的图形,分析图形的性质;建立形与数的联系,构建数学问题的直观模型;利用图表分析实际情境与数学问题,探索解决问题的思路。

几何直观虽是源于图形与几何领域的核心素养表现,但是实际上在小学数学各大领域学习中都可能碰到。借助几何直观,可以把复杂的数学问题变得简明形象,更好地把握问题的本质,明晰思维的路径。例如,《课标(2022 年版)》特别重视借助几何直观感悟数与运算的一致性。当下小学数学课程突出几何直观实质是强调图形在数学学习中的普遍价值。

教学微课 图形与几何领域的核心素养

4. 推理意识

推理是数学的基本思维方式,贯穿于数学学习的全程。推理意识主要是指对逻辑推理过程及其意义的初步感悟,是形成推理能力的经验基础。根据《课标(2022 年版)》,推理意识的培养要求包括:知道可以从一些事实和命题出发,依据规则推出其他命题或结论;能够通过简单的归纳或类比,猜想或发现一些初步的结论(合情推理);通过法则运用,体验数学从一般到特殊的论证过程(演绎推理);对自己及他人的问题解决过程给出合解理释。

例如,"多边形的面积公式"单元的教材内容通常在组织学生围绕一系列问题进行讨论的基础上获得计算公式,这类讨论已具逻辑演绎的成分。因此,教材分析要善于透过教材的现象挖掘教材呈现的内在本质,才能升华教材的学习价值。

二、图形与几何典型案例分析

例 4-5 认识三角形[苏教版义务教育教科书数学四年级下册]

案例背景:学生在前面已从感性层面初步认识了三角形,能辨认三角形,另外角与垂线也已认识。本单元学习可积累认识图形的一些活动经验,为后续求积运算等内容学习夯实基础。本节课是单元起始课,要求学生认识三角形的基本特征,初步认识三角形的概念的内涵与外延,是后面进一步学习"三角形的三边关系、三角形的分类、三角形的内角和、三角形的面积计算",以及其他多边形的特征与面积计算等的关键。教材内容呈现具有代表性,是概念学习的典型课例,比较科学地呈现了概念形成学习的心理过程。

实训重点:概念形成学习的心理过程;例题、习题的合理化呈现。

教材解读：本节课教材分两部分：例 1 侧重通过观察、操作、比较、想象等活动，引领学生认识三角形的基本特征，形成三角形概念；例 2 教学三角形的底和高，并学会画三角形的高。

例 1：首先借助生活中常见的三角形情境图，唤起学生对三角形的朴素认知，再通过“找一找”“说一说”，体验三角形在日常生活中的广泛应用，从而积累三角形感性经验，然后通过“画一画”帮助学生理解“首尾相接围成”之意，引导学生形成正确而清晰的概念表象，最后抽象出三角形概念的本质属性。

例 2：借助人字梁的高这一生活事实，引导学生联系生活经验认识三角形的底与高。学生可根据点到直线距离的已有知识感悟三角形的底和高相互依存的关系。然后借助画垂线的方法学习画三角形的高，从而发展学生的观察能力和抽象、概括等思维能力。

新知教学后安排了“试一试”与“练一练”。

“试一试”安排“从 4 个点中任意选 3 个点，都能画出一个三角形吗？”意图是让学生通过画三角形初步体会围成三角形的 3 条线段不能在一条直线上，从而加深理解三角形特征，为后面探索三角形三边关系进行铺垫。同时注重动手实践、自主探索等基本活动经验的培养。

“试一试”安排“画三角形底边上的高”，引导学生通过画高来掌握画高的方法，进一步感知三角形高的特征，体会底和高的对应关系。

“练一练”安排了两题：第一题是三角形正例与反例辨析，目的是让学生牢固掌握三角形的基本特征，从本质上理解三角形概念的内涵与外延；第二题是量每个三角形的底和高各是多少厘米，目的是通过动手测量进一步巩固对三角形底和高的认识。

学习目标：

(1) 经历三角形特征的探索过程，理解三角形本质属性；会画三角形底边上的高；能运用所学知识解决简单实际问题。

(2) 在观察、探索、交流等活动中，积累观察与操作、比较与分析、抽象与概括等活动经验，发展空间观念。

(3) 感受数学与生活的联系，激发数学学习兴趣。

学习重点：理解并掌握三角形的本质属性，会画指定边上的高。

学习难点：画不同底边上的高。

反思迁移：

(1) 概念学习的两种基本方式是概念形成与概念同化，二者揭示概念的过程有所不同，概念形成学习依赖于学生的感性经验，因此教材编排通常借助于大量的感性材料从概念的具体形象层面的认识过渡到表象层面的认识，最后抽象出概念。关于表象层面的认识，教材处理比较现代，通过动手操作画图等方式引导学生自己体验(这种做法在后面圆等概念学习中也经常使用)。

(2) 教材安排的“试一试”“练一练”等都具有独特的学习价值。例如，例 1 后的“试一试”，不能简单视为练习，实际上还蕴含了关于三角形的新认识。而“练一练”第一题是概念的正反例辨析，实质是概念外延的认识。理解概念的本质属性包括概念的内涵与外延，二者缺一不可。外延认识一般要兼顾肯定例证与否定例证，肯定例证除了标准例证还有变式例证，教学设计时都应注意兼顾。因此，在教学设计时，“练一练”宜穿插在概念定义揭示后呈现，这样更符合概念学习的一般心理过程。

例 4-6 平行四边形面积计算[苏教版义务教育教科书数学五年级上册]

案例背景：平行四边形面积计算的学习基础包括：平行四边形的特征，长方形、正方形面积计算方法，以及初步认识图形的平移、旋转。作为“多边形的面积”单元起始课，平行四边形面积计算在整个模块学习中的核心地位不言而喻，因为其后三角形、梯形面积教材的编排思路本质上大同小异。从知识逻辑性看，平行四边形面积计算是进一步学习三角形面积、梯形面积、圆的面积和立体图形表面积计算的基础，在几何教材体系中处于承前启后的位置。教材中所蕴含的转化思想、推理意识、空间观念也贯穿于几何求积运算学习始终。

实训重点：整体性教材解读；核心素养渗透。

教材解读：教材运用转化思想，在数小方格基础上，通过剪一剪、移一移、拼一拼，把平行四边形转化为长方形，借助长方形面积计算公式推出平行四边形面积计算公式。教材为帮助学生理解公式，注重通过实践操作、讨论分析，引导学生经历平行四边形面积公式的推导过程，同时为三角形、梯形的面积公式推导做准备。

例 1：奠定了整个单元知识探索的方法论基础。教材安排了两组画在方格纸上的图形，通过问题“每组两个图形的面积是否相等”切入，引导学生初步体会：复杂图形可通过割补、平移等基本方法转化成简单图形，转化前后的图形虽然形状改变但面积不变。从而使学生感悟转化思想方法在图形面积计算中的作用，为平行四边形面积公式探索活动提供思维路径。

例 2：在学生初步感悟转化思想基础上直接切入平行四边形的研究。教材引导学生思考如何把一个平行四边形转化成长方形，进一步体会转化思想方法，积累图形转化的活动经验，为平行四边形面积公式的推导奠定思维基础。

例 3：重点放在探索平行四边形与其转化而成的长方形之间的联系上。教材首先组织学生分组操作，某次经历把平行四边形转化为长方形并求出面积的过程。学生通过操作建立初步猜想后，要求小组成员将获得的不同数据列表汇总，结合表格进行初步归纳。在此基础上，通过连续性问题讨论组织小组交流，明确平行四边形与转化成的长方形的内在联系，据此推导出面积公式，并进一步要求用字母表示这一公式。

“试一试”“练一练”主要让学生应用公式解决简单的实际问题，巩固加深对平行四边形面积公式的数学理解。

学习目标：

(1) 通过动手操作和讨论分析，探索并掌握平行四边形面积公式；能应用公式正确解决一些简单的实际问题。

(2) 经历观察、操作、测量、填表、讨论、推理等数学活动过程，感悟转化思想方法的价值，培养空间观念，发展推理意识。

(3) 在探索平行四边形面积公式的活动中，初步体会“变”与“不变”的辩证思想，培养数学探索的积极情感。

学习重点：平行四边形的面积计算公式的推导过程。

学习难点：平行四边形面积计算公式的推导方法。

反思迁移：

(1) 例 1 是单元内容学习的关键，因为转化思想贯穿几何求积始终。因此教材在单元开始引导学生认识到复杂图形可以转化成简单的图形，割补、平移是实现转化的基本方法。

小学微课　韩晨晨：
平行四边形的面积

(2) 数小方格是面积计算的最基本方法,因为面积单位就定义为一个单位小正方形的大小,这一方法贯穿苏教版教材的始终,甚至在后面圆面积公式推导中都将圆放到格子图中,看是否能通过数格子方法得到圆的面积,帮助学生感受直线图形与曲线图形的区别。数小方格某种程度上揭示了几何图形求积的本质,也正是数小方格的普适性,使得平面图形的面积计算方法有着内在的一致性。教学设计要注意这一方法合理恰当地处理。

文献 吉智深.在比较和对比中培养学生发现并提出问题的能力——以“梯形面积公式推导”为例

(3) 聚焦核心素养发展是《课标(2022 年版)》最根本的价值指向,本节教材体现的核心素养比较丰富,空间观念、推理意识(不仅包括合情推理,还涉及初步的演绎推理)、转化思想等在数学学习活动中都可经常碰到。教学中如何把知识教学与核心素养发展结合起来,是一个值得探讨的问题。

例 4-7 图形的放大与缩小[苏教版义务教育教科书数学六年级下册]

案例背景:小学数学课程中的“图形的运动”包括两种最基本的形式:一是合同运动,即形状与大小保持不变,仅仅位置产生变化,如平面图形的平移、旋转、轴对称;二是相似运动,形状不变而大小产生变化,这就是本节课要学习的“图形的放大与缩小”。由于平面图形在放大或缩小时,对应边的比总是相等,能直观形象地体现比例的数学本质,是学习比例的现实素材。因此该部分内容一般结合比例的意义安排,并且贯穿整个比例学习单元的始终。这样安排既能突出数学知识之间的内在联系,为研究图形放大与缩小时边长与面积关系等奠定坚实的基础,也有利于发展学生的空间观念与推理意识。

实训重点:数学知识的普遍联系;空间观念的培养。

教材解读:关于图形的放大与缩小,实际上学生并不陌生,如洗照片、放大镜等生活中应用放大与缩小的实例。同时,学生在以前的学习中对于比的意义和性质及有关平面图形的知识也有一定的积累。但是对于一个图形在基本形状保持不变的基础上进行放大或缩小的具体方法并不理解。教材层层递进,引导学生通过观察、操作等活动体验图形扩大或缩小的过程,逐步理解图形扩大或缩小的数学本质。

例 1:教学内容分两个层次。第一个层次教学图形的放大。教材设计了在计算机上拖动鼠标并把长方形图片放大的情境。出示两幅图片长和宽的数据。图 1 长是 8cm、宽是 5cm;图 2 长是 16cm、宽是 10cm。通过对比,提出问题:这两张照片的长有什么关系?宽呢?通过讨论,使学生认识到:把图形的每条边放大到原来的 2 倍,就是把图形按 2∶1 的比放大。第二个层次教学图形的缩小。有了图形放大的感性经验,教材直接提出问题:如果要把第一张照片按照 1∶2 缩小,长与宽应是原来的几分之几?各是多少厘米?引导学生通过计算思考获得图形缩小的深入理解。

教学微课 平移与旋转教材分析

例 2:教学在方格纸上按照给定比例画出简单图形放大或缩小后的图形,也分两个层次。第一层次,先按 3∶1 比例放大画出图形,思考图形的长与宽各应画几格,如何计算;再按 1∶2 的比缩小,思考缩小后的长与宽各应是原来的几分之几,各是多少厘米。第二层次,在画图基础上引导学生探索规律,思考图形放大或缩小后,与原来的图形相比,能获得什么发现。学生通过感悟图形相似运动的数学本质,即放大或缩小后的图形与原来图形相比,大小变了,但形状没变,从而为后续比例的意义学习奠定基础。

“试一试”“练一练”进一步通过给定比例画出简单图形放大或缩小后的图形让学生感悟

到图形的相似运动的数学本质,即大小改变但形状没有改变的数学规律。

学习目标:

(1) 在具体情境中初步理解图形的放大和缩小,能利用方格纸把一个简单图形按指定的比例放大或缩小。

(2) 通过观察、操作等活动体验图形扩大或缩小过程,发展空间观念与推理意识。

(3) 激发学生的学习兴趣和求知欲,感受数学与现实生活的普遍联系,在学习过程中体验成功的喜悦。

学习重点:理解图形的放大和缩小,能利用方格纸把一个简单图形按指定的比例放大或缩小。

学习难点:在观察、操作、比较等活动中,感悟图形放大、缩小的数学规律。

反思迁移:

(1) 数学学科的知识呈现逻辑性强,不仅同一领域的知识前后联系紧密,不同领域的知识之间也有内在关联,教材分析时务必弄清楚所教内容的知识基础及对后续学习的影响。

(2) 学生对图形的放大与缩小的经验丰富,教学中要充分利用学生已有经验,灵活处理教材,如长方形照片可以事先拍摄有趣的实景照片(可以穿插校园文化,还可以运用充满正能量的思政素材等),挖掘学习内容的思政教育价值。

例 4-8 确定位置[苏教版义务教育教科书数学四年级下册]

案例背景:小学数学中的确定位置有两种方法:一种是用数对确定位置,可视为直角坐标系的雏形;另一种是用方向和距离确定位置,可视为极坐标系的雏形。现行教材两种确定位置的方法一般分别安排在四年级与六年级进行教学。

本节课学习基础是用前后、上下、左右等表示物体具体位置及简单的路线知识。教材引导学生在已有生活经验描述位置基础上,应用数学方法(也就是数对)确定位置,进一步认识物体在空间的具体位置,发展空间观念,并且渗透以后要接触的直角坐标系。因此,本节课是第一学段学习内容的发展深化,也是中学阶段学习直角坐标系等知识的基础。

实训重点:图形位置的教材编排;练习设计的层次性。

教材解读:“数对”这一概念比较抽象,四年级学生缺乏认知基础,但是他们在日常生活中积累了“列、排”的生活经验。在生活实际中,人们经常要确定物体所在位置。如果物体排列在一条直线上,通常用“第几”描述位置(自然数的序数意义);如果表示物体在平面上具体位置,通常会用两个“第几”描述。例如,电影票上第 10 排第 11 号,书架的第 3 层第 4 本等。这些关于物体位置描述的生活经验为人们的表达和交流提供了便利。

结合学生的生活经验呈现教室里上课场景,他们可以方便地借助已有经验,理解有关数对的抽象知识,体验数对表示位置的思想。教材要求学生说说画面中小军坐在哪里。学生凭借生活经验判断小军的座位,交流中会出现不同的表述。正如“蘑菇”卡通说“第 4 组第 3 个”,“辣椒”卡通说“第 3 排第 4 个”……甚至会出现有争议的描述。这些争议可为新知教学营造良好氛围,很自然地引导学生认识确定位置应该具有共同遵守的规则,由此产生新知学习的内在需要:如何合理描述小军的座位?在这种自然需求下,教材顺势给出“数对”的规定。

“练一练”结合上例情境安排层次性练习,以数对知识为练习重点,与例题教学前后呼应。第 1 题从列、行数据到数对表示,先在图中找到第 2 列第 4 行的位置,巩固列与行的知识;再用数对表示这个位置,巩固数对知识,进一步明确在数对里先写什么、后写什么。

第2题从数对到列、行，要求在情境图中找到数对(6,5)所对应位置，具体解释该数对含义，说出所指的是第几列第几行，强化数对这一概念的数学理解，体会数对能清楚、简明地表示物体的位置。

学习目标：

(1) 结合具体情境认识列、行的含义，知道确定第几列、第几行的规则，初步理解数对含义；能用数对表示具体情境中物体位置。

(2) 由经历具体座位图到用列、行表示的平面图的逐步抽象过程，培养空间观念。

(3) 感受数学与现实生活的密切联系，培养用数学眼光观察现实世界的意识。

学习重点：结合具体情境理解数对的意义，能用数对表示物体的位置。

学习难点：正确用“数对”确定物体的具体位置。

反思迁移：

(1) 本节课学习的关键是对“小军坐在第4列第3行，可以用数对(4,3)表示”这句话的理解。一是“数对”指两个数，即物体所在的列数和行数；二是数对中第一个数表示第几列，第二个数表示第几行，次序不可颠倒，因为中学数学中，确定直角坐标系中点的位置，是先写 x 轴上的数，后写 y 轴上的数，小学数学中数对概念不能与中学数学产生矛盾；三是数对书写格式明确规定，要用括号把列数和行数括起来，并用逗号把它们隔开。教学设计要考虑如何引导学生通过观察自主总结。

(2) 数对这一概念比较抽象，由于缺乏知识基础，学生仅仅借助生活经验理解，因此教材内容看似不多，教学设计不能忽视对教材的个性化处理。新知教学后需要通过适当练习引领学生深化理解。张齐华老师在本课实践应用环节设计了三个问题：①回到我们教室，你能写出自己所在位置的数对吗？先观察，再思考，想一想还有什么问题？②你能用数对确定图中四块瓷砖的位置吗？如果要使图案更美观，你会在什么位置上再添几块瓷砖？③你在生活中还见过哪些用“数对”来确定人或物体位置的？连续性的问题思考与讨论使得学生对数对的认识更清晰，也为第二课时的继续学习奠定基础。[①]

三、知识拓展阅读：什么是视觉空间推理

视觉空间推理(visual spatial reasoning)是近年来国际研究的热点领域，它把空间观念和几何推理有机结合起来，基于直观和表象进行推理，解决几何问题。目前不同研究者对视觉空间推理有着不同理解。总的来说，视觉空间推理与可视化思维、空间思维、空间推理、视觉空间思维和视觉推理等并不需要做严格意义上的区分，而是这些能力的总和。

视觉空间推理在数学的各个领域中都有重要的作用，它对小学几何的教育教学也具有特殊的意义。研究视觉空间推理的著名学者巴蒂斯塔(Battista)指出，空间推理包括生成图像、检查图像、对图像进行转换等心理操作过程。巴蒂斯塔认为视觉空间推理包含空间能力，但远远超过了空间能力，提出数学课程可以将视觉图像作为数学发现和问题解决的核心成分。另一位学者考斯林(Kosslyn)进一步列出了视觉空间推理的形式，包括旋转、扫描、平移、缩放、检查和分类图像。心理学家奥斯本(Osborne)和维特洛克(Wittrock)认为视觉空间推理在大脑的记忆和信息处理中起了一定作用，它包括表达、转换、生成、沟通、记录和反

① 张齐华．着眼核心素养的数学学习[J]．江苏教育(小学数学)，2016(Z1)：78-80.

映视觉信息的能力，并将某些概念与实际物体、图画或相关事物结合起来共同发展视觉推理能力。

视觉空间推理是一种创造或操纵视觉图像的过程，对儿童的思维发展具有不可替代的作用，它不仅是人类智能结构中的重要组成部分，也是数学素养的重要组成部分，数学学习研究领域、视觉空间能力在数学学习中具有重要的作用。

——孔企平：从空间观念到视觉空间推理——小学数学课程改革新动向[J]. 小学数学(教学版)，2019(9)：8-12.

第四节 统计与概率教材分析

根据《课标(2022年版)》，“统计与概率”学习领域围绕“数据意识”这一核心素养表现安排了数据统计与随机现象发生的可能性等内容。其中，数据统计贯穿小学三个学段教材，包括“数据的分类”“数据的收集、整理与表达”。概率内容一般从第三学段开始，涉及随机现象、可能性等内容。

“数据的分类”重在引领学生经历从事物分类到数据分类的过程，感悟如何根据事物的不同属性确定标准，根据标准区分事物，形成不同的类；“数据的收集、整理与表达”包括数据的收集，用统计图表、平均数、百分数等表达数据；“随机现象发生的可能性”则是通过试验、游戏等活动，引导学生了解简单的随机现象，感受并定性描述随机现象发生可能性的大小，感悟数据的随机性，形成与发展数据意识。

一、统计与概率教材结构梳理

现行人教版与苏教版教材内容结构如图4-3所示。

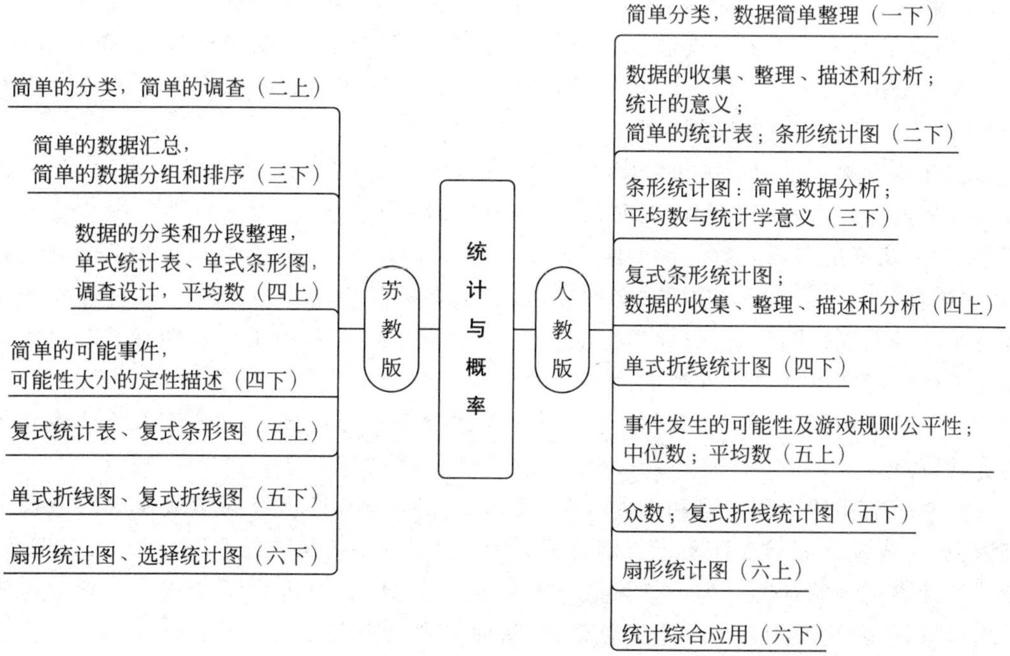

图4-3 统计与概率

从教材编排看，统计内容的学习覆盖了整个小学三个学段。低中年级注重通过具体问题情境逐步引导学生在具体活动中经历数据的分类、数据的收集与整理过程，并逐步过渡到数据的表达，即统计图表等内容的学习。中高年级将经历全面的数据收集、整理和表达过程，较为系统地学习统计初步知识与方法，包括经历数据分析的全过程，运用三种统计图（条形、折线、扇形统计图）表示数据，理解平均数的意义与方法，对统计结果进行简单的判断和预测等。在这个过程中，理解统计的意义与价值，形成数据意识，为今后进一步学习统计知识奠定经验基础。两个版本教材都从高年级开始结合统计学习主题适时穿插编排概率学习内容。

二、统计与概率典型案例分析

例 4-9 统计表与条形统计图［苏教版义务教育教科书数学四年级上册］

案例背景：统计表与统计图都是数据呈现的有效载体，在日常生活、生产实践、科学研究中应用广泛。通过低中年级的学习，学生已学会简单调查、收集信息、整理数据，并能用自己的方式表示数据（如画图、做记号等），体会数据蕴含的信息，体会数据信息可以表达与交流。从本单元开始侧重介绍能够简便、清晰地呈现数据的统计图表，进一步体现统计是收集、整理、呈现和分析数据的活动。主要内容有：简单的统计表和条形统计图；分段整理数据；平均数及其应用。

教材编排了三道例题：例 1 是简单的统计表和条形统计图；例 2 是分段整理数据；例 3 教学平均数的意义、计算方法及实际应用。从表面看，统计图表、分段整理数据、平均数等都是传统的统计学习内容，但从核心素养发展角度看，可使学生认识到统计是人们解决问题的一种有效手段，从而发展学生的数据意识。

实训重点：统计教材的编排体系；数据意识培养。

教材解读：本节课教学例 1，侧重引导学生通过看、填、画，逐步认识统计表和条形统计图，学会用简单的统计图表呈现数据。教材内容按照“调查记录、简单统计表、条形统计图”的思路进行编排，鼓励学生通过数数、写写、画画、想想、试试等活动认识简单的统计表和条形统计图，感受统计图表的应用价值。

例题首先呈现一张记录某班级学生最喜欢的电视节目及对应人数的调查表，其中人数通过“正”字表示。这种调查表在以前的学习中曾经使用过，学生看到每类电视节目下面的“正”字，会主动算出实际人数。接着给出一张统计表，要求学生继续填写喜欢动画类电视节目、喜欢体育类电视节目的人数及“合计”人数。大多数学生不会有困难。教材进一步从统计表过渡到条形统计图认识，引导学生根据图中已画直条，接着画出喜欢动画类节目人数的直条与喜欢体育类电视节目人数的直条。教材为了引导学生体会数据呈现方式的多样性，把统计表和统计图安排在一起教学，也方便学生在后面学习中通过比较认识统计表和统计图各自的特点。

“练一练”安排的统计内容和例题类似，要求学生根据自己班级同学最喜欢的电视节目及其人数，完成统计表和统计图。与例题不同的是，“练一练”需要通过先行调查、整理数据，再填写统计表和画统计图。为方便调查与及时记录信息，教材提供了调查表。学生可先在小组里调查，教师再组织各个小组汇总人数，从而得到全班人数。

条形图学习的基本要求是看懂条形统计图及画直条表示数量的大小。为达到这一要求，教材在练习七安排了 4 道题。这里分析略去。

学习目标：

（1）认识简单的统计表和单式条形统计图，能根据收集的数据填写统计表和完成条形统计图，并进行简单分析。

（2）经历完成统计表和统计图、简单分析数据等统计活动，发展数据意识。

（3）感受统计表和条形统计图在实际应用中的意义和价值，增强学习统计的兴趣。

学习重点：认识并用统计表和条形统计图表示数据。

学习难点：会用简单统计表和条形统计图描述数据。

反思迁移：

（1）本节课是学生学习统计图表的第一节课，内容编排体例与前面统计知识有所不同，后面还会涉及折线统计图、扇形统计图及复式图表等。数据意识是贯穿始终的核心素养表现，因此这些内容的教学不能仅仅满足于认识理解统计图表，更要注重引导学生经历统计过程，感悟数据意识。

（2）各类统计图表虽然较多，但是教材编排具有显著的共性特征。在本节课学习中若能引导学生规范操作，可以减轻后面学习困难。例如，在学生画条形统计图之前，可以先要求学生审读标题，明白是“统计图”；再看横轴与纵轴，明白横轴表示四类电视节目；纵轴表示喜欢各类电视节目的人数，1 格相当于 2 人，所以表示 6 人的直条应该画 3 格，表示 15 人的直条应该画 7 格半，由此推算表示 12 人、13 人的直条应该各是几格；最后要求学生独立画图，并检查画的直条长度是否正确，提醒学生在直条上面写出相应人数。

教学微课　平均数教材分析

（3）比较是感悟数学概念本质的有效方法。统计表把经过整理的数据填写在表格的有关栏目中，人们可根据数据所在栏目，理解数据的实际意义。条形图则利用有长有短的直条区别数据的大小。二者各有什么特点？应注重通过比较引导学生获得有关统计表和统计图的基础知识及初步体验。

（4）数据意识培养的关键是“真实问题驱动”。也就是说，教学设计要扎根学生真实的生活情境和数学现实，提出有价值的并且是学生能够理解的真实问题，鼓励、引导学生探索方案、交流经验。学生经历了利用数据解决真实问题的过程，才可能发展数据意识，并为数据观念形成奠定基础。例如，张昆老师在其一篇文章中举了一个很好的例子[①]：有教师要求小学生统计傍晚放学时某高架桥上的车流量，这是小学生不太理解，也不太现实的问题。在还没有学习数据分析的四年级上学期，元旦来临前，为了营造节日氛围，学生准备美化教室，全班集体决定购买 250 只气球布置教室。基于这个真实情境，教师让学生利用课外活动时间探究一个真实问题：了解学校附近的商店中有哪些颜色的气球，然后决定每种颜色的气球应该各买多少只。这是学生能够理解，也有兴趣解决的真实问题。

例 4-10　可能性［人教版义务教育教科书数学五年级上册］

案例背景：统计是概率学习的基础，可能性则是学习概率的开始。通过多年学习，五年级学生的统计知识已经相对丰富，对于确定现象和不确定现象也具备一定的生活经验，能进

---

①　张昆．从“数据分析观念”到“数据意识”——课标修订后的教学变化［J］．教育研究与评论（小学教育教学），2022(1)：16-18．

行简单分析和判断,也能在生活经验层面认识“一定”“不可能”“可能”,但对具体概念内涵并没有获得深刻的数学理解。“可能性”单元主要教学事件发生的不确定性和可能性,并能认识事件发生的可能性是有大小的。目的就是引导学生对随机现象从经验层面的感性认识升华到理性层面的科学认识,奠定概率论系统学习的认知基础。

从整个单元看,教学活动注重借助现实、有趣的学习素材引导学生经历知识的形成过程。例1设计联欢会上抽签表演节目,例2与例3则分别从正向体验与逆向推理两个角度的活动让学生感受可能性大小。为促进学生感悟可能性的数学本质,教材还设计多层次活动,如摸棋试验、涂色活动、抽签游戏、抛掷硬币等,这些活动都特别注重联系生活实际,可促进学生通过大量观察、猜测、实验、交流等数学活动逐步丰富对随机现象和可能性大小的数学体验。

实训重点:课时教材的整体性解读,随机思想渗透。

教材解读:由于学生具有“一定”“不可能”“可能”的生活经验,教师只需要进行适当引导,学生就能进行正确分析和判断。因此教材通过学生熟悉的现实情境,引导他们在多层次的、有趣的活动和游戏中自主探索、合作交流,体会数学与现实的联系。

本节课包括例1及练习十一第1、2、3、4题。目的是让学生初步体验有些事情的发生是确定的,有些则是不确定的,并能正确使用“一定”“可能”“不可能”这些词汇描述生活中事情发生的可能性。

教材首先创设学生感兴趣的“联欢会上抽签表演节目”的真实问题情境,引导学生初步体验现实生活中存在的不确定现象,在感受数学与生活的联系中自然引出新知学习。例题中,教师给出三张卡片,分别写上唱歌、跳舞、朗诵,设计了三人围坐一桌的讨论情境,通过有序的抽签活动,引导学生亲身体验事件发生的确定性和不确定性。第一次,小明可能会抽到什么节目?引导学生体会存在三种可能结果,每个结果发生的可能性相同;小明抽到跳舞后,剩下了两张,小丽可能会抽到什么?引导学生体会有两种可能,并且不可能是跳舞;最后只剩唱歌,小红一定会抽到它。从而引导学生通过活动认识到:在一定条件下,一些事件的结果可以预知,具有确定性,确定性事件就用“一定”或“不可能”来描述事件结果;一些事件结果不可以预知,具有不确定性,不确定性事件就用“可能”来描述事件结果。

学习目标:

(1) 结合具体生活情境,通过操作活动直观感受有些事件的发生是确定的,有些事件的发生是不确定的;能用“一定”“不可能”“可能”简单描述事件发生结果。

(2) 经历判断、推理与合作探究过程,感悟“一定”“不可能”“可能”等概念的数学本质,培养数据意识。

(3) 通过同伴合作与交流获得良好的情感体验,感受数学与生活的密切联系。

学习重点:会用“可能”“不可能”“一定”正确描述事件发生的可能性。

学习难点:正确区分随机事件的三种试验结果。

反思迁移:

(1) 人教版原教材这部分内容安排在三年级,表面看并不会出现学习困难。为什么将它调整到五年级?三年级与五年级学生的生活经验与数据意识应该存在差异,这些差异使得三年级学生难以深刻体会可能性实验的随机性,也难以感悟“概率”的数学本质。五年级学生接触的生活素材比较丰富,通过贴近学生的各类生活素材让学生体验和理解随机思想相对容易些。

（2）可能性知识教学应注重引导学生充分感受和体验简单随机现象中数据的随机性，能对一些简单的随机现象发生的可能性大小进行定性描述，避免把丰富有趣的可能性内容退化成机械的计算和练习。

（3）定性描述是定量分析的基础。把课时教材内容置于模块整体进行分析，更能把握教学编排意图。本单元主要是引导学生对随机现象"初步体验"和"感受"，因此，教学中应注重引领学生结合具体情境，用"一定（肯定）""不可能""可能"等词语来描述事件发生的可能性。原来教材安排的是摸球活动，但抽签游戏更贴近学生的生活，也更容易让学生体验和理解。当然，教学设计还可利用购买体育彩票、抽奖等现实题材来引入，让学生感受事件发生的必然性和随机性，体验事件发生的确定性和不确定性。

三、知识拓展阅读：什么是数据意识

《课标（2022年版）》将"数据分析观念"划分为小学和初中两个循序渐进的培养阶段："数据意识"和"数据观念"。数据意识主要是指对数据的意义和随机性的感悟；数据观念主要是指对数据的意义和随机性形成比较清晰的认识。如何解读课程标准的这一变化，并贯彻到教学实践中去？有必要厘清"数据意识"这一概念的内涵。

《现代汉语词典（第7版）》将"数据"解释为"进行各种统计、计算、科学研究或技术设计等所依据的数值"。因此，数据是一种信息，是事物属性的一种表现形式。数据中蕴含的关于事物属性的信息，是数据的意义，也是数据的本质。

《现代汉语词典（第7版）》将作为名词的"意识"解释为"人的头脑对于客观物质世界的反映，是感觉、思维等各种心理过程的总和，其中的思维是人类特有的反映现实的高级形式"；将作为动词的"意识"解释为"觉察"，并将"察觉"解释为"发觉；看出来"。进一步地，从心理学的角度看，广义的"意识"是指反映客观现实的主观现象的总体，或者作为直接经验的心理现象的集合，表现为知、情、意的统一，具有自觉性、目的性与能动性；狭义的"意识"指的是启动与执行某一行为活动的心理倾向性，可以进一步解释为反应、处置外在信息的一种主观态度（从这种态度中可以生成一种心理倾向）。

综上所述，"数据意识"中"意识"的含义，以词典中的名词解释和心理学中的广义解释为基础，更多地指向词典中的动词解释和心理学中的狭义解释。具体地，意识是由经验及其反思形成的采取行为活动的一种心理准备状态。当主体面对具体问题时，意识透过由大量、多维的经历形成的某方面的经验（作为参照）来确定行为的路线与方向。相对而言，意识主要是指基于经验的感悟，相对模糊，是较弱的心理倾向；观念主要是指基于概念的理解，相对精确，是较强的心理倾向。因此，意识是观念的基础，观念是意识的发展——当然，它们不存在绝对界线。

因此，数据意识指的是，面对具体问题时，知道数据（将事物属性量化）的价值，形成收集数据、分析数据、得到数据中固有和新增的信息及规律（知识），从而作出判断和决策的习惯性心理倾向或心理准备状态。数据意识是数据观念的基础，可以引导学生发现和提出问题、分析和解决问题，并由此获得具体的统计知识和方法（本质上就是数据收集和分析的知识和方法）。因此，数据意识及数据观念是统计的核心，是学生发展核心素养的重要元素。

［张昆.从"数据分析观念"到"数据意识"——课标修订后的教学变化[J].教育研究与评

论(小学教育教学),2022(1):16-18.]

第五节 综合与实践教材分析

根据《课标(2022年版)》,义务教育阶段的综合与实践主要包括主题活动和项目学习等。第一、第二、第三学段主要采用主题式学习,第三学段可适当采用项目式学习。小学阶段的主题活动分为两类。第一类,融入数学知识学习的主题活动。在这类活动中,学生将学习和理解数学知识,感悟知识的意义。第二类,运用数学知识及其他学科知识的主题活动。在这类活动中,学生将综合运用数学知识解决问题,体会数学知识的价值,以及数学与其他学科的关联。

一、综合与实践教材结构梳理

现行人教版与苏教版教材"综合与实践"内容编排各有特色,可粗略划分为游戏活动、场景应用、操作体验、数据统计(测量、调查、实验)、方案设计等几种类型。游戏活动侧重组织学生开展趣味游戏,动手、动眼、动口、动脑,增强数学理解或训练数学技能;场景应用侧重引导学生借助特定场景或现实生活,尝试运用已有知识经验发现问题、提出问题,以及分析问题、解决问题,体验生活数学化与数学生活化;"操作体验"则通过长度、面积测量,图形拼摆等动手操作活动,积累活动经验,发展空间观念;"数据统计"则是引领学生通过测量、实验、调查等活动获取信息,并对数据信息分类、比较、整理,进行判断、推理、预测,感悟数据分析思想;"方案设计"侧重鼓励学生进行方案的开放性、创造性设计,经历与同伴交流设计方案、完善与优化方案的过程,具体如图4-4所示。

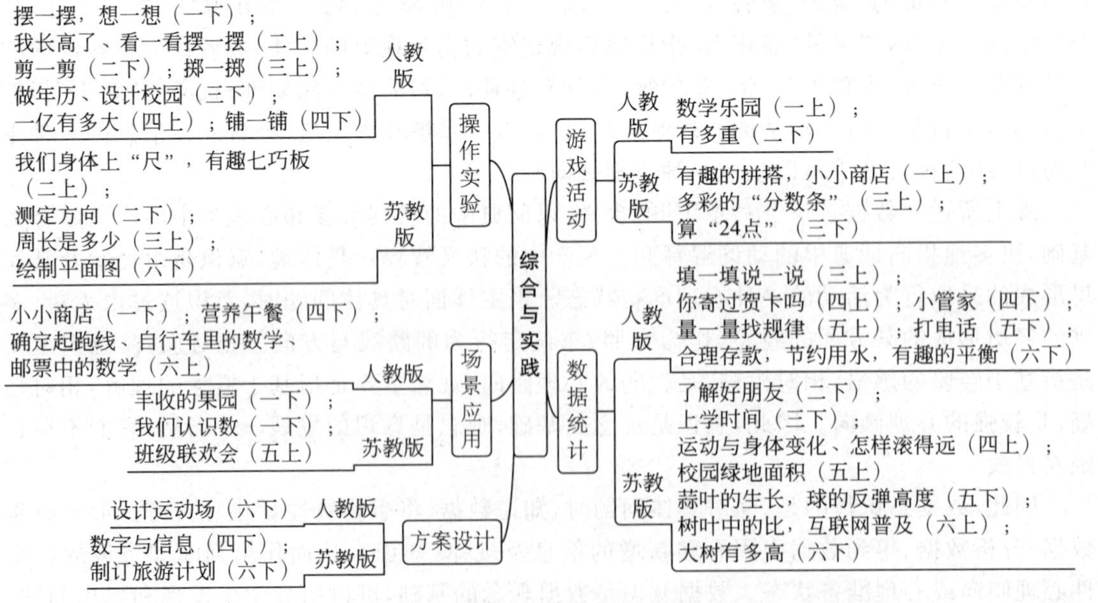

图4-4 综合与实践

应予以指出的是,上图给出的是人教版与苏教版教材在《课标(2011年版)》背景下的综合实践活动内容结构。《课标(2022年版)》关于该领域的内容安排发生了较大变化。一是把一些量、方向与位置的内容与负数等知识的学习融入主题活动；二是强调解决问题的知识不仅包括已学的其他三个领域的数学知识，还包括其他相关学科知识。目的是通过实际情境和真实问题，引领学生运用数学和其他学科的知识与方法，经历发现问题、提出问题、分析问题、解决问题的过程，感悟数学知识之间、数学与其他学科知识之间、数学与科学技术和社会生活之间的联系，积累活动经验，感悟思想方法，形成和发展模型意识、创新意识，提高解决实际问题的能力，形成和发展核心素养。因此，综合与实践领域承载着知识学习、思想感悟、经验积累及素养培育的课程目标，凸显该领域教育价值的多元性、综合性。

就当前教材看，在主题选择与内容呈现上具有以下一些基本特征。

(1) 活动背景根植生活，鲜活生动。实践活动背景通常源于学生的生活实际，大致包括个人经验、学校环境、社会活动等几方面。与生活密切联系的鲜活生动的背景有利于学生感受数学的应用价值，培养数学学习与探索的主动性、积极性。

(2) 问题解决贯穿全程，凸显四基。综合与实践活动内容的主要特点就是以活动为依托，以问题为载体，实现教育价值的提升。主题选材通常都有明确的问题线索，从而学生在解决问题时，巩固了知识技能，增强了数学理解，发展了数学思维，积累了数学活动经验。

(3) 内容呈现形式多样，丰富有趣。学习内容多样化呈现往往可以激发学生学习积极性。"综合与实践"的内容呈现除了采用图文结合方式，还可辅以表格、情境图、游戏等多样化的内容呈现，从而让活动主题与活动过程更加吸引学生，提升学生探索的积极性。

(4) 活动设计流程清晰，易教便学。纵观现行教材综合与实践活动，其活动过程大致分三步进行。

第一步，情境切入，问题引领。教材注重在背景中生成并提出清晰的问题作为活动的切入点，使学生在活动开始就能很快明确主题及活动的目标任务。

第二步，设计思路，规划流程。学生是综合与实践活动的主体，要让他们积极投入活动，首先要使他们始终明确要做什么、怎样做、为什么要这么做，否则他们就难以主动积极参与。因此，教材中的主题活动流程通常都比较清晰，教师容易操作，也便于学生以主题角色参与活动。

第三步，总结反思，积累经验。活动经验积累在很大程度上来自活动过程中发现与提出问题、分析与解决问题的过程经历，特别是对活动结束后的反思与总结。因此，教材通常会把"回顾与反思"作为"综合与实践"的一个重要环节来编排。例如，苏教版教材通常在活动最后都要让学生畅谈"通过这次活动，你有什么收获"。

二、综合与实践典型案例分析

例 4-11　我们身体上的"尺"[苏教版义务教育教科书数学二年级上册]

案例背景："我们身体上的'尺'"是苏教版小学数学教科书结合"厘米和米"单元学习安排的一次综合实践活动。在日常生活中，人们经常需要估计物体长度或进行精度要求不高的测量活动，在身边缺少标准的测量工具时，往往会把身体的某个部位作为标准进行测量或估计。本活动就是要让学生运用学过的测量知识，发现我们身上自带的拃、庹、步、脚等测量工具，初步学会用身体尺进行测量，进一步积累测量经验，发展量感。由于本活动是量感培养的理想题材，《课标(2022年版)》把其列为实践与综合领域重要的主题活动。

实训重点：主题活动的设计流程；量感的培养。

教材解读：本主题活动包括两部分内容：一是认识身体尺；二是用身体尺量。

1. 借助生活经验与操作实践，认识身体尺

（1）初步体会不同身体尺。教材开门见山，提出问题：你的一拃、一步大约各是多少厘米？一庹大约比 1m 多多少厘米？一脚（穿上鞋后）大约长多少厘米？同时给出“先量一量，再填表”的配图提示。由于之前认识厘米和米时，学生已通过测量体会了一拃、一庹的长度，因此教材着重配图示范“一步”和“一脚”的含义，并展示两种不同的测量方式：左图是直接用尺子进行测量与读数。右图是先做好记号，再用尺测量，并读出结果。学生可以自主选择一种方式进行测量。

接着，教材在组织学生测量填表基础上进行总结：一拃、一庹、一步、一脚，都是我们身体上的“尺”，从而通过“身体尺”的名称命名实现了已学知识与新学知识的整合，发展了认知结构。同时认识到身体尺具有测量的功能，每个人的身体尺的长度可能不一样。因此，使用拃、步、庹、脚等作单位去测量或描述物体长度时，获得的结果可能存在差异，从而对事物的可测量属性及大小关系的量感有了进一步的直观感知。

（2）通过 1m 与身体尺度量单位的比较，感知自己的一拃、一步、一脚的长度与常用长度单位“米”的关系，感知常用身体尺的实际长度。教材通过青菜卡通直接提出“1m 大约有几拃？大约有几步？大约有几脚长”等问题，并要求学生“先量出 1m，再用这些身体尺量一量”。配图呈现了学生的操作过程。这样编排的意图是强化量感，同时便于学生感受身体尺的应用价值，可根据需要将身体尺测量结果转化成用“米”作单位，从而为他们合理选择身体尺测量提供了认知基础。

2. 积累数学活动经验，合理选择身体尺进行测量

（1）引导学生根据测量对象合理选择身体尺。教材在组织测量活动前先引导学生思考：量课桌的长，你准备选择哪种身体尺？量黑板、教室的长呢？通过交流使学生认识到：课桌的长通常可以一拃一拃地量；黑板的长通常可以一庹一庹地量；教室的长可以用步，也可以用脚来量。

（2）自主选择物体，用身体尺量。在学生学会合理选择身体尺测量的基础上，教材顺势引导学生通过亲身实践掌握方法、发展量感。教材安排了学生自主选择教室或校园里的一些物体，用身体尺量出它们的长度，再和同学交流。在操作环节，学生不仅需要选择合适的测量对象，如测量黑板、桌椅、门窗、走廊、篮球场等的长宽，而且需要合理选择自己的身体尺，并需注意及时调整和完善相应的测量方法。

交流环节是本节课活动的进一步提升。一方面，要让学生认识到，用身体尺测量，虽然比较方便，但是由于每个人的身体尺长度可能不一样会导致测量精度不够，要得到准确结果，还是要用尺量；另一方面，如果测量者对自己的身体尺长度有一个了解，就能对测量对象的实际长度形成初步的判断，从而为精确测量提供依据。

教材最后还安排了回顾与交流环节，引导学生回顾测量过程，谈谈自己的收获和体会。该环节的重要价值是引领学生积淀经验、深化认识，培养积极的数学情感。

学习目标：

（1）经历测量、比较和交流等活动过程，了解一拃、一庹、一步、一脚等身体尺，知道自己各身体尺的长度，能灵活选用身体尺估测生活中常见物体的长度。

(2) 感受身体尺方便、快捷的特点，以及不够准确、不够统一的局限性，在自主测量、合作交流的过程中进一步积累测量经验，发展量感。

(3) 养成独立思考及与他人合作的态度、习惯，感受数学与生活的密切联系，体验参与数学活动的乐趣。

学习重点：了解身体尺，用身体尺测量长度。

学习难点：选择合适的身体尺测量。

反思迁移：

(1) 实际教学中引导学生思考选择哪种身体尺量课桌、黑板、教室的长时，学生可能会根据直觉选择测量方法，教师应该多问几个为什么，才能使学生对“合理选择”获得深刻的理解：利用身体尺进行测量时，需要考虑测量对象的长度，若比较长，可用步或庹来量；若比较短，则可用拃和脚来量；若测量对象是地面上某个场地或建筑的长度，选择用脚和步来测量则比较方便。

(2) 量感是《课标(2022 年版)》新提出的核心素养要素，量感追求的是度量过程中对事物可测量属性与大小关系的直观感知。新课标把“量”的一些内容整合到综合与实践领域，其中的深意不言而喻。教师的教学设计更应关注活动过程中的体验与感悟，而不是知识点的讲解、记忆与训练。

例 4-12　数学广角——鸡兔同笼[人教版义务教育教科书数学四年级下册]

案例背景：鸡兔同笼问题是中国古代数学名著《孙子算经》记载的一道经典趣题，集背景的趣味性、解法的多样性、应用的广泛性于一体。该题是渗透数形结合、发展数学思维、培养模型意识的好问题。另外，由于该题厚重的本土文化背景，可引领学生感受中国古代数学文化的博大精深、源远流长，因此也是增强民族自豪感与文化自信非常恰切的思政教育素材。该题解法多样，不同年级学生可进行不同层次的思考。其基本解法包括：列表法、假设法、方程法等。由于小学阶段不学习方程，因此教材主要引导学生通过猜测、列表和假设等方法逐步解决问题，培养学生有序思考及初步的逻辑推理能力。

教学微课　算“24”点教材分析

实训重点：数学思想感悟与数学文化渗透。

教材解读：教材首先通过主题图呈现有趣的古代课堂情景，生动地引出 1500 年前《孙子算经》记载的“鸡兔同笼”问题，并通过古代课堂学童冥思苦想的画面与小精灵卡通提问激起学生探究古代数学问题的兴趣。考虑到原题数据较大，首次接触该类问题的学生存在探究困难，因此教材采用“以退为进、化繁为简”策略，先出现例 1，缩小《孙子算经》中“鸡兔同笼”问题的数据，引导学生尝试解决。在帮助学生探索出该类问题的一般解决方法后，再解决数据比较大的原题。

例 1：呈现“鸡兔同笼”问题解决“猜测—列表—假设”的探究过程。在解决该类问题的策略中，猜测是探究的基础，列表法则有助于引领学生通过有序思维找到问题答案，假设法则是解决此类问题的更有效方法，有利于培养学生初步的逻辑推理能力。当然，实际教学不强求用某一种方法，学生可自主选择。在解决“鸡兔同笼”原题时，学生自然可感受选用哪种方法更适合自己，当然更多学生会倾向于选用假设法，因为数据变大时列表毕竟不简便。“阅读材料”中还介绍了古人解决该类问题的趣味方法——砍足法，可使学生在感受古人巧妙解题思路的同时拓宽思维，体验解决问题策略的多样化。

教材在“做一做”和练习中结合“鸡兔同笼”安排了一些类似的变式问题，比如“龟鹤”问题，生活中的购物、租船等实际问题，帮助学生巩固列表法、假设法等解题策略，同时进一步体会这类问题在日常生活中的广泛应用价值。

学习目标：

(1) 了解“鸡兔同笼”问题的结构特点，能用列表法、假设法解决问题，初步掌握此类问题解决的一般策略。

(2) 经历猜测、列表、假设法解决“鸡兔同笼”问题的过程，感悟解题策略的多样性，发展数学思维。

(3) 感受我国古代数学文化的博大精深，增强民族自豪感与文化自信；感受数学问题的趣味性。

学习重点：感悟以退为进、化繁为简的解题策略，体会假设法解题的逻辑性。

学习难点：理解假设法解决“鸡兔同笼”问题的推理过程。

反思迁移：

(1) 教材首先以退为进、化繁为简，通过猜测、列表、假设解决一个数据相对简单的类似问题，符合学生的自然思维过程。体悟解决问题策略多样化是本节课重要目标之一。对于列表法与假设法，显然数据较大时列表不简便，假设法更具一般性，也是教材重点，关键是如何引领学生从列表法转向假设法推理。列表法是理解假设法的铺垫，因为观察列表中鸡（或兔）脚数变化规律，能有效突破假设法的理解难点，即对推理和调整过程的理解。

(2)《课标(2022 年版)》指出：“数学承载着思想与文化，是人类文明的重要组成部分”“数学教育承载着立德树人的根本任务”。文化育人是数学教学值得探索的时代话题。本课具有厚重的数学文化背景，教学设计应有思政意识，充分挖掘相关素材对学生进行德性熏染。

(3) 由于现行教材一些课题呈现的是规律探索过程，因此“数学广角”可归为“探索规律”，同时也有一些课题具有“综合与实践”背景。无论如何理解，基本数学思想渗透应是安排“数学广角”的重要意图，应把数学思想方法渗透贯穿始终。“鸡兔同笼”虽然具有奥数特征，但其厚重的文化背景不可忽视，其教法与常规课应有所不同。这种类型的课题如鸽巢问题、植树问题等都有着独特的数学思想渗透目标。

三、知识拓展阅读：什么是数学活动经验

《课标(2022 年版)》进一步强化“四基四能”的课程目标，其中“四基”即基础知识、基本技能、基本思想、基本活动经验，把“四基四能”视为发展学生核心素养的有效载体，核心素养导向的课程目标则是“四基四能”教学目标的继承与发展。由此，数学活动经验被赋予了更加丰富的内涵。但我国有关数学活动经验内涵一直难以达成广泛共识。

什么是数学活动经验？学术界比较权威的观点是张奠宙和孔凡哲教授的著作《小学数学研究》第一章第五节中，明确界定了基本数学活动经验的概念，指出：“所谓基本活动经验，意指在数学目标的指引下，通过对具体事物进行实际的操作、考察和思考，从感性向理性飞跃时所积淀下来的认识。基本数学活动经验依赖所从事的数学活动，具有不同的形式。大体上可以有以下四种不同的类型，即直接活动经验、间接活动经验、专门设计的数学活动经验、意境联结性数学活动经验……”直接活动经验是直接联系日常生活经验的数学活动所获

得的经验(例如,24 时计时法、百分数的认识);间接数学活动经验是创设实际情境构建数学模型所获得的经验(例如,“两位数除以一位数”等);专门设计的数学活动经验是由纯粹的数学活动所获得的经验;意境联结性数学活动经验是通过实际情境、意境的沟通,借助想象体验数学概念和数学思想的本质(例如“鸡兔同笼”)。

弗赖登塔尔将数学学习活动概括为:实际问题抽象为数学问题;数学问题的逻辑组织(符号化);数学原理的验证、推广(形式化、逻辑化);数学理论的应用(反思、应用)。顾继玲根据弗赖登塔尔“数学化”理论指出,数学活动经验是经历数学活动过程沉淀下来的,其内容应从数学活动过程角度进行梳理。基本的数学活动经验主要是在数学化的过程、问题解决的过程和反思的过程中所积累的数学活动经验。①

赵思林则在梳理数学活动经验含义的“缄默知识说”“认知说”“内化说”“思维模式说”等基础上认为,数学活动经验是指个体在数学活动中经过心智操作和心力操作过程后储存于长时记忆系统中具有意义和价值的数学信息。心智操作即认知操作,心力操作即非认知操作。②

本章项目训练

实训项目 1:数学概念学习的一般流程

实训内容:“质数与合数”教材分析[苏教版义务教育教科书数学五年级下册]。

实训任务:

任务一:分析本节课的知识基础及学习价值。

任务二:分类思想是重要的数学思想,结合本节课谈谈小学数学教学中如何渗透该数学思想。

任务三:结合教材编排分析质数与合数概念学习的理论基础。

任务四:确定本节课的教学目标与重点难点。

实训目标:

(1) 能对数概念课时教材的编排思路进行学理分析。

(2) 能比较熟练地确定教学目标与重点难点。

实训项目 2:数与代数教材中的核心素养

实训内容:“加法运算定律”教材分析[苏教版义务教育教科书数学四年级下册]。

实训任务:

任务一:分析苏教版教材与人教版教材的编排有什么不同。

任务二:分析教材蕴含的核心素养培育因素。

任务三:以加法结合律为例,分析数学规律发现的基本步骤。

任务四:设计本节课的引入环节。

实训目标:

(1) 能对不同版本的教材内容编排进行比较分析。

---

① 顾继玲.聚焦“基本数学活动经验”[J].数学教育学报,2016(2):34-37.

② 赵思林.数学活动经验的含义新探[J].数学教育学报,2019,28(2):75-80.

(2) 能深入分析教材中蕴含的核心素养表现。

实训项目3:教材编排的学理基础

实训内容:“圆的认识”[人教版义务教育教科书数学六年级上册]。

实训任务:

任务一:分析“圆的认识”编排通常有哪两种思路,现行教材是如何处理的。

任务二:分析一些教材把“圆的认识”安排在长方体正方体认识之后的原因。

任务三:分析“圆的认识”中安排的几次画圆的活动及其目的。

任务四:分析圆的基本特征有哪些。

任务五:确定本节课的教学目标与重点难点。

实训目标:

(1) 能对现行教材图形概念的相关课时教材的编排思路进行学理分析。

(2) 能比较熟练地确定教学目标与重点难点。

实训项目4:图形与几何教材内容中的核心素养

实训内容:“梯形的面积”教材分析[苏教版义务教育教科书数学五年级上册]。

实训任务:

任务一:分析苏教版教材与人教版教材编排的不同。

任务二:分析梯形面积公式除教材中给出方法外的其他推导方法,以及在教学过程中对这些方法的处理。

任务三:分析本节课如何体现核心素养的培养。

任务四:分析本节课的教学目标。

任务五:分析如何引入本节课新授内容。

实训目标:

(1) 能对不同版本教材的课时与单元教材内容进行比较分析。

(2) 能深入分析教材中蕴含的核心素养。

实训项目5:单元教材分析的关注重点

实训内容:“可能性”学习单元[人教版义务教育教科书数学五年级上册]。

实训任务:

任务一:分析例1的编排意图。

任务二:分析例2的编排意图。

任务三:分析例3的编排意图。

任务四:确定本单元的教学目标。

任务五:设计第一课时(例1教学)的引入环节。

实训目标:

(1) 能比较熟练地对单元教材内容结构进行分析。

(2) 能比较熟练地确定教学目标与重点难点。

实训项目6:综合与实践教材编排的一般思路

实训内容:综合实践活动“营养午餐”[人教版义务教育教科书数学四年级下册]。

实训任务:

任务一:简要分析本次活动的知识基础。

任务二：简要分析本次活动所渗透的数学思想方法。

任务三：简要分析本次活动的内容呈现思路。

任务四：确定本次活动的教学目标与重点难点。

实训目标：

(1) 了解综合实践教材内容编排的一般思路。

(2) 了解综合与实践教材中蕴含的数学思想与数学活动经验。

附：项目训练建议

(1) 形式一：个人独立作业；形式二：建立4～6人合作小组，安排讨论时间，以项目训练报告形式完成训练。

(2) 训练应有明确的重点，不必面面俱到。

第五章　小学数学教学设计

小学数学教学设计是课程理论、学习理论、教学理论及课程标准理念应用于课堂教学实践的关键一环。根据《小学教师专业标准》，在小学教师的专业能力结构中，教学的设计、组织与实施能力处于核心地位。因此，教学设计是小学数学教育专业实训的重要内容。

第一节　小学数学教学设计的基本步骤与常见误区

一、小学数学教学设计的基本步骤

在当下"素养为本"的课改背景下，教学设计的核心理念是从"教为中心"转为"学为中心"。也就是说，教学设计要更多地考虑学生学什么，怎么学习，学得如何，基本步骤包括前期的教学内容分析、学情分析，中期的教学目标设计、教学策略设计、教学流程设计、板书设计和学习评价设计，以及后期的教学反思。具体阐述如下。

(一) 教学内容分析

教学内容分析即传统意义上的"备教材"，不是简单地看清看懂教材上的显性内容，还应从数学知识的整体性、逻辑性、结构性等角度分析前后知识之间的内在联系(前面已经掌握了什么内容，为下一阶段什么内容的学习打下基础)；读懂教材内容宏观的结构层次、微观的每一句话、每一幅图的编排意图。在此基础上，依据课程标准对教学内容要求与学业要求由表及里、深度分析，廓清蕴含其中的"四基""四能"，发掘教材中的"三会"核心素养与德性渗透因素，把握教学内容主线与相应核心素养发展之间的关联。

(二) 学习者分析

学习者分析也称学情分析，即传统意义上的"备学生"，主要包括学习起点、学习需求、学习风格和人际交往特征等。

学习起点是设计学习活动的基本依据(思维特点、已有经验和认知基础)。学习需求是围绕教学中所要解决的核心问题选择一个适宜的活动主题，通过这个主题学生能够获得预期的发展。学习风格是学习者在长期学习活动过程中养成的关于学习环境、学习时间、思考方式等方面的偏好(包括学习动机、态度、方法与习惯等)。人际交往特征是指学生在人际交往方面所表现出来的一些个性特点，比如性格的内向与外向、冲动与沉稳，情感型人格与理智型人格等。学习风格与人际交往特征是确定学习方式不可或缺的参照。

(三) 教学目标设计

教学目标刻画的是通过教学所应达到的教学效果，教学设计的各个环节都应围绕教学目标来展开。从某种意义上说，教学目标是整个教学设计的灵魂，对整个教学活动具有导向、评价等功能。前期对教学内容与学情的分析是为了制定出合理、适切的教学目标；中期教学策略、教学流程、板书设计、学习评价是为了实现教学目标；后期进行教学反思是为了检测教学目标的达成情况。

《课标（2022 年版）》提出了课程目标要以核心素养为导向，落实到具体的教学中，教学目标应以“三会”核心素养为落脚点，充分彰显教材中蕴含的核心素养表现，并通过“四基”“四能”的目标载体合理指向“三会”目标达成，同时把情感态度价值观与各层次目标融为一体，以实现“立德树人”的培养要求。在制定教学目标基础上，还需根据教学内容、目标等确定教学重点与学习难点，有时候重点与难点可能一致。

教学微课　《课标（2022 年版）》背景下的教学目标撰写

（四）教学策略设计

教学策略是指向预设教学目标而实施的教学活动的程序、方式、方法与媒体等因素的总体谋划，主要是解决“如何教”和“如何学”的问题。教学策略设计应充分考虑教学内容的不同属性、学习群体的不同风格。《课标（2022 年版）》进一步强调了学习者认真听讲、独立思考、动手实践、自主探索、合作交流学习方式的养成，教师应根据教学内容、学情现状设计相应的教与学的策略。

（五）教学流程设计

教学流程设计是教学设计的核心，课程理念的体现、教学目标的达成，都要凭借教学流程中层层递进的教学环节来实现。每个环节之所以是这样设计而不是那样设计，都有其设计意图。从课的类型来分，一般有新授课、练习课、复习课等，不同课型的教学流程也不尽相同。以新授课为例，时下流行的教学流程主要环节为：创设情境、导入新课；主动探究、建构新知；练习巩固，内化提高；全课总结，拓展延伸。

（六）板书设计

板书是在黑板（或白板）上写画留下的痕迹。一节课的主要内容，随着课堂教学运行一点点书写下来，先写什么、后写什么，甚至各自用什么颜色的粉笔，分别写在黑板的什么位置，课前都要进行精心构思。条理清晰、整洁美观的板书，由于呈现了本节课完整的内容框架结构，从而能为课堂总结提供线索，并利于学生形成良好的数学认知结构，同时还具有一定的艺术性。

（七）学习评价设计

学习评价是师生及时了解学习进展情况与学习活动质量的重要途径，具有诊断和导向功能，是达成教学目标的重要手段。学习评价是伴随学习活动每个环节的教学行为，应贯穿于整个学习活动的始终。学习评价既包括针对学习效果的总结性评价，也包括对学生学习表现、学习状态、学习习惯等多方面的过程性评价，有些评价可以预设，但更多的学习评价是课堂即时生成的。评价的目的是促进学生学习，帮助学生发现问题、分析问题，并找到解决问题的办法，从而提高学生的学习水平和学习效率。《课标（2022 年版）》首次针对学业质量提出相应的评价标准，意味着在日常教学中教师应对学业质量评价达成给予高度关注。

（八）教学反思

教学反思是教学实施后教师对教学设计方案进行自我评价的一项活动。反思的本质是理论与实践之间的对话，也是理想自我与现实自我心灵上的沟通[①]。叶澜教授指出：一个教师写一辈子教案不一定成为名师，如果一个教师写三年的反思，有可能成为名师。著名心理

① 刘宗祥. 反思性教学理论及其策略分析[J]. 教学与管理，2014(2)：14-16.

学家林崇德曾指出：优秀教师＝教学过程＋反思。教学反思要重点关注教学目标的达成情况。如果达成度不高，要反思教学效果与预期教学目标之间的差距，分析产生差距的原因（是学情分析有误，还是选择的教学策略不合适……）及该如何修改教学设计。另外，还有必要用文字记录自己在教学过程中产生的新想法、学生出现的各种未预料到的情况等，以便为以后进一步提高教学设计能力积累实践经验，促进自身的教学水平与专业素养的快速提升。

二、小学数学教学设计的常见误区

（一）教学设计就是编写教案

教案以“教”为中心，侧重“教什么”“怎么教”，通常是从教师的角度考虑课堂活动运行。教学设计以“学”为中心，不仅关注“教什么”“怎么教”，更要注重在充分了解学情的基础上分析“学什么”“为什么这么学”，通常是从学生的角度考虑课堂活动运行，教师是学生学习的组织者、引导者与合作者。

例如，一位教师教学“三角形的三边关系”[苏教版义务教育教科书数学四年级下册]。课始，教师谈话导入：今天我们来学习一个与围三角形有关的结论。大家想知道吗？生齐：想！接下来教师提出要求：请同学们拿出课前发的材料袋，每次从中取三根小棒，看看是否能围成三角形？先围一围，再与同学交流。生操作（略）。

上课一开始教师就开门见山，直接告知学生今天的学习内容。这种做法虽然高效，但完全是以教师的教为中心，没有分析学生的生活经验与数学认知基础。“教师的眼里完全没有学生”，学生当然也不知道为什么要学一个与围三角形有关的结论，以及该如何学，最后只能是亦步亦趋，像“提线木偶”般完全听从教师的指令，学生的主体地位很难体现。

因此，教学设计不能理解为编写教案，应转变观念，学为中心，以学定教，为了学生的发展进行精心的教学设计。

（二）教学设计只需考虑课时设计

小学数学教材知识是经过了教学法加工的、遵循循序渐进螺旋上升的原则，也具有内在的逻辑性，大到一个领域、小到每个知识点都不是孤立存在的。因此，教学设计要考虑教学内容的结构化、逻辑性和整体性。先从全局宏观考虑，比如一个学年、一个学期或一个领域；再从中观考虑，比如一个大单元、小单元；最后才是一个课时。相应地，也就有了学年设计、学期设计、领域设计、单元设计和课时设计等。虽然每堂课的教学最后都要落实到“以课时为单位的教学设计”，但教师心中不能只有一个个孤立的课时设计，应该先从宏观到微观进行有层次的思考，再从微观到宏观展开具体的课时教学设计。事实上，在《课标（2022年版）》背景下，整体性教学设计成为值得追求的课程理念。

例如，在图形与几何领域的图形的测量中，有长度单位、面积单位、角度单位的学习内容。以苏教版为例，在学习第一个长度单位厘米、第一个面积单位平方厘米、角度单位1°时，都引导学生经历了用不同测量工具测量课桌长度、课桌面的面积、一个角的过程，以体会统一长度单位、面积单位、角度单位的必要性。虽然三次学习的度量单位不一样，但数学的本质是相同的，需要学生体会的内容具有内在一致性。实践中，一些教师在进行教学设计时，三次设计的处理方法完全相同，好像它们是三条平行线，彼此之间毫无联系。这就是没有进行领域设计而造成的典型的“只见树木不见森林”的处理方法。从整体性角度考虑，在学习厘米时需要体会统一长度单位的必要性，经历此过程后，学生自然就知道只要涉及度量的问题，都需要统一度量单位。于是，在学习第一个面积单位时，就没有必要再重复前面的过程，而应该充分利用学生已有经验，进行类比迁移学习。

（三）教学流程可先于教学目标设计

前已述及，教学目标既是教学的起点、教学流程设计的价值指向，也是检测教学效果的首要指标。但实践中一些教师意识不到教学目标所处的重要地位，误认为教学流程设计才是最重要的。因而目标分析意识淡薄，进行教学设计时本末倒置，经常先写教学流程再象征性地补充教学目标，导致目标叙述呆板、内容空洞，缺乏操作性，甚至产生目标与教学内容不相吻合的现象。由于事先没有精心设计教学目标，教学流程设计的价值指向不清，经常在目标不明的情况下照本宣科，导致主次内容均衡用力，重点内容把握失位，难点内容轻描淡写。

在进行教学流程设计之前，应根据前期教学内容和学情分析，明晰所教内容在知识体系中的地位，深挖教材中潜在的教育元素，确定适切本节教材内容的合理目标。例如，《课标（2022 年版）》提出了“课程目标以学生发展为本，以核心素养为导向，进一步强调学生‘四基’的获得与发展”，“四基”即基础知识、基本技能、基本思想与基本活动经验。小学数学教材中呈现的往往是前两基，即知识技能层面的内容，数学思想方法与活动经验等指向“三会”核心素养发展的那些要素并未在教材中以显性文字方式呈现，需要教师深入发掘。如“20 以内进位加法”的教学蕴含了函数思想，乘法口诀教学也是如此；多边形面积计算渗透了化归思想，等等；再如情感态度方面的目标应该有一个阶段性构想，如需培养哪些学习习惯、怎样培养语言表达能力，等等。只有通盘考量才能产生预期效果。

（四）有了多媒体辅助教学就不需要板书设计

现在的课堂普遍都会运用多媒体辅助教学。一些教师高度依赖多媒体，板书便非常随意（他们板书的作用就类似于草稿纸），更有甚者除了课题之外完全没有板书。不可否认，在很多时候多媒体对于教学有很强大的辅助功能。例如，通过多媒体可以调动学生的多种感官参与主题学习，能使课堂教学变得形象生动，能够激发学生的学习兴趣，还能扩大信息量、拓展学生的知识面等。但是多媒体也有缺陷，比如放到下一屏时前一屏的内容就没有了，不能完整呈现一节课的教学内容。例如，要呈现“圆的面积公式”推导的思维过程，图 5-1 板书设计展示了比较清晰的推导过程，若通过多媒体呈现，由于不可能一直保留，实际上不利于帮助学生了解知识的来龙去脉并形成完整的数学认知结构。

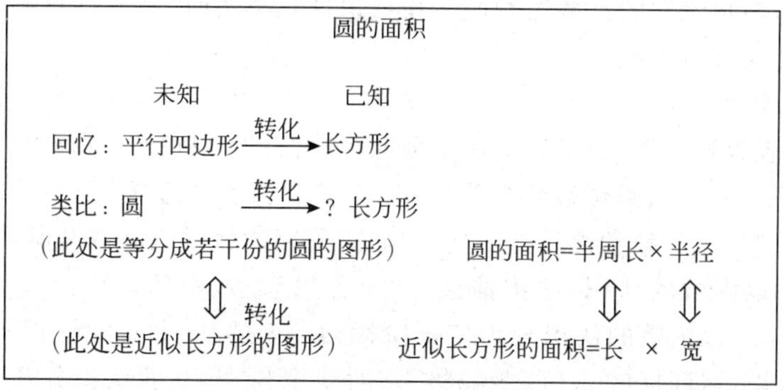

图 5-1　“圆的面积”板书设计

因此，在运用多媒体的同时要精心设计板书（不是信马由缰地随意书写），在板书中体现本节课的主要知识内容，以及各内容之间的相互关系、运用的数学思想方法、书写的格式规范，等等。若一个人没有听过这节课，仅仅通过板书就能了解本节课的主要内容、数学思想方法等，就是一个比较好的板书设计。

第二节　数与代数教学设计

“数与代数”是义务教育阶段数学学习的重要领域，在《课标(2022 年版)》中，小学阶段包括“数与运算”和“数量关系”两个主题。其中“数与运算”在整个领域中有着非常重要的地位，一方面，它们的内容多(主要包括自然数、分数、小数的认识和四则运算)，学时长(贯穿三个学段)；另一方面，它们又是学习“数量关系”的认知与思维基础。“数与代数”的内容丰富，是培养学生的数感、符号意识、运算能力、推理意识、模型意识、应用意识等核心素养的有效载体，是学生“四能”提升的重要路径。

一、数与代数整体数学分析

(一) 数与运算

数是对数量的抽象，教学时要引导学生经历由数量到数的形成过程，帮助学生理解和掌握数的概念、感悟数的概念本质上的一致性，进而形成数感和符号意识。数的认识是数的运算的基础，通过数的运算有助于学生更好地认识数。数的运算重点在于理解算理、掌握算法，教学时要引导学生经历算理和算法的探索过程，感悟数的运算及运算之间的关系，体会数的运算本质上的一致性，进而形成运算能力和推理意识。数的认识与数的运算之间有密切的联系，二者联系的核心概念是“计数单位”，数的大小比较实质是相同计数单位个数的比较，数的运算实质可以看成计数单位个数的操作。《课标(2022 年版)》将二者统整为一个学习主题，凸显了知识呈现的结构化和整体性。

1. 数的认识

“数的认识”主要包括自然数、小数、分数等。《课标(2022 年版)》将负数的初步认识安排在综合与实践领域。自然数是小学数学研究的主要内容，在数的认识中比重较大，是学习四则运算及进一步认数的重要基础。分数是自然数的扩充，小数(除无限不循环小数)可以视为特殊的分数，与自然数的计数法相同。在认识这几类数时，都要以核心概念“计数单位”为统领，但侧重点又各有不同。

1) 自然数的认识

以现行人教版教材为例，自然数的认识分四个阶段：20 以内、100 以内、万以内和大数的认识，内容丰富，从一位数、两位数到多位数，逐步形成自然数系统，帮助学生理解十进位值制思想。由于不同阶段的教学侧重点不同，因而所采用的教学策略也有所不同。

(1) 教学 20 以内数的认识，注重抽象、对应思想渗透，引领学生感受十进位值制计数法。万事开头难，20 以内数的认识分为三个阶段：1～5 的认识(0 的认识)、6～10 的认识、11～20 各数的认识。《课标(2022 年版)》将 10 的认识与 1～9 的认识分开，指出 1～9 的教学重点：引导学生体验从数量到数的抽象过程；10 的教学重点：通过 9 加 1 是 10，体会 10 的表达与 1～9 的不同是在新的位置上写 1，这个位置叫十位，十位上的 1 表示 1 个十，1 个十用数字符号 10 表达。也就是说，十进制位值原则的教学从认识 10 开始。

从数的起源和发展看，正如史宁中教授所说，数量是对现实生活中事物量的抽象，数是对数量的抽象[1]。虽然学前儿童已经会数数，比如能数出 3 个苹果，4 块糖，但这些还是具体物体的数量，并没有建立真正的数概念。1～9 是学生最先认识的自然数，幼小衔接过渡教学应充分考虑学生在幼儿园阶段形成的活动经验和生活经验，先引导学生感受具体情境中的数量，再用对应方法，借助小方块（或圆片、小棒等）表示相等的数量，然后过渡到数字表达，帮助学生经历从感性具体（形象）过渡到感性一般（半形象半抽象），再上升到理性具体（抽象数）的全过程，帮助学生在完成从数量到数的抽象过程中理解抽象的数概念。具体来说，教学时应经历以下过程：①点数（即一一对应）几个集合圈中物体的个数；②引导发现物体虽不同但个数相同；③用小方块（或圆片、小棒等）代表点数物体；④用数字符号表示个数。

无论一个自然数有多大，本质上都是利用十进制位值原则计数，即利用 0～9 这 10 个数字，放在不同数位上表示不同的大小（更进一步，小数的表示也是自然数十进制计数法的扩展）。十进制位值计数法思想是小学数学的基础和核心，是理解自然数、小数的概念及其运算的算理、算法的依据[2]。引进十进位值制计数法是从 10 的认识开始的，接下来是“11～20 各数的认识”，这部分内容是学生认识自然数过程中的一个飞跃。因此，教学中要注意引领学生经历直观操作逐步抽象出十进制计数法的活动过程：在“捆一捆”（数出 10 根小棒捆成 1 捆）中认识计数单位“一”和“十”及其关系；在“数一数”（若干一根根散开的小棒）中体会将 10 根小棒捆成 1 捆的优越性，并认识 11～20 各数的组成；在“拨一拨”中了解 1 捆、1 根分别对应计数器十位、个位上的 1 颗珠子；在“写一写”（计数器不同数位下写出对应的珠子个数）中抽象出 11～20 各数。

（2）教学 100 以内数的认识，要突出对十进位值制计数法的理解。通过认识 10～20 各数，学生只是对十进制计数法有所了解，还不能完全理解位值制的本质，很有可能只是将“11”“12”等看成一个完整的新的符号。在后续“100 以内数的认识”中，需要借助小棒、计数器等不同的方式表示数，通过操作表征、实物表征、图形表征、符号表征、语言表征等多元表征方式建立数概念，特别是从 29 过渡到 30（39 过渡到 40……）的过程中，引导学生逐步理解位值制、满十进一、计数单位“一”和“十”、数位（个位、十位）等十进制计数法的计数原理。

（3）教学大数的认识，要注意强化学生的数感。经过前阶段数的认识，学生对十进位值制计数法已经比较熟悉，也已经具有一定的数感。教学大数的认识，重点在于感受大数的意义，并在此基础上进一步发展学生的数感。教学时应充分利用现实素材，让学生通过实际生活的体验，对大数产生直观认识，形成丰富感受。比如，先观察 10 张纸、100 张纸、1 000 张纸的厚度，从中感受 10、100、1 000，再据此想象 10 000 张纸、100 000 张纸的厚度，从中感受大数 10 000、100 000 的大小。借助学生的生活经验，创设体验和感受大数意义的现实情境，引领学生在情境中感受大数意义、强化数感，是大数认识教学的首要任务。

小学微课　夏延春：
真分数与假分数

2）分数、小数与负数的认识

（1）教学分数的初步认识，一般从表示物体的数量开始。分数的认识一般分两个阶段：

① 孙国春. 小学数学教学设计[M]. 上海：复旦大学出版社，2019.

② 王永春. 小学数学核心素养教学论[M]. 上海：华东师范大学出版社，2020.

分数的初步认识,分数的意义和性质。关于分数的含义,国际上的主流观点认为主要有五种:一是部分与整体;二是商;三是比;四是测量;五是算子。在这些含义中,最基本的是两种:一是表示物体的数量(如 1/2 个苹果,有量纲);二是表示一部分与另一部分或部分与整体的比率(如苹果个数是桃子的 1/2,无量纲)。

小学里的分数是自然数概念的拓展。自然数也有与分数类似的上述两种基本含义:自然数可表示数量(如 2 个苹果),也可表示二者的倍比(如桃子个数是苹果的 2 倍)。显然前者更基本,且学生也有生活经验和认知基础,因此对自然数的认识便始于此(从数量抽象出数)。关于分数,学生缺乏生活经验和认知基础,因而掌握分数的概念比自然数更困难。在国内外教育界,分数概念都被认为是小学数学中最复杂、最容易出现问题,也是最抽象的数学概念。从数系扩张的角度看,是因为不能用自然数表示,才需要引进新的数。综上,在教学"分数的初步认识"时,应通过均分物体的活动,引导学生发现分数。例如,将一个蛋糕平均分给两个人(三个人……),每人分得的个数不能用自然数表示,因此需要引入新的数。生活中有很多这样的情况,例如,半块蛋糕、半瓶水、半天、半张纸……这里的半个,在数学上就用 1/2 表示。"将一个蛋糕平均分成两份,每一份就是 1/2 个蛋糕"。在前述过程中体会分数是一个表示物体数量的数,"分数可以用来度量大于 0 而小于 1 的量"①。也正因为有了这类能表示比 0 大、比 1 小的分数,才会有后续发展的假分数、带分数。先从"量"的角度引入分数,将分数作为一个整体对象来看待(而不是看到分数,想的总是一个先分再取的过程),感觉分数与自然数一样,可以表示生活中物体数量的多少,帮助学生在心理上接受分数。当分数作为一种新的数"深入人心"后,再类比自然数"倍"的意义,从"率"的角度学习分数。即"将一个蛋糕平均分成两份,每一份就是 1/2 个蛋糕",也说成"每一份是这个蛋糕的 1/2"。

(2) 教学小数的认识,要突出与自然数的联系。一方面,从计数法角度看,小数的计数与自然数非常相似,都采用十进制位值原则。从此种意义上来说,可将小数看作是自然数的拓展,也可以将自然数视为特殊的小数(小数部分各数位上的数字都为 0)。另一方面,有限小数本质上是十进分数的改写形式,每相邻两个计数单位之间都是十进关系。因此,只有在充分认识十进制自然数和十进分数的基础上,才能从本质上认识小数。现行教材通常依托分数引入小数,比如"1/10 也可以写成 0.1"。对小数的初步认识如果仅停留于此,那么学生只能从形式上认识了小数,机械地记住小数与十进分数的关系。想要真正理解小数的意义,必须突出小数与自然数在计数法之间的联系,进一步感悟十进制计数法。比如,自然数的计数单位从大到小有这样的关系,……1 个千是 10 个百,1 个百是 10 个十,1 个十是 10 个一。那继续下去,1 个一是 10 个 1/10,即 10 个 0.1;1 个 0.1 是 10 个 1/100,即 10 个 0.01……

(3) 教学负数的认识,可从自然意义上的相反量开始。以往学习的数,都是从具体数量抽象出来的,都有着明确的表征物,是进行度量的结果。例如,2 个苹果、1/2 个蛋糕、0.6m。凡是能够测量出来的都是正数,显然负数不是测量的结果。负数是用来表示与正数意义相反的量,包括自然意义上的相反(盈亏、收支、输赢等)和人为规定的相反(温度的零上与零下、海平面的高低等)。在《课标(2022 年版)》中,将"了解负数"这一内容安排在了"综合与实践"领域(第三学段),要求在相应的主题活动中展开学习,让学生面对现实的背景,从数学

① 张奠宙,等.小学数学教材中的大道理——核心概念的理解与呈现[M].上海:上海教育出版社,2018.

的角度发现并提出问题，从而学习负数、了解负数表达的实际意义。为便于学生了解和建立负数概念，教学时应从自然意义上的相反量引入正、负数，比如“如何表示得到的钱数与失去的钱数?”“如何表示比赛时的赢球个数与输球个数?”在这样的现实背景中，学生更能体会产生新数(负数)的必要性，更易于感悟负数的实际意义。再从“得到的钱数是正数，失去的钱数是负数”入手，引导学生说出此时的“0”表示没有，0 点就是平衡点。从这一角度建立并巩固了正、负数概念之后，以此为固着点，进而引入较难理解的人为规定的相反(比如气温、海拔)，可从突破对“0”的认识开始(此时的“0”不是一个表示没有的数，而是一个人为规定的标准物的代号)。

2. 数的运算

“数的运算”主要包括自然数、分数、小数的四则运算，主要研究运算意义、运算算理、运算算法、运算顺序、运算性质等内容，在计算方法上包括口算、笔算、估算、珠算、简便运算等。《课标(2022 年版)》强调数的运算本质上的一致性，体现在教学过程中，主要包括两方面。一方面，要引导学生体会运算的一致性，并鼓励学生将前面运算学习中学到的知识与方法迁移到后面的学习中。例如，对于加减法运算，无论是整数的数位对齐、小数的小数点对齐，还是分数的先通分转化为同分母后再加减，都是为了相同计数单位的数相加减。另一方面，要引导学生感悟加、减、乘、除四则运算之间的一致性。在数的运算教学中，还应始终关注学生运算能力和推理意识的形成与发展。

1) 自然数运算

自然数是学生最先认识的数，自然数运算伴随着自然数的认识逐步展开，是学生最先接触的运算。运算数据从一位数、两位数扩展到多位数，时间跨度从一年级到四年级，是小学运算的主体内容，也是后续分数运算、小数运算的基础。理解运算的意义是运算学习的基础；理解算理、掌握算法是运算学习的重要内容，也是培养运算能力和推理意识的重要途径。

(1) 教学 10 以内的加减法，重点理解加减法的意义。从集合论角度看，加法是求两个不相交的有限集合并集基数的运算；减法是加法的逆运算，即求两个有限集合 A 与 B(B 包含于 A)差集基数的运算。可见，加法最本源的意义是基数的合并，减法最本源的意义是基数的减少。《课标(2022 年版)》突出强调在具体情境中，通过操作活动，利用对应的方法理解加法的意义，感悟减法是加法的逆运算。“10 以内的加减法”是学生认识加减法的开始，需要引导学生充分感受加减法的意义。因此，在教学中，要提供若干学生熟悉的具体例子——它们的实际内容不同但背景相同，以加法为例，有“又来了”“又采了”“再增加”……引导学生发现这些背景的共同点是“合起来”，即“基数合并”，从而抽象出加法运算，进而理解加法的意义。

(2) 教学表内乘法，重点理解乘法的意义、感受乘法的优越性。加减法学习一段时间后，学生已经很好地理解加减法的意义并能进行熟练计算，此时开始学习“表内乘法”。乘法的本源意义是“同一个数重复相加”，即当加数相同时，为简便起见，用乘法来简记加法。“表内乘法”是学生认识乘法的开始，与认识加法一样，教学时要提供若干学生熟悉的具体例子——它们的实际内容不同但都是“同数连加”，引导学生发现它们共同点，在此基础上引入乘法，让学生充分认识乘法只是加法的一种简记。还要通过实例，让学生认识到当相同加数的个数比较多时，用乘法简捷方便，初步感受乘法的优越性。很多学生早就会背诵乘法口诀，但并不表示他们能理解乘法的含义，因此教学乘法口诀时，一定要让学生自己写乘法算式，根据乘法的含义计算得数并编写乘法口诀，进一步理解乘法与加法的关系，加深对乘法的认识，并体会乘法较之加法的优越性。

(3) 教学除法的意义，等分除与包含除同等重要。除法与乘法是互为逆运算的关系，所谓除法是指“已知两个因数的积和其中一个因数，求另一个因数的运算”。这两个因数的含义不同，一个是份数，一个是每份数，于是就对应着两种不同的除法模型：已知总数和每份数求份数(包含除)，已知总数和份数求每份数(等分除)。等分除与包含除都是除法的源头，对于建立除法的意义，它们同等重要，不可偏废。因此，在教学“除法的意义”时，应从现实生活中对应这两种模型的实际问题引入，引导学生体会到两种情形都是用除法表示，避免出现问及“什么时候用除法?”学生只能想到“把一些东西平均分成几份，求每份是多少”这一种情形。

(4) 其他运算教学，重点是理解算理、掌握算法。自然数四则运算的意义、10 以内的加减法、20 以内的进位加法和退位减法、表内乘除法是自然数四则运算的基础，其他运算都是通过一步步转化成这些运算来完成的。比如，笔算三位数乘两位数，以 235×36 为例，先用 6 依次乘 5、30、200，再用 30 依次乘 5、30、200，运用的都是表内乘法；最后将前两次的乘积相加，涉及的都是 10 以内的加法或 20 以内的进位加法。以上给出的是具体算法，那为什么可以这么算？实质是利用了乘法分配律、自然数的意义、十进制计数法，将三位数乘两位数转化成三位数乘一位数与三位数乘整十数的和；三位数乘一位数又是转化成一位数乘一位数、整十数乘一位数、整百数乘一位数的和，即最终都转化成了表内乘法和加法。这就是蕴含其中的算理。在四则运算的教学中，要帮助学生感悟从未知到已知的转化，运用图形直观等方法理解算理，通过理解算理来掌握算法本质，并在此基础上熟练掌握算法，发展运算能力与推理意识。

小学微课　孙涛：乘数末尾有 0 的乘法

2) 小数与分数的运算

小数的加减法与整数的加减法完全类似，都是“相同数位相加(减)，满十进一(退一当十)”。在教学中，要组织学生将小数的加减与自然数的加减进行比较，引导学生初步了解小数加减与自然数加减的一致性，培养运算能力。小数乘法是直接转化成整数乘法，小数除法是先将除数转化成整数再类比整除除法。因此，在小数运算教学中，应注重与整数运算充分类比、渗透转化的思想方法。

小学微课　韩晨晨：小数乘整数

分数加减法与整数加减法也很类似，异分母分数加减要转化成同分母分数加减，是因为“分数单位相同”才能直接运算，这就类似于“相同数位(计数单位相同)相加减”。在教学中，要引导学生理解通分的目的，引导学生发现自然数、小数、分数的加减运算都要在相同计数单位下进行，进一步感悟加减运算的一致性。

分数乘法主要包括两种情况：分数乘自然数、一个数乘分数。前者是自然数乘法意义的推广，后者是自然数乘法意义的扩展。在教学“分数乘自然数”时，应类比自然数乘法的意义，引导学生自主列出算式并根据“分数的意义”探索算法。在教学“一个数乘分数”时，应该通过具体实例，并结合“求一个数的几倍是多少，用乘法计算”，引导学生发现“求一个数的几分之几是多少，可以用乘法计算”，从而掌握分数乘法的意义。

从分数乘法逆运算的角度来看，分数除法的意义主要包括两种情况：“已知一个数的几分之几是多少，求这个数”“求一个数是另一数的几分之几”。从参与运算的数的分类来看，分数除法主要包括：分数除以自然数、自然数除以分数、分数除以分数。由于前者太过抽象与概括，且与小学生的年龄特点与认知规律不相符合，因此小学教材普遍是按后者的三种情况来呈现的。分数除法的运算法则是“颠倒相乘”，非常简单且易于操作，但算理却比较难以理解，是历来公认的教师难教、学生难学的内容之一。在教学“分数除以自然数”时，可创设“等分除”的情境，类比自然数除法的意义，引导学生自主列出算式，并根据分数的意义和分数乘法的意义探索出算法。在教学“分数除以分数”时，可创设“包含除”情境，类比分数加减法和自然数除法，引导学生发现“先通分，再分子相除”（就是记载于《九章算术》中的分数除法古算法，叫作“经分”）的算法，然后将分子相除的式子变形一下即得“颠倒相乘”。

（二）数量关系

数量关系主要是指用符号（包括数）或含有符号的式子表达数量之间的关系或规律。在《课标（2022年版）》中，把常见数量关系、运用数和运算解决真实问题、探索规律、用字母表示、成正比例的量等具有相似特征的学习内容统整为一个学习主题。该主题以“数与运算”为认知基础，通过“数与运算”在各种实际情境或真实情境中的运用，培养学生发现与提出问题、分析与解决问题的能力。

小学微课　韩晨晨：折扣问题

1. 教学常见数量关系，应注重模型的建构与应用

《课标（2022年版）》提出的常见数量关系有三个：总量＝分量＋分量、总价＝单价×数量、路程＝速度×时间，前一个属于加法模型，后两个属于乘法模型。加法模型和乘法模型是数学中最基本、最重要的模型。

在这部分内容的教学中，首先，要创设有利于启发学生思考、贴合学生实际的现实生活或真实情境，充分激发学生的已有认知经验和学习兴趣，帮助学生从中抽象出数学问题，进而自主发现情境中几个数量之间的关系，并尝试用画图、实物操作等方法进行表达，在此基础上主动建构模型，经历“从生活到数学”的抽象概括过程，在过程中积累思维的经验与活动的经验；其次，在学生建构模型后，要适时呈现可以用此模型解决的若干实际问题，引导学生尝试应用模型解决问题，经历“从数学到生活”的演绎应用过程，并感受模型的普适性（即知道数学模型可以用来解决现实生活中的一类问题，是数学应用的基本途径）、体会模型的价值，进而形成初步的模型意识，提升问题解决能力。

小学微课　穆春凝：有趣的乘法计算

2. 教学探索规律，重在让探索过程真实发生

探索规律是指对于一类事物，先观察其中的部分对象，经探索发现具有某种属性，然后推断这类事物都具有该种属性。在数学里，探索规律无处不在，数的规律、式的规律、形的规律等，这里所说的探索规律，更多的是从数量关系角度探索数量之间蕴含的规律。

探索规律的教学，必然离不开探索，而且只有当探索真实发生于学生的观察思考过程，学生才有可能自主发现规律。因此，探索规律的教学要注意以下几点。

文献　吉智深．精心设计，让学生感受数学思想方法的魅力——以“钉子板上的多边形”教学为例

（1）要创设合适的生活情境或数学问题情境，激发学生的探索兴趣与探索欲望。

（2）要结合学生的身心发展特点和认知发展规律，适时、适度指点探索的方向与思路，保证学生能感受到探索成功的乐趣，从而持续保持探索热情。具体地说，指点不能太具体，

要留给学生足够的探索空间，这样才能引导学生的思维逐步走向深入并积累探索经验；指点也不能太模糊，否则学生的探索可能是盲目的，就很难保证探索的真正发生与探索的成效。

(3) 在学生探索出规律后，要及时带领学生回顾刚才的探索过程，分析探索时思路受阻的原因和成功的经验，在不断反思中循序渐进，积累探索经验，掌握探索方法。

(4) 由于探索规律是通过(不完全)归纳推理发现结论，其结论不一定正确，因此“探索规律不应该等同于普通知识的教学，它侧重的是‘猜想—验证’朴素科学方法论的渗透”。也就是说，应该代理学生“完整经历‘感知事实、定量描述、猜想规律、建构模型、举例验证和经验内化’的探索过程”。

3. 教学用字母表示，重点是帮助学生形成初步的代数思维

第三学段，学生要学会运用字母或含有字母的式子表达实际情境中的数量关系，并通过运算或推理解决实际问题。在教学中，要引导学生体会用字母表示的必要性、理解用字母表示的一般性，帮助学生形成初步的代数思维。

用数字和计数单位只能表示特定的已知数，而用字母可以表示任意数(或一类数)，且字母可以像数一样运算。从用数表示到用字母表示，即从算术思维到代数思维，对学生而言是认识上的一个巨大飞跃。算术主要是通过程序思维来刻画，其核心是获取一个答案；而代数思维则是由关系或结构来描述，其目的是发现一般化的关系、明确结构，并把它们连接起来。“用字母表示”是学生从算术思维向代数思维过渡的关键一步。学生要顺利完成从算术思维向代数思维的过渡，其思维必须经历从数到字母、从特殊到一般、从程序到结构的飞跃。

(1) 教学用字母表示，要注意激活旧知。学习“用字母表示”之前，学生对此并不是一无所知。例如，中年级已经出现用字母表示长(正)方形的面积公式(如 $S=a\times b$，这里的 a、b 表示任意的正数)、用字母表示运算律(如加法交换律 $a+b=b+a$，这里的 a、b 表示任意的数)等内容。教学新知最重要的是，学生已经知道了什么，并由此引入新课。张奠宙教授也建议：“首先介绍字母代替任意数，然后是一类数，再后是表示变量，最后是特定的未知数。概括起来，就是两类：泛指的和特定的。”①

因此，教学“用字母表示关系”时，要注意激活学生的旧知。比如引导学生回忆、讨论：加法交换律用字母如何表示？当时是如何得到加法交换律的？为什么要用字母表示？字母可以取哪些值？在此过程中，让学生感受用字母表示数的优越性，知道用字母可以表示任意的数或特定范围内的数，培养学生的符号意识，初步体会从特殊到一般的代数思维。

(2) 教学用字母表示，要注意设计合理情境。根据小学生的认知与思维特点及《课标(2022 年版)》，用字母表示作为数量关系学习内容，其目的是引导学生经历用字母或含有字母的式子表达实际情境中的数量关系、性质和规律的逐步抽象过程，体会用字母表示的简洁与便利。因此，教学中注意设计合理情境，选择针对性强的实际问题，如用字母表示“路程=速度×时间”为“$s=v\times t$”及变式“$v=s\div t$，$t=s\div v$”，体会用字母表示的优越性；用字母表达图形的周长和面积计算公式等，感受字母表达的一般性。再如，运用“1 张餐桌可坐 4 人，2 张餐桌拼在一起可坐 6 人，3 张餐桌拼在一起可坐 8 人，按这样拼下去，n 张餐桌拼在一起可坐多少人?”之类的实际问题，引导学生经历用字母表示变化规律的过程，培养符号意识。

---

① 张奠宙，等. 小学数学教材中的大道理——核心概念的理解与呈现[M]. 上海：上海教育出版社，2018.

二、数与代数典型案例赏析

例 5-1　分数的意义[苏教版义务教育教科书数学五年级下册]

执教:江苏省南通师范学校第一附属小学　冯桂群

案例背景:苏教版教材中的分数概念教学共安排三个阶段。第一个阶段认识分数是在三年级上学期,主要教学把一个物体平均分成几份,用分数表示其中的一份或几份;第二个阶段安排在三年级下学期,主要教学把一些物体组成的整体平均分成几份,用分数表示其中的一份或几份。本节课是第三个阶段,主要利用学生已有知识经验,在理解单位"1"的基础上逐步抽象出分数的意义。

实训重点:数学概念教学的一般思路;数的认识的一致性感悟。

教学目标:

(1) 结合实际情境初步理解单位"1"的意义,经历分数意义的抽象概括过程,感悟分数概念的数学本质。

(2) 在建构分数意义的过程中,进一步培养分析、综合、抽象、概括的能力,发展推理意识与模型意识。

(3) 进一步体会分数的应用价值,感受分数与生活的联系,增强学习数学的兴趣。

教学重点:理解单位"1",分数单位及分数的意义。

教学难点:理解分数既可表示两个量的倍比关系,还可表示具体数量。

教学过程:

1. 在快乐游戏中激活,引发探究热情

师:同学们,喜欢玩数学游戏吗?那就来玩一个"说一不二"的游戏,好吗?(课件依次出示:月饼、苹果、计量单位、图形和一个整体等)

师:请用简洁数学语言描述所看到对象,注意只能用"1",不能出现其他数。

生 1:1 块月饼,1 个苹果。

师:它们都是指一个(物体)。(出示板书:一个物体)

生 2:1m 长的绳子,1 公顷大的草地。

师:米和公顷分别是计量长度和面积的单位。1m 和 1 公顷都表示一个(计量单位)。(板书:一个计量单位)

生 3:1 个长方形,1 个圆形。

师:它们都是指一个(图形)。(出示板书:一个图形)

生 4:1 盘月饼,1 篮苹果。

师:它们都是由许多物体组成的一个(整体)。(出示板书:一个整体)

师:像这样"说一不二"的对象还有很多。这里我们都只用了哪个数?同学们,这个小小的"1"作用可大啦!(板:"1")一个一个地数数,我们依次会得到 1、2、3、4、5,等等,数得完吗?都是什么数?(自然数)自然数都是整数。

师:借助整数,我们不仅能数数、计数,还能方便地计量物体具体的数量呢!(出示 2 盘月饼,每盘 1 块豆沙月饼、5 块五仁月饼的情境图)这里有多少月饼?(生 1:2 盘月饼;生 2:12 块月饼)

师:2 盘、12 个都是指月饼具体的数量。(板书:具体数量)此外,整数还能用来描述两个量之间的倍比关系呢！（板书：倍比关系）例如，从图中可以看出：五仁月饼块数是豆沙月饼的多少倍？月饼一共的块数是豆沙月饼的多少倍？

师：这里的5倍、6倍等描述的就是两个量之间的倍比关系。那反过来呢？（豆沙月饼是一共月饼块数的1/6）

师：有专家说，分数是小学生认识起来最困难的数，所以三年级时我们两次初步地认识了分数。今天将深入地认识分数。（板书课题：分数的意义）

师：我们知道，整数可以表示具体数量，也可以表示两个量之间的倍比关系。跟整数相比，分数能不能表示具体数量呢？近代学者胡适先生鼓励我们：做学问，既要大胆假设，更要小心求证。

[设计说明：借助“说一不二”看图表述游戏，让学生在愉悦中辨认多个“1”的现实模型，既为理解单位“1”打下伏笔，又顺势唤醒学生关于整数既可表示“具体数量”又能表示“倍比关系”的旧知，进而引导学生合理推测，成功开启新的探究之旅。]

2. 在自主探究中验证，深度领悟分数的第一重意义

师：以3/4为例，谁来说说各部分名称？分数线表示什么意思？（板：平均分）

师：对，平均分很关键！有人说，分数就是先均分再细数的数。让你用均分图像或图形来表示分数3/4，你打算把一个什么对象平均分呢？

生1：可以均分一个图形或一个物体。

生2：可以均分一个整体或一个计量单位。

师：心动不如行动！那就先在4人小组内交流你的想法。注意：平均分的对象要与众不同哟！交流好了就动手“画一画、分一分、写一写”，完成第1份研究单，并做好上台展示的准备，音乐停就结束。

师：一起欣赏这组同学的作品，同意的掌声通过。

师：老师有个问题要请教大家：这4种分法，有什么相同的地方？有什么不同的地方？

生1：都是“平均分成了4份，表示这样的3份”。

生2：平均分的对象不同。

师：同学们，数学是讲究简约的，在这里被均分的每一个对象，都可用自然数最小的计数单位“1”来表示，数学家们简称为单位“1”。这个“1”的内涵特别丰富，特指平均分的对象和比较的标准，所以特意加上引号。

追问：你刚才是把谁看作单位“1”平均分的？（学生回答后完善板书）

师：有了单位“1”，那刚才写在研究单上的4句话就可以概括为一句话，那就是——

生：把（单位1）平均分成（4）份，表示这样的（3）份，是3/4。

师：这就是数学的简洁美和抽象美。

教师再通过几个分数的例子组织学生小组讨论，规范叙述。

师：大家特别厉害，已经在不知不觉间发现了分数的第一种意义，跟同桌说一说：什么样的数叫作分数？

生：把单位1平均分成若干份，表示这样的几份的数，叫作分数。

追问：平均分之后，最少可以表示这样的几份？（一份）一份一份地累积，就能得到很多份。所以，分数的第一种意义可以表述为：把（单位“1”）平均分成（若干份），表示这样的（一份或几份）的数，叫作分数。

追问：请看开始的月饼图。这里是将什么看作单位“1”？

生：是把(6 块月饼组成的一个整体)看作单位“1”。

师：除了 1/6，你能创造出其他的分数吗？在小组里说一个与众不同的分数，然后将所说的分数用“分一分、涂一涂、写一写”表示出来，快速完成研究单(二)，并做好上台展示的准备。

(请一组学生展示自己创造的与众不同的分数，不同分数有 1/2、3/6、2/3、1/4 等)

追问：老师想采访这组同学：这里都是把 6 个月饼组成的一个整体看作单位“1”，为什么得到的分数不一样？(单位“1”一样，但是平均分的份数不同，表示的份数不同)

追问：由此我们发现，平均分的份数决定了分数的(分母)，表示的份数决定了分数的(分子)。(板：平均分的份数，表示的份数)

小结：看来，创造分数时，要关注与分数相关的 4 个核心要素，即(指读板书)单位 1、平均分、平均分的份数和表示的份数。

对比：继续看月饼图。总共月饼块数是豆沙月饼的 6 倍，反过来，豆沙月饼块数是总共月饼块数的 1/6。

强调：表示整体与部分倍比关系，要用到整数；而要表示部分与整体关系，要用到分数。

[设计说明：首先借助画、写、说等多种表征活动，将不同对象平均分后得到相同分数 3/4，进而在同中求异中内化作为计数标准和均分对象的单位“1”的概念，又在异中求同中引导学生逐步抽象概括分数意义。其次，通过同中求异进一步深化认识，培养求异思维和创新精神。最后，在数图一体的对比情境中再次异中求同，引领学生深刻领悟：分数和整数一样，都可表示整体与部分间的倍比关系，它们是“同构的”。]

3. 在合作互动中数数和类推，认识分数单位、感悟分数特性

(1) 在数数和类推中认识分数单位，感受分数的“测量”意义。

师：分数与整数的相似之处远不止这些。华罗庚爷爷曾说：数是数出来的。借助自然数的计数单位一、十、百、千等，我们能数出很多的整数。同样，分数也有它相应的计数单位哟。比如，把这盘月饼平均分成 6 份，每一份都是这盘月饼的 1/6。那现在有几个 1/6，是多少？请一组同学开火车。(生：2 个 1/6 是 2/6，……6 个 1/6 是 6/6)

师：这一列分数可以看成是由哪个分数累加得到的？1/6 就是六分之几的分数单位。(板：分数单位，1/6，1/3……)

师：继续看图数出相应的分数(1/3，2/3，3/3)。你发现了什么？

生：我发现，三分之几的分数单位就是 1/3。

师：真会观察与发现。下面在头脑里想图并直接回答：九分之几的分数单位是什么？十一分之几的分数单位是什么？……

师：仔细观察这些分数单位，你们又有什么新的发现？

生 1：它们的分子都是 1，分母不相同。

生 2：我发现几分之几的分数单位是几分之一。

师：结合分数意义的“四要素”想一想，什么是分数单位？(同桌互说后指名答)

生：把单位“1”平均分成若干份，表示其中 1 份的数，叫作分数单位。

(2) 在变魔术中引出数轴，进而感悟分数的无限性和稠密性。

师：同学们表现很棒。下面老师来变个魔术让大家轻松一下！

这是一个长方形，变出 2 个。将 2 个长方形靠紧、压扁、再压扁，得到一条(线段)。将这条线段向两边延长，得到一条(数轴)。数轴上不仅住着整数，还住着分数呢。如果将数轴上 0 到 1 这一段看作单位"1"，把单位"1"平均分成 6 份，这里分别住着哪些分数呢？先在 4 人小组说一说，再集体交流。(屏幕显示第 52 页练一练中的第 2 题"用分数表示直线上的点")

交流后追问：明明是分成了 6 等份，为什么这里会住着 1/3？

生：6 小等份可以看成三大等份，其中一大等份是 1/3。

师：真会思考。那 3/6 还可以写成什么？

生：我觉得 3/6 可以写成 1/2。

师：怎么想的？

生：6 小等份还可以看成是 2 大等份，取一大等份，是 1/2。

师：以 1/2 为计数单位继续数数，依次得到——

生齐：2/2，2/3，2/4……

追问：能数得完吗？(数不完)2/4 实际上就是整数几？2/2 还可以写成分数几？

生：3/3、4/4、5/5，等等！也数不完。

小结：借助分数单位的累积，不仅能得到分数，还能得到整数。知识之间的联系就是这么神奇！

追问：若将每个单位"1"都不断均分、细分，能找到多少个分数？(无数个)

[设计说明：通过华罗庚名言引发学生思考分数的计数单位。通过探究活动，在观察、类推、提炼中概括出分数单位的意义，初步感悟分数的"测量"意义。再通过变魔术中引出数轴，经历单位"1"的累积和均分的跨越与融合，再次感悟整数、小数和分数的内在关联与本质区别，生成对整个数系系统的整体把握。]

4. 在解释与运用中深化，全面感悟分数的"关系"意义

师：其实分数在生活中也有着广泛的应用，请看：

我国小学生中，睡眠不足的人数大约占总数的 2/3。

师：这里是将什么看作单位"1"，2/3 的含义是什么？

生：把我国小学生的总人数看作单位"1"，平均分成 3 份，睡眠不足的人数是这样的 2 份。

师：我们不仅可以用文字来描述 2/3 的含义，还可以借助画图来表示。同时，也可以借助标注来深入理解 2/3 的含义。(计算机显示略)

追问：你是这 2/3 中的一员吗？你知道小学生每天应该睡眠多长时间吗？

出示：学生每天的睡眠时间应占一天总时间的 3/8。

师：现在你知道小学生一天应该睡眠几小时了吗？

生：9 小时。把 24 小时平均分成 8 份，1 份是 3 小时，3 份就是 9 小时。

师：这里的 3/8 又表示什么意思呢？

生：把一天的总时间看作单位"1"，平均分成 8 份，小学生每天的睡眠时间占这样的 3 份。

师：同样，除了用文字来描述 3/8 含义，还可以借助画图和标注来深入理解。

师：睡眠有助于健康，有助于大脑发育。所以国际上把 3 月 21 日定为世界睡眠日。为了保证睡眠时间，成为睡眠充足、身心健康的人，我们一起来提高白天的学习效率，好吗？

师：借助上面的线段图，我们不仅能看出部分与整体的倍比关系，还能推想出两个同类

量之间的关系。看，睡眠时间占 3 份，那非睡眠时间就占多少份？（5 份）我们可以用两条分开的线段图来表示这两个同类量之间的倍比关系。（图略）

师：以“非睡眠时间”为标准，“睡眠时间是非睡眠时间的几分之几？”

生：睡眠时间是非睡眠时间的 3/5。

总结：分数既可表示同类量间倍比关系，也能表示部分量和总量间的倍比关系。

[设计说明：围绕小学生睡眠不足与睡眠时间出现的分率问题展开充分而有序的交流，体现“学以致用”的实践观和“全面发展”的人才观；同时，借助变式与对比，引导学生深刻明晰分数表示“倍比关系”的 2 个层面，跟课始“整数可以表示两个量的倍比关系”形成呼应，凸显知识之间的相似性，使原本碎片化的新旧知识在整合中趋向结构化。]

5. 借助分饼活动，感悟分数的另一重意义——表示具体数量

师：通过大家的共同努力，我们验证了一开始的第一个猜想：分数可以表示两个量之间的倍比关系。那，分数是否也跟整数一样，还可以表示具体数量呢？

师：还是用事实来说话吧！请看我们在三年级就研究过的切蛋糕的问题。（动态显示将一块蛋糕均分为二的画面）一块蛋糕的 1/2 是几分之几块蛋糕？

生：一块蛋糕的 1/2 是 1/2 块蛋糕。

师：这句话中出现了 2 个 1/2，它们的不同点在哪里？你觉得哪个分数表示倍比关系，哪个表示具体数量？

生：第一个 1/2 后面不带单位，第 2 个后面带单位“块”，所以后一个表示数量。

师：真善于观察！的确，分数后面不带计量单位的，表示倍比关系，我们通常简称为“分率”；后面带计量单位的分数，表示数量。

师：那一块蛋糕的 3/4 是多少块蛋糕呢？

生：一块蛋糕的 3/4 是 3/4 块蛋糕。

师：其中哪个 3/4 不再表示整体与部分的关系，而只表示具体数量？为什么？

生：后面的 3/4 块，因为它后面带单位“块”。

小结：分数后面是否带“计量单位”，是分数表示数量或分率的关键标志。

师：请看这句话“1 小时的 2/3 是 2/3 小时”，你能快速分清哪个表示数量吗？

生：后面的 2/3 小时表示数量，因为分数后面带单位“小时”。

师：2/3 小时，大约是多少分钟，为什么？

生：1 小时的 2/3，就是把 1 小时，也就是 60 分钟，平均分成 3 份，取 2 份，是 40 分钟，正好是一节课的时间。

师：真会活学活用！掌声送给他！

[设计说明：通过鲜明的对比情境，揭示分数的两重意义（量和分率），学生可瞬间心领神会。把教材习题中“一节课的时间是 2/3 小时”改造为“1 小时的 2/3 是 2/3 小时”，可以更好地通过对比巩固和深化分数的“量与分率”的两重意义。]

6. 在总结与拓展中提升，并带着新的问题走向新征程

师：通过今天的学习你有哪些收获？

生 1：我知道了单位“1”特指平均分的对象和比较的标准，可以是一个物体、一个计量单位、一个图形、一个整体，等等。

生 2：我知道了什么是分数单位，还知道了数轴上有无数个分数。

生 3：我知道了分数跟整数一样，既可以表示倍比关系，还可以表示具体数量。

生 4：我知道了“数是数出来的”，而分数是把单位“1”先均分再细数的数。

生 5：我知道了要理解分数的“分率”意义，要关注 4 个核心要素：单位“1”，平均分，平均分的份数，表示的份数。

小结：通过猜想、验证、运用、总结等活动，我们亲自发现了分数和整数一样，可以用来表示数量之间的倍比关系，也可以表示具体数量。

师：其实，有关分数意义的知识还有很多呢！例如，我们已经知道“一块蛋糕的 3/4 是 3/4 块蛋糕”，那变一下，变成“3 块蛋糕的 1/4 是多少块蛋糕？”，结果是多少呢？

生 1：是 3/12 块。

生 2：还是 3/4 块。

师：究竟谁对？实际分一分！（动态演示 3 块蛋糕重叠均分成 4 份，取其中一份）

生齐：还是 3/4 块。

拓展：今天我们是通过分一分的方法来得到均分的结果的，下堂课我们将学习用算一算的方法直接算出结果是 3/4 块。感兴趣的孩子可以课后继续研究哦。

[设计说明：首先引导学生在回顾和反思中谈收获、说心得，从而加速对所学知识的整体梳理与建构，利于生成结构化的认知图式；然后，再次通过“一题多变”引发学生的头脑风暴和挑战激情，由“分出来”引出该如何“算出来”，从而将学生带到新的探究高峰——“分数与除法的关系”，让他们带着问题走出课堂，体会“学无止境”的求学境界，享受课虽终、意无穷的美好。]

反思迁移：

(1) 自然数、分数、小数等数概念教学一般遵循概念形成的学习规律，即借助生活经验，通过概念的大量事例的形象感知，逐步建立概念表象，最终获得抽象的数学概念。本节课是分数认识的第三阶段，主要是在前期感性认识基础上逐步抽象。感悟分数的数学本质，教学设计围绕分数的两重意义（倍比关系与数量），引导学生通过探索交流逐层理解，比较科学地展示了数学概念的形成过程。

(2) 结构化设计、整体性构思、一致性理解是《课标（2022 年版）》提出的新理念、新愿景。分数概念的数学本质与整数、小数具有内在的一致性，而计数单位则是沟通它们内在关联的核心概念。本节课的教学设计中，多次引领学生感悟整数、小数和分数的内在关联与本质区别，目的就是引领学生深度学习，生成对整个数系系统的整体把握。在新课程背景下，彰显了独特的借鉴价值。

例 5-2 除数是整数的小数除法[苏教版义务教育教科书数学五年级上册][①]

执教：江苏省南通师范学校第一附属小学 瞿 燕

评析：江苏省南通师范学校第一附属小学 管小冬

案例背景：除数是整数的小数除法（被除数或商为小数）是小数除法的起始课，也是小数除法中最为基础与重要的内容，其他情况的小数除法是通过转化成除数是整数来解决的。该内容是在学习了整数除法、小数的意义和性质的基础上学习的。在教学时，应注重启发学

① 本案例选自作者论文“借助多元表征融通算理算法”（公开发表于《小学数学教育》2020 年第 6 期），已征得作者同意，有适当改动。

生迁移整数除法的算理和算法，并结合小数的意义，经历除数是整数的小数除法探究过程，在过程中积累数学活动经验，并理解算法、掌握算法，从而促进学生运算能力等核心素养的发展。

实训重点：基于理解算理、探究算法的运算教学；转化思想渗透。

教学目标：

(1) 联系已有知识和经验探索除数是整数的小数除法的计算方法，学会除数是整数的小数除法计算，能用竖式正确计算，并能用乘法验算。

(2) 经历探究、发现除数是整数的小数除法计算方法的过程，进一步体会数学知识之间的内在联系，积累计算学习的经验，培养分析、综合和推理等思维能力。

(3) 主动参加探究活动，感受数学学习的乐趣，体会数学的应用价值，发展数学思考，提高解决问题的能力。

教学重点：借助多元表征，掌握除数是整数的小数除法的计算方法。

教学难点：理解除数是整数的小数除法计算方法和商的小数点定位。

教学过程：课前学生观看视频《数据话中国》，通过数据感受新中国成立以来的发展与变化。

1. 情境引入

师：孩子们，新中国 70 年的变化不仅体现在生产建设中，老百姓的生活也在发生着改变。瞧！（课件以“张阿姨讲故事”的形式呈现三个不同年份购买苹果的相关信息：1978 年买 4kg 苹果需 3.8 元；2008 年买 5kg 苹果需 21 元；2018 年买 3kg 苹果需 24.6 元）

师：根据张阿姨提供的这些信息，你会求出不同年份中苹果的单价吗？

生：2018 年 24.6÷3；2008 年 21÷5；1978 年 3.8÷4。（板书算式）

师：观察，这些算式中出现了——小数，我们今天就来一起来研究小数除法。

［评析：课前教师通过播放视频，让学生借助对数据的描述了解 70 年来祖国的发展与变化，感受数学的应用价值。课始，教师借此自然地引出三个不同年份中苹果单价的问题。学生在思考、观察中发现，问题的数量关系没有变化，但是计算的范围拓展到了小数领域，从而产生了探究小数除法计算方法的需求。同时，结合情境呈现的三个不同年份中苹果的相关数据，均为调查所得，富有鲜明的时代气息。］

2. 探索明晰

(1) 主动尝试，感悟算法。

师：先来看 2018 年，你有办法求出这一年苹果的单价吗？

学生尝试解答，教师巡视，寻找学生中有代表性的解法，投影展示。

```
    8.2          8.2
3)24.6       3)2 4.6
  24           2 4
  ----         -----
     6           0.6
     6           0.6
  ----         -----
     0             0
```

师：小数除法的竖式咱们还没有学过，你是怎样进行计算的？

生 1：先不看小数点，用 246÷3 等于 82，再点上小数点。

生2：先用24÷3等于8，再用0.6÷3等于0.2。

师：你们是模仿整数除法算的，真会联系和思考！

师：还有其他的做法吗？

生1：24.6元等于246角，246÷3等于82角，82角等于8.2元。

师：看来，刚才做竖式想成246是有道理的。

生2：把24.6元分成24元和6角，24除以3等于8元，6除以3等于2角，8元2角等于8.2元。

师：观察竖式计算的过程，和这两种解法比一比，它们有联系吗？

生：竖式中24÷3就是24元除以3等于8元，6÷3就是6角除以3等于2角。

师：虽然思考的角度不同，但刚才的交流可以让我们进一步理解竖式计算的方法是有道理的。

[评析：学生在之前的学习中，有着较为丰富的计算整数除法的经验。因此，教师先放手让学生独立尝试，唤醒除法计算的相关经验。但是学生使用竖式计算的过程，存在较强的模仿性，需要寻找背后的算理支撑。因此，教师重视引导学生借助实例表征竖式计算的过程。在这样的交流与辨析中，学生初步理解了小数除法竖式计算的算理。]

师：大家发现了吗？刚才的两种竖式，细微之处还不尽相同，一个是6，一个是0.6，你有什么想说的？

生：我觉得那个“0.”不用写，因为这里的6就表示6个1/10。

师：你是怎么看出来的？

生：这个6在十分位上，就表示6个1/10，也就是0.6。

师：用6个1/10除以3，商——2，这里的2表示什么？

生：表示2个1/10。

师：他写在这个位置对吗？你是怎么看出是2个1/10的？

生：因为2写在十分位上。

师：你们发现了吗？看来除法算式中的每个数，都是和它的位置紧密联系的。

师：现在你知道为什么要在8和2之间点上了小数点了吗？

生：8表示8元，2表示2角，在这里点上小数点才能表示8.2元。

师：在点小数点的时候有什么好办法？

生：商的小数点和被除数的小数点对齐(板书)。

师：它们对齐了，其他数位也就对齐了。

[评析：学生初次尝试利用竖式计算除数是整数的小数除法，计算过程中十分位上6与0.6的书写形式不同，源于学生对除法竖式书写形式的理解有些差异。在初步厘清竖式计算的算理、算法之后，教师注意引导学生观察、交流和辨析，一方面，进一步明晰竖式计算中“每个数都与其所在的数位紧密相关”，感受除法竖式书写形式的简洁与优化；另一方面，也进一步感悟到“整数除法的计算法则在除数是整数的小数除法中同样适用”，并由此总结出“商的小数点要和被除数的小数点对齐”这一方法。]

(2) 深入钻研，完善算法。

师：通过刚才的研究，相信大家对小数除法的计算方法已经有了初步的认识。带着自己的收获，再试着算算2008年的苹果单价。

学生尝试解答，教师巡视。随后呈现学生中出现的两种不同情况。

```
21÷5=4……1          21÷5=4.2
     4                  4. 2
  5)2 1              5)2 1
    2 0                2 0
      1                  1 0
                         1 0
                           0
```

师：对比两种不同的情况，你有什么想说的？

生 1：4……1 不能表示苹果的单价。

生 2：个位余下的 1 还可以继续除。

师：你觉得有余数的同学会遇到什么困难？

生：他可能觉得 1 不够除以 5。

师：该怎么继续往下除呢？你能想办法把其中的道理解释清楚吗？可以举例、画图或者借助实物想象。

学生先独立思考，再在小组中交流。随后教师组织全班交流。

生 1：21 元除以 5，每份 4 元，余 1 元；把余下的 1 元换成 10 角，10 角除以 5，得到 2 角；4 元 2 角就是 4.2 元。

生 2：可以用一个正方形表示 1，21 除以 5，每份 4 个，余 1 个；把余下的 1 个正方形平均分成 10 份，表示成 10 个 0.1，10 个 0.1 除以 5，得到 2 个 0.1；一共就是 4.2。

课件演示分的过程，放大突出 1 个 1 分成 10 个 1/10。

师：在竖式计算中，我们该怎样表示这个过程呢？

请刚才有余数的学生板书 21÷5 的竖式过程。

师：她在余下的 1 的后面添了个 0，这样，1 就变成了 10 个 1/10。配合播放 1 个正方形分成 10 个 1/10，如图 5-2 所示。

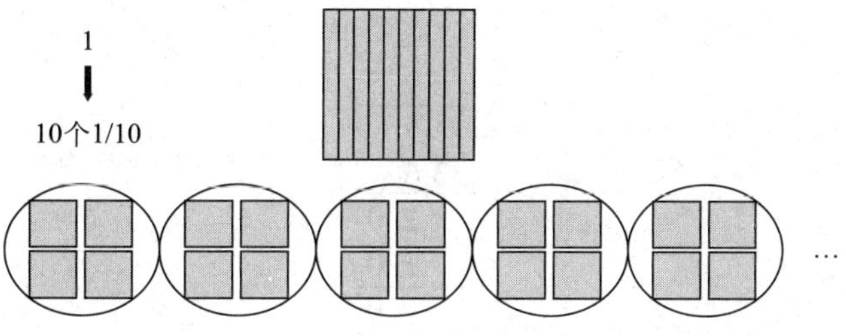

图 5-2　1 分成 10 个 1/10

师：观察竖式计算的过程，如果你是老师，会追问你的学生哪些问题？

生 1：这里的 10 为什么不写成 1.0？

生：10 在这里就表示 10 个 1/10。

生 2：商中的“2”表示什么？

生：2 表示 2 个 1/10。

生 3：为什么在 4 和 2 之间点上小数点？

生 4:在个位和十分位之间点上小数点,才能表示 4.2。

生 5:商的小数点要和被除数的小数点对齐。

师:通过这道题的研究,你有什么新的收获?

生:除到被除数的末尾仍有余数,在余数后面添 0 继续除。

[评析:"在余数末尾添 0 继续除"是本节课学习的重点之一。教师紧抓课堂生成的两种不同情况,于对比、互学中达成"还可以继续除"的共识。在此基础上,教师引导学生通过举例、画图或借助实物想象等手段,表征"余数末尾添 0 继续除"的算理。值得称赞的是,教师还注意引导学生体会算理和算法的融通,通过观察竖式的计算过程,让学生在深度理解算理的基础上清晰地掌握算法。]

(3) 合作互促,辨析优化。

师:现在,你对计算小数除法是不是更有把握了? 1978 年苹果的单价就交给你们小组合作研究,好吗?

课件出示合作要求——

算一算:每个人独自计算,算出结果后停笔。

评一评:在小组里交流,互相点评。

改一改:如果发现问题,用红笔修正。

学生活动,教师巡视,提醒有困难的学生可借助实物图进行思考。

师:通过小组交流有收获吗? 展示:

$$\begin{array}{r} .95\\ 4\overline{)3.8}\\ \underline{36}\\ 20\\ \underline{20}\\ 0 \end{array}$$

生 1:我刚开始忘记商 0,如果这里是 38÷4,3 除以 4 不够商 1 就不要商 0。现在明白了。展示:

$$\begin{array}{r} 9.5\\ 4\overline{)3.8}\\ \underline{36}\\ 20\\ \underline{20}\\ 0 \end{array}$$

生 2:我刚开始在十分位上商了 9,后来发现没有小数点,就在 9 的后面添了小数点。现在我知道了,整数部分不够商 1,应该写 0。

师:你还有办法说明:商是 0.95 而不是 9.5 吗?

生 1:被除数 3.8 比除数 4 小,商要小于 1。

生 2:如果商是 9.5,商都比被除数大了。

生 3:如果商是 9.5,商的小数点就不能和被除数的小数点对齐了。

生 4:可以根据实物图来说明。先用 3 个正方形平均分成 4 份,发现不够分,就把每个正方形平均分成10份，取38个1/10，再用38个1/10平均分成4份，每份分得9个1/10，余2个1/10，再把2个1/10平均分成10份，得到20个1/100，再把20个1/100平均分成4份，每份分得5个1/100，因此就是0.95。

师：看来同学们在小组学习、纠错中收获可真大。我们一起再次回顾3.8÷4的计算过程。（板书竖式）

师：通过研究这道题，你又有了什么新的收获？

生：如果被除数的整数部分不够商1，在个位上商0。（板书）

［评析：学生的学习是一个自主建构的过程。通过前两题的研究，学生已基本明晰除数是整数的小数除法计算的算理与算法。在此基础上，教师适时放手，引导学生独立思考、相互交流，确定“商不足1”时的处理方法。其间，教师独具匠心的材料准备，敏锐的课堂生成捕捉，适时的交流引导，均充分彰显“学生是学习的主体，教师是教学的主导者”这一教学意蕴。学生也在这一过程中不断积累数学活动的相关经验，获得数学关键能力。］

（4）检验结果，强化算法。

师：通过刚才的研究，我们得出了这三个年份中的苹果单价。我们的计算对吗？可以怎么办？

生：检验。

师：怎样检验呢？选一题试一试。

生：用8.2乘以3，得到24.6，和被除数是一样的。

师：养成验算的习惯，可以提高计算的正确率。

（5）揭题比较，沟通整合。

师：观察刚才的这三道算式，有什么共同点？

生：除数都是整数。

揭示课题并板书：除数是整数的小数除法。

课件出示与例题相似的整数除法竖式。

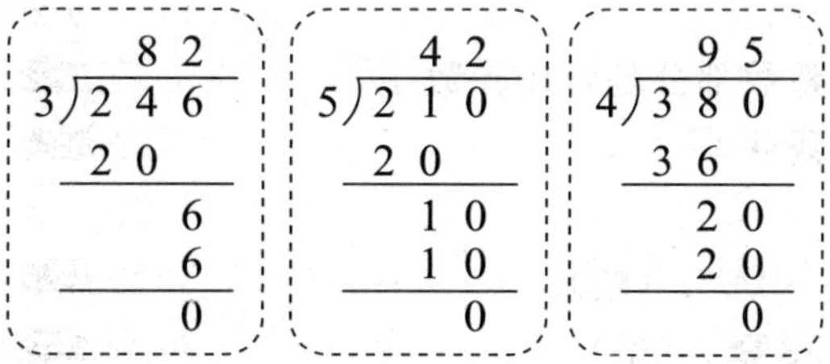

师：以前我们学过整数除法，和今天的小数除法比一比，它们有相通的地方吗？

生1：都是一位一位地往下除的。

生2：除到哪一位，商就写在哪一位的上面。

生3：整数除法没有小数点。

师：整数除法中有小数点吗？

指一指整数省略小数点的右下角。

生：哇！它们的小数点也是对齐的。

师：看来除数是整数的小数除法就是按整数除法的计算方法来计算的。只是从整数拓展到小数时，需要考虑每一步除得的商可能是几个1/10、1/100……

［评析：借助多元表征，学生已基本理解了除数是整数的小数除法的算理和算法。此时，教师呈现整数除法竖式，引导学生将除数是整数的小数除法与整数除法相联系，在比较中进一步领悟两者算理相通，算法相同。这样不仅能够加深学生对除数是整数的小数除法的认识，还能促进知识的整体建构，帮助学生形成结构化的认知。］

3. 拓展中比较

师：再来看看我们算出的苹果单价，你们发现没有，苹果明明越来越贵了(指板书)，为什么却说我们的生活更好了呢？

生：因为我们的收入增加了。

师：这是老师收集的这三年的人均GDP数据。课件显示数据，如表5-1所示。

师：如果我们还会算除数是小数的除法，你就会发现，人均GDP的涨幅要远远超过物价上涨的幅度。(课件显示倍数)

表5-1　三年人均GDP数据

年份	单价/（元/千克）	人均GDP/（元/人）
2018	8.2	64643.5
2008	4.2　9倍	24100.2　168倍
1978	0.95	384.7

［评析：单纯的数学问题解决之后，借助“苹果越来越贵”与“生活更好”这一矛盾冲突，引导学生在交流、对比中感受数学研究的价值。由此，学生不仅能感悟到面对实际问题时应从更广泛的角度联系、对比与分析，还能自然地过渡到以后学习的小数除法内容，感悟数据分析观念。］

4. 巩固中提升

(1) 出示：下列哪些算式的商小于1？

3.15÷3　　0.328÷8　　4.96÷40

9÷8　　1.99÷2　　45÷50

师：谁能找到第1个？

生：第3道。

师：这么快，你有窍门吗？

生：只要看被除数的整数部分是否比除数小。

师：听明白吗？还有哪些？

生：算式2、3、5、6

(2) 完成第60页“练一练”。(略)

(3) 完成练习十一第3题。(略)

5. 全课总结

师：今天，我们通过算一算，从生活中的细节中感受到祖国70年的变化，在这个过程中，你们不仅学会了除数是整数的小数除法，还学会了面对新问题、新情况，勇于尝试，联系旧知，不断修正！老师要为你们点赞！就带着这样的感觉学数学，你们会越来越棒！

反思迁移：

(1) 运算法则四则运算是教学的核心知识之一，也是运算能力培养的基础。《课标(2022年版)》关于运算的教学指出要引导学生“经历算理和算法的探索过程，理解算理，掌握算法。”因此，运算法则教学要重视引导学生理解其中的理论根据。本节课教学在生活实际问题解决基础上设计了“感悟、比较、优化、强化”等几个层层递进的环节，把算理与算法融合在一起，逐步引导学生获得算法本质的理解。

（2）转化思想是运算法则教学中蕴含的重要思想。某种程度上，运算教学抓住了“转化”即扼实了计算教学的全部。整数的运算是如此，小数、分数的运算本质上也是如此。例如，小数加减法处理好小数点对齐问题，能转化成整数加减法；小数乘法是在解决小数点问题基础上仿照整数乘法法则进行，本质也是转化；一个数除以小数，除数的小数点向右移动若干位变成整数，相应地被除数小数点也向右移动同样位数，即可转化为一个数除以整数，等等。教学中关注转化思想渗透可使学生对知识之间的逻辑联系能建立更为深刻的理解。

（3）整数、小数、分数四则运算内在联系密切，新的运算可转化成已有运算，已有运算的算理算法往往也可类推迁移到新的运算。本节课在学生已基本理解除数是整数的小数除法的算理和算法基础上引导学生将已学整数除法与新学小数除法比较，进一步领悟两者算理算法一致性，促进了知识的结构化认知，值得学习与借鉴。

例 5-3　间隔排列[苏教版义务教育教科书数学三年级上册]

执教：南通市朝晖小学　顾卫

案例背景：规律在现实世界中无处不在。规律的探索过程往往蕴含了各类数学思想方法的运用，规律的结果往往也能充分体现数学这门学科独特的魅力，因此，探索规律具有较强的学习价值。苏教版教材从三年级开始有目的、系统地安排了一些探索规律的主题学习。本节课研究的是两种物体“一一间隔排列”现象，学生会经常看到生活中的这一现象，但不会有意识地注意与研究。数学教学中引导学生探索现实世界中诸如此类的规律，有助于学生逐步学会用数学的眼光观察世界。用数学的思维思考现实世界，用数学的语言表达现实世界，有助于学生“三会”核心素养的形成与发展。

实训重点：探索规律的教学设计思路；数学思想方法感悟。

教学目标：

（1）结合具体情境，发现并理解一一间隔排列的两种物体的数量关系，并能根据间隔排列的特点，由一种物体的个数知道另一种物体的个数。

（2）经历探索规律的过程，感悟一一对应的思想及其作用，并能用其解释间隔排列物体的规律，发展比较、分析、综合和抽象、概括等思维能力，以及探索规律、发现规律的能力。

（3）体验发现规律的喜悦，增强学习数学的自信心，体验数学的奇妙，培养用数学眼光观察事物的能力，逐步积累探索规律的经验。

教学重点：探究并理解间隔排列中两种物体的数量关系。

教学难点：借助一一对应的思想理解间隔排列中两种物体的数量关系。

教学过程：设计课前谈话。

谈话：小朋友们，课前让我们先来玩个游戏：火眼金睛。全班分成男生队和女生队，轮流抢答苹果与梨哪种水果多。（PPT 呈现，男生判断乱序水果，女生判断顺序水果）

提问：这个游戏公平吗？

预设 1：不公平，男生的梨和苹果是乱的，而女生的已经整理好了。

预设 2：女生的梨和苹果一个对着一个，一下子就知道梨多。

师：像这样一对一地摆，可以很快看出数量的多少。瞧，如果把梨和苹果摆成这样的一行。这两个排列中隐藏着怎样的奥秘呢？待会儿的数学课上我们一起研究。

[设计意图:课前游戏,既激发了学生参与课堂的热情,也唤醒了学生的认知经验。通过对比游戏,学生直观感受到通过“一一对应”能清楚快速地比较两种物体的数量。最后由竖着两行的一一对应,变成横着一行的间隔排列,将新课自然引入。]

1. 开门见山,导入新课

(1) 揭示课题。

谈话:小朋友们,在课前游戏中,我们找到了这样排列的梨和苹果。你能继续说下去吗?接下来是什么?下一个呢?你们是怎么知道的?

预设1:排列是有规律的;预设2:梨和苹果一个隔着一个;预设3:梨和苹果是一组,重复出现。

说明:像梨和苹果这样,两种物体一个隔着一个排列的现象,在数学上叫作——间隔排列。(板书课题:间隔排列)

(2) 找一找。

提问:小朋友们,在我们的教室里有一一间隔排列的两种物体吗?找一找,谁能边指边说?

预设1:桌子、椅子、桌子、椅子是间隔排列;预设2:男生、女生、男生、女生是间隔排列;预设3:桌子和过道是间隔排列。

2. 自主探索,发现规律

(1) 初步观察,提出猜想。

过渡:刚才小朋友们找到了我们身边的间隔排列。森林里小动物们身边也有间隔排列呢,让我们去看一看。图中有哪些间隔排列的物体?

预设1:小兔和蘑菇;夹子和手帕;木桩和篱笆;预设2:大树和手帕。

师:你们同意吗?

预设:不同意,大树后面没有绳子。(是的,我们不能确定大树和绳子是不是间隔排列,一般情况下,要清楚地表示两种物体的排列规律,最少呈现出4个物体)

师:猜一猜,像这样排列的小兔和蘑菇,它们的数量有什么关系?

预设1:小兔比蘑菇多;预设2:小兔比蘑菇多1;预设3:一样多。

师:小朋友们的猜想到底对不对?可以怎样验证?前后四人为一组,讨论讨论,看看哪组想的方法多。

(2) 小组讨论,交流方法。

小组讨论,教师参与。

师:都有想法了?谁来说一说。(数一数)

师:不错。分别数出它们的数量就可比了。除了数,还有什么方法?(圈一圈)师:你打算怎么圈?(把一个小兔和一个蘑菇圈起来)

预设1:一只小兔和一个蘑菇圈一圈;预设2:两只蘑菇和1只小兔。

师:(课件逐步显示3个圈)像这样吗?一个对着一个圈到最后。这么圈可以比较出兔子和蘑菇的数量吗?为什么?

师:有不同的想法吗?(一只小兔和一个蘑菇圈一圈)你们觉得哪种圈法可以更清楚地比较出谁多谁少?为什么?

生:正好圈完,就说明它们数量相等;如果最后余一个(有一个落单了),说明它们数量不相等。

师:除了圈一圈,还可以怎么办?(连一连)怎么连?像这样分一分也可以吗?

(3) 自主验证,加深体会。

师:刚才我们想出了不同的方法比较小兔和蘑菇的数量,夹子和手帕、木桩和篱笆的数量你也能比较吗?请听活动要求。

师巡视指导,用什么方法,发现了什么。

汇报:活动时间到。哪一组愿意上来向我们介绍?大家掌声鼓励一下。

预设1:我数出3组数量各有多少个,发现每组两个物体数量差1。

预设2:我用圈一圈的方法,发现每组两个物体数量差1。

引导:你能以夹子这组为例,说一说它们为什么数量差1吗?(我把一个夹子和一个手帕圈一圈,结果余下了一个夹子,所以夹子比手帕多1,也就是它们的数量差1)

预设3:我是用连一连的方法,我把一只小兔和一个蘑菇连一连,发现最后还余1只小兔,所以小兔比蘑菇多1(数量差1)。

预设4:我是用分一分的方法,我把一根木桩和一个篱笆分一分,发现最后还余1根木桩,数量差1。

小结:这一组的小朋友不仅会研究,也会分享,掌声送给他们。

结论:通过研究,我们验证了自己猜想:像这样排列的两种物体,数量差1。

[设计意图:考虑到学生的认知水平,在探究两种物体的数量关系时,设计了扶放结合的环节。教师先让学生通过组内讨论,充分交流验证的方法;接着,教师对学生具体的研究方法进行指导;最后,学生选择自己喜欢的方法进行探究,并进行汇报展示。教师适时给学生脚手架,既能发挥学生的主体性,也能让不同的学生得到不同程度的发展。]

(4) 小结方法,提炼思想。

师:其实无论是圈一圈、连一连,还是分一分,都是把——(两种物体看成一组,一个对应一个)

指出:是的,把两种物体看成一组。一个对应着一个,就是"一一对应"。(板书:一一对应)它是一种非常重要的数学思想,通过一一对应,我们发现每组余下了一个夹子、一只小兔和一根木桩,也就是每组数量差1。

(5) 思想为线,发现规律。

提问:刚才我们是从左端开始一一对应的。如果反过来,从右端开始,可以吗?

师:我们以夹子这组为例,想一想一一对应后,结果会怎么样?(余下1个夹子)我们来看一看,结果确实余下了1个夹子。

师:小兔这组呢?(余下1只小兔)可能余下蘑菇吗?(不可能)为什么?(因为蘑菇在中间,一一对应后,最后余下的1个一定是在两端的物体)

师:木桩这组呢?(余下一根木桩)

师:比较这三组间隔排列,你有什么发现?有补充吗?

生:两端物体相同,数量差1。

师:太了不起了,你们发现了间隔排列中的规律。(板书:两端物体相同)

追问:差的1其实是——(一一对应后,最后落在左端或右端的物体)

[设计意图:以一一对应的思想为主线,设计"从左、右两端分别一一对应,最后余下的物

体与开头的相同”的教学活动，让学生在观察比较中自然而然地发现了间隔排列中两端物体相同时的规律，并对“为什么差1”有了更深的理解，把握了规律的本质。]

(6) 对比研究，拓展规律。

情境：最后一只落单小兔，离开去找蘑菇了。这时，小兔和蘑菇数量——(一样)

师：一样多就是数量相等。你是怎么想的？

预设1：之前多1，现在正好；预设2：一只小兔对应一个蘑菇。

师：小兔和蘑菇是不是正好一一对应呢？伸出手，我们一起来连一连验证一下。(板书：数量相等)

追问：如果要使木桩和篱笆的数量也相等，可以怎么办？还有其他办法吗？

生：去掉两端的木桩，或者在两端加一个篱笆。

师：思考得真全面。要使夹子和手帕的数量也相等呢？

生：去掉最后的夹子。

师：观察这三组间隔排列，你又有什么发现？

生：两端物体不同。

师：真会观察。两端物体不同，每组中两种物体数量(相等)。

对比：观察这两组图，谁能说说间隔排列的两种物体，它们的数量有什么关系？

生：两端物体相同，数量差1；两端物体不同，数量相等。

[设计意图：通过创设情境，让学生自主发现间隔排列中两种物体的数量相等，与刚才的数量差1产生对比，此时追问：你有什么发现？让学生经历知识迁移的过程，将规律进行补充完善，同时进一步感悟一一对应的思想。]

3. 动手操作，内化规律

过渡：咱们班的小朋友们不仅善于观察，而且爱动脑筋。通过自己的研究发现了间隔排列中两种物体的数量关系，老师要给你们点赞！你们想动手创造出一个一一间隔排列吗？

师：如果老师只给你准备了圆片，可以吗？老师发现有两种声音，请你说说为什么不可以？(生：因为间隔排列要两种物体)

活动：老师给你们准备了一些圆片和方片，请你们按要求摆一摆好吗？看活动要求。下面拿出信封，开始。

(小组合作，教师巡视。指导：你们组想出了几种摆法？圆有几个？)

师：时间到。你们组发现可能有几个圆？(生：4、5、6个)

核对：我们来看一看黑板上的这4种摆法，都正确吗？

预设1：全部正确；预设2：不正确。可以怎么改？

提问：这里的4组分别用了5个正方形和几个圆？

追问：什么情况下，圆和正方形数量差1？什么情况下，圆和正方形数量相等？

生：两端相同时，圆和正方形数量差1；两端不同时，圆和正方形的数量相等。

师：让我们一起在大屏幕上摆一摆。5个正方形，最少需要几个圆和它间隔排列？少一点，3个行吗？

生：不行，有4个间隔，如果只有3个圆，还有两个正方形就连在一起了。

师：没错。接下来，怎么摆？

生：前面或者后面各放一个圆。

师：是的，现在圆有 5 个。

生：还可以在后面放。现在圆有 6 个。还能继续放圆吗？

师：像这样有序地摆，就不会重复和遗漏了。间隔排列中，有 5 个正方形，最少可以有几个圆，最多呢？

生：最少 4 个，最多 6 个。

4. 变式练习，运用规律

(1) 图形建模，深化规律。

提问：刚才我们用 5 个正方形创造出了间隔排列，如果用 10 个正方形摆出图中的间隔排列，需要多少个圆？(10 个圆)

师：你怎么这么快就知道了？(两端不同，数量相等)

师：真会活学活用，运用发现的规律可以帮助我们很快推想到答案。

师：增加一组，正方形和圆的数量怎么样？减少两组呢？(相等)

师：看来，只要正好能一一对应，无论几组，两种物体数量(相等)。

(课件动态出示)

追问：如果正方形有 50 个，圆有多少个？如果圆有 100 个，正方形有几个呢？

变式对比：若正方形和圆像这样排列，还能判断它们数量关系吗？你是怎么想的？

生：两端相同，数量(差 1)。

师：如果正方形有 50 个，那么圆有多少个？(49)

师：如果圆有 50 个，正方形有多少个？(51)

小结：两端物体相同时，如果告诉我们两端物体的个数，那么求中间物体的个数，可以用两端物体的数量减 1；如果告诉我们中间物体的个数，那么求两端物体的个数就是中间物体的数量加 1。

[设计意图：变式练习的设计有三层含义。首先，让学生感受到在数量较大时，用规律推想更方便。其次，变化正方形和圆的组数，学生体会到两种物体的数量关系和组数无关，而是和能否正好一一对应有关，当组数很多时，可以用省略号表示。在这一过程中，用图形建立模型，有助于学生抽象、内化规律。最后，通过辨析数量加 1 还是减 1，引导学生总结间隔排列中两端物体相同时的具体数量关系。]

(2) 抢答游戏，巩固规律。

师：小朋友们的表现真棒，下面我们来一个抢答比赛，有信心吗？

请说出每组两种物体数量关系。(课件出示一一间隔排列的正反例子，具体略)

总结：看来，要运用找到的两条规律，首先要注意这个排列是否一一间隔排列。

5. 回顾反思，拓展延伸

(1) 总结。

总结：通过今天的学习，你有什么收获？

预设 1：我知道两端物体相同，两种物体数量差 1；两端物体不同，两种物体数量相等。

师：不错，你掌握了间隔排列中的规律。还有吗？

预设 2：我觉得一一对应很方便。

师：是的，通过一一对应能够很快地比较出数量多少，还能帮助我们发现规律。

找到了规律，能更方便地运用规律来解决问题。

欣赏:其实间隔排列在我们的生活中非常常见,我们一起来欣赏。

(2) 游戏感悟。

谈话:最后,让我们用今天学到的知识来玩一个游戏,好吗?我想邀请3个男生和4个女生到前来排排队,其他小朋友当裁判。

师:听指令,一一间隔地排成一行。排得对吗?(对)

请你们手拉手,然后围成一个圈,这还是间隔排列吗?(不是)

问题1:怎么样能让这个圈变成间隔排列?(两个女生之间插入一个男生)想象一下,可以吗?还可以呢?(去掉一个男生)

问题2:请你上来。现在男生女生人数?相等。

问题3:想象一下,如果我们把这个圈从这里断开,变成一排;或者从这里断开,变成一排,会变成今天学的哪一种间隔排列呢?

生:这就变成了两端不同的间隔排列。

师:现在你知道围成一圈的间隔排列,两种物体的数量相等的原因了吗?

(3) 布置作业。

师:数学源自生活,生活中隐藏着许多数学规律。只要你细心观察,勤于思考,就能拥有一双善于发现的眼睛。课后,请完成这张课后作业单,第一大题,必做。第二大题,感兴趣的小朋友可以试一试。下课。

[设计意图:排队游戏,让学生感悟到生活中处处有数学,也让学生关注到封闭图形中间隔排列的现象,拓展了规律。在游戏中,学生运用了所学的知识,开动了脑筋,发挥了想象,更体会了数学学习的乐趣。]

反思迁移:

(1) 苏教版教材中的探索规律内容有着独特的呈现方式。一般分四个环节:一是呈现一种来自现实或数学领域的现象,引发学生探索兴趣;二是通过观察、实验、操作等活动,引导学生探索蕴含在现象中的数学规律;三是通过交流讨论,用适当的方式表达规律;四是回顾探索规律过程,反思收获,积累经验。这一探索过程体现的是观察、思考、表达现实世界的过程。因此,教学设计应注重挖掘"三会"核心素养表现。

(2) 在《课标(2022年版)》中,探索规律作为数量关系的学习主题存在,实质强调从数量关系的角度认识规律。规律的结论本身或许没有广泛的应用价值,但是结论的探索过程往往蕴含了重要的数学思想方法,如本节课教师自始至终重视一一对应思想的渗透。因此,教学中应该注重探索活动的过程经历,才能更好地贯彻教材安排的本意。

三、知识链接:概念形成与概念同化

概念形成与概念同化是数学概念学习的两种基本方式。

所谓概念形成,是人们在对客观事物反复感知和进行分析、比较、抽象的基础上,概括出某一类事物的本质属性的过程。在课堂教学中,以学生的直接经验为基础,通过各种例证的分析,使学生以归纳的方法概括出一类事物的本质属性,从而形成数学概念的学习方式,就是概念形成。学习过程一般如下:①分析比较一类事物具体例子;②抽象出各个例子的共同属性;③概括出共同的本质属性作为新概念内涵;④根据新概念内涵明确新概念外延;⑤明确新概念与原认知结构中有关概念之间的关系,扩大或改组原认知结构。例如,自然数、分数、循环小数、长方形、三角形、圆、长方体等许多概念的认识就属于概念形成。

所谓概念同化，是以间接经验为基础通过他人语言工具的利用和表述，揭示出概念本质属性的学习方式。在课堂教学中，利用学生已有的知识经验，以定义的方式直接向学生提出概念，并揭示其本质属性，从而使学生获得概念的方式就是概念同化。一般学习过程如下：①找出原认知结构中有关概念，研究其分类及标准；②把新概念从原概念中分化出来，并给出定义；③根据新概念的内涵明确新概念的外延；④明确新概念与原认知结构中有关概念之间的关系，分化原认知结构。

可以看出：在概念学习的两种方式中，概念形成主要依据对具体事物的抽象概括，概念同化则主要依靠新旧知识的联系。无论使用哪一种学习方式，都要求学生主动将自己原有知识与新呈现材料在头脑里产生积极的相互作用，将外部提供的材料转化为自己的认知内容。因此这两种方式都是有意义学习，所不同的是，概念形成在性质上属于有意义发现学习的范畴，而概念同化则属于有意义接受学习的范畴。并且在实际学习过程中，这两种方式往往是扬长避短结合着使用的。这样，既能了解形成数学概念背后的丰富事实，又能节省教学时间，提高学习效率。

第三节　图形与几何教学设计

根据《课标(2022 年版)》，小学数学“图形与几何”的课程内容包括“图形的认识与测量”和“图形的位置与运动”两个主题，涉及实验几何、度量几何、变换几何的初步知识。前一主题从静态层面认识图形，后一主题从动态角度引领学习者进一步发展空间观念。“图形与几何”是培养学生空间概念、量感、几何直观、推理意识、应用意识等核心素养的重要载体。其中，图形的认识奠定了其他内容学习的认知与思维基础。

一、图形与几何整体教学分析

不同版本的教材对图形与几何领域内容的编排顺序略有不同。像如，圆与长方体特征的认识，现行人教版教材将圆安排在长方体后面(先直边再曲边)，而苏教版则与之相反(先二维再三维)。总体上，各种版本内容的安排既体现了几何知识内在的逻辑顺序，也遵循了儿童的思维特点和认知规律。

(一) 图形的认识与测量

图形的认识主要是对图形的抽象，教学时要引导学生经历从实际物体抽象出几何图形的过程，从而认识图形的特征，感悟几何元素点、线、面、体之间的关系，积累观察和思考的经验，逐步形成空间概念。图形的测量重点是确定图形的大小，教学时要让学生经历度量过程，引导学生在实际的度量活动中感悟数学度量方法，逐步形成量感和推理意识。图形的认识与图形的测量有密切关系：图形的认识是测量的基础，图形的测量又能从度量的角度加深对图形的认识。教学时要将二者有机融合。为体现结构化和整体性，《课标(2022 年版)》将它们统整在一起，成为一个主题。

文献　沈红霞.“三角形的三边关系”教学误区研究

1. 图形的认识

(1) 图形的认识顺序与认识要求。“图形的认识”包括空间图形的认识、平面图形的认识、观察物体等。其中空间图形与平面图形的认识占了很大的比重。下面重点对前两部分内容进行分析。

在第四章教材结构图中可以看出，图形的认识顺序是：初步认识立体(三维)图形→初步认识平面(二维)图形→认识线段、直线、射线(一维)图形→认识平面图形的特征→认识立体图形的特征，螺旋上升。在认识图形的特征时，先认识直边图形，后认识曲边图形，由易到难。先认识学生常见熟悉的图形，后认识少见陌生的图形。

图形的认识属于概念教学，概念一般具有四个构成要素，即概念的名称、定义、例子和特征。在小学阶段，对不同图形的认识要求不同，有些只需知道名称，有些要进一步掌握特征；不同图形的认识次数也不尽相同。对于简单、常用的平面图形，比如长方形、正方形、三角形、平行四边形、圆等，认识的要求较高，且分两次专门认识：第一次是直观认识(感性认识)，即抽象出图形、给出名称；第二次是认识特征(理性认识)，有些图形还会给出定义。像梯形、扇形这种平时生活中比较少见的图形，认识要求就比较低，并且就认识一次。

由于三角形是最基本的几何图形，对它的认识要求最高，在认识特征的基础上，还要求认识三边关系、三内角关系、对三角形进行分类等。《课标(2022 年版)》为强调几何直观，在第三学段还增加了用尺规画三角形，在此基础上探索并说明三角形任意两边之和大于第三边的道理。

(2) 图形的认识策略。在第一次认识立体图形时，要精心选择日常生活中经常看到的物体作为学习素材，揭示与所学图形相关的现实背景，通过观察、比较、分类等活动充分感知同一类物体的共同本质属性，在此基础上帮助学生抽象概括，从而认识立体图形。在第一次认识平面图形时，要鼓励学生动手操作，感知立体图形和平面图形的特点，以及这两类图形的关联，引导学生经历图形抽象的过程。

在第二次认识(即探索图形特征)时，应设计“看一看”“摸一摸”“比一比”“量一量”“画一画”“折一折”“剪一剪”“摆一摆”等多种操作活动，给学生提供建立图形表象、积累数学活动经验的机会，在此基础上把握图形的特征(有些图形还需要掌握其定义)。在教学测量时，还要引导学生通过对立体图形的测量，反过来从度量的角度进一步认识立体图形的特征。

(3) 图形认识的基本教学流程设计。一种图形的第一次认识与第二次认识的教学设计思路有所区别。但不同图形的第一次认识，其教学设计思路基本相同，第二次也是如此，可以分别梳理出教学流程的基本环节。

小学微课　商万群：认识长方形与正方形

一般第一次认识一个图形是一个概念形成的过程，也就是说，本来没有这个图形(概念)，现在要带领学生经历从无到有建构概念的过程，通常需要经历三个主要环节。第一个环节，感知具体对象；第二个环节，抽象概括形成概念；第三个环节，扩大概念外延。其中第一个环节非常重要，只有通过多种活动充分感知了具体对象之后，才能通过分析比较，发现这类对象的共同本质属性，从而为抽象概括、形成概念铺平道路。

第二次认识一个图形的基本教学流程要从激活旧知开始。通常包括三个基本环节。第一个环节，激活旧知，引发认知冲突。这一环节非常重要，一方面能激活学生的已有认知、激发学生的学习兴趣和探究欲望；另一方面也让学生体会再次认识的必要性。以第二次认识三角形为例，教材首先出示了生活中斜拉桥的图片，要求在图中找出三角形，由此激活旧知。

接下来要求画一个三角形，这就比刚才找三角形的要求高，有些学生画错了，有些学生不会画，只有掌握了三角形的特征才能正确画出三角形，那到底什么是三角形呢？由此引入新课，认识三角形的特征。第二个环节，观察操作，探究特征。这是第二次认识的核心内容。第三个环节，尝试运用，加深认识。

2. 图形的测量

“图形的测量”是伴随着图形的认识而展开的，包括长度、面积、角度、体积的度量，主要涉及所度量的含义、度量单位、度量公式等三类内容。其中长度与角度是利用测量工具直接度量的，而面积与体积属于间接度量，是通过面积公式、体积公式计算出来的。度量思想，作为一个隐性的教学内容，一直贯穿渗透在“图形的测量”中。下面重点对度量单位、度量公式进行整体分析。

1）度量的含义及教学

数学上的度量，是一个名词。度量就是对事物某个特征进行刻画的那个量①。小学几何中的度量主要有：刻画一维图形长短的量——长度（包括周长）、刻画二维封闭图形大小的量——面积（包括表面积）、刻画二维角的大小的量——角度、刻画三维封闭图形大小的量——体积（包括容积）。

上述度量概念，在小学给出的基本都是描述性定义。例如，“书签一周边线的长度就是书签的周长”。在教学周长时，应结合生活情境，在“看一看”“摸一摸”“比一比”“想一想”等多种活动中感受周长的意义，在直观感知的基础上建构周长的概念。《课标（2022年版）》指出，三角形的周长教学可以借助用直尺和圆规作图的方法，将三条边画到一条直线上，经历这样的过程更能直观感受周长的意义，还能感知线段长度的可加性，感知周长是一维的。

2）度量单位

（1）度量单位的认识顺序。度量单位的认识顺序与数学内部的逻辑顺序是一致的：长度单位（一维）→面积单位（二维）→体积单位（三维），完全遵循了从一维到二维再到三维的逻辑发展过程。角度单位与它们无关，可自由安排。但因为角是二维图形，所以安排在面积单位之后、体积单位之前。同一类型的度量单位不是按照数学内部的逻辑顺序（从小到大或从大到小）安排，而是依据儿童的生活经验和认知规律进行。以苏教版为例，一共认识5个长度单位，分三次进行：第一次认识厘米和米，第二次认识分米和毫米，最后认识千米。面积单位（4个）分两次认识：第一次认识平方厘米、平方分米、平方米，第二次认识平方千米（公顷）。体积单位（2个）一次完成认识，先认识立方厘米，再认识立方米。

（2）度量单位的认识策略。度量单位都是人为规定的，要建立各种度量单位的表象并不容易。不管是哪一个度量单位，也不管是先学习的还是后学习的，在教学时都应安排多种活动，比如看、摸、想、比画、找、画等，帮助学生在头脑中建立所学度量单位清晰的表象。

长度单位是学生认识的第一种几何度量单位，在认识第一个长度单位“厘米”时，就应开始度量思想的渗透。引导学生经历测量身边物体长度的过程，在过程中体会测量的含义、统一长度单位的必要性、创造测量工具的必要性等。在认识其他长度单位前，应通过具体的测

① 章飞，等. 小学数学教学研究与教学指引[M]. 南京：南京大学出版社，2016.

量活动让学生体会引入新的长度单位的必要性。

在认识面积单位(以及角度单位、体积单位)时,已有认识长度单位的经验作为基础,因此不管是学习第几个,都不应再完全重复前面的过程。例如,就不必再经历用不同物品测量课桌面面积,体会统一面积单位必要性的过程。而应该进行类比迁移学习,引导学生主动说出,测量课桌面的面积要用统一的面积单位。这样才能随着学习的深入,慢慢加深对度量思想的理解,并不断提高学习能力。

(3) 度量单位认识的基本教学流程设计。每一类度量单位中的第一个与其他的教学设计思路有所区别。只要不是第一个,教学设计思路基本相同。

第一个度量单位(苏教版是厘米)的教学,是度量单位教学的开端,是学生正式体会度量思想的开始,在整个度量单位的教学中起着奠基的作用,主要包括以下四个环节。第一个环节,通过测量长度的活动体会测量的含义(所谓测量,就是把一个未知的量与一个作为标准的同类量进行比较,数出未知量中含有多少个标准量的过程),体会统一长度单位的必要性;第二个环节,认识1cm,通过多种活动建立1cm的长度表象;第三个环节,经历用1cm测量物体长度的过程,逼迫学生"再创造"厘米尺;第四个环节,用厘米尺量物体的长度,画指定长度线段,等等。

学习其他长度单位的教学流程(以第二个长度单位米为例),主要包括以下环节。第一个环节,要求学生用已学的厘米测量黑板等较长物体的长度,体会引入比厘米大的长度单位的必要性;第二个环节,认识1m,通过多种活动建立1m的长度表象;第三个环节,用米尺量物体的长度;第四个环节,了解米与厘米的关系。

3) 度量公式

测量图形的周长、面积或体积,一般有直接测量法和间接测量法。以长方形的面积为例,通过在长方形内摆单位正方形、数出单位正方形的个数的方式得出长方形的面积,是直接测量。通过测量长方形的长、宽,代入公式 $S=a \cdot b$,从而计算得出长方形的面积,是间接测量。直接测量植根于度量思想,是测量的基本方法,计算公式 $S=a \cdot b$ 是在直接测量的基础上,通过归纳得出的。显然,后者比前者方便快捷。因此,需要学习度量公式。

(1) 度量公式的认识顺序。度量公式是伴随着度量单位的认识和图形的认识而逐步展开的,因此,有两条线索:从度量单位的角度看,是按照周长公式(一维)→面积公式(二维)→体积公式(三维)的顺序安排,完全遵循了从一维到二维再到三维的逻辑发展过程;从图形认识的角度看,先安排多边形的周长、面积公式,再安排圆的周长、面积公式,最后安排立体图形的表面积、体积公式。

(2) 度量公式的教学策略。从知识类型看,度量公式属于规则范畴。教学度量公式这类规则,主要应用的是"例规法",即观察特例—提出猜想(规则)—验证猜想(规则)—用于解决问题。在实际教学中,应通过具体活动,引导学生经历上述探索、发现、应用度量公式的过程。

"长方形的面积公式"是第一个运用直接测量法归纳得出的间接测量公式(通过测量长方形的长、宽,代入公式 $S=2(a+b)$ 计算周长,本质上是直接测量)。在教学时,应注重度量思想的渗透,引导学生自己说出"想要知道这个长方形的面积,就是要看它一共含有多少个面积单位",通过摆单位正方形,一步步发现长方形的面积与长方形的长、宽之间的关系。在研究其他平面图形的面积公式时,关键是探索将未知图形转化为已知图形的思路方法(包括分割、拼补等），渗透化归、极限等重要思想。要给学生充分的时间与空间进行自主发现、合作探究，既要鼓励转化方法的多样化，也要在比较不同转化方法的过程中进行优化。例如，最后一个多边形——梯形，可以转化为两个三角形，也可以转化为一个平行四边形和一个三角形，经过比较发现，最优的方法还是将两个完全一样的梯形拼成平行四边形。

（3）度量公式的基本教学流程设计。长方形的面积公式和长方体的体积公式分别是面积和体积中的第一个，二者的教学设计思路类似，在教学后者时可以类比前者进行。除了圆锥的体积（用的是实验法），其他面积公式和体积公式的教学设计思路基本相同。下面以长方形的面积公式和梯形的面积公式为例，简述基本教学流程设计。

长方形的面积公式的教学流程主要包括以下环节。第一个环节，创设情境，激发探究长方形面积的兴趣；第二个环节，类比长度测量，发现测量长方形面积的方法；第三个环节，研究几个具体的长方形，发现它们的面积与其长、宽的关系；第四个环节，归纳特例的结论，猜想出长方形的面积公式；第五个环节，验证猜想；第六个环节，用所得公式解决实际问题。

梯形的面积公式的教学流程主要包括以下环节。第一个环节，复习平行四边形、三角形的面积公式及其推导方法，引入新课；第二个环节，自主探究将梯形转化为已会求面积的图形的方法；第三个环节，研究几个具体的梯形，发现它们的面积、上底、下底、高与拼成的平行四边形中相对应量之间的关系；第四个环节，归纳特例的结论，猜想出梯形的面积公式；第五个环节，验证猜想；第六个环节，用所得公式解决实际问题。

（二）图形的位置与运动

图形的位置是描述图形运动的基础，图形运动后又会产生不同的位置，这二者之间具有紧密联系，《课标（2022年版）》将它们统整在一起，成为一个主题。

1. 图形的运动

小学微课　赵玉梅：图形的平移

图形的运动包括平移、旋转、轴对称等三种平面图形的合同变换，分两次安排。第一次初步认识（感受）平移运动、旋转运动和轴对称图形，会判断图形的运动是平移还是旋转、一个图形是否为轴对称图形。第二次认识要掌握三种变换的本质特征（比如，明确平移是图形上所有点移动的方向一致、距离相等），知道图形的运动本质上是点的运动。在此基础上，研究图形中“变”与“不变”的规律，会在方格纸上画平移、旋转、轴对称后的图形。

每一种运动都认识两次，第一次是初步（直观）认识，从无到有建构概念；第二次是认识特征。这与前面图形的两次认识是类似的，因此其教学策略、教学流程设计等也大体类似，此处不再赘述。

小学微课　马宏群：轴对称图形

2. 图形的位置

《课标（2022年版）》将物体的相对位置、认识方向等内容放在了“综合与实践”领域。图形的位置主要包括：根据方向和距离确定物体的位置、用有序数对表示点的位置，涉及直角坐标和极坐标的概念雏形。图形的位置集中安排在第三学段，要求选择直角坐标（几列几行）或极坐标（距离和角度）刻画物体的准确位置。一方面，从位置的定性描述到位置的数量化，学生的认识有重大飞跃。另一方面，用数量确定位置，实际上就是建立坐标与点之间的双向一一对应关系。在教学时，要注意渗透数形结合思想、一一对应思想。

小学微课　桑万群：图形的旋转

二、图形与几何典型案例赏析

例 5-4 周长和面积[苏教版义务教育教科书数学三年级][①]

执教:江苏省海安市城南实验小学 许卫兵

案例背景:周长、面积属于平面图形的两个几何量。在大多数教材中,周长和面积的学习是分开编排的,即"认识周长"编写在三年级上册,"认识面积"安排在三年级下册。从实际教学来看,学生分开来学习周长和面积,难度都不大,效果也不错,但学完面积后把二者综合起来,就有些混淆不清了。根据这一状况,从整体建构的视角,本节课把周长和面积的初步认识安排在同一课时学习,以结构化的方式主导学习进程,帮助学生形成整体性认识。此外,儿童是依靠"形式、颜色、声音和感觉"进行思维的(乌申斯基语),直观性是儿童智力活动的重要原则,当知识容量增加,思维要求增高后,充分应用生动直观的学习方式,能起到"化多为少,化难为易,化繁为简"的效能。

实训重点:整体性教材处理,结构化教学设计。

教学目标:

(1) 知道周长和面积的含义,能指出一个平面图形的周长和面积,能借助于图示描述平面图形的周长和面积。

(2) 在抽象、概括中解释图形周长和面积的数学意义,感悟二者的差别性与统一性,能基于一定的测量标准得出相应的计量结果。

(3) 沟通数学与生活的联系,增强对数学的亲近感。

教学重点:周长和面积意义的理解。

教学难点:周长和面积为同一图形的不同要素。

课前活动:播放儿童歌曲《春晓》(春眠不觉晓,处处闻啼鸟。夜来风雨声,花落知多少。),学生伴唱。

教学过程:

1. 启课

我们的家乡海安是全国著名的教育之乡、丝绸之乡。请看,这是——(一只蚕宝宝)。春蚕吐丝就织成了锦绣丝绸,孩子们,你们知道蚕宝宝吃什么吗?(桑叶)

(1) 观察。

师:(出示一片桑叶)看到这片桑叶,蚕宝宝想做两件事。什么事儿呢?请仔细观察(板书:观察)

动画演示:蚕宝宝先绕着桑叶边沿爬了一圈,然后把桑叶吃光。

(2) 思考。

师:孩子们看清楚了吗?蚕宝宝做了哪两件事呢?(板书:思考)

学生先独立思考,再与同桌轻声交流。

---

① 本案例系全国教育科学"十三五"规划教育部重点课题"指向整体建构的小学数学简约教学资源建设"(课题编号:DHA190453)研究成果,发表于《小学教学(数学版)》2022 年(Z1)。已征得作者同意,进行适当改动。

(3) 表达。

会观察,会思考,还要学会表达。

师:(板书:表达)谁来说一说,蚕宝宝做了哪两件事呢?

① 说。学生讲述:它先绕着桑叶转了一圈,然后把桑叶吃掉了。

② 演。师:这个孩子用自己的语言,把蚕宝宝做的两件事说出来了。(板书:说)学习数学,除了动口说,还可以用动作来演示。你能把刚才说的内容,用动作表示出来吗?

一名学生走到屏幕前,先用手指绕着桑叶的边沿线指了一圈,然后用手指沿着蚕吃桑叶的路线,在桑叶面上划了几下。

师:你们有没有发现,一开始他是怎么指的?指的哪儿?

生:他用手指指了桑叶的一周。

师:对,他指的地方就是桑叶一周的边线。(板书:一周边线)接着呢?

生:指了桑叶的里面。

师:你们说的桑叶的里面,在数学上,我们叫作桑叶的——面。(板书:面)

全体学生一起做动作,指一指桑叶的边线和面。

师:大家做得很不错!不过,我有个建议,你们说指这个"面"的时候,是伸出一根手指指好呢,还是——(老师稍稍变换手势,由手指变成手掌形状)

生:用手掌。

师:对啦,用手掌来抹一抹,这个"面"的感觉就更到位了。

一生示范用手指指出一周的边线,用手掌抹整个桑叶的面。

师:人有两个宝,双手和大脑。这手,看来不仅能干活,还能帮助我们学数学。一开始我们是用"说"的方式来表达,那刚才大家是通过——做动作来演示自己思考的(板书:演)。

③ 画。师:学习数学的方法真多啊!我们再换一种方式吧,我把这片桑叶变成这样一个平面图形,接下来,请大家来动手画。(板书:画)

出示学习任务:描一描,用红色将图形一周的边线描出来;涂一涂,用蓝色将图形的面涂出来。

学生动手描涂,再展示学生作品。

[说明:本课开始从学生日常生活故事出发,既熟悉又有趣。蚕宝宝的两个动作,动感十足,很好地把"周长"和"面积"的数学含义隐藏其中。"说""做""画"等对故事情节多样化的表达,既强化了直观性的学习体验和感受,又在一次次的活动中逐步逼近了数学概念的本质。]

2. 推进

(1) 巩固。

师:(切出一块长方形的桑叶片)看到这个长方形的桑叶片,蚕宝宝想把刚才的两件事再做一遍,这次咱们不看动画了,一边想象一边来做动作。

学生用手指描画长方形桑叶片的周长,用手掌面涂抹它的面积。同时配以课件动态演示。

(2) 比较。

师:俗话说,千金难买回头看。回头看一下,蚕宝宝所做的两件事,第一件事跟图形的——"一周边线"有关,第二件事跟图形的——"面"有关。你们觉得,图形一周的边线和图形的面，是一回事吗？

生：它们不一样。一个是边上的线，一个是中间的面。

师：平面图形一周边线的长，叫作周长。（板书：周长）那面的大小，你们知道叫什么吗？

生：面大。

师：哈哈，周——长，面——大，周有长短，面有大小，蛮有创意的。在数学上，表示“面的大小”有个专门词语，叫作面积。（板书：面积）

齐读：周长，面积。（揭示课题：周长和面积）

（3）强化。

① 出示不规则图形、长方形、三角形，分别指出它们的周长和面积。

② 在生活中任意找一个物体的面，说说它的周长和面积。

［说明：低年级数学课，尤其是概念起始课教学，首要任务是引导学生从生活世界走进数学世界。本环节紧扣课始故事情节，逐步引导学生进入周长和面积的数学认识，既包括概念名称的揭示，还包括对概念本质意义的简单理解。由于是两个概念同步教学，因而特别强调了周长和面积含义的不同，增强辨识比较。］

3．融合

（1）寻找统一性。

分别出示圆形框和圆片图，指出各自的周长和面积。

师：它们都是圆。但是，你看了第一幅图后，对它的什么更有感觉？

生：我对它的周长更有感觉。

师：是啊，因为它一周的边线画得非常明显。那第二幅图，你对它的什么更有感觉？

生：它的面积更明显，整个圆涂色了。

师：在数学上，这两幅图都表示平面图形——圆，它们都有周长和面积，只是画法不同，表达的侧重不同。如果我们把它们合二为一，就变成了什么？

看到这个图形时，你对它的什么更有感觉？

生：周长和面积。

师：是啊，同一个平面图形。当然，我们这里说的平面图形，都是指封闭的平面图形，周长和面积都是同时存在的。这就叫作“二合一”。（齐读“二合一”，板书：图上二合一）懂这句话的意思吗？

生 1：二合一，说的是上面两个图合在一起就是最下面的图形。

生 2：二合一，是说周长和面积在一幅平面图形上，是同时出现的。

（2）凸显差异性。

出示四个平面图形（图 5-3），比较图形的周长和面积有什么不同？

生：周长是围着图形绕一周的边线，面积是图形里面的一片。

师：把你的话做个精简，周长是根——线，（板书：周长是根线）面积为一片。（板书：面积为一片）

（学生齐读：周长是根线，面积为一片）

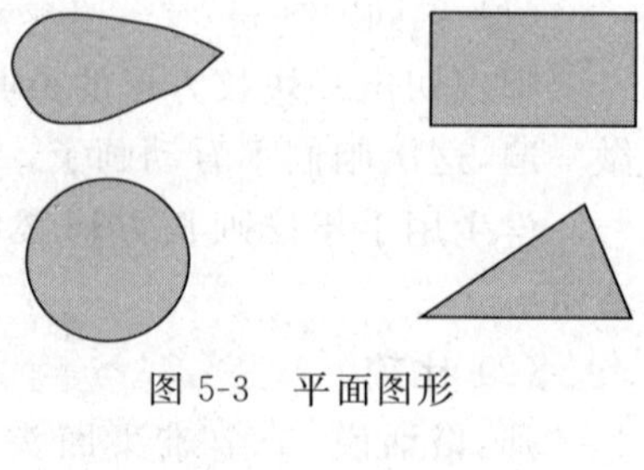
图 5-3　平面图形

（3）建构整体性。

师：经过刚才的学习，我们用四句话的儿歌来概括学习心得。记住了这四句话，就记住了今天的学习要点。

① 诵读。诵读儿歌《周长和面积》。

周长和面积，图上二合一；周长是根线，面积为一片。

② 快板。播放快板节奏“碰——碰——碰——”，学生跟随节奏说儿歌。

周长/和面积，图上/二合一；周长是根/线，面积为/一片。

③ 演唱。播放《春晓》配乐，更换歌词，增加动作，完成表演唱。

周长～和面积～，图上～二合一～；周长～是根线～，面积～为一片～。

师：孩子们表现真棒！看来，这数学学习不仅可以说、演、画，还可以——唱出来。（板书：唱）

[说明：学习过程是一个循序渐进、螺旋上升的过程。这一环节，在前面初步感受周长和面积的意义后，通过异同比较，进一步突出概念内涵，突破理解难点，建构起对周长和面积的整体认识。诵读、快板、歌唱等形式的直观表达，调节了课堂节奏，降低了记忆难度，活跃了学习气氛，给课堂带来了无限趣味。]

4. 深化

(1) 量化。

出示格线为 1cm 的方格图，观察方格图上的涂色长方形。

师：（课件显示）这是一个格线长度为 1cm 的方格纸，在方格纸上有一个蓝色的长方形，如图 5-4 所示。

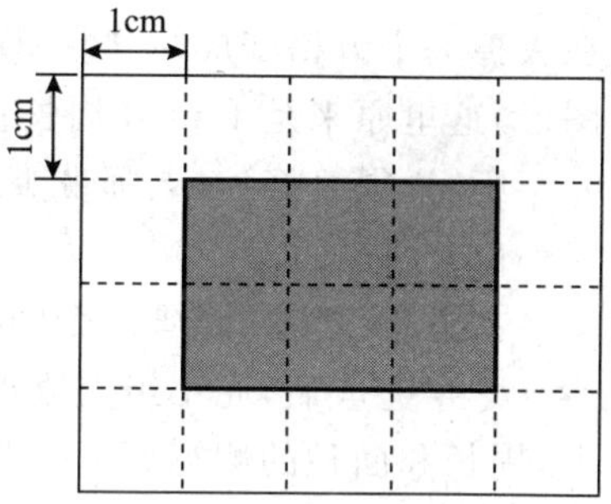

图 5-4 方格纸

师：这个涂色长方形的周长和面积，你还能指出来吗？

生：能！

师：能指出来的话，说明你前面的学习很棒。那除了能指出它的周长和面积，现在有数据了，你们研究一下，看看是否有进一步的发现。

小组研究：涂色长方形的周长是（　　），面积是（　　）。

揭示答案并使用课件动画演示涂色长方形的一周由 10 个 1cm 组成，就是 10cm；它的面积包含 6 个小方格，就是“6 个”小正方形。

师：刚才我们只能指一指，说一说，现在我们还可以用数据来把周长和面积算出来。（板书：算）学习数学的方法真多啊！

(2) 变式。

师：俗话说，变一变，有发现。

变化一如图 5-5 所示：去掉右上角的一个小方块，研究变化后图形的周长和面积，跟原图比较，发现什么？

生 1：现在图形的周长是 10cm，面积是“5 个”小正方形。

生 2：我发现周长没有变，但是面积变小了。

变化二如图 5-6 所示：去掉下方中间的一个小方块，研究变化后周长和面积，跟原图比较，又发现什么？

生 1：现在的周长是 12cm，面积还是“5 个”小正方形。

生2:我发现周长变大了,面积变小了。

师:观察这两次变化,你发现了吗?图形拿掉一块,这面积——

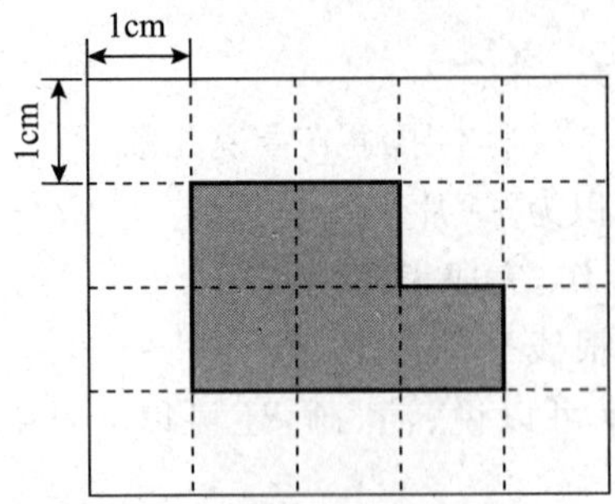

图5-5 变化一

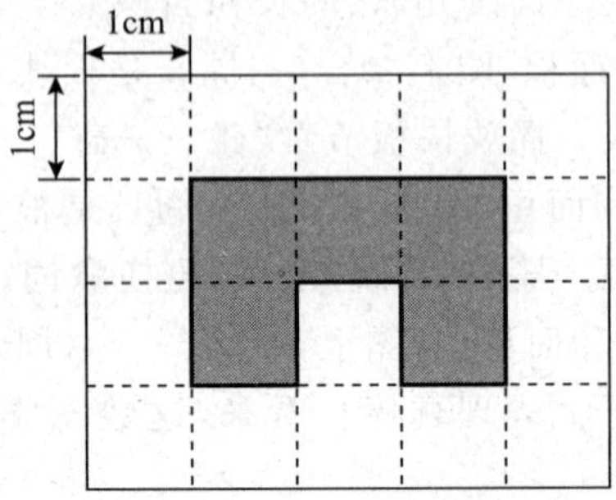

图5-6 变化二

生:面积就变小了。

师:如果图形增加一块,这面积就会——

生:面积就会增加。

师:是啊,面积的变化很容易感受到。但图形周长的变化好像捉摸不定,并没有随着面积做同样的变化,为什么呢?

生:(指着第一次变化后的图形)我认为,原来右上角是“一横一竖”的2cm属于周长,现在去掉一个方格变成“一竖一横”,还是2cm属于周长,所以周长没变。(指着第二次变化的图形)这里原来是1cm在周长上,现在凹进去了,有3cm在周长上,所以周长就增加了。

师:说得真好!(老师带头鼓掌)也就是周长和面积的变化有时并不同步。

(3)创造。

在方格纸上任意画一个图形,研究一下它的周长和面积。

学生完成后,先小组交流再全班展示。(提示:如果画出的平面图形边线不全部在格线上,周长和面积的测算到下一节课继续研究)

[说明:周长和面积为两种不同“度量”,度量就是用度量单位测量后得到一个数据。因而,对周长的认识不能简单地停留在知道一周边线有长短,对面积的认识不能简单地停留在知道有的面大、有的面小,而要深入用长度单位和面积单位刻画出长度和面积的具体量值。本环节,重在“用数据”来描述平面图形的周长和面积,既是对概念认识的升华,又为后续学习图形周长和面积的精确计量做了很好的铺垫。]

5. 总结

师:说一说这节课的收获。

生:这节课我们学习了周长和面积。

生:我还知道了周长是根线,面积为一片。

师:记住了这首儿歌,就记住了周长和面积的关键内容了。

生:我还知道了学数学不只是动嘴说,还可以演、画、唱、算,这些都是数学表达的好方式。

师:(老师结合板书帮助学生概括)是啊,学习数学一定要学会用眼——观察,观察过程中还要用心去——思考,思考之后要能把想法很好地——表达,表达的方式有很多,可以用语言——说,可以用动作——演,可以动笔——画,可以用数来——算,还可以——

(老师在板书中添加“……”提议学生在今后的学习中慢慢寻找答案)

反思迁移：

(1) 本节课从整体、关联、系统的角度把分隔安排但又具有内在关联的两个概念进行了跨学期整合教学，非常恰切地诠释了许老师的“简约教学”思想。正如许老师在其文章中所说：教学过程对接了“用数学的眼光观察，用数学的思维思考，用数学的语言表达”的核心素养培育要求，不只是把两个分隔的内容整合在一节课学习，更重要的是始终扣住两个既有联系又有区别的概念本质，用儿童喜欢的方式演绎和推进，使得整节课既富有形象生动的情趣，又充满着严谨逻辑的理趣。从辩证而又统一的视角，深入到学科知识的内核，提炼出朗朗上口的儿歌，形成了具有统摄性的结构表达。

(2)《课标(2022 年版)》关于课程内容组织提出“重点是对内容进行结构化整合，探索发展学生核心素养的路径。”在教学建议中指出“要重视对教学内容的整体分析，帮助学生建立能体现数学学科本质、对未来学习有支撑意义的结构化的数学知识体系。”许老师的这节课充分反映了《课标(2022 年版)》的设计理念。

(3) 结构化设计、整体性教学是《课标(2022 年版)》推出的一个重要的教改愿景，关键是改造现行数学知识体系呈现思路，需要过硬的专业功底与创新魄力。许老师是首批江苏省人民教育家培养对象，教学主张具有鲜明的时代性、前瞻性，深入学习、研读他的教学设计，有助于一线教师形成整体性、结构化教学意识，以顺应新时期的课改需要。

例 5-5 圆的周长[苏教版义务教育教科书数学五年级下册]

执教：南通师范第一附属小学 陆乐

案例背景：圆的周长是在学生掌握圆的特征，周长的含义，长方形、正方形周长计算的基础上教学的。长方形、正方形是直边图形，各条边的长度之和就是它们的周长，因此计算公式的推导非常简单。圆是学生遇到的第一种曲边图形，圆的周长则是学生遇到的曲边图形的第一种度量，因此其重要性在曲线图形的度量研究中不言而喻，对圆周长的研究能为紧跟其后的圆面积及后续圆柱的侧面积、圆柱的体积等内容的研究提供思想和方法基础。由上可知，在圆的周长教学中，不能只关注周长计算公式，而应引领学生经历如下环环相扣的过程：①认识圆的周长；②体会圆的周长与直径的定性关系；③想要知道圆的周长，必须“化曲为直”；④发现每一次都通过绕线、滚动或将圆剪开拉直等手段“化曲为直”是不方便，也是不现实的，这就需要找到周长与直径的定量关系；⑤认识到利用公式 $C=\pi \cdot d$ 求圆的周长，是另一种简单又便捷的“化曲为直”——测量直径、计算周长。

实训重点：曲边图形度量的研究方法；核心素养渗透。

教学目标：

(1) 能正确认识圆的周长，理解圆周率意义，推导圆周长的计算公式，并能正确地运用公式进行简单计算。

(2) 通过观察、操作、推理、分析、交流等数学活动，经历探索圆的周长与直径关系的过程，渗透“化曲为直”的数学思想，培养学生动手实践、自主探究等多方面的数学能力。

(3) 通过介绍古人圆周率研究史料，激发学生科学探究热情，感受数学文化的魅力。

教学重点：理解圆周率的意义；推导总结圆周长的计算公式并能够正确计算。

教学难点：理解圆周长的计算公式推导过程。

教学过程：

1. 导入：开门见山，提出问题

谈话：这是今天我们要学习的内容（圆的周长），请大家一起读一读。

提问：看到这个课题，你想研究些什么？（什么是圆的周长？怎么去测量一个圆的周长？圆的周长计算公式是什么？学了圆周长有什么用……）

简洁板书学生提出的问题并肯定鼓励。

[设计意图：引领学生根据学习主题自主提问，迅速激发学生的思考，聚焦本节课研究的几个关键问题。]

2. 探究：动手动脑，分析问题

1）探究问题一：什么是圆的周长

（1）师生交流。（呈现一圆形纸片）对于这个圆片来说，它的周长指的是什么呢？你还能结合生活中的一些例子来说说你的理解吗？

（2）教师引导。（呈现例4的自行车车轮图）

提问：你知道车轮的周长指的是什么吗？（车轮一周的长度）

追问：下面是三种不同规格的自行车车轮，各滚动一圈，你觉得哪一种车轮行的路程比较长？为什么？（直径是26in的车轮）

介绍：生活中人们习惯用英寸作单位来表示自行车的规格。26in、24in、22in换算成厘米分别约是66cm、61cm和56cm。

（3）启发思考：比较三个车轮的直径和周长，你有什么发现？（车轮的直径越长，周长也就越长）想一想，对于任意一个圆形物体来说，它的周长与它的什么有关系呢？（板书：C与d有关）

[设计意图：要求圆的周长，必须先让学生知道圆的周长的定义，在学生了解了圆的周长表示什么之后，再通过“圆的周长可能与哪些因素有关”这一问题，启发学生主动思考、层层探究。]

2）探究问题二：怎么知道一个圆的周长是多少

（1）尝试探究。比如想要知道一个车轮的周长是多少，你有什么办法吗？学生以圆片1为轮子模型，先独立操作（可以用到老师提供的一些材料或自己身边的一些工具），再小组交流。

（2）集体探究。你们想到了什么办法？

（用卷尺量、量出地面上的路程、绕线法、做记号滚动法等）

教师结合学生的发言演示课件。

（3）总结提炼。曲的线不便于直接测量，同学们巧妙地想到了把测量曲线的长度转换为测量直的线段的长度，数学家们把这种方法叫作“化曲为直”。

（4）掌握方法。以四人小组为单位，其中两人测量1号圆片的周长，另外两人测量2号圆片的周长，量好后将数据填入活动记录单中，最后把圆片和测量工具收好并坐正。

（5）承上启下。在测量的过程中有没有什么困难或困惑？如果要测量一个摩天轮的周长，怎么办？（最好能得出一个公式）

[设计意图：通过让学生动手测量圆片1的周长渗透化曲为直的思想，并总结手动测量圆周长的弊端，让学生感受到每次都需要通过动手测量圆的周长既不方便又不准确。老师在测量结束后顺势提出新疑问：如果遇到一个更大的不便于测量的圆该怎么得到它的周长？

以此激发学生进一步探究的热情与解决问题的积极性。]

3）探究问题三：有没有一个固定的圆周长计算公式

(1) 回顾迁移。我们已经知道一个圆形物体周长的长短与它的直径有关系，联系我们前面的学习经验，我们发现正方形的周长总是它边长的 4 倍，长方形周长总是它长和宽和的 2 倍，那一个圆的周长与直径会不会也有一定的倍数关系呢？如果有，会是几倍呢？猜猜看！

(2) 启发思考。光有猜想还不行，你觉得下面我们可以怎么研究？（再举两个例子，量一量，算一算）

(3) 合作探究（测量验证）。

① 小组合作，利用自己身边的材料每组再测量出两个你想测量的圆形物体的周长和它的直径，再用计算器算一下周长除以直径的商。

② 小组内交流，对有异议的结果可重测。

③ 组长将相关数据整理填表 5-2，并讨论从计算的结果中能发现什么。

表 5-2　《圆的周长》活动记录单

第________小组　　　　　　　　　　　　　　　　　　　　　　　　年　月　日

所测圆片编号	周长/cm	直径/cm	周长除以直径的商（得数保留两位小数）
1	19	6	
2	32	10	

通过测量和计算，我们发现了________________________。

(4) 引导发现。

集体交流汇报：你们组有什么发现？有什么困惑？

讨论总结：这些商虽然不完全一样，但它们有什么共同的特点？（圆的周长大约是它的直径的 3 倍多一些）请得出这个结果的同学把你测的圆片高高举起，你又发现什么？（不管是大圆还是小圆，圆周长总是它直径的 3 倍多一些）

(5) 推理验证。那这个倍数可不可能是 2 倍多或 4 倍多呢？我们一起来推算：

A. 在正方形内放一个最大的圆。

① 正方形周长和圆的周长比，谁长？

② 正方形的周长是圆的直径的几倍？

③ 通过这幅图发现：圆的周长一定小于直径的(4)倍。

B. 在圆内放一个最大的正六边形。

① 正六边形周长和圆的周长比，谁长？

② 正六边形的周长是圆的直径的几倍？

③ 通过这幅图发现：圆的周长一定大于直径的(3)倍。

C. 通过上面的思考，我们可以得出一个什么结论呢？

谈话：我们用这种两面夹击的办法看出周长和直径倍数关系肯定在 3～4 倍。

(6) 讨论交流。有的同学也在细心测量，可为什么算出来的结果相差较大呢？（存在误

差，测量方法有局限性）

（7）揭示概念。数学家们把一个圆的周长与它的直径的倍数关系叫作圆周率，用字母 π 表示，那么这个倍数 π 到底是 3 点多少呢？从古至今，数学家们经历了漫长而又深入的研究。

［设计意图：引领学生把正方形、长方形周长公式学习经验尝试迁移到圆周长公式的探究中。在学生测量计算和整理数据过程中，加深对圆周率的理解，进而在利用正方形内最大的圆和圆内最大的六边形推理验证后，进一步确定圆周率取值范围，让学生明确圆周率其实就是圆的周长与它直径的倍数关系，揭示圆周率的概念。］

3. 阅读：加深认识、领略文化

课件展示：日益精确的圆周率——介绍圆周率的研究历程。

阅读问题：古人在探究周长和直径的关系时用到了哪些方法？圆周率到底是怎样一个数？你有何感想？

学生交流：重点说说对圆周率的理解，互相补充。

教师总结：研究工具、方法在变，但圆周率不变，它是一个无限不循环小数，我们在计算时，一般保留两位小数，约是 3.14。（板书：$\pi\approx 3.14$）

辨析练习：（用手势表示对或错）

（1）圆周率就等于 3.14。（　　）

（2）大圆的圆周率比小圆的圆周率大。（　　）

（3）同一圆中，直径越长，周长就越长。（　　）

4. 应用：总结公式，灵活应用

1）探究问题四：圆的周长计算公式是什么

（1）总结回顾。圆的周长÷它的直径＝圆周率，现在你知道怎样计算圆的周长了吗？学生尝试推理，教师板书：$C=\pi d$，$C=2\pi r$。

（2）基础练习。计算下面各圆的周长。

学生独立计算，交流时说说自己用的是什么公式，是怎么想的。

（3）生活应用，呼应课始。

摩天轮的半径是 10m，坐着它转动一周，大约在空中转过多少米？

（指名学生演示，而后集体交流，重点说说是怎么想的）

2）总结提升

回到课始的几个问题，你有什么收获？还有什么疑问吗？

反思迁移：

（1）在几何图形求积运算中，客观上讲，圆的周长公式是最不容易被学生主动接受的公式。虽然公式的获得与其他一些公式类似，都是建立在若干事例基础上的经验归纳，但是在归纳过程中学生能接受“圆周长总是它直径的 3 倍多一些”，却不容易接受圆周率 π 这个数。这是教学设计要关注的问题。

文献　吉智深. 在比较和对比中培养学生发现并提出问题的能力——以“梯形面积公式推导”为例

（2）引导学生通过经验归纳推理经历数学规则的发现探索过程，是小学数学中许多规则学习的模式。如何呈现规则的特例，是有效归纳的关键。本节课的探究活动设计了三个层次的问题。第一个层次是探究的基础，第二个层次是探究的铺垫，第三个层次中探究活动的测量计算、引导发现、推理验证则很好地体现了归纳推理的过程。这一过程具有较强的迁移推广价值，从本质上讲，与一些其他领域的结论，如加法交换律与结合律、和与积的变化规律等的学习过程都是一致的。

（3）文化育人是教学设计应关注的重要目标之一。当前数学教学不仅要关注知识与技能、过程与方法，更要重视学生情感态度价值观的建立与发展。数学文化博大精深，是德性渗透的有效载体。本节课圆周率的教学提供了一个很好的数学文化渗透的切入口。教学设计要善于挖掘文化育人的素材。

例 5-6 用数对确定位置［苏教版数学四年级下］

执教：江苏省昆山市千灯中心小学校 吴中杰

案例背景："数对"这一概念是理解直角坐标系的基础，比较抽象，但是在学生生活中依然具有朴素的认识基础。他们会表示一横排、一竖排的位置，会运用"第几排第几个"的方法对位置进行描述，在此前，学生也已经具备了用直线上的点描述数的顺序和大小关系的知识基础。本节课内容为"确定位置"教学的第一课时，旨在让学生经历把日常生活经验上升为数学思想方法的过程，从而积累数学活动经验，发展抽象思维，增强空间观念，提高解决问题的能力，为后续学习用方向和距离确定位置及平面直角坐标系的知识奠定基础。

实训重点：图形的位置教学设计思路，空间观念的培养。

教学目标：

（1）结合具体情境中认识列与行，知道确定列行的规则；能在比较中初步理解数对的含义，能用数对表示具体情境中物体的位置。

（2）引导学生经历由实物图到点子图的抽象过程，渗透坐标思想与对应思想，发展空间观念。

（3）体验数学与生活的紧密联系，增强用数学的眼光观察生活的意识。

教学重点：掌握列、行的规定，理解数对确定位置的意义和方法。

教学难点：灵活准确运用数对描述物体的具体位置。

教学过程：

1. 生活导入，以情激趣

（1）出示电影票，寻找影院座位。

PPT 出示一张电影票（5 号厅，5 排 8 座）。

师：同学们，大家都去电影院看过电影吧，老师周末也去观看了一场电影，这是老师的电影票，你能找到老师的位置吗？你能说说是怎么找的吗？

预设：能，电影票上显示，老师的位置在 5 号厅的第 5 排，第 8 个座位。进入 5 号厅后，按照电影院大厅里的座位标号就可以找到相应的位置啦。

师：回答得真好，看来大家平时看电影的时候都能很快地找到自己的位置。因为电影院的座位都有相应的标号，所以也方便观影者寻找座位。

（2）出示班级座位，寻找位置，产生认知冲突。

师：电影院的位置都有着标号，大家可以很方便地找到自己对应的位置。但是，今天有一个客人老师要来我们班听课，我们班正好有一个多余的空位，你能告诉客人老师空座位位置吗？

预设：同学们七嘴八舌，出现了各种不同表示位置的方法。

师：大家有这么多种不同的方法，这下可把客人老师听糊涂了，怎么会出现这样的情况呢？刚才找电影院的位置大家不是一下子就找到了吗？

预设：因为电影院的位置有相应的编号，但我们班级的座位没有编号，要是有一个统一的编号就能准确地表示出这个空位置了。

师：你分析得很到位，因为班级里的座位没有编号，所以表示起来会有不同的情况。那到底怎样更准确地表示出这个位置呢？相信通过这节课的学习，我们就能解决这个问题啦！(板书课题)

[设计意图：课前用学生生活中熟悉的情境——寻找电影院的座位导入，充分调动起学生的生活经验和旧知。随后，在学生利用旧知经验解决新问题时，产生认知冲突，激发学生的学习兴趣，引出新课。]

2. 层层递进，探索新知

(1) 出示全班的座位图，说说小军的位置。

PPT 出示小军班级座位图。

师：这是小军班级的座位图，看着这张座位图，你能说说小军的位置吗？

预设 1：第 4 组第 3 个，第 4 排第 3 个；预设 2：第 3 排第 4 个。

师：怎么大家的说法不一样呢？你是怎么数的呢？

预设 1：我是从左往右，从上往下数的。所以是第 4 排第 3 个。预设 2：我是从右往左，从上往下数的。所以是第 3 排第 4 个。

师：小军的朋友小阳听了大家的回答坐不住了，现在老师告诉你小阳坐在第 2 排第 2 个，你能把他找出来吗？老师请同学上台来指一指。

师：咦，同学们找出了这么多的小阳，你能说说你是怎么想的吗？

生：我是站在这个同学的角度来看，找到的小阳在这里。(可以多说几个从不同位置观察到的不同方位的小阳，学生自主选择观察点)

师：大家找到了这么多的小阳，可是真正的小阳只有一个。为什么找出这么多的小阳呢？

预设：因为大家选择的观察点不同，观察的角度、数的顺序都不同，所以找到的结果不同。

师：大家想想是这样吗？他的观察非常仔细，我们把掌声送给他。当我们从不同的点、不同的角度、不同的顺序观察物体时，往往看到的结果也不同。就像苏轼的词写的一样：横看成岭侧成峰，远近高低各不同。这样我们就难以准确地描述具体的位置了，你有什么好的方法帮助大家更加准确地描述位置吗？

预设 1：我们可以以老师讲台的位置为观察点，来对教室进行观察。预设 2：我们还可以选定一位同学的位置作为观察点，进行观察。

师：两位同学的想法非常好，那我们接下来就以老师的讲台为观察点来进行观察。现在你能站在老师讲台的角度来指一指小阳的位置吗？

师：怎么还有两个小阳呢？你是怎么找的？(从左往右，从右往左)那这样还是没法确定小阳的位置。

生：我们可以统一一下，都从左往右数。

师：可以吗？好，那我们就来统一一下，都从左往右，从前往后数。这样小阳的位置就被我们找到了。

师:刚刚我们找了几个同学在教室中的位置,因为一开始没有统一的方法和规则,所以产生了分歧,但通过同学们的讨论、分析,最终确定了观察点,一起规定了观察顺序,从而帮助我们更加容易、准确地找到了相应同学的位置。

[设计意图:本环节大胆放手,让学生用已有的知识对位置进行描述,在自主探究中引导学生发现统一方法和规则的必要,自然引出“观测点”和“观察顺序”的教学。学生经历了自主探究和发现的过程,更深刻地体会到统一观测点和观察顺序的必要性。]

(2) 认识列、行,初步抽象。

① 认识行、列,会用行列来表示位置。

师:其实在数学上,我们也有这样的规定,通常把竖排叫作列,而确定第几列的时候,通常是从左往右数的(结合图片进行讲解,这是第1列,第2列……);在数学上,把横排叫作行,确定第几行的时候,通常是从前往后数的(这是第1行,第2行……)而这几行,这几列就组成了教室的平面图。现在你能用行列的知识来描述小军的位置吗?

生:第4列第3行。(板书:第4列第3行)

师:你能用列、行来描述一下小阳的位置吗?

预设1:第2列,第2行;预设2:第2行,第2列。

看来同学们都已经会用行、列的知识来描述同学的位置了。

② 实物图到圆点图的抽象。

师:为了我们接下来研究方便,老师将这张点子图进行简化,用小圆点来表示同学,你还能找到小军和小阳的位置吗?

出示小红、小明两位同学的座位图,让同学们用行、列的方法进行表示。

师:刚刚同学们找了一下小军和他的小伙伴的位置,下面你能在老师的角度来表示出你们在教室的位置吗?下面把你的位置表示出来,和你的小伙伴交流一下你在班级的位置。

师:都完成了吗?请同学说一说。老师这里也写了几个同学的位置,你能快速地找到他吗?怎么几位同学找到的同学有几个不一样呢?

预设:因为老师这里有的先表示了列,再表示行;有的先表示行,再表示列。有的同学可能没看仔细,就开始找了。

师:我们看看是这样吗?其实,以前数学家们也遇到了这样问题。所以,在数学上我们通常是把列写在前面,然后再写行,就避免了这类错误的发生。

③ 自主探索,创造写法。

师:看来同学们都已经掌握了这种表示位置的方法,下面老师来报出我们班同学的名字,你用行、列来记录下这些同学。小王第1列第2行,小张第2列第4行,小李第2列第5行,小陈第6列第5行……

预设:老师,你慢点,我们来不及记录了。

师:来不及的同学,你们可以用自己能看懂的方法进行简单的记录。

预设:各种形式的记录:①$1^2$,2^4,2^5,6^5;②$1_2$,2_4,2_5,6_5;③1－2,2－4,2－5,6－5;④列1行2,列2行4,列2行5,列6行5……

展示学生的表示方法,并让学生进行交流,是怎么想的,老师进行适当表扬。

师:大家都非常棒,开动了小脑筋,创造了许许多多的简单的方法。虽然我们有这么多不同的表示方法,但它们都有一些共同的地方,你发现了吗?

预设：它们表达同一个人的位置时，所用的数字都是相同的，而且都是先写列再写行的。

师：看来大家都有做数学家的天赋，都能用很简洁、准确的方法来进行位置的表示。而我们古代的数学家，也发明了一种简单的方法来进行位置的表示，大家想知道吗？我们来看看他们是怎样表示的。

师：老师就用刚刚表示的小军位置，来书写。（板书：(4,3)边书写，边讲解）

师：先来写表示列的4，因为后面还有一个表示行的数还没说完，所以加个逗号，再写表示行的数。又因为这是表示一个整体，所以我们在外面加上一个括号。数学上把这种用一对数来表示位置的方法叫作“用数对确定位置”（补全板书）这对数就叫作“数对”，像我们刚刚表示的(4,3)读作“数对四三”。

师：你能用数对来表示刚刚几位同学的位置吗？

小王(1,2)，小张(2,4)，小李(2,5)，小陈(6,5)。

出示之前表示位置方法，进行比较，发现数对特点。（准确、简洁、方便……）

师：没错，我们引进了数对来表示位置，这样更加准确、简洁。

小结：同学们都非常棒，通过自己的创造，完成了表示位置方法的设计，并学习了数学家们的表示方法，完善了自己的方法，终于找到了一种既准确又简洁的表示位置的方法——用数对确定位置（生齐）。那大家想知道是谁最先发明并使用这种方法的吗？

［设计意图：本环节引导学生通过自主创造简便的方法进行位置的表示，经历数学家们创造数对的过程，发现自己创造的方法竟然与数学家们的方法较为相近，从而获得成功的喜悦，增强学生学习数学的兴趣。］

3. 回归生活，练习强化

(1) 了解数对的产生。

师：大家请看 PPT(PPT 介绍笛卡尔发明数对的过程和数对给生活带来的便利)。

师：看完了笛卡尔发明数对的过程，你有什么想说的吗？

预设1：生活中到处都有知识，我们要善于发现，用发现的眼光看世界。

预设2：生活中充满了数学知识，我们要用心去感受和发现。

师：说得多好啊，我们生活中处处都有数学，数学来源于生活，但需要你有一双数学的眼光去看待生活，才能发现其中的奥秘。同时，老师也希望大家能将我们学到的知识再运用到生活中，让我们的生活更加美好。

［设计意图：出示笛卡尔发明数对的过程，让学生体会数学与生活的密切联系，体悟数学源于生活，又用于生活；既掌握了科学表示数对的方法，又丰富了人文素养，在数学学习中受到了数学文化的浸润。］

(2) 巩固用数对确定位置的依据。

出示图片，一小蜘蛛找位置进行练习巩固。

师：刚刚笛卡尔是通过蜘蛛在蛛网上的爬行，发明了用数对表示位置。现在，我们的课堂上也来了一位和蜘蛛有关的人物，看看这是谁？（蜘蛛侠）对，就是蜘蛛侠，现在蜘蛛侠在执行他的任务，你能用数对帮助他确定他的位置吗？

教师按照顺序，先不给学生任何东西，直接给出图片看是否能表示蜘蛛侠的位置。显然，没有任何参照，学生无法表示出蜘蛛侠的位置。然后再逐步出示列、行，慢慢地引导同学需要知道列和行才能对位置进行表示，最后表示出几个蜘蛛侠位置。

(3) 游戏破译密码。

出示表格，在表格中有一些汉字，用数对来表示汉字的位置，让同学根据数对寻找汉字，破译密码。

第1组：(1,5)，(5,1)，(2,4)，(4,2)分别对应：我，爱，数，学。

第2组：(2,4)，(4,2)，(2,3)，(3,2)分别对应：数，学，好，玩。

师：大家都破译了这个密码了吗？老师希望大家对数学能一直地热爱下去，并在学习数学的过程中，体会数学的乐趣。

[设计意图：两道练习题的设计也是有一定意图的。第1题，将数对放入网格图中，暗含了坐标的思想，让学生初步体会坐标思想。第2题，将数对中行、列的数进行对换，所表示的位置是不同的，体现了数对一一对应的思想。]

4. 课堂小结

师：课前我们给客人老师找的空位置，现在你能准确地告诉客人老师了吗？

师：这节课，我们由问题出发，通过研究小军的位置，认识了行、列，学会了用数对来确定位置。

反思迁移：

(1) "数对"这一概念虽然比较抽象，但是依然存在朴素的知识与经验基础。是借助已有知识还是借助经验，是引进新知识数学教学设计要权衡的问题。在二年级时学生已经初步地学习过了位置的确定，一个物体在另一个物体的什么位置。但是旧知基础与本节课距离较远，借助学生熟悉的实际生活情境（影院座位、班级座位），有助于学生的认识顺利从感性过渡到理性层面，理解数对的数学本质。

(2) 文化育人是近年来数学教育追求的价值导向。教师设计了学生经历数学家们创造数对的过程，让学生发现自己创造的方法竟然与数学家们的方法较为相近，从而获得成功的喜悦，为后续的学习培养兴趣。随后，出示笛卡尔发明数对的过程，数对是由蜘蛛结网而得到的启示，让学生体会数学与生活的联系，体悟数学源于生活，又用于生活；让学生既掌握了科学表示数对的方法，又丰富了人文素养，受到了人文的教育。当文化融入课堂，学生的心灵才能得到升华。

(3) 练习环节突破了一般课堂练习的设计套路，不落俗套，有数学文化的熏染渗透，有趣味数学的解题体验，也有严密逻辑的思维训练，具有较强的借鉴价值。

三、知识链接："例—规式"规则学习

数学规则是两个或两个以上的数学概念之间的关系及其规律性在人脑中的反映，主要表现形式有定律、性质、法则、公式与数量关系、公理、定理等。在小学数学中，许多数学规则可以采用"例—规式"进行学习，即学生对教师或教材提供的规则若干例证，进行观察、分析、比较，从中抽象概括出规则。基本步骤如下。

第一步，感知例证。即感知发现规则的材料，这些材料一般是规则的特例。由于这些特例往往是反映了概念与概念之间的关系，因此介于小学生的认知特点与思维发展规律，在实际教学过程中，通常不直接呈现例证。如上述教例中圆周长公式的特例，是学生通过测量获得的。

第二步，考察例证。这是获得规则的关键性阶段。一般可分为两个层次：首先引导学生对例证从直觉上整体观察，然后再组织学生对每个例证进行具体考察，通过比较、分析，抽象

出每一例证存在的规律。如上述案例中,可首先组织学生对公式特例从整体上直觉观察,然后再对每个等式比较、分析,从而抽象、概括出规则。

第三步,概括结论。在学生对例证共同规律认识的基础上,教师引导学生及时抽象概括,获得一般规律的假设。

第四步,检验结论。由于学生用“例—归式”学习的规则主要采用经验归纳法获得,因此用这种方法获得的规则的正确性需通过理论论证才能承认。小学生一般不能做到这一点。因此,为了增加小学生对规则正确性的认识,教学时在概括出结论后有必要通过实例检验增加对所获规则的可信度。

第四节　统计与概率教学设计

“统计与概率”包括“数据分类”“数据的收集、整理与表达”和“随机现象发生的可能性”三个主题,属于统计学与概率论的启蒙内容。“统计与概率”领域的内容与其他领域很不相同,主要体现在:关注的对象不同(更多关注群体)、研究的内容不同(主要研究随机现象及其背后隐含的规律性)、研究的方式不同(需要大量重复实验)。学习本领域知识,能够帮助学生形成初步的数据意识,逐渐养成用数据说话的态度,能够促进学生的认识从确定性数学的思维层面向随机性数学的思维层面拓展与提升。

一、统计与概念整体教学分析

“统计”横跨整个小学阶段,主要包括以下内容:根据一定的标准对事物或数据进行分类;调查、测量、实验等收集数据的方法;文字、图画、统计表(单式、复式)、统计图(象形、条形、折线、扇形)等整理描述数据的方法;平均数、中位数、众数等分析数据的统计量;《课标(2022 年版)》将百分数从“数与代数”调整过来,作为表达统计量的一种重要形式;从数据中提取信息并进行简单的推断。统计通常概括为四个方面:数据的收集、整理、描述和分析。“概率”知识在小学阶段涉及很少,且并未出现“概率”一词,只以“可能性”这一生活用语来帮助学生初步感受随机思想。这里重点就统计内容的教学进行整体性分析。

如前教材分析所述,不同版本的教材都选择了适应课标的教学内容,编排时遵循螺旋上升的原则,只是个别内容安排的具体时间和顺序上略有不同。比如“复式统计表”,人教版单独安排;苏教版将之与复式条形统计图安排在同一个单元。“可能性”苏教版安排在四年级上册,人教版安排在五年级上册。

(一) 统计的教学要求

第一学段的要求是“数据分类”,即会对物体、图形或数据进行分类,初步了解分类与分类标准的关系,形成初步的数据意识。第一学段已经涉及初步的数据描述与零星的数据分析,只不过重点在于积累数据的收集和整理的经验、方法,为后续统计学习积累感性经验。第二学段的要求是“经历简单的数据收集和整理、描述和分析的过程,了解简单的数据收集的方法,会呈现数据整理的结果”。第三学段的要求是“根据实际问题需要,经历数据收集、整理和分析的过程,能合理述说数据分析的结论”。显然,这两个学段是一脉相承的,第三学段的要求更高。概括起来可理解为两个方面:一是在真实情境中经历简单的数据收集、整理的过程,二是将整理后的数据用统计表、统计图进行直观描述,并从平均数、百分数等重要数据中分析出有用的信息，根据结果作出简单的判断和预测，后者是学习的重点。

(二) 统计的教学策略

由于学生年龄的特点及循序渐进的原则，统计在各个学段的教学侧重点有所不同，但由于统计内容本身的特点，在不同学段有着共同的教学策略。

(1) 统计是研究现实生活中的数据，教学时应选择贴近学生日常生活的活动素材，创设真实的问题背景，一方面有利于激活学生的生活经验、激发学生的统计需求；另一方面有助于培养学生发现问题、提出问题、分析问题和解决问题的能力，并形成初步的应用意识。

小学微课　韩晨晨：百分数的认识

(2) 现实生活中很多问题没有现成的数据，教学时要通过具体问题让学生了解收集数据的不同方法(包括调查法、实验法、测量法、文献法等)，并能让学生体会到应根据问题的需要，选择恰当的方法收集数据，帮助学生经历数据收集的过程、感悟数据收集的意义和方法，积累收集数据的经验。

(3) 分类是对数据进行的初步整理，同样的数据根据不同的标准可以有多种分类方法。教师要鼓励学生提出分类标准(若有困难，可以直接给出一种分类标准，或者通过提出问题启发学生思考、引发学生讨论如何确定分类标准)，然后依据标准对调查数据进行分类，从中学会分类方法；要引导学生感悟分类标准与数据信息之间的关联，体会标准不同分类的结果可能也不同；要引导学生发现，有些数据在第一次分类的基础上，还可以选择其他标准进行第二次分类，初步了解分类是有层次的，体会层层递进的思考。

(4) 完整的统计过程包括四个步骤。教学时应采取互动式的教学方式，引导学生参与数据的收集、整理、描述和分析的全过程，在过程中体验统计的实际意义、体会运用数据进行表达和交流的作用、感受数据对于分析和解决问题的优越性，积累基本的统计活动经验。

(5) 在问题解决后，还应引导学生反思解决问题的过程，体会为了解决统计问题，我们才要去收集数据；为了从一堆杂乱的数据发现有用的信息，需要进一步对数据进行整理；通过对整理后的数据进行分析从而解决了问题，最后发现原来数据中竟然“藏着”可以用来解决问题的信息。

(三) 统计的教学流程设计

“数据的收集与整理”教学，通常需要经历以下三个步骤：第一步，结合具体情境发现并提出统计问题；第二步，在解决问题的过程中探索数据的收集与整理方法；第三步，通过回顾反思，获取统计活动经验，发展数据意识。

“数据的描述与分析”教学，通常需要经历这样三个步骤：第一步，结合具体情境，引发学生对即将学习的描述(或分析)数据方法的认知需求；第二步，设计若干层次的活动，引导学生循序渐进地认识某种描述(或分析)数据的方法；第三步，在应用中进一步熟悉方法，积累统计活动经验，发展数据分析观念。

二、统计与概率典型案例赏析

例 5-7　统计表和条形统计图[苏教版小学数学四年级上册]

执教：南通市通州区五接小学　陈胜南

案例背景：在低中年级前面的学习中，学生初步掌握常用的收集与整理数据的方法，积累了一定的统计活动经验，能用画图、表格等方法表示数据，也能进行简单的数据分析。从本单元开始，教材比较系统地引领学生经历数据的收集、整理、描述与分析过程。本节课学习的统计表与条形统计图仅是简单的形式，是后面复式统计图表学习的基础。

实训重点：统计表与统计图教学设计一般思路；数据意识的培养。

教学目标：

(1) 在观察和操作中认识统计表和条形统计图，理解统计表中“合计数”及统计图中纵轴刻度的含义，知道统计图和统计表的特点，能根据统计数据进行简单分析。

(2) 经历收集、整理、描述、分析数据的过程，初步建立数据意识。

(3) 感受独立思考与合作学习的价值，体会数学与生活的联系，获得成功的体验。

教学重点：认识并会用统计表和条形统计图表示数据。

教学难点：能根据统计数据进行简单分析。

教学过程：

1. 创设情境、引入新知

(1) 谈话导入。

同学们，在寒假里，大家都有机会能多看会儿电视了，那你们最喜欢什么电视节目呢？老师这边有 4 个选项。

(2) 回顾数据的收集和整理。

“萝卜青菜，各有所爱”，看来同学们都有各自喜欢的节目。张丽华小朋友想知道他们班同学最喜欢的电视节目是什么？她应该怎么做呢？你能给她想想办法吗？

学生回答：先调查数据，再汇总整理。

[设计意图：数学源于生活，结合学生实际生活创设情境，是为了便于学生更好地投入到本节课的学习中，从而达到预期教学效果。]

2. 认识统计表和条形统计图

(1) 填制统计表。

这是张丽华的调查结果记录，如表 5-3 所示。

表 5-3 某班同学最喜欢的电视节目记录单

序号	节目类别	序号	节目类别	序号	节目类别	序号	节目类别	序号	节目类别	序号	节目类别
1	科普类	9	体育类	17	动画类	25	科普类	33	综艺类	41	动画类
2	综艺类	10	综艺类	18	综艺类	26	动画类	34	体育类	42	体育类
3	综艺类	11	动画类	19	动画类	27	体育类	35	科普类	43	综艺类
4	体育类	12	综艺类	20	科普类	28	体育类	36	综艺类	44	动画类
5	科普类	13	体育类	21	综艺类	29	动画类	37	体育类	45	体育类
6	动画类	14	综艺类	22	体育类	30	综艺类	38	动画类	46	科普类
7	综艺类	15	综艺类	23	动画类	31	动画类	39	动画类		
8	体育类	16	体育类	24	综艺类	32	体育类	40	综艺类		

交流：你能提出什么问题？(喜欢科普类的有多少人？喜欢哪个节目的人数最多？喜欢哪个节目的人数最少？)能一眼就看出结果吗？有什么好办法吗？

师：刚才大家想到的都是统计的方法。为了使大家一眼就能看出人数，我们需要把以上数据进行整理。下面就请大家整理数据，完成统计表。

（2）认识统计表。

同学们，你们都整理完了吗？接下来我们一起来观察这个统计表，如表 5-4 所示。

表 5-4　某班同学最喜欢的电视节目统计表　　　　年　月

节目类别	合计	科普类	综艺类	动画类	体育类
人数		6	15		

① 认识统计表的标题。首先，统计表最上面这一行就是统计表的标题，通过标题我们就能知道统计表统计的是什么。有谁知道这个统计表统计的是什么？（是某班同学最喜欢的电视节目）

② 认识统计表的制表日期。你观察得可真仔细！我们继续往下看。在右上角有什么？你们注意到了吗？请漏掉的同学补充完整。这里的某年某月应该怎么填呢？没错，这是制表日期，现在是 2020 年 4 月，那我们就填 2020 年 4 月。

③ 认识统计表的项目栏和合计栏。那节目类别中，同学们又是怎么填的呢？大家同意吗？老师想问问你这里的合计数是怎样计算的？

同学们，这是合计栏，这些是项目栏，合计数应该是将项目栏里所有的数据相加得到的。

（3）绘制统计图。

同学们真棒！经过大家的共同努力，某班学生最喜欢的电视节目统计表已经完成。我们不仅可以整理成这样的统计表，还可以整理成统计图（图 5-7）。请同学们独立完成条形统计图。

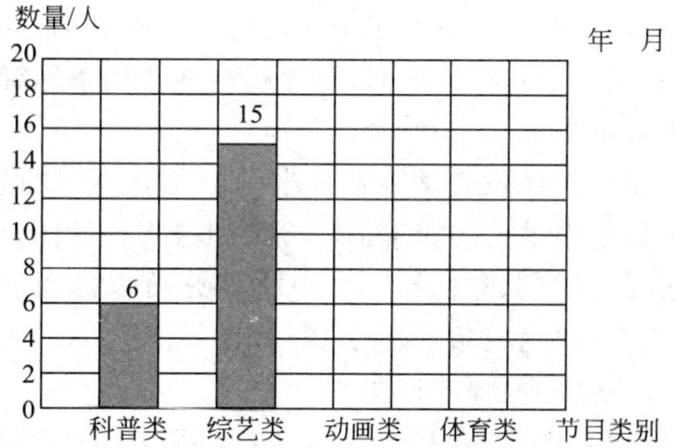

图 5-7　某班同学最喜欢的电视节目统计图

（4）认识统计图。

那我们继续来看条形统计图吧。它除了有图，也有文字，你找到了吗？

① 认识条形统计图的标题和制表日期。这一行文字就是条形统计图标题，通过这个标题我们能发现这个条形统计图统计的也是——（某班同学最喜欢的电视节目）这里是制图日期，我们也应该填上 2020 年 4 月。

② 认识条形统计图的纵轴和横轴。还有哪些文字呢？没错，这下面横着有一行文字，这是条形统计图的横轴，看看横轴表示的是什么？横轴表示的是节目类别。

在左边竖着还有一列数，这是条形统计图的纵轴，想想它们表示什么？纵轴表示的是人数。那条形统计图中每格的高度是表示几人？

③ 交流如何画条形统计图的直条。既然条形统计图中每格的高度是表示 2 人，那谁来和大家说说你是怎么画出动画类和体育类的直条的？

(先找到在横轴上的位置，再根据每格的高度表示 2 人，确定直条的高度。其中体育类有 13 人，应该在 12 和 14 之间）不要忘了标上数据，那单位要不要加上？

④ 理解条形统计图中的数据。同学们，从这幅条形统计图中你又能得到哪些数据呢？你能一眼看出喜欢哪个电视节目的人最多？喜欢哪个电视节目的人最少？

小结：直条长短表示人数的多少，条形统计图能直观、形象地表示数量的多少。

(5) 统计表和条形统计图的特点。

① 小组讨论。我们已经认识了统计表和条形统计图，那统计表和条形统计图各有什么特点呢？把你的想法在小组里说一说。

② 全班交流。

预设 1：统计表用表格呈现数据，条形统计图用直条呈现数据。

预设 2：统计表和条形统计图都能清楚地看出统计的结果。

预设 3：条形统计图能直观、形象地表示数量的多少。

[设计意图：由于是第一次学习统计图表，所以在教学时放慢脚步。先带领学生一步步地认识统计表，揭示标题、日期、合计栏、项目栏等；然后再认识条形统计图，简单介绍标题和日期，重点认识横轴和纵轴，便于学生比较统计表和条形统计图的异同。]

3. 巩固提升

(1) 看表制图。

刚刚我们帮助张丽华调查了班级同学最喜欢的电视节目，还学会了用统计表和条形统计图来呈现统计结果。现在学校想了解四年级所有同学最喜欢的电视节目，应该怎么办呢？这里是三个班的班长一起调查汇总得到的数据（表略），你能用条形统计图表示这些数据吗？

生：不知道纵轴每格表示多少人，不好画。

师：那纵轴每格表示多少人比较合适呢？你来说。还有不同的想法吗？确定纵轴每格表示多少人，要根据一组数据中最大的数来估计。比如这幅统计图，由于已经画好了 10 格，最大数据是 75，所以 1 格表示 8 人或 1 格表示 10 人都是可以的。下面请大家拿出活动单，先确定纵轴每格表示多少人，再完成条形统计图。

出示学生绘制的标准不同的两幅统计图。

师：比较一下，这两幅图有什么相同的地方？（它们都表示四年级同学最喜欢的电视节目统计情况，它们表示的是同一组数据，意思是完全一样的）

师：那为什么这两幅统计图看上去不一样呢？（因为它们纵轴的标准不一样，左边是 1 格表示 8 人，看上去直条要长一些；右边是 1 格表示 10 人，看上去直条要短一些）

小结：看统计图时不仅要看直条的高度，还要看每格表示多少人。同学们，学习统计图，首先要学会看图，如果不能正确地理解统计图的含义，很容易对数据做出错误的解读。

(2) 联系生活，分析数据。

其实在我们身边经常用统计表和条形统计图来统计数据，你们想了解更多吗？一起来看！（出示题目）

学校要开运动会了，这是四 1 班 5 名同学 100m 跑选拔赛中成绩统计图（图 5-8），观察一下，与刚才的统计图有什么区别？每班只能有 1 人参加，选谁参加好呢？为什么？

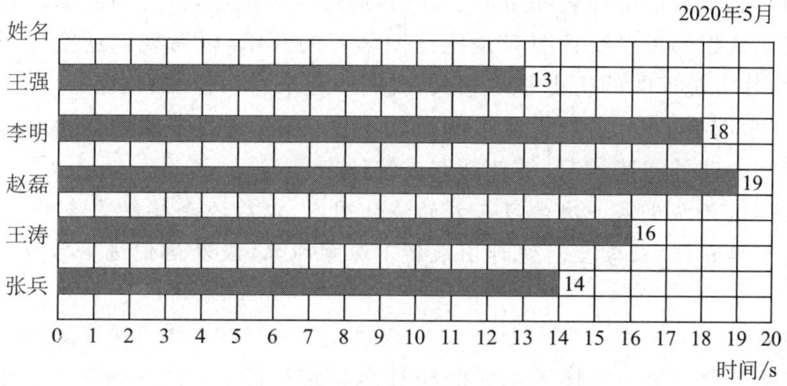

图 5-8　100m 跑选拔赛成绩统计图

小结：看来通过分析统计图，还能帮助我们作出判断，那就派王强参加比赛。

师：这是青阳小学某星期每天用水量情况统计图(图 5-9)，从图中你能知道些什么？

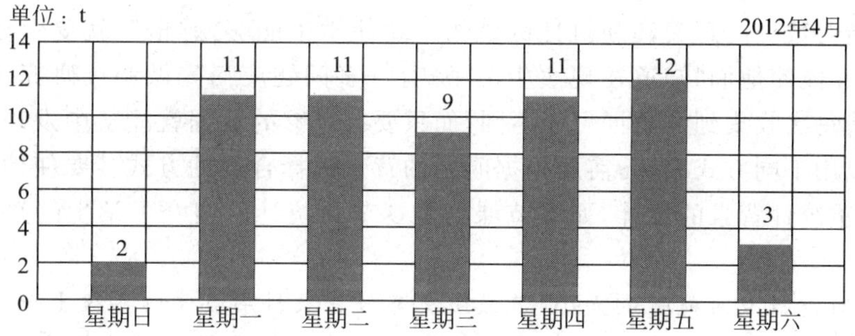

图 5-9　青阳小学某星期每天用水情况统计图

生 1：图中 1 格表示 2t。

生 2：这一个星期中星期五的用水量最多，星期日的用水量最少。

师：很好！你找的是这组数据的最大值和最小值。

生 3：星期一至星期五的用水量都比较多，星期六和星期日的用水量都比较少。

青阳小学四年级一班同学调查了学校某星期每天的用水量，并制成了统计图。

师：你能对一组数据的整体情况进行分析和比较，值得表扬！

生 4：星期六和星期日学校放假，所以用水量少。

老师还有个问题，除星期六、星期日以外，每天的用水量大约是多少吨？

生：学生在校时每天的用水量在 9～12t。我觉得用 11t 表示学生在校时每天的用水量比较合适，因为 5 天中有 3 天的用水量都是 11t。

师：不错！相对而言，“11t”更具有代表性。

[设计意图：通过之前学习，学生对条形统计图建立了初步印象。要想看懂条形统计图的数据，既要看纵轴，也要看横轴。所以让学生聚焦到纵轴，自己去标记纵轴上的单位长度，然后填写横轴上的类别。这样设计能帮助学生更好地看懂统计图。然后再结合生活中的例子，引导学生在看图思考过程中进一步感受条形统计图直观、形象的特点。]

4. 课堂小结，课外延伸

今天我们一起学习了统计表和条形统计图，通过今天的学习，你有什么收获？

这节课我们认识的条形统计图只是统计图学习的开始，以后我们还会学习更多的统计图！不仅如此，其实统计图的历史非常悠久，我们一起来看一份资料（略）。

寒假里，同学们除了看电视，肯定也阅读了不少书籍，请同学课后在小组里调查你们小组同学寒假期间的课外阅读情况，整理后完成统计表。

[设计意图：这是学生第一次学习正式的统计图表，以后还会接触更多的、不同类型的统计图表。通过简单介绍，让学生对统计图表留下深刻印象，激发他们进一步学习统计图表的求知欲。]

反思迁移：

(1) 本节课是学生第一次接触正式的统计表与统计图，以后还会进一步学习复式统计图表，会认识各种类型的统计图，如折线统计图、扇形统计图等。能弄清统计图表的基本要素、通过比较理解统计图表的基本特征对后面的学习非常重要，教学中应注意有意识地引领学生主动比较图表之间的异同点。

(2) 小学统计与概率学习的核心是发展学生数据意识。根据《课标（2022 年版）》，数据意识主要是指对数据的意义和随机性的感悟。要使学生能够"感悟"，就要引领学生亲身经历统计过程，才能使他们"知道在现实生活中，有许多问题应当先做调查研究，收集数据，知道同样的事情每次收集到的数据可能不同，而只要有足够的数据就能从中发现规律；知道同一组数据可以用不同方式表达，需要根据问题的背景选择合适的方式。"要使他们乐于收集、统计，就要注重统计背景的设计，如本节课的电视节目统计就迎合了学生的兴趣点，起到很好的效果。

例 5-8 可能性及可能性的大小[苏教版义务教育教科书数学四年级上册]

执教：南通市新桥小学　徐玲玲

案例背景：可能性问题在学生生活中都能遇到，但作为数学知识学习还是第一次，因此教材用简单、直观的摸球活动来说明其结果的三种情况"一定""不可能""可能"，再用摸牌游戏来说明可能性是有大小的。可能性是一个比较抽象的概念，只有让学生在具体的游戏中，才能真切感受有些事件发生能确定，有些事件发生不能确定，产生对事件发生的可能性的认识。

实训重点：统计与概率的教学策略与设计技巧；随机思想的渗透。

教学目标：

(1) 结合具体实例，初步感受简单的随机现象，能列举出简单随机事件中所有可能出现的结果，能正确判断简单随机事件发生的可能性的大小。

(2) 在观察、操作和交流等具体活动中，初步感受简单随机现象在日常生活中的广泛应用，能应用有关可能性的知识解决一些简单的实际问题或解释一些简单的生活现象，形成初步的随机意识。

(3) 在参与学习活动的过程中，获得学习成功的体验，感受与他人合作交流的乐趣，培养对数学学习的兴趣。

教学重点：掌握简单随机现象特点，能列举出简单随机现象中所有可能发生的结果。

教学难点：能对简单随机现象发生的可能性大小作出定性描述。

课前准备学具：3 个布袋，分别装红球、黄球，2 个红球，2 个黄球；信封 10 个（含扑克牌红桃 A，红桃 2，红桃 3，红桃 4，黑桃 4）；KT 板游戏记录单 10 个。

教学过程：

1. 创设情境，游戏引入

（1）孩子们，喜欢玩游戏吗？这节课老师和大家一起玩数学游戏。在玩的时候要注意积极思考，玩出数学的味道。

（2）课前，布置同学们玩抛硬币游戏。硬币有正、反两个面。当我们将硬币抛起，没有落下来之前，你能确定硬币落下后是正面朝上还是反面朝上吗？（生：不能确定，可能正面朝上，也可能反面朝上）

[设计意图：抛硬币游戏简单易行，但若动作过小，抛出的硬币未在空中翻个儿就直接落下，试验数据会缺乏一定科学性，进而影响正确推断；另外，课中现场游戏也受到时间、空间限制。因此，布置学生课前玩抛硬币游戏，学生要有充足时间反复试验，从而获得科学合理的数据。]

2. 逐层探索，教学新知

1）抛硬币游戏

（1）这是老师汇总的全班同学抛硬币情况统计表。从这一组组的数据中，你发现了什么？有什么疑问？（生：正面朝上和反面朝上的可能性相等）

（2）下面是五位著名科学家试验后分别得到的数据。看了这些数据，你有何想法？

抛硬币，硬币落下后正面朝上和反面朝上的可能性相等，是表示正面朝上与反面朝上的次数相等吗？（板书：可能 相等）

孩子们，硬币落下后不是正面朝上就是反面朝上，这是必然的。但每一次抛起落下后，究竟是正面朝上还是反面朝上，又是偶然的，可能正面朝上，可能反面朝上。正面朝上和反面朝上的可能性相等，不表示正面朝上和反面朝上的次数相等哦。随着试验次数的不断增加，正面朝上与反面朝上的次数也会不断接近。

[设计意图：大部分学生在课前已熟悉抛硬币游戏，硬币落下后正面朝上和反面朝上的可能性相等，但对可能性相等的理解是简单片面的，会误认为可能性相等就是正面朝上和反面朝上的次数相等。借助全班学生课前试验的汇总数据、五位著名科学家试验的大数据，引发学生思辨，突破原有经验误区，正确理解抛硬币：硬币落下后正面朝上和反面朝上的可能性相等，是指正面朝上和反面朝上的概率各占一半，不表示正面朝上与反面朝上的次数相等。]

2）摸球游戏

（1）接下来，我们玩摸球游戏。老师准备了 3 个完全相同的布袋：1 号、2 号、3 号。每个布袋里放了 2 个形状、大小、材质完全相同的球。

从中选一个布袋，任意摸一个球，如果摸出红球，老师就送你一个球。谁想玩？你想好选几号布袋了吗？悄悄告诉老师。

（2）孩子们，现在你们能确定他选几号布袋吗？（生：不确定，可能是 1 号，可能是 2 号，可能是 3 号）选 1 号、2 号、3 号的可能性相等吗？

孩子，大声告诉大家，你选几号布袋？我帮你打乱了，你再摸。什么颜色？可惜了，请坐。祝贺你，送你一个球。

(3) 孩子们,都想好选几号布袋了吗?选 1 号、2 号、3 号的分别到这里排好队。(各选 5 个学生)

请你们三人当老师的小助手,帮忙拿好布袋,每次摸之前,搅一搅,打乱了,再给他们摸。请你给摸到红球的同学发奖励。马上就要开始摸球了,我们要看清楚,哪些同学摸到了红球?想一想,从中你发现了什么?

(4) 孩子们,看清楚哪些同学摸到了红球?从中你们发现了什么?(生:1 号摸出的可能是红球,2 号摸出的一定是红球,3 号摸出的不可能是红球)为什么会这样呢?谁能大胆地猜测一下,布袋里放着哪些颜色的球?

是真的吗?我们一起揭开谜底(把球分别放到透明盒子里)。请你当老师的小助手,上来摸球。头转过,不要看盒子。大家瞪大眼睛,看好他摸球,你想说什么?

布袋里有一个红球、一个黄球,摸到的可能是红球,可能是黄球,摸到红球和黄球的可能性相等。

布袋里只有红球,摸到的一定是红球。追问:每次摸到的是同一个红球吗?老师编上号,大家看好他摸球。你想说什么?

布袋里没有红球,摸到的不可能是红球。追问:能摸到什么球?生:摸到的一定是黄球。

(5) 小结:通过摸球游戏,我们体验到了有些事件的发生与否是确定的,要么一定发生,要么不可能发生,这样的事件又称为确定事件;有些事件的发生与否是不确定的,可能发生,也可能不发生,这样的事件又称为不确定事件。

(6) 及时练习。

① 从下面的口袋里各任意摸出 1 个球,一定是黄球吗?

② 想一想,每次口袋里可以放什么球?(4 红、4 绿)

a. 任意摸出 1 个,不可能是绿球。

b. 任意摸出 1 个,可能是绿球。

c. 任意摸出 1 个,一定是绿球。

(7) 在我们身边,哪些事件的发生是确定的,一定会发生或者不可能发生?哪些事件的发生是不确定的,可能发生,可能不发生?课前,布置大家与同学、家长讨论交流。现在,谁愿意把你知道的和同学们交流?

(8) 看来同学们已经在摸球游戏中体验到了事件发生的可能性,并且学会用一定、可能、不可能描述身边的事件。真棒!事件发生的可能性有没有大小呢?怎么判断事件发生的可能性的大小?(板书课题:可能性及可能性的大小)这就是我们今天要研究的第二个大问题,相信同学们一定能在接下来的摸牌游戏中找到答案。

[设计意图:从摸球的结果逆向推测布袋里球的颜色,再把球分别装入透明盒子里,让一名学生闭眼摸球,其他学生观察这名学生摸球全过程,在过程中自然生发对事件发生的可能性的感悟:只装黄球的袋中,不可能摸到红球;只装红球的袋中,摸到的一定是红球,但不一定是同一个红球,必然中还存有偶然。学生的现场参与感强,思维的积极性高。]

3) 摸牌游戏

(1) 出示 4 张牌,认识吗?这 4 张牌分别是什么?(红桃 A、红桃 2、红桃 3、红桃 4)它们除了点数不同外,形状、大小、背面的图案等都完全相同。如果把这 4 张牌打乱后反扣在桌上,任意摸出 1 张,可能摸出哪一张?摸之前能确定吗?

生：可能摸出红桃 A，可能摸出红桃 2，也可能摸出红桃 3 或红桃 4。每张牌都可能被摸到，摸之前不能确定。

（2）把“红桃 4”换成“黑桃 4”。现在的 4 张牌中，既有红桃，又有黑桃。如果把这 4 张牌打乱次序后反扣在桌上，任意摸出 1 张，可能摸到哪一张牌？摸出的扑克牌是红桃的可能性大，还是黑桃的可能性大？

学生猜想：摸出红桃的可能性大。追问：你是怎样想的？

生：可能摸出红桃 A，可能摸出红桃 2，也可能摸出红桃 3 或黑桃 4。一共有 4 种可能，摸出红桃的可能有 3 种，摸出红桃的可能性大。

生：红桃有 3 张，黑桃只有 1 张，摸出红桃的可能性大。

（3）小组合作，验证猜想。指名一生读合作要求。

小组合作要求如下。

① 一共摸 10 次，组长负责用画“正”字的方法将每次摸到牌的花色记录在表中。

② 3 名组员，一名负责打乱牌的次序，一名负责摸牌，一名负责监督。

③ 完成后，组长把记录表贴在黑板上。

我们比一比哪一小组合作默契，快而不乱，数据科学。

（4）一生报数，全班听算。比一比，谁算得又对又快？请听课老师用手机上的计算器也一起帮我们算一算，谢谢。（板书：红桃__次　黑桃__次）

（5）观察摸牌的结果，能说明“摸出红桃的可能性大”吗？你是怎样想的？

（6）事件发生的可能性有大小，怎么判断事件发生的可能性的大小？通过玩摸牌游戏，你有什么体会？

指出：判断事件发生的可能性大小，要先列举出整个事件中所有可能出现的结果，再根据列举的结果作出判断。

（7）从下面的 4 张扑克牌中任意摸出 1 张，摸出的可能是哪张牌？摸到几的可能性大？摸到 8 和 10 的可能性相等吗？

[设计意图：创设三个不同层次的问题情境，先顺承抛硬币、摸球经验，推断摸到红桃 A、红桃 2、红桃 3、红桃 4 的可能性相等；再将红桃 4 换成黑桃 4，历经质疑、试验、数据、推断的过程，帮助学生感悟事件发生的可能性是有大小的，掌握判断事件发生的可能性大小的方法；最后及时练习，在应用中加深理解。]

3. 趣味练习，巩固新知

1）拯救阿凡提

（1）有一次，阿凡提得罪了国王，被打入了死牢。按照当时的法律，死囚在临行前还有一次选择生死的机会。大法官拿来一个盒子，盒子里有两张纸签，分别写着生和死，如果摸到生则生，如果摸到死则死。

同学们，你们认为阿凡提摸纸签会出现什么结果？（生：可能摸到写有生的纸签，也可能摸到写有死的纸签）

（2）可是国王一心想让阿凡提死，于是派人把盒子里写有生的纸签换成了写有死的纸签，如果这时候阿凡提摸纸签，结果会怎样？（生 1：一定会摸到写有死的纸签。生 2：不可能摸到写有生的纸签）

阿凡提难道就真没救了吗？谁能拯救阿凡提呢？（生：把其中一张纸签藏起来）

太棒了，你的回答很精彩。想一想，怎样“藏”？阿凡提和你们想的一样吗？

(3) 有个好心人提前把情况告诉阿凡提，阿凡提想了一个晚上，终于想出了一个好办法。抽签时，阿凡提拿起盒中的一张纸签，看也不看，猛吞进肚里，在场的人全惊呆了。忽然，一个大臣说看看盒子里剩下什么，就知道他吃的是什么了。

阿凡提是怎么救了自己？

[设计意图：通过阿凡提的故事，让学生学会将所学知识活学活用，用自己的智慧，将很多不可能变为可能。]

2) 创意大比拼

(1) 课前，请同学们留心观察商场抽奖大转盘，一般面积最大的区域是几等奖？面积最小的区域呢？知道为什么这样设计吗？

(2) 元旦期间，大润发超市准备策划一场购物转大奖活动。凡在超市一次性购物满1 000元，均可以转动转盘一次。一等奖彩电1台，二等奖电吹风1支，三等奖饮料1瓶。

如果你是超市经理，既要考虑超市的利益，又要兼顾超市的信誉，怎样设计转盘？（从下面的3幅图中选择一个完成设计）

[设计意图：动手画一画、涂一涂，设计抽奖大转盘，让学生进一步体会可能性，以及可能性在生活中的应用价值。四年级学生还没有学习圆的知识，不会用圆规画圆，提供三幅半成品，让每一类学生都能找到适合自己的，在此基础上完成设计，培养学生思维的开放性和创造性。]

4. 回顾体会，提升认识

(1) 通过今天的学习，你有哪些收获和体会？

(2) 老师也用上“可能、一定、不可能”结束今天的学习。

孩子们，成长的路上可能会遇到各种挫折，老师相信大家一定能迎难而上，不可能轻言放弃。数学是有趣的，数学是好玩的，希望同学们玩转数学，玩转生活。

[设计意图：回顾所学知识是为了加深学生的学习印象，帮助学生进一步内化新知，纳入已有的知识结构，为后续学习提供新的生长点。]

反思迁移：

(1) 以数学游戏为引，让学生自然置身数学问题情境，自主探索、合作交流，自觉经历“猜想—实践—验证—反思”等一系列数学思维活动，使内隐的思维变成可触摸的具体操作，顺利击破“可能性”一课潜在的认知误区，形成科学、有效的数学认知：硬币被抛起落下后，正面朝上和反面朝上的可能性相等，不是正面朝上和反面朝上的次数相等。如果硬币第一次正面朝上，第二次仍旧是不能确定，可能正面朝上，也可能反面朝上。

(2) 如何使得数学课生动、有趣？顺应儿童天性，设计一个产生足够的吸引力的背景才可以形成沉浸学习的氛围。这节课新知教学设计了抛硬币游戏、摸球游戏、摸牌游戏，每一环节都深深吸引了学生，让学生在玩中学，在做中学。而练习也是不落俗套，设计“拯救阿凡提”“创意大比拼”等极具吸引力的活动，这一技巧值得学习借鉴。

三、知识链接：认知主义学习理论

在历史上各大流派学习理论中，现代认知学派学习理论是现代课程与教学重要的支撑理论。

现代认知学习理论关于学习本质的基本观点是，学习的本质就是新的认知结构的形成与发展。奥苏贝尔是现代认知学派代表人物之一，他的理论谓之有意义言语学习理论。奥苏贝尔曾在其《教育心理学》(1978 年)一书的扉页上写道："如果我不得不把全部教育心理学还原为一条原理的话，我将会说，影响学习最重要的因素是学习者已经知道了什么。应根据学生原有知识状况进行教学。"因此，基于认知主义的教学设计非常重视学习者已有的知识基础。

教学微课　认知主义学习理论

奥苏贝尔的重要贡献是在学习类型划分基础上提出有意义学习的两个条件。他认为，人类的学习有多种多样的类型。但从学习的内容和学习者已有的知识经验的关系来看，可以把人类学习分成有意义学习和机械学习；根据学习进行的方式来看，可以把学生的学习分为接受性学习和发现性学习。

奥苏贝尔在学习分类的基础上进一步指出了有意义学习的两大条件：一是主观(内部)条件，学习者表现出意义学习的态度倾向，即学习者表现出积极地寻求把新学习的知识与本人认知结构中原有知识联系起来的行为倾向性；二是客观(外部)条件，所要学习的材料本身要符合逻辑规律，必须能与学习者的已有知识或经验产生非人为的实质性的联系。奥苏贝尔指出，来自讲授式教学的有意义学习不是机械的或被动的学习，只要它满足有意义学习的条件，它就是一种主动的学习。因此，他的理论奠定了讲解教学的理论基础。

第五节　综合与实践教学设计

"综合与实践"是指一类以实际情境和真实问题为载体、以学生自主参与为主的学习活动。目的在于培养学生综合运用数学和其他学科的知识与方法解决实际问题的能力，培养学生的问题意识、应用意识，形成和发展模型意识、创新意识，提高学生解决现实问题的能力。这一领域突出了数学知识的整体性和综合性，对于改变学生的学习方式，让学生在学习过程中接触到一些有研究和探索价值的题材和方法，帮助学生全面认识数学、了解数学具有重要意义①。在《课标(2022 年版)》中，"综合与实践"领域变化比较大。主要内容包括主题活动和项目学习，小学阶段以主题式学习为主。主题活动分为两类：第一类，融入数学知识学习的主题活动，主要涉及常见的量、方向与位置、负数等知识；第二类，运用数学知识及其他学科知识的主题活动。

一、综合与实践整体教学分析

小学微课　茅婷婷：认识几时几分

现有不同版本的教材所安排的"综合与实践"活动专题的数量不一样多(比如人教版一共安排了 20 个专题，苏教版则有 33 个专题)，但活动专题素材的选取来源都比较广泛，并且都注意联系生活实际，现实性和综合性较强。不同版本教材的活动内容与前文知识联系的紧密程度不同。比如人教版，有与前面刚学的单元知识点紧密联系的，也有与前一单元的知识结合得相对较少的，还有的与前一单元知识没有直接联系，属于独立的单元；而苏教版教材中所设置的每一

① 王光明，康玥媛. 小学数学教学设计[M]. 北京：教育科学出版社，2014.

个实践活动，都与前一单元知识紧密相连，目的很明确，就是要让学生运用刚学的知识来解决问题①。

《课标(2022年版)》在课程内容中罗列了各学段供参考的主题活动。第一学段包括：数学游戏分享，欢乐购物街，时间在哪里，我的教室，身体上的尺子，数学连环画；第二学段包括：年、月、日的秘密，曹冲称象的故事，寻找“宝藏”，度量衡的故事；第三学段包括：如何表达具有相反意义的量，校园平面图，体育中的数学，营养午餐，水是生命之源。从上述主题活动可以看出：第一学段侧重认识日常生活中最常见的量，第二学段主题活动涉及综合性、实践性较强的跨学科内容，第三学段在主题活动基础上引进项目学习，从而实现与第四学段综合与实践教学的衔接过渡；三个学段均关注到数学知识的学习及应用数学与其他科学知识与方法解决实际问题。另外，课程标准还特别强调鼓励一线教师自主设计形式多样的趣味活动，提倡多学时长程学习。标准的这些导向对综合与实践的教学改革必将产生深远的影响。

小学微课　瞿晓峰：算“24点”

(一) 综合与实践的教学策略

“综合与实践”的教学，重在实践、重在综合。实践的主体是学生，教师要激发学生学习数学的兴趣、创设有利于学生进行探究性学习的情境；在激发出学生的探究欲望后，要引领学生经历发现问题、提出问题、分析问题和解决问题的全过程；要充分发挥小组合作的优势，通过“主题式”探究，给学生提供自主探究的空间和时间。综合的主体也是学生，在问题解决之后，教师要带领学生及时整理，系统建构，即把学生在解决问题过程中运用的知识和方法及时分类整理，把单一知识变成综合知识，帮助学生建构系统的知识体系，将知识融会贯通。

小学微课　章瑜：解决问题的策略

(二) 综合与实践的教学流程

“综合与实践”的实施是以问题为载体、以学生自主参与为主的学习活动。这里的问题是日常生活和社会实践中具有一定挑战性和综合性的实际问题、真实问题，有“场景型”“操作型”“实验型”“应用型”等不同类型。显然，“综合与实践”有别于具体数学知识的学习活动，因此其教学设计也要有别于前面三个领域。在进行教学流程设计时，既要从问题解决的角度充分提供学生动脑、动手、动口的实践机会，吸引学生主动参与、全程参与；又要从知识整合的角度，深度挖掘数学与生活实际、数学与其他学科、数学内部知识之间的联系，培养学生综合运用知识的能力。

小学微课　刘艳红：解决问题的策略——转化

由于“综合与实践”的内容素材广泛、呈现形式灵活且类型多样，不同情形对应的教学流程设计应各具特点，因此难以给出适应所有情况的具体教学流程设计。但“综合与实践”的实施都是以问题为载体的，从这一角度出发，可以给出适合所有情况的粗略教学流程，一般包括以下四个环节。第一个环节，创设情境，提出问题；第二个环节，确定方案，展开活动；第三个环节，多维探究，积累经验；第四个环节，调整反馈，总结评价。

① 曾令鹏. 小学数学综合与实践活动课程实施研究[M]. 广州：广东高等教育出版社，2020.

二、综合与实践典型案例赏析

例 5-9　1亿有多大[苏教版义务教育教科书数学四年级下册]

执教:南通师范第一附属小学　陆玉辉

案例背景:“1亿有多大”安排在“用计算器计算”之后,此前学生已经认识了大数(多位数),知道1千万1千万地数,10个1千万是1亿,还能根据十进制计数法,再接着数下去……但由于日常生活中很难遇到大数量,所以学生对1亿等大数的认识只是停留在字面上,对“1亿到底有多大”缺乏直观的感知与体验。因此,在认识了大数、学习了使用计算器计算后,安排该综合与实践活动。为了探究“1亿有多大”,需要借助学生熟悉的事物,通过适当方法把抽象的大数转化为可感知的具体数量。一方面,能帮助学生在“积少成多”中直观感受1亿这个数的大小,从而发展学生数感;另一方面,能培养学生分析问题、解决问题的能力,掌握用“小数量”推算“大数量”的研究方法,增强和提高学生的应用意识、研究能力。

实训重点:综合与实践的一般教学思路;数学活动经验的积累。

教学目标:

(1) 借助具体事物,经历“数一数”“叠一叠”“称一称”“算一算”和“说一说”等实践探究活动过程,能从不同的角度来感受1亿的大小。

(2) 在探索中感受“猜想、实验、类推和对照”的方法,初步渗透选用小基数类推解决问题的数学思想,培养学习数学的兴趣和解决实际问题的能力,并在活动中增强参与意识和合作意识,培养勤俭节约的良好习惯。

教学重点:通过各种实践活动,从不同的角度感受1亿的大小,并能结合实际,以具体的事物来表达对1亿大小的感受。

教学难点:如何借助小数量推算出大数量。

教学过程:

1. 说一说(创设情境,提出问题)

孩子们,咱们中国地大物博,是世界上人口最多的国家,大家知道我国一共有多少亿人吗?请看资料:据全国第六次人口普查结果显示,我国截至2010年11月1日零时,全国总人口为13亿多,共有4亿多户家庭。

13亿是多少个1亿?4亿呢?

1亿有多大?你会写这个数吗?谁能说说数“100 000 000”给你感受是什么?

仅仅知道1亿是10个1千万,是1万个1万是不够的。1亿到底有多大呢?咱们可以借助身边熟悉的事物来研究、计算和感受。(出示课题:1亿有多大)

瞧!老师给大家带来了一些作业本,我来数一数。按这样的速度数下去,数1亿本你们估计要多少时间?(根据学生的回答酌情进行板书:24小时、5天……)

[设计说明:教学伊始,让学生说一说对1亿的感受,并提出本课核心问题“1亿到底有多大呢”,以此激发学生好奇心和探究热情,让学生在问题引领下愉快融入实践活动中。]

2. 数一数(确定方案,展开活动)

(1) 活动设计。

刚才都是我们的猜想,那数1亿本本子到底要用多少时间呢?我们可以通过实验来验证。想一想,怎样才能得到数1亿本本子的时间呢?以小组为单位讨论一下。

有什么好办法吗？（全班交流汇报）

老师告诉大家：由数 10 本本子的时间得到数 1 亿本本子的时间，这个过程我们可以简称为“推算”。他们这个小组想出来的方法非常好！

其他小组呢？你们打算数多少本再推算？

要知道数 1 亿本本子所用的时间，有些小组想先数 50 本本子看要用多少秒，有的小组想先数 100 本本子看用多少秒……

请同学们思考一下，这些小组的方法有什么共同的特点？

(2) 操作推算。

同学们的方法都不错，下面就按大家的办法，先数出 50 本本子，学生计时，数本子时要注意什么？（保持稳定的节奏）

照这样的速度，数 100 本要多少秒？数 10 000 本呢？你是怎么想的？

数 100 000 本本子时，时间是多少？为什么？你还能发现什么规律？

通过推算，数 1 亿本本子要用多少秒？（9 000 万秒）

9 000 万这个数还是一个大数，我们对它还是没有多大的感受。秒是一个比较小的时间单位，如果换用大一些的时间单位，前面的数会变小。那大家想一想，比秒大一点的时间单位是什么？那 9 000 万秒是多少分呢？拿出计算器，算一算（150 万分）。150 万还是很大，可以换算成什么？换算成时后，怎么办？25 000 时再换成天除以多少？若按一年 365 天来算，大约需要多少年？（学生回答，教师填表，并出示相应换算的算式）

(3) 比较体会。

把 90 000 000 秒换算成以年为单位，大约是 3 年。数 1 亿本本子大约要 3 年，刚才我们数的时候，把吃饭时间去除了吗？睡觉时间去除了吗？（没有！）数 1 亿本本子，就算不吃、不喝、不睡，这么日夜不停地数，也得数上 3 年啊！现在你有什么想法？你觉得 1 亿怎么样？

(4) 方法小结。

刚才我们是怎样来研究 1 亿有多大的？

首先确定了研究内容，然后先猜想，再做实验进行验证。实验时通过测量小数量，再推算出大数量，最后得出结论。

[设计意图：通过列表和提问的形式帮助学生进行有序思考，初步渗透选用小基数类推解决问题的数学思想，并通过计算结果让学生从时间上充分体会到比我们想象中的要大得多，从而进一步发展学生数感。]

3. 分组活动

孩子们，通过数 1 亿本本子的时间我们初步感受了 1 亿有多大，大家还想不想通过其他活动来继续感受 1 亿有多大呢？

课前，老师给同学们准备了一些材料和两份课堂研究单，一起来看：量一量，1 亿张纸摞起来大约有多高？称一称，1 亿粒米大约有多重？

在研究之前，先看活动要求（略）。

(1) 量一量：研究 1 亿张纸摞起来有多高。

（学生汇报完毕之后，出示 PPT 图片）

看来你们的感受非常深刻，让我们借助图片再来感受一下！

1 亿张纸大约厚 10 000m。

① 与教学楼比：一幢五层的教学楼大约 20m，1 亿张纸的厚度相当于 500 幢教学楼叠加起来的高度。

② 与狼山比：南通狼山海拔约 100m，1 亿张纸的厚度相当于 100 座狼山叠加起来的高度。

闭上眼睛想象 100 座狼山一座一座叠起来的样子，非常雄伟吧！

再来看这一张纸，怎么样？太薄了，薄到都可以忽略不计了，可是 1 亿张纸叠在一起呢？继续看大屏幕。

③ 与珠穆朗玛峰比：珠穆朗玛峰海拔约 8 848m，1 亿张纸的厚度比世界第一高峰还要高很多！

对于实验结果，你们感受最深的是什么？

(2) 称一称：研究 1 亿粒米大约有多重。

出示：老师给你们的一小袋大米是 200 粒，大约重 5g。

1 粒米太小了，掉在地上都很难找到。也许我们在吃饭时，不经意间就掉了 1 粒米，但 1 亿粒米竟然重 2 500 000g。如果每人每天节省 1 粒米，全国 13 亿人，一天省下来的米居然可以供一个人吃上 223 年！1 亿是多么大呀！

出示 PPT：1 亿粒米重 2 500 000g，2 500 000g＝(　　)kg。

如果每袋大米重 10kg，1 亿粒大米要装(　　)袋。

如果一个四年级同学的体重是 25kg，1 亿粒大米的质量相当于(　　)个四年级同学的体重。

对于实验结果，你们又有什么感受？

[设计意图：本环节通过学生亲自测量和称重，在探究和推算中填表得出数据，从不同角度(时间、高度、重量和费用等)再次让学生感受 1 亿是多么宏大，积累相关数学活动经验，培养学生发现和提出问题、分析和解决问题的能力。]

4. 加深体会

(1) 总结方法。

由于 1 亿是个很大的数，我们很难直接称、量、数……在刚才的活动中，我们是通过什么方法来了解 1 亿有多大的？“借助小数量推算出大数量”是一种很重要的思考方法。

老师这里还有一些信息可以帮助同学们继续体会 1 亿的大小。

(2) 更多实例(计算机出示)。

① 1 亿枚硬币重 600t，用一辆载重为 4t 的卡车运，要运 150 次。

② 我们学校约有 2 000 人，如果学校每年给每个同学发 10 本数学本，1 亿本数学本够发 5 000 年。

③ 每人节约一双一次性筷子，1 亿人就能节约 1 亿双，可以少砍生长了 20 年的大树 25 000 棵。据国家统计局统计，全国每月竟然要消耗 26 亿双一次性筷子。

④ 根据调查亚洲严重缺水，缺乏符合卫生标准的饮用水的人数约为 8 亿，因缺水不能使用卫生设备的人数约 20 亿。20 年后，全世界缺水人口可达 30 亿。

(3) 说一说(说说感受)。

你们觉得 1 亿有多大？

[设计意图：注重思想方法感悟，引导学生在探索中掌握“猜想、实验、类推和验证”的方

法。通过更多充满正能量的实例引导学生进一步感受1亿的大小,并增强学生的环保意识,养成勤俭节约的良好习惯。]

5. 课堂练习

一角钱现在在超市还能买到东西吗?是啊,一枚一角钱太不起眼了,但1亿枚这样的一角钱却可以做很多有意义的事情。

下面我们来完成一份练习。

(1) 回收一个空饮料瓶是一角钱,回收1亿个空饮料瓶,是多少元?

(2) 建一所希望小学要200 000元人民币,1亿枚一角硬币可以修建(　)所希望小学。

(3) 一名贫困儿童一年的学习费用大约是2 500元,1亿枚一角硬币可以资助(　)名贫困儿童一年的学习费用。

播放《一个饮料瓶的自述》。

同学们,明白了吗?回收饮料瓶不仅环保,还能节约不少钱呢!

所以,我们平时要养成什么习惯?不要浪费什么?

[设计意图:设计多样化练习,培养学生数学应用意识,并通过解决问题活动对学生进行潜移默化的德性渗透,充分贯彻"立德树人"的课程理念。]

6. 课堂总结

回顾反思:通过今天的活动,你对1亿这个数有哪些新的认识?还有哪些收获和体会?1亿是一个很大的数,我们是如何来感知它的大小的?

反思迁移:

(1) "1亿"这个数究竟有多大?学生很难借助具体的量获得直观感受。因此在"大数的认识"这一单元后,安排了这节实践活动课,目的是引导学生通过探究活动,经历猜测、实验、推理等过程,自主完成研究活动,从而充分感知1亿这个数有多大,并获得成功的活动经验。教学设计采用了先引后放的思路,通过"数1亿本本子到底要用多少时间"这一问题的引导研究,使学生明确:要首先确定研究内容,然后先猜想,再做实验进行验证。实验时通过测量小数量,再推算出大数量,最后得出结论。分组活动围绕两个问题:"1亿张纸摞起来有多高""1亿粒米大约有多重",组织学生通过自主探索与合作,感受1亿这个数究竟有多大。

(2) 不同于一般的知识教学,这类课成功的关键是如何有效地组织活动而不是讲清楚某个事实。教学方法要充分体现学生的活动主体地位,引导是必要的。例如,引导学生如何大胆猜测,如何获得合理的猜测,思考如何验证自己的猜测,探索研究的方法,引导学生考虑实验的可操作性,选择容易找到并容易测量的材料。

(3) 教学设计要关注学生情感、态度价值观因素。好的素材可使学生的情感、态度价值观得到潜移默化的熏染。如本节课"回收1亿个空饮料瓶,是多少元?""1亿枚一角硬币可以修建多少所希望小学"都是充满正能量的素材,值得借鉴推广。

例5-10　节气中的数学密码[苏教版义务教育教科书数学三年级下册][①]

执教:江苏省南通市崇川学校　夏延春

案例背景:本综合实践活动是配合"年、月、日"教学安排的一次有意义、有价值的校本实

---

① 本案例为南通市"十四五"教育科学规划课题《问题引领下小学数学绘本教学实践研究》(GH2021294)研究成果。

践活动。节气特指二十四个时节与气候，是中国上古农耕文明的产物，在历史发展中逐渐成为我国农历的重要部分，因此是我们祖先长期经验的积淀成果和智慧结晶。由于本活动不仅涉及数学知识，也融合天文、历法等科学知识的运用，凸显了《课标(2022年版)》所提倡的跨学科融合，同时有助于学生感受我们祖先的高超智慧，增加民族自豪感，蕴含了较强的思政教育元素。

实训重点：综合与实践的主题活动设计思路；教学设计的创造性。

教学目标：

(1) 经历数据的收集、整理和分析过程，初步掌握把按小组收集的数据进行简单汇总，发展数据意识。

(2) 通过观察年历、收集节气日期、整理日期数据，利用不完全归纳法发现规律，拓宽学生对“规律”的认识。

(3) 在丰富的情境中感受节气与生活、节气与科学、节气的应用，提升文化认同感，增强学好数学的兴趣。

教学重点：分组整理数据并汇总。

教学难点：观察数据得出结论。

教学过程：

1. 活动导入

(1) 猜一猜。

提问：孩子们，你们觉得今天冷不冷？

预设1：冷——但是我想告诉你们这在一年中并不是最冷的，最冷的天还在后面呢！猜一猜，什么时候最冷？

预设2：不冷——这几天还行，但是之后气温就会越来越——低。猜一猜，什么时候最低？

谈话：大家都觉得寒假里最冷，没错。老师不光知道寒假最冷，我还知道最冷的那一天大概是在1月20日，你们猜猜老师是怎么知道的？

预设1：我猜老师是通过收看天气预报知道的——看来你有看天气预报的好习惯，但是目前的天气预报最多只能预报未来15天的天气。还有别的想法吗？

预设2：我猜老师是根据去年天气规律推测的——你说得真好，我们可以从以往的生活经验中获得规律，推测未来。

预设3：也可能是通过日历得知的。

(2) 观察日历。

谈话：看来你和老师一样，有看日历的好习惯，日历是怎么告诉我们的呢？我们一起来看看1月份日历。你们发现什么了？

预设：1月20日这一天下面写着大寒，从这里可以得知一年中这一天最冷。

(3) 引出节气。

谈话：原来日历上除了之前我们认识的年、月、日信息，还藏着节气呢！课前我们已经阅读了绘本《写给儿童的二十四节气》，通过阅读，你知道有哪些节气吗？

预设1：我还知道立春这个节气。

预设2：我还知道3月6日是惊蛰。

谈话:同学们知道的真不少,说出了好多个节气呢!一共有多少个节气呢——24 个。对了,节气一共有 24 个,今天我们就一起探索节气中的数学密码。(板书课题:节气中的数学密码)

[设计意图:课前设疑“哪一天最冷”调动学生的好奇心,激发学生学习兴趣。通过交流,引入课题。]

2. 整体感知

(1) 初步感知二十四节气。

谈话:语文课上我们已经学过节气歌了,一起来读一读吧!(出示节气歌)

春雨惊春清谷天,夏满芒夏暑相连,秋处露秋寒霜降,冬雪雪冬小大寒。

提问:节气歌里藏着哪些节气?谁能按顺序说一说。

板书:立春、雨水、惊蛰、春分、清明、谷雨,
立夏、小满、芒种、夏至、小暑、大暑,
立秋、处暑、白露、秋分、寒露、霜降,
立冬、小雪、大雪、冬至、小寒、大寒。

(2) 节气与季节。

提问:看着这些节气,你有什么发现?

明确:①24 个节气中,有 6 个是春天的,有 6 个是夏天的,有 6 个是秋天的,还有 6 个是冬天的;②每个季节的节气都是从立春、立夏、立秋、立冬开始的。这 4 个节气是四季的开始。

谈话:真会观察,从节气中发现了四季。那节气与月份又有什么关系呢?拿出手中的年历,圈一圈立春、立夏、立秋、立冬这 4 个节气,看一看四个季节分别是从哪个月开始的。

学生在年历上圈出立春、立夏、立秋、立冬这 4 个节气。

提问:春、夏、秋、冬分别是从哪个月开始的?

预设:春天 2 月开始,夏天 5 月开始,秋天 8 月开始,冬天 11 月开始。

谈话:到了第二年的 2 月春天又回来了,就这样一年又一年,周而复始,四季交替。知道了节气与四季的关系(板书:节气与四季),让我们的研究再精确些。立春在哪一天呢?

追问:怎么有人说是 2 月 3 日,有人说是 2 月 4 日?是不是谁眼花看错了?

明确:节气的日期每年可能不同。

3. 合作探究

(1) 分组统计。

谈话:像儿童节每年都是在 6 月 1 日,而节气的日期却不一定固定(板书:节气与日期)。其他节气是不是也是这样呢?准备怎么研究呢?

明确:把每个节气的日期统计出来。

提问:可是节气这么多,每个人一个一个地统计,来不及。

引导:集体的智慧是无穷的,我们可以分工合作呀,每组完成一部分,合起来不就能解决大问题了吗?具体怎么做呢?请听活动要求。

谈话:听明白了吗?比如你是第几小组?所以你们要统计几月份的节气?统计完了,要把数据上报给几大组长,就知道了第几季度的信息。

小结:情况复杂的时候,先分组,再汇总,是一种重要的统计思想。

提问：还有个小问题，这么多的节气，这么多的日期，一股脑写下来肯定——乱，怎样才能更清楚地呈现统计的结果呢——列表。是这样吗？如果还有第二个节气呢——再添一列。这样看上去就清楚多了。拿出信封，开始活动吧！

[设计意图：在研究过程中，先让学生思考，怎样研究省时省力？交流中得出“先分组，再汇总”，渗透分类汇总的统计思想。]

(2) 观察交流。

展示各大组成果。

谈话：统计好了的大组送上来，别忘了把小组研究单一起拿上来。下面的同学帮忙检查校对，看看他们统计的对不对。

引导：就拿这一组来说，小组数据是怎么汇总成季度数据的呢？谁上来摆一摆？

小结：我们先按小组统计了每月的数据，然后按大组汇总成季度数据。现在我们有了4个季度的数据，想一想，怎样才能汇总成全年的24个节气数据？

明确：全班的力量结合在一起，就能汇总成全年24个节气数据了。

展示：是不是这样？请两个同学拉开卷轴。这是——春天，然后是夏天，再然后是秋天、冬天。感觉怎么样——太多了。是啊，这么多的数据，别说研究了，光是看过去都得花不少时间，课上来不及。那我们可以怎么去研究节气与日期的秘密呢——研究其中一个季节——以小见大，也是一种智慧。那我们就从现在的冬季入手，来研究吧！

(3) 发现规律。

出示冬季节气日期表。

谈话：观察表格，你有什么发现？

预设：①我发现每个月都有2个节气；②有的日期有变化，也只相差一两天；③有些节气这4年里日期不变的。(小雪11月22日、大雪12月7日、大寒1月20日、寒露10月8日)不过这4年不变能不能说明它们的日期永远不变？还需要统计更多年份。

(4) 回顾小结。

谈话：怎么样，经过统计是不是对节气有了一些新的认识？其实我们之前学习的二十四节气歌不完整，还有后面一半呢！这后半段是什么意思呢？出示：

春雨惊春清谷天，夏满芒夏暑相连。秋处露秋寒霜降，冬雪雪冬小大寒。每月两节不变更，最多相差一两天。上半年来六、廿一(21)，下半年是八、廿三(23)。

引导：让数据说话，就能知道歌词是什么意思了。这是上半年的数据。

明确：每个月有两个节气，最多相差一两天。上半年的节气大多在每月6日和21日左右，下半年的节气大约是在每月8日和23日。

谈话：是不是这样呢？回头看我们刚才整理的各个季度数据。

(5) 节气日期改变的奥秘。

提问：那为什么节气的日期可能会改变呢？猜猜看，是不是这样呢？一起来看一看吧！

出示视频：地球在一边自转的同时，又一边绕太阳公转，但这两者没有协调好，自转的周期和公转的周期并不完全吻合。其实公转的周期约为365.242 2天，而不是365天或者366天整。所以人们需要设置闰年，让公转和自转的时间吻合起来。宇宙是个时空结合体，地球公转轨道上的每一点，都代表一个时间；反过来，每一个时间，也就对应着地球公转轨道上的某一点。例如，立秋是一个时间，二十四节气每一个节气都是一个时间，它们分别对应着公转轨道上的某一点。而在这一点上，每年转过来的时间都是不一样的，这也就是为什么二十四节气时间年年都在变的原因。

提问：视频看完了，你知道了什么？

预设：节气的时间和公转自转、平年闰年有关。

总结：回顾一下我们刚才小组合作的过程，我们先分组收集数据，又一起汇总整理了这些数据，最后发现规律，补充了二十四节气歌，还知道了节气变化的原因，同学们真是太了不起了。

[设计意图：探索节气中的数学密码，并不只是研究每个节气的日期，还要探索每个日期背后的原因。为什么要划分二十四节气？二十四节气是如何划分的？为什么每年时间都不相同？这不光是数学知识，也融合了天文、历法等科学知识，体现了学科融合。并且与数学书上平年、闰年的知识也紧密相关，解释了为什么要有平年和闰年，让学习向深处生长。]

4. 节气与生活

谈话：其实节气在生活中也有许多应用，绘本中也提到了一些关于节气的谚语。谁能说出一些节气的谚语呢？

学生交流。

谈话：老师也收集了一些有关节气的谚语，谁知道"寒露不算冷，霜降变了天"是什么意思？

预设：寒露还不算最冷的，霜降开始就要降温了。

引导：是这样吗？继续，让数据说话。

出示：2020 年 10 月南通气温统计表。

提问：你有什么想说的？

预设：霜降之后气温降低了很多。

追问：那这一句"小满小满，江河渐满"会是什么意思呢？

出示：2021 年 5 月降水量统计图。

明确：小满后降水量明显增加。

追问：看来节气中藏着气候变化的规律呢！书中还提到了许多谚语，我们也可以尝试着用数学的眼光去解读哦！

[设计意图：节气来源于生活，应用于生活。量化解读节气的谚语，在对比中帮助学生更加直观地理解节气的准确性，感受节气的应用价值。]

5. 总结提升

提问：不知不觉，今天的探索已经到了尾声。今天你有哪些收获呢？

总结：一本绘本带给我们这么多的思考，真是太了不起了，感兴趣的小朋友可以继续研究哦！不过我们除了要向书本学习，还要向生活学习，向自然学习，你会发现更多节气中的数学密码！

[设计意图：节气是祖先赐予我们的财富，需要我们用善于观察的眼睛，向生活学、向自然学。课末的好书推荐，培养学生数学阅读的习惯，为课堂画下一个省略号。]

反思迁移：

(1) 本综合实践活动寓知识性、文化性、趣味性、思政性于一体，是一次非常有意义、有价值的实践活动，活动的落脚点是学生已经学习"年、月、日"，可以引领学生在有趣的活动中对年、月、日等知识获得更深的理解。

（2）综合与实践是《课标（2022年版）》改革力度较大的领域，小学主要采用主题活动的形式，年、月、日等内容也被安排到该领域，并且提倡跨学科知识运用。从本课来看，教师的教学设计非常恰当地贯彻了课程标准的要求。同时，我们也能体会到，精彩的综合与实践教学设计不仅需要教师高超的设计艺术与巧妙构思，也需要较强的跨学科知识功底。

（3）数学来源于生活，数学是生活的抽象，生活中蕴含了大量的数学，只要我们善于挖掘，善于研究，就能找到有价值的实践活动主题。这应该是本设计给我们一线教师带来的最大的启发之一。

三、知识链接：建构主义学习理论

教学微课　建构主义学习理论

在历史上各大流派学习理论中，建构主义学习理论逐渐成为现代课程与教学重要的支撑理论。

建构主义（constructivism）又称结构主义，是认知主义的进一步发展。其最早提出者可追溯至瑞士的皮亚杰（J. Piaget）。建构主义关于学习本质的基本观点是，学习的实质是学习者经验系统的变化。也就是说，学习者经过学习，其经验系统得到了重组、转换或者改造。这里所说的经验系统与认知主义所说的认知结构有本质不同，不仅包括知识、技能等认知方面的变化，也有动机、态度、信念、价值观等情感方面的变化。经验系统之所有产生变化，是由于学习者依赖先前经验、学习情境或者学习共同体进行了主动建构活动。

建构主义关于知识观、学习观、教学观表现出与认知主义相背离的一种独特理解。在建构主义者看来，知识不是客观的东西，而是主体在实践中面对新事物、新现象、新信息、新问题根据经验做出的暂定性解释与假设，具有一定的客观性、相对性、暂时性和适应性；学习不是被动地接受东西，而是主动地、自主地建构知识意义，生成自己的经验、解释、假设。教学则是创设一定环境和支持，促进学习者主动建构知识的意义。在教学中，不只是关注如何呈现、讲解、演示信息，更重要的是，要创设一定的环境，促进学生自己主动建构知识的意义，适时提供适当的鼓励、辅导、提示、点拨、帮助、支持，进一步促进学生的建构活动。

建构主义背景下的教材呈现与教学设计强调突出学习环境中的四大要素或四大属性，即情境、协作、会话和意义建构。这一价值导向是当下教学设计重视情境创设、合作学习的学理基础。

本章项目训练

实训项目1：单元设计

实训内容："分数乘法"单元教学设计［苏教版小学数学六年级上册］。

实训任务：

任务一：分析"分数乘法"与已学过的哪些内容密切相关及其原因。

任务二：分析"分数乘法"是后续哪些内容的学习基础及其原因。

任务三：分析"分数乘法"单元内容的基本结构，并进行单元教学设计。

实训目标：

(1) 能从整体的角度分析每个单元与教材中前后内容的联系。

(2) 能在整体分析的基础上进行单元设计。

实训项目2:"四大领域"教学目标的定位比较分析

实训内容:对"数与代数""图形与几何""统计与概率""综合与实践"四大领域的内容进行教学目标设计。

实训任务:

任务一:设计"乘法的初步认识"[人教版小学数学二年级下册]的课时教学目标。

任务二:设计"轴对称图形"[苏教版小学数学三年级上册]的课时教学目标。

任务三:设计"复式统计表"[苏教版小学数学五年级上册]的课时教学目标。

任务四:设计"怎样滚得远"[苏教版小学数学四年级上册]的课时教学目标。

实训目标:

(1) 能对不同领域的教材内容进行合理的教学目标定位与设计。

(2) 能明确不同领域的教材内容在教学目标定位上的异同点。

实训项目3:课时设计

实训内容:"认识厘米"教学设计[苏教版小学数学二年级上册]。

实训任务:

任务一:根据小学数学教学设计的基本步骤,设计"认识厘米"的教学,并写出简案。

任务二:合作小组内进行试教,互相点评,并写出教学反思。

任务三:根据教学反思修改教学设计。

实训目标:

(1) 熟悉教学设计的基本步骤。

(2) 能根据教学设计的基本步骤进行设计、教学反思、反思后改进。

实训项目4:国考笔试模拟

实训内容:"笔算乘法"教学设计[人教版小学数学三年级下册]。

实训任务:

任务一:分析小学生运算错误的主要成因,以及怎样预防与矫正小学生运算错误。

任务二:若教学中年级学生,请确定本节课教学目标。

任务三:撰写本节课新知引入过程,并简要说明理由。

实训目标:

(1) 了解国考笔试27题的出题思路与答题技巧。

(2) 能举一反三,比较熟练地确定课例教学目标。

(3) 学会比较规范、迅速地进行课例教学设计,并能简要说明设计理由。

第六章　小学数学模拟课堂

第一节　小学数学模拟课堂概述

一、从说课到模拟课堂

模拟课堂与说课活动都是一种省时便捷、经济高效的学科教研活动形式。

说课有课前说课与课后说课之分，也有人分别称为预设型说课与反思型说课[①]。运用广泛的是课前说课，即授课者在现场授课前针对具体课题，面对专家、同行或评委、考官，在既定时间内，采用间接陈述语言叙说课堂运行的预设与理论依据，以期通过同行交流评议，探讨修缮或优化教学预设。由于说课这种教研活动形式不受时间、空间及参与者的限制，具有较强的实践价值，因此一度获得教育界的推崇。人们通过理论研究与实践探索，总结了多种富有成效的说课模式，其中获得普遍认同的说课基本步骤如下。

说教材，即在系统分析教材基础上明确教学目标与教学重点难点；说教法，即依据教材实际，合理选择教学方法；说学法，即根据学生学情实际叙说如何对学生进行学法指导；说教学流程，即具体阐述自己课堂运行每个环节的教学安排预设。另外，说课还要阐述理论依据，理论依据通常穿插在每个步骤与教学环节的叙说中。

模拟课堂指授课者面对专家、同行或评委、考官，基于没有学生的虚拟课堂环境，在既定时间内，运用直接教学语言完成教学任务预设，然后听者评议，教者反思修正，以期现场授课能取得预期效果。模拟课堂虽然也是在现场授课之前实施，但授课者应在虚拟课堂环境中完成教学任务，因此也有人称为“无生课堂”或“虚拟课堂”。作为一种教研活动形式，模拟课堂与说课活动一样，也具有较强的参与性与合作性，不受参与人员与空间、时间的限制，均能通过同行之间相互探讨实现教研能力的共生共长，因而同样具有广泛的应用前景。这也是说课与模拟课堂得以此消彼长、长期流行的关键原因。

对比说课与模拟课堂，二者区别如下。[②]

1. *活动对象不同*

说课者面对评委、考官或专家、同行，阐述一节课（或一个单元、一个专题等）的教学设计及理论依据，包括教材理解、教学目标与重难点确定、教法选择、学法指导及教学流程安排等，其关键是理据充分、条理清晰、逻辑严谨。模拟课堂虽无学生参与，但授课者实质上必须在一个假想的现实课堂中身临其境地实施教学，有时为了增强教学效果，避免“一言堂”“独角戏”，需根据“剧情”灵活地进行教师与学生的角色转换。现场感是模拟课堂成功的关键

---

① 刘芳.“说课”的现状分析和创新操作——以小学数学学科为例[J].中小学教师培训，2017(3)：24-27.

② 于国海.模拟课堂的实践失位与归正方略[J].教学与管理，2018(3)：9-11.

要素。

2. 语言表达不同

说课活动主要运用间接陈述语言，与模拟课堂的直接教学语言有本质区别。实践中一些说课者为了增加说课亮点，选择教学片段(如导入环节、连续性提问等)运用直接教学语言进行教学模拟，但总体上还是以间接陈述语言为主。说课活动更加关注语言的学术性、严谨性、条理性，虽然也注重抑扬顿挫的有声语言与适切到位的无声语言(如体态、手势、面部表情等)的相互配合，但这种配合与模拟课堂的语言表达不同。模拟课堂语言更关注语言的通俗性、情境性、启发性，有声语言与无声语言配合的境域要求更高，往往可以反映授课者的职业基本素养。

3. 关注重点不同

说课内容可简要概括为三个层面：教什么(what)、怎么教(how)、为什么这么教(why)。叙说"为什么"即要说"理"，说理是说课最本质特征，需要教师具有一定的教育学、心理学与学科教学知识等专业理论功底，因此说课活动可有效考察说课者专业文化素养；模拟课堂则侧重于授课者的课堂教学运行，更加关注授课者的课堂表现、教学运筹等，因此可很好地考察授课者的课堂教学素养。

由此可见，说课与模拟课堂各有优势，但各自的实践短板也客观存在。说课活动不易客观评测说课者的课堂教学素养。一个教师专业理论厚实不一定能与实践紧密结合，或者说，说课成功并不意味着上课一定出色，存在纸上谈兵的可能，况且课堂教学的成功还需要教师诸多基本职业素养的支撑；同样，模拟课堂弱化了对授课者专业文化素养评测功能。一个教师课堂运行出色，但专业文化基础弱，就难以突围专业发展的栅障，专业实践自然也难以实现自我突破与超越。或者说，模拟课堂的成功不能反映授课者的专业功底，存在"知其然而不知其所以然"的可能。从教师的综合性素养发展考虑，二者优势与弱势并存。

二、模拟课堂的实践价值[①]

作为主流教研活动形式的"说课"，曾是我国中小学广为流行的一种教研活动形式。由于其实践操作中"形式主义""程式化"倾向渐遭教育界质疑。"模拟课堂"这种新型教研活动形式被视为优化课堂教学与提升教师专业实践素养的高效路径，因此在各地区中小学教师招聘考试与各类教师教学技能竞赛中广泛运用，尤其是进入国家中小学教师资格证考试面试项目后，模拟课堂受到社会各界的普遍关注。模拟课堂的实践价值主要体现在三个方面。

(一) 反思与修正

模拟课堂的前期工作是教学设计。教师固然可以凭借过硬的理论与实践功底在教学设计时高屋建瓴、精心构思，教学中最大效度地实施预设，即使出现课堂意外，也可灵活把控，动态生成。但在日常教学实践中难免考虑问题不能周到全面，为避免教学出现偏误，通过模拟教学听取领导、专家、同行的意见或建议，对教学设计进行反思：存在哪些成功之处？有哪些处理不到位之处需要修正或改进？课堂中若出现教学意外，怎样灵活处置？这类反思与现实课堂后教学反思不同，操作性更强，可以产生立竿见影的效果。教师根据模拟教学中发现的问题及时修正或改进教学设计，也有助于教学反思意识的自我培养。

① 于国海. 模拟课堂的实践失位与归正方略[J]. 教学与管理，2018(3)：9-11.

(二) 预测与彩排

教学设计能否产生预设效果,需要通过上课来检测,但上课之后无法回旋,往往给教师留下教学过程调控与细节处理的缺憾。模拟课堂是教学设计与现场授课的缓冲,教师通过模拟课堂可以初步预测现场授课的教学效果,并通过自我检测与调节,发现问题及时弥补,以便现场授课不出偏差。因此这种预测更具实践价值。通常来讲,模拟课堂若不及预期,教师会及时反思修正;若产生预期效果,在现实课堂中为避免可能的创新风险,不会轻易更改模拟流程。因此模拟课堂可相当于演员正式表演前的“彩排”。这种彩排对于经验不甚丰富的教师来说是非常必要的。

(三) 推敲与打磨

教学的成败得失不在于理念先进,而在于细节推敲。一个细节处理不妥,可能会影响整堂课效果,因此经验丰富的教师为使现场授课取得最佳教学效果,往往非常看重对细节的反复推敲。但教学设计时对细节的推敲是建立在假设基础上,与现实环境存在较大差距,而模拟课堂则由于准现实环境的支撑往往更具说服力。另外,有时一次模拟课堂不能取得预期效果,则可以通过二次乃至多次模拟,根据领导、同行的意见与建议及时调整,每次模拟都能缩短假设与现实的差距,同时达到对现场授课的驾驭与把控预期,此即所谓“磨课”。因此,模拟课堂是教师课堂教学素养生成与发展的高效路径。

三、模拟课堂的实践背景

(一) 中小学教师资格证国考背景

随着时代的进步,得益于国家的重视、社会的认同,教师这一“太阳底下最光辉的职业”逐渐成为许多年轻人的职业追求。但是当下一位师范院校或非师范院校毕业生要取得教师岗位必须首先通过国家教师资格证获得资格证书。教师资格证国考包括笔试与面试,通过理论考试的考生才能获得面试资格。模拟课堂则是国考面试项目的主体内容,其评价机制独立于理论考试。也就是说,理论考试的结果不影响最终的测评,这无疑加大了模拟课堂的测试分量。就目前情况看,社会考生面试的通过率并不高,而师范考生得益于学校的专业化训练,因此通过率通常高一些,但是若不能通过,将会直接影响后续的毕业与就业。

国考面试的基本流程一般是,总测试时间为 20 分钟,分三个阶段:①结构化提问,一般是两个班队管理、职业道德、教育法规、时事政治等方面的提问,时间为 5 分钟;②模拟授课,考生考前抽题准备 20 分钟,题目一般来源于对应专业方向的现行各版本教材,现场模拟授课 10 分钟;③专家提问,考官围绕考生授课内容进行常规化提问,一般提问两三个问题。

由于准备时间只有 20 分钟,若没有充分的前期训练,在短时间内试图设计出精致唯美的预案显然非常困难。因此,虽然客观上讲,国考面试侧重考查考生的基本职业素质,要求并不高,但是若不事先进行系统训练就有可能面临淘汰。

(二) 地方中小学教师招聘考试背景

教师资格证考试属于资格考试,通过考试意味着考生具有从事教育行业工作的资格,并不意味着考生能够成为一位编制内教师。要成为一名编制内教师必须通过地方各级各类行政部门组织的教师招聘考试。各地通过率由于招聘规模、参考人数等也会不同。地方教师招聘考试通常也包括笔试与面试。在面试环节,大部分地区顺应国考,采用模拟课堂形式。不同的是,通常笔试与面试融合在一起进行加权综合测评,但是侧重面试的倾向比较明显。

即地方教师招聘考试对考生专业实践素养的要求更高,没有较强的专业实践素养难以适应就业竞争。例如,有些地区的理论考试与面试按照 5∶5 甚至 3∶7 比例评价,这种评价机制导致理论考试非常优秀的考生也可能落榜。同时,如果一位考生通过了理论考试,即使分数低一点,也可以通过说课或模拟课堂成功逆袭,华丽转身。在我们对师范毕业生的调查中,此类案例并不少见。因此,某种程度上说,模拟授课的成败是地方教师招聘考试成功的关键。

(三) 各级各类教学技能大赛背景

近年来,各级各类中小学教师与师范生的教学基本功比赛活动丰富多样,这些比赛活动大大促进了教师的专业成长。在各类比赛活动中,模拟课堂获得广泛的运用。例如,江苏省师范生教学基本功大赛是一项颇具影响的赛事,至 2022 年已经开赛 11 届。就小学数学教育看,比赛内容涉及学科知识、专业素质、模拟授课甚至国考笔试成绩等,其中模拟授课占比为 35%,权重较大。活动流程与国考、招考模拟课堂大同小异,不过要求更高。通常要求参赛者制作 PPT 辅助教学课件。从以往参赛者情况看,大部分获奖者后续专业发展态势良好,许多参赛选手毕业后迅速成长为教坛新秀、行业标兵。这也从一个侧面凸显了模拟课堂的实践价值。

四、模拟课堂的教学设计

虽然说现场授课与模拟授课的教学设计均具有相同的基本设计思路,如确定教学目标、教学内容、重点难点、选择教学方法及合理安排教学流程等,但作为设计成果,教案撰写一般允许有所不同。现场授课应考虑到教学过程中可能出现的各种教学意外,所以教案撰写难以预设师生对话的每个细节(师生对话的形式实际为课堂实录)。但模拟课堂如果也采用一种开放式撰写方式,可能会在语言条理性与逻辑性等方面影响模拟效果,因此模拟课堂的教学流程并不反对用师生对话的形式书写,因为本来就是教师一言堂,教学运行本来就是一种假设,即使学生应答也是如此。模拟课堂的教学设计应注意以下几个问题。

(一) 教学时间精准预设,机智调控

模拟课堂教学时间一般有明确控制,如 10 分钟或 15 分钟以内。如果授课者教学设计过于简单,短时间内如五六分钟就完成教学任务,显然不合适。若教学设计过于饱满,很可能不能在规定时间内完成教学任务。因此,教学设计对时间的精准把控非常关键。在一些模拟授课比赛中,参赛者在训练时甚至对每一个环节花费多少时间都要通过语言技巧进行精确到分秒的把握。

一般来说,模拟课堂应保证教学内容的整体性,同时教学环节尽量完整,通常是一份浓缩的"课时教学设计"。但是如果在引入环节花费较多时间,可能会冲淡教学主题。因此,虽然设计一个实用、有效、新颖的引入环节固然重要,但是不能冗长拖沓,引入后应迅速进入新课内容学习,才可能抓住新授重点,在短时间内生动、深刻地让听众听得清楚、听得愉悦。练习环节设计是实践机智调控的较佳策略,如果新知教学时间较长,练习可以灵活处理,以便及时收课。

(二) 教学目标准确定位,有效达成

作为完整的教学设计,教学目标与重点难点应该预设清晰,才能在教学过程中进退自如。模拟授课时间较短,但不能因此降低现场授课的教学目标要求。因此,教学设计要与现场授课那样，对教学目标准确定位，考虑如何在较短时间内抓住重点、突破难点，达到教学目标。值得指出的是，教学目标与重点难点的规范撰写不可以忽视。在一些测试、比赛中，专家提问环节一般也会涉及该类问题，若不精心准备，可能会影响答辩效果。

（三）教学内容充分预设，艺术呈现

由于没有学生，模拟课堂客观上与现实课堂的效果存在距离，但教学设计可以通过创设生动情境、预设学生回答、预设可能错误、预设教师需要的答案等弥补模拟授课的缺憾。虽然所有预设都是通过授课者自编自语、自导自演，但是通过语言的角色转换，艺术呈现师问生答，把问题自然抛出，引发学生的思考，甚至可以故意设计陷阱，让学生在辩论中动态生成知识点。因此，虽然没有学生，精心设计教学内容也可实现现实课堂的教学效果预期。

（四）教学思路层次清晰，流程分明

清晰的教学设计思路是模拟课堂成功的基础。情境创设直观干脆，知趣交融；问题设计目的明确，突出主题；师问生答充分预设，生动鲜活。授课者要善于挖掘自身的设计亮点，特别是在竞赛中，同一课题设计若无个性化、创造性，难以出奇制胜，脱颖而出。

层次分明的教学流程是教学设计的基本要求。在模拟授课的教学设计中，清晰地展示教学设计流程的每一个环节更具操作性。环节完整、层次分明的教案文稿可使授课者对于每一个环节花费的时间做到心中有数，有助于授课者教学时的临场处理。实践中有些授课者不注意这个问题，导致对时间把控没有感觉，有人模拟授课三四分钟还没有走出情境引入，有人在很短时间就结束教学或者规定时间已到却浑然不知，如果教学设计对教学流程安排时间清晰规划，就可以避免这些情形发生。在日常训练或一般测试中，授课者也可以通过即时浏览教案，迅速找到教学内容所在。

五、模拟课堂的实践技巧

模拟课堂成功的关键是“课堂无生，心中有生”，虽然没有学生参与，但需要在假想课堂中身临其境、生动真实地实施教学。要使模拟课堂取得理想效果，实践中应注意以下几个方面。

（一）明确身份，充满自信

由于模拟授课没有面对面的学生配合，完全靠教师自编自演，没有足够的自信就难以产生吸引听众眼球的“剧情”。进入课堂就应明确自身的身份定位，要始终把自己看作一位教师，你面对的是可爱活泼的、好学上进的学生，而不是考官或评委，若过分在意他们的存在，就难以迅速地进入课堂情境。课堂中的一言一行要尽量避免出现无意义的行为或胆怯的表现。动作铿锵有力，说话清楚响亮，善于运用肢体语言、角色转换等传递充分自信，展示良好精神状态。

（二）教学语言现场感要强

所谓现场感就是授课者要根据现场授课的场景要求入情入境。虽然是模拟教学，但一切教学行为要像在真实课堂情境中那样生动展示。也就是说，要表演得有板有眼、有神有形、有模有样、逼真有趣。要增强现场感，涉及的因素是多方面的，教师的穿着打扮、一言一行等都可能对现场感产生影响，其中是教学语言是增强现场感的关键。

首先，教学语言要注意逻辑性、严密性、启发性，衔接语、过渡语、评价语要注意流畅自然，要有适当的停顿和变化，不能有过多的口头禅；其次，要注意有声语言的抑扬顿挫、表达清晰，无节奏、无轻重往往不容易吸引听众，因此抑扬顿挫、充满激情的语言表达往往可以引发听众共鸣，增强现场感；最后，要重视无声语言（肢体语言）的配合使用。教师要充分运用自然手势、身体微动、面部表情等唤起听众注意，甚至要注意与评委适当的眼神交流等课堂表现。有声语言是思想的传递，无声语言是思想的延伸，往往会锦上添花。

（三）课堂互动不可或缺

注重师生互动、生生互动是现代课程与教学理念的体现。模拟课堂虽然是假想的现实课堂，本质上是教师的"一言堂"，最难处理的就是师生互动、生生互动。由于没有现实课堂那样的学生配合，评委、考官也不可能回答问题，教师就要善于运用语言调控技巧实现互动效果。一般有三种处理方法：一是教师通过角色转换进行师问生答，在教师连续性的提问基础上模仿学生语气回答问题；二是设计有目标的小组活动环节，用短暂停顿模拟学生讨论交流，然后开展后续内容教学；三是适度的评价策略。围绕学生回答问题或者教学过程中的学习管理穿插适度的学习评价，往往也可以产生现实课堂的互动效果。

总之，要让人觉得授课教师是在给学生上课，不是讲给评委听的，模拟课堂不是个人才华的展示，应注意通过适当的语言技巧孕育现场授课的互动氛围。

（四）板书设计精致美观

模拟课堂与现实课堂一样，板书非常必要。板书浓缩了一堂课的精华，有助于学生及时领略学习要点，也有利于教师总结提升。模拟课堂板书自然不能像现场授课那样细致入微、详尽全面，要抓住重点难点，选择教学内容的精华图文进行精致板书。同时还要讲究艺术性、美观性、科学性。模拟课堂时间较短，完成后给评委考官留下的就是板书。因此，板书有时可能会对成绩产生关键性影响。实践表明，简洁明了、布局美观、字体优美的板书设计往往会成为模拟课堂的亮点。数学课板书并没有固定格式，但是要体现最为基本的核心内容。主板书规范美观、附板书行云流水往往可以凸显授课者的职业功底。

六、小学数学模拟课堂典型案例赏析

例 6-1 认识小数模拟课堂［苏教版义务教育教科书数学三年级下册］

执教：夏延春

教学目标：

（1）结合生活实际认识小数，理解十分之几的分数可以用一位小数表示；了解小数各部分的名称，会读、写小数，并能正确区分整数和小数。

（2）借助生活实例，初步感悟分数与小数之间的内在联系，发展数感。

（3）感受数学与生活的密切联系，激发学习数学的兴趣。

教学重点：初步理解以米或元为单位的一位小数的含义，能正确读写小数。

模拟授课 认识小数

教学难点：建立分母是 10 的分数与一位小数的联系。

教学过程：

1. 创设情境，引入小数

谈话：夏老师前几天去超市购物了，还顺便拍下了一些物品的价格呢！谁来介绍一下这些物品的价格分别是多少？

预设 1：1 元、13 元、108 元、0.1 元。（请坐，你回答得非常响亮）

预设 2：1 角。（追问：你能读出这个数吗）

提问：观察一下刚才出现的6个数，你能将它们分类吗？

预设1：1、13、108元一类。（追问：它们都是什么数）

明确：像1、13、108这样的数叫作自然数，自然数都是整数。

预设2：0.1、20.9、4.8元一类。（追问：它们和上面有什么不同）

指出：都有一个小圆点。

明确：这个小圆点叫作小数点，有没有人知道这类数叫什么名字？（小数）今天我们就来认识小数。

谈话：观察这些小数，小数点的左边是整数部分，小数点右边是小数部分。这3个小数的小数部分都只有一位，称为一位小数，今天这节课我们就来重点研究一位小数。

提问：刚才我们了解了小数各部分的名称，关于小数，你还想研究哪些问题呢？

预设：①小数的读法和写法；②小数的起源；③小数一定很小吗？④我们为什么要使用小数；⑤哪里会用到小数；⑥小数和我们之前学过的数有什么不同。

谈话：真善于提问。那就让我们带着这些问题一起走进小数的世界吧！

2. 自主探究，认识小数

(1) 小数的读写。

谈话：认识小数，要从读写开始。这几个小数你们会读吗？最后一个小数，我们一齐伸手写一写，先写整数部分的20，然后在20的右下角点一个小圆点，最后写小数部分的9。它读作——二十点九！（板书）

提问：小数的读法、写法都掌握了吗？

(2) 认识整数部分是0的小数。

① 借助商品单价认识比1小的小数。

谈话：接着看，这是我买的一块橡皮，价格是0.1元。如果让你去买这块橡皮，你准备怎么付钱？（付一角钱）

明确：也就是说0.1元＝1角(板书)。那一角和1元又有什么关系呢？

预设：1角比1元少，1元里有十个1角。

追问：如果用一个长方形来表示1元，你能在图上表示出1角吗？

明确：把这个长方形平均分成10份，其中一份就是1角。

提问：观察这幅图，我们可以说1角是1元的——1/10。或者说，1角等于几分之几元？

明确：1角等于1/10元。（板书）

追问：0.1元等于1角，1角又等于1/10元……你有什么发现？

预设：0.1元和1/10元都等于1角，所以0.1元等于1/10元。

明确：你说得真好。借助1角，我们知道了0.1元等于1/10元。（板书）谁能把刚才的结论完整地说一说？

追问：那这幅图表示什么呢？谁能说一说？（0.4元）

谈话：如果让你也来这样涂一涂、写一写，你打算涂出其中的几份，能得到怎样的等式呢？同桌互相说一说，看谁能找出跟别人不一样的小数。交流好的就在作业单上涂一涂、写一写，看看哪个小组最能干，开始吧！

展示：把一元平均分成10份，其中( )份是( )角，( )角＝( )/10元＝0.( )元。0.( )元表示( )/10元……

总结:通过刚才的研究我们发现:0.1元表示几分之几元?接着说下去?(板:0.1元表示1/10元,0.2元表示2/10元,0.3元表示3/10元)

② 借助米尺上的长度认识比1小的小数。

谈话:除了在买东西时会遇到小数,在米尺上也能找到它们。

提问:这是一把米尺。我们知道,1m等于多少分米?把1m平均分成10份,一份就是——1dm?它等于几分之几米?等于零点几米?

明确:1dm=1/10m=0.1m。

提问:这里有一条绳子,长——9dm,还可以怎样表示呢?

预设:9/10m、0.9m。

追问:如果把绳子剪短,现在它的长度是多少呢?

预设:4dm、0.4m、4/10m。

明确:这里0.1m等于1/10m……(板书)

③ 图形练习。

谈话:在分图形时也可以用小数来表示。汇报一下你独立思考的成果。你们同意吗?

明确:这里0.3等于3/10……(板书)

提问:我们在超市里、米尺上和图形中都用到了小数。这些小数有什么共同点?它们都是零点几?它们和分数有什么关系呢?

预设:零点几表示十分之几。(板书)

提问:看来小数和分数确实是密不可分的。再来看这两个图形中都只涂了一份,哪一份能用0.1表示?为什么?

预设:0.1表示1/10,而左图指1/4。(你们同意吗)

(3) 认识整数部分不是0的小数。

① 借助图形理解比1大的小数。

提问:如果在0.1的基础上添上一个正方形,现在表示什么?为什么?

预设:1个完整的正方形加0.1个,是1.1。

追问:1.1包含哪两部分?(1和0.1)对了,这就分别是它的整数部分和小数部分。

② 借助商品单价理解比1大的小数。

谈话:这是一支圆珠笔,价格是1元6角。你会用元作单位来表示它的价格吗?想一想它可以写成几点几元?1元6角为什么是1.6元,你是怎么想的?

预设:因为1元还是1元,6角是0.6元,所以合起来就是1.6元。

提问:现在你会把几元几角改写成元作单位吗?完成作业单,比比谁写得又快又好。

追问:2元4角为什么是2.4元呢?

预设:2元还是2元,4角是0.4元,合起来是2.4元。

③ 分类感受小数的大小。

提问:如果再让你给这四个价格分类,你想怎么分呢?

预设:0.8和0.6,1.7和2.4——为什么?

预设:一类是零点几,不满1元;另一类超过1元。

④ 借助物品长度理解比1大的小数。

提问:今天我们班同学举手非常踊跃,夏老师在超市里买了一个文具盒,想送给表现最好的小朋友。你知道这个文具盒的长度是多少吗？

预设：两分米多。

追问：怎样才能准确地知道多多少呢？

预设：用厘米为单位的尺子量。

谈话：现在我把这一大格平均分成10份，能看出来吗？

预设：2dm 3cm 或者 2.3dm——你是怎么看出来的？

2dm 后面再加 3cm——3cm 是怎么看出来的？

明确：把1dm平均分成十份，每格都是1cm，文具盒的长度是两大格加三小格，就是2dm 3cm。

3. 趣味练习，应用提升

(1) 填一填。

谈话：仔细看，老师现在要变魔术了——如果将这把尺压扁变窄，就会得到一根神奇的线，它可以向两边无限延伸，这条线上面住着我们学过的自然数、整数、分数、小数，数学家称它为数轴。比如，这里就住着整数0、1、2、3。

提问：仔细看，这里的每一大格都被平均分成了——10份，每一小格用小数表示是多少？(0.1)

0后面取一格，这里住着什么小数？(0.1)

那1后面数2小格，这里住着什么小数？怎么想的？(把1和0.2合起来就是1.2)

你能将住在数轴上的这几个小数写出来吗？试试看。开火车汇报答案。

(2) 说一说。

追问：这里是2.9，你是怎么看出来的？

预设：2加0.9，或者3去掉0.1。

谈话：你不光会顺着数，还会倒着数。真会灵活思考，掌声呢？在数轴上你还能找到哪些小数？和你的同桌交流交流。

小结：仔细观察我们还会发现——零点几的小数肯定住在几和几之间？(0—1)

一点几的小数肯定住在几和几之间？五点几的小数肯定住在几和几之间呢？九点几的小数肯定住在几和几之间？你们真会举一反三。

4. 回顾总结，拓展延伸

谈话：刚才我们研究了超市里、米尺上、图形里和数轴上的小数，其实小数在生活中的应用很广泛，老师课前也搜集了一些生活中的小数，我们一起看一看。

交流：孩子们，这节课你有哪些收获？

预设：①认识了什么是小数，有不满1的，有超过1的；②小数和整数的区别；③会读写小数；④知道小数和分数的联系，零点几就是十分之几。

谈话：你们的收获还真不少呀！课前我们是带着问题来的，现在你还有什么疑惑吗？孩子们在一节课里解决了这么多关于小数的问题，真了不起。知道吗？我们的祖先为了创造小数，竟花费了上千年的时间呢，一起看看吧。

谈话：人类创造小数的历史是漫长而曲折的，小数的世界还有许多问题等着我们去探索。比如，0.6表示十分之六，那0.62表示什么呢？0.618呢？这些问题我们将在今后的学习中做进一步的研究，正所谓——学无止境！

附:设计说明与教学反思如下。

本节课是学生第一次认识小数,安排在万以内数的认识(已认识计数单位个、十、百、千)和分数的初步认识之后,五年级还将进一步研究小数的意义和性质。从形式上看,小数是十进分数的改写,即另一种形式。从本质上看,小数是延续自然数十进位值制计数法的结果,因此小数与十进分数和自然数都有着密切的关系。考虑到三年级学生的思维特点和认知特点,教学时需要借助生活经验和熟悉的事物(比如人民币、米尺等),从十进关系入手,帮助学生沟通小数与自然数的联系,感悟数的概念本质上的一致性。本节课仅涉及一位小数,整堂课教学分成四个阶段。

(1) 首先借助学生的生活实际创设了超市购物情境,激活学生已有经验基础,引导学生理解小数各部分名称,并提出本节课要探索的问题。

(2) 新知教学阶段分成三个环节:首先延伸情境,教学小数的读写;再借助商品单价、米尺长度、图形练习等探索整数部分为 0 的小数;在此基础上深化认识,教学整数部分不是 0 的小数。三个环节层层递进,有效促进学生感知小数的实际意义与数学本质。

(3) 在练习巩固环节,为使学生继续保持积极的学习状态,设置了趣味练习,引导学生在轻松的氛围中进一步深化认识,了解数轴上的小数,学生在动眼、动耳、动脑的活动中,不仅体会到数学知识学习的价值,还进一步发展了数感。

(4) 小结环节不落俗套,在总结本节课认识基础上通过生活中的趣味性材料的欣赏感受数学之美,并通过小数的历史发展介绍升华认识,圆满收课。

从整堂课的模拟教学来看,时间分配合理恰当,教学安排层层深入,师生互动充分自然,可有效达成预期目标。

例 6-2 和与积的奇偶性[苏教版义务教育教科书数学五年级下册]

执教:郭雨潇

教学目标:

(1) 通过自主探究、合作交流活动,了解若干个非零自然数的和与积的奇偶性规律,知道和的奇偶性与加数中奇数个数有关,积的奇偶性与乘数中是否有偶数有关。

(2) 经历观察、分析、归纳、抽象、论证等活动过程,感受由具体到抽象、由特殊到一般的探索发现方法,积累数学规律探索的活动经验。

模拟授课 和与积的奇偶性

(3) 感受规律的探索意义、体验数学的学习价值,增强合作学习的意识,提升学习数学的兴趣与信心。

教学重点:经历探索“和与积的奇偶性”的过程,掌握探索规律的方法。

教学难点:自主探索若干个非零自然数“和与积的奇偶性”规律。

教学过程:

1. 趣味游戏,导入新知

谈话:同学们,数学家克罗内克尔说:“上帝创造了自然数,其余的都是人工。”我们都知道自然数是人类创造的,它是我们最熟悉的朋友。你想和它玩个游戏吗?请看大屏幕。

课件展示:“看看谁的反应最快”。游戏规则:你能迅速说出算式结果是奇数还是偶数吗?(弹出算式:2+1　84+67　9 866+7 489)

谈话:抢答!(三个和都是奇数)

提问：前两个算式能口算，最后的这两个四位数相加，你们是怎样快速判断的？（将这两个数的个位相加 6＋9＝15，所以两个四位数和的个位是 5，是奇数）

谈话：说得好。那任意两个自然数的和都是奇数吗？

谈话：我看大家答案各不相同。今天我们就一起来研究“和与积的奇偶性”。（板书课题）

2. 合作探究，发现规律

(1) 依据类别，有序探究。

谈话：自然数有两类，分别是？（奇数和偶数）那么我们要研究两个自然数的和的奇偶性，可以分成哪几种情况呢？

预设：奇数＋奇数、偶数＋偶数、奇数＋偶数。（板书）

谈话：好，那么请大家先自己尝试探究，可以借助课本第 50 页的表格，任意选两个不是 0 的自然数，探究它们的和的奇偶性。

提问：看大家都已经完成了，谁想来和大家说一说？

预设：①两个偶数的和与两个奇数的和都是偶数；②一个奇数与一个偶数相加，和是奇数；③和是奇数或偶数，与两个加数是奇数还是偶数有关。

提问：其他同学认同吗？都认同呀。那你可以举例验证这些发现吗？

预设：①就像一本书的左右两页的页码，一奇一偶，相加是奇数；②补充：只要是两个相邻自然数相加，和都是奇数。

提问：为什么呢？

预设：①因为偶数除以 2 没有余数，所以偶数加偶数的和是偶数；②奇数可以转化成偶数＋1，偶数＋1 的和除以 2 余 1，所以和是奇数。（相机板书：偶数＋偶数＝偶数，奇数＋偶数＝奇数）

谈话：说得真好！请给他掌声！他刚刚说的一个词语……对，“转化”。

提问：谁还可以像他这样来说明为什么奇数加奇数的和是偶数呢？

预设：每个奇数都能转化成一个偶数＋1 的和，两个奇数相加的和就是两个偶数与两个 1 相加，一定能被 2 整除。（相机板书：奇数＋奇数＝偶数）

总结：说得真棒！其实这里蕴藏的规律我们还可以这样“看”，请看：

两组奇数个正方形或两组偶数个正方形都可以拼成完整的两排正方形，但偶数个小正方形与奇数个小正方形拼在一起，不能拼成完整的两排小正方形，永远会多出来一个。（课件展示）

(2) 把握规律，深层研究。

谈话：我们已经研究了两个加数的和的奇偶性，接下来咱们来看看连加算式的情况，请你以小组为单位，任意选几个不是 0 的自然数，写成连加算式，结合大屏幕上的问题，探究和的奇偶性。

（课件展示：你写的连加算式中，有几个加数是偶数？有几个加数是奇数？和是奇数还是偶数，与加数中奇数的个数有什么关系？）

谈话：好，大家都已经坐正举手了，看来是胸有成竹呀！我请……这一组派个代表来说说你们的发现吧。

预设：①加数中有奇数个奇数时，和是奇数；②加数中有偶数个奇数时，和是偶数。

谈话:他说得正确吗?是正确的。很棒!请坐。

谈话:和的奇偶性与加数中奇数的个数有关。(板书)

提问:那请看大屏幕,一起告诉我:1+3+5+…+99 的和是奇数还是偶数?

预设:偶数,因为它一共有 50 个加数,每个加数都是奇数。

(3) 从和到积,拓展延伸。

提问:我们已经研究了和的奇偶性,那么若干个非零自然数的积的奇偶性又如何呢?请你用自己的探究方法开始探究,完成后可以和同桌交流。

谈话:好,大部分同学已经坐正了。谁来说一说?(指名回答)

预设:①乘数都是奇数,积也是奇数;乘数都是偶数,积也是偶数。例如,$1\times3\times5=15$,$8\times4\times10=320$。②只要乘数中有偶数,积一定是偶数。

谈话:大家说对不对?是正确的。咱们一起说:积的奇偶性与乘数中是否含偶数有关。(板书)

3. 巩固训练,小试牛刀

谈话:我们发现了规律,验证了规律,就要学会去运用规律。下面就请大家来一试身手吧!请你完成大屏幕上的练一练。(课件展示练一练,不评讲,去巡视)

(1) 同桌之间互相说一说下列算式的结果是奇数还是偶数?

987 654 321+67 348 729	37+97+66+86+3
2+4+6+…+100	14×47×21
33×55×91×1	1×2×3×…×100

(2) 同桌游戏:一人说出算式,一人说算式结果的奇偶性。

4. 整理收获,回顾总结

谈话:时间过得真快,咱们的学习接近尾声了。经过这节课的探索与研究,你有什么收获吗?

预设:①我知道了和的奇偶性与加数中奇数的个数有关,积的奇偶性与乘数中是否含偶数有关;②探究时可以多写些算式,观察异同点,才能发现规律;③举例和验证是发现规律的好方法。

谈话:大家真是收获满满啊!这节课我们就上到这里,下课!

附:设计说明与教学反思如下。

“和与积的奇偶性”这节课属于“探索规律”的内容,有别于一般知识教学。这类课的重要目标是引领学生经历规律探索过程并感悟蕴含其中的数学思想方法。在建构主义者看来,情境是学习环境至关重要的因素,创设一个有效的问题情境可使学生更好地经历规律的探索过程。鉴于此,本节课设计了四个环节。

第一个环节是通过一个轻松游戏引出问题:任意两个自然数的和都是奇数吗?抛出问题后,我结合学生反应和回答启引新知。如此设计可抓住学生的思维触点,引发探索兴趣。

第二个环节是新知教学,首先从两个到若干个非零自然数相加,再到若干个非零自然数相乘,探索其算式结果的奇偶性。经过一系列活动,学生认识到若干个非零自然数的和与积的奇偶性,并且感悟了探索规律及解决数学问题的方法,积累了经验,较好地完成了预设目标。独立思考能够培养学生的思维能力,合作探究能够强化学生对自己学习的责任感,激发学生的参与感和求知欲。

第三个环节的设计目的在于规律的及时巩固和运用，主要是以练习方式呈现。为体现学习的主体性，将评讲、订正、巩固的任务交给学生。一是因为练习不是很困难，二是因为在小组学习环境下，部分信心不足的学生能积极参与并大胆说出自己的想法或疑问。参与其中的每个学生都能提升自我学习的能力。到这里，这节课已经大致地把握住了教学重点，突破了教学难点。

第四个环节设计了学习收获分享。让学生用自己的语言总结所学知识，既可提升认识，又可培养学生的语言表达能力，还可通过与学生交流查漏补缺。

这一节课的教学虽然达到了预设教学目标，有句话说得好：人无完人，课无完课。例如，第二个环节中探究连加算式和的奇偶性时，节奏稍快。在巩固环节，可适当增加一些挑战性问题或学习活动。最后一个环节，也可问一问学生还有哪些疑惑或茫然之处，可请学生为学生解答。

例 6-3 认识几分之一[苏教版义务教育教科书数学三年级上册]

执教：陈奕陶

教学目标：

(1) 结合直观图形初步认识分数，理解把一个物体或图形平均分成几份，其中一份可用几分之一表示；能正确读、写分数，知道分数各部分名称；能运用直观方法比较几分之一的大小。

(2) 经历动手操作、小组合作、自主探究等活动，积累丰富的数学活动经验，发展思维能力。

(3) 体会分数在实际应用中的必要性，感受数学学习与生活的紧密联系，进一步培养探究数学知识的兴趣及合作学习的能力。

教学重点：理解几分之一的意义。

教学难点：运用直观方法比较几分之一的大小。

教学过程：

1. 创设情境，引发冲突

(1) 情境导入，引出“半个”。

谈话：今天，王小米他们遇到了一些问题，同学们想帮帮吗？

出示人物及每人所得星星数。

适时提问：他们能换几个蛋糕呢？你是怎么想的？

引导：王小米能拿到吗？在作业单上分一分，用自己的方式记录下来。

(2) 画出“半个”，尝试表示。

学生活动，并展示作品。指出平均分。

预设 1：文字。预设 2：图形。预设 3：1/2。

提问：你们认识吗？谁来介绍一下？

指出：1/2 是一个新的数——分数。这节课，我们就一起来认识这样的分数。板书课题：认识几分之一。

2. 操作探究，主动构建

(1) 理解意义。

谈话：小朋友们在遇到平均分不能用整数表示结果的时候，开动脑筋，想到了好几种办法！古人是怎么解决的，我们一起来看一看。

提问：通过视频，你有什么收获？

出示平均分的蛋糕图。

谈话：刚才，把这个蛋糕平均分成两份，其中的这一份就是这个蛋糕的1/2。那这一份呢？

指出：这里的每份都是它的1/2。

提问：结合这幅图，谁再来说说，我们是怎样得到1/2这个分数的？“它”指的是什么？

谈话：1/2怎么写呢？我们一起来看。

教师示范写法。

提问：那三个部分分别叫什么名称呢？打开书本87页，结合例1分蛋糕的过程，找到各部分的名称。

请学生上台讲解，适时补充。全班书空。

(2)“做”1/2。

谈话：我们帮王小米解决了用星星换蛋糕的问题。那其他物体上有没有1/2呢？

引导：瞧，这是一张长方形纸。拿出一张折一折，用虚线画出折痕，把它的1/2画上斜线。

学生操作，教师巡视。

提问：你是怎么找出长方形纸的1/2的？谁愿意上来展示交流？

学生展示多种折法。

谈话：因为都是把长方形纸平均分成了2份，涂色部分都是其中的一份，所以涂色部分都是长方形的1/2。

提问：那没有涂色的一份呢？

(3) 创造几分之一。

谈话：认识了1/2，你还想创造出其他的几分之一吗？老师给每一组都准备了一些不同形状的纸片。先听清活动要求——学生动手操作，全班展示交流，辨析比较折法。

谈话：我们在分蛋糕和折长方形纸的过程中，认识了1/2，后来又用各种形状的纸创造了这么多几分之一，看来——把一个物体平均分成几份，每份就是它的几分之一。

(4) 几分之一的大小比较。

谈话：王小米吃完了半个蛋糕，还没有饱。好朋友铁头拿出一块蛋糕和他分享，他们都想多吃一点。(出示蛋糕)想一想，他们谁吃得多？

结合创造的分数展示交流。

指出：圆纸片表示这个蛋糕，涂色部分分别表示1/4和1/8，1/4大于1/8。

提问：1/2和它们比又是怎样呢？

指出：因为同一个蛋糕，平均分成的份数越少，其中的一份就越大。

预设：学生想到更小的分数。先在脑海里想象一下，你有什么想法？

指出：几分之一中，分母越大，分数越小。

3. 巩固练习，灵活运用

谈话：小朋友们学会了这么多和分数有关的知识，王小米还准备了一些习题想考考大家，有信心吗？

(1)基本练习。

学生独立完成课本第 88 页想想做做第 1、2 题,重点讨论第 4 幅图片的思考过程。

(2)“想想做做”第 3 题。

不显示分成几部分。

王小米:全班同学要装饰教室,我剪了一些彩带。如果一整根彩带用 1 表示的话,你能用分数表示下面彩带的长度吗?

说说你的猜想并和同桌交流。

(3)生活运用。

王小米:在我们的生活中也藏着不少的几分之一呢。你找到它了吗?

注意巧克力图能想到不同的分数,平均分的份数不同,分数也不同。

4. 全课总结,畅谈收获

谈话:今天这节课我们认识了——几分之一。请同学们回顾一下,你有哪些收获呢?下课后在生活中继续找一找,你能用“谁是谁的几分之一”说一句话吗?

附:设计说明与教学反思如下。

本节课是第一次认识分数,但之前学生已经学过平均分,并且有“半个”的生活经验。因此教师通过创设有趣的情境,找准学生学习的起点,引入新课。这样的设计亲近学生、基于学生,激起了学生的探索欲望。

在新知教学阶段,教师设计了认识几分之一以及比较几分之一大小两部分内容。认识几分之一的教学重点以 1/2 的认识引导学生建构分数概念;设计了尝试表示、观看视频、自学书本、动手操作等认识 1/2,适时引导学生动手创造出其他的几分之一,使学生对分数的理解更深刻。

任何数学结论都不是一目了然、一蹴而就的,需要经历曲折,需要于山穷水尽处寻找柳暗花明的途径。在比较几分之一大小的教学中,从用形象的图形直观地比较大小,到头脑中想象分数的大小,再到理解几分之一中,分母越大分数越小,使学生的感受更深刻,并且发展其想象能力和概括能力。

在新知巩固阶段,贯彻生活化数学设计理念,回归生活,设计了三个层次的练习,并且最后总结阶段,再次强调突出“分数”这一概念在生活中的体现,从而引领学生获得分数概念更为深刻的数学理解。

从整堂课的模拟教学来看,教学安排紧凑,时间把控合理,引入比较自然,也符合学情实际,抓住了重点,教学难点突破的方法合理,可以有效达到预期目标。

例 6-4 “认识三角形”模拟授课教学设计[苏教版小学数学四年级下册]

执教:韩晨晨

教学目标:

(1)通过观察、画图等活动,掌握三角形的概念与各部分名称;能运用三角形高和底的概念正确做出三角形的高。

(2)在探索过程中,认识三角形的特征并初步形成空间观念。

(3)体会到数学来源于生活,激发学生热爱数学的学习动机。

模拟授课 认识三角形

教学重点:掌握三角形的概念与特征,认识三角形的高与底。

教学难点:辨别三角形并正确做出三角形的高。

教学过程：

1. 生活情境，引入新课

(1) 找一找。

师：同学们，你们能从这几幅图中找出一个共同的几何图形吗？

生：三角形。

师：那请你上来指一指三角形在哪里？

(2) 说一说。

师：找得非常准确！其实我们生活中也存在着许多三角形的身影。你能举出一些例子吗？

生：红领巾、三角尺……

师：看来大家都是有心人。再来看看老师找到的三角形。今天我们就来继续认识三角形。

2. 逐步抽象，建构概念

(1) 三角形的特征。

师：老师这儿有个三角形，大家来看看，三角形有什么特点？

生1：三角形有3条边，3个角。

师：还有吗？三角形的一边能不能弯曲？

生2：不能，三角形的3条边都是线段。

师：同学们已经准确地找到两个特征了。如果老师将三角形的一边向外旋转，那还是三角形吗？

生3：不是了，三角形的3条线段要首尾相接地围起来。

(2) 三角形的概念。

师：什么是三角形呢？我们把三条线段首尾相接围成的图形叫作三角形。

(3) 画一画，数一数。

师：下面请同学们跟着老师一起画一个三角形。

师：我们把围成三角形的三条线段叫作三角形的边，线段端点叫作三角形的顶点，每两条边之间的夹角叫作三角形的角。一起数数，三角形有几个顶点？(3个)

师：请同学们在自己画的三角形上分别指出3个顶点、3条边和3个角。

(4) 辨一辨，试一试。

师：同学们已经初步认识了三角形这个朋友，老师来考考大家，辨别这些图形是否为三角形。

师：现在，方格纸上有4个点。请同学们从这4个点中任选3个作为顶点，画一个三角形。

生1：我选择A、B、C三点。

生2：我选择A、C、D三点。

生3：我选择A、B、D三点。

师：为什么没有同学选择B、C、D这三个点？

生：因为围不成三角形。

师：那你有什么发现？

生：在同一条直线上的三个点不能画一个三角形。

(5) 三角形的高、底。

师：同学们看看这是什么？这是人字梁。同学们知道什么是人字梁吗？人字梁有助于建筑物的稳定性和排水性。你能量出右图中人字梁的高度吗？你量的是哪条线段？

有同学说是斜的这条线段，也有同学说是最长的这条线段。究竟是哪条线段呢？

同学们回想一下自己量身高的时候，是我们站直时从头顶到脚底的距离。所以你们知道人字梁的高度是哪条线段了吗？

人字梁的高度是上面的顶点到它对边的距离。对边就是顶点对面的一条边。

师：这条线段有什么特点？

生：量的线段与人字梁的底边互相垂直。

师：你是怎么发现的？

生：可以用量角器和直角三角尺验证。

师：那这条线段具体长度是多少？同学们量量吧。

生：我量出来图中人字梁高度是 2cm。

总结：我们发现，人字梁形状可以看作三角形，人字梁的高度就是三角形一个顶点到对边的垂直线段，我们把这条线段叫作三角形的高，这条对边叫作三角形的底。

(6) 画三角形的高。

师：让我们拿出三角尺，让三角尺的一条直角边和三角形的边重合，慢慢向顶点移动，移动到顶点时，画出顶点到对边的垂直线段，就是三角形的高，记得要画成虚线，标上直角符号，最后写上高和底。现在你会画三角形的高了吗？请画出右边三角形底边上的高，并和同学交流你的画法。

生：我们先找出底对应的顶点，向对边画垂直线段，这就是三角形这条底边上的高。

师：那如果老师现在把这个三角形转一转方向，你还会画高吗？看来，三角形的高和三角形的位置没有关系。

师：如果老师让你画出三角形的所有高，能画几条？

生：3 条。

总结：回答得很正确。三角形有 3 个顶点，每个顶点都可以向对边画一条高，所以三角形有 3 条高。

3. *及时总结，提升认识*

今天这节课我们认识了三角形。请同学们回顾一下，你有哪些收获呢？下节课我们再一起探索三角形更多的奥秘！

附：设计说明与教学反思如下。

三角形是概念形成学习的典型课例，教学的关键是引导学生通过现实世界的具体形象逐步抽象出概念。因此教学设计从生活情境引入，让学生从生活中寻找三角形的身影，这样不仅可以激发学生学习的兴趣和积极性，而且这些原型可以作为学习素材，帮助建立概念表象。

正确把握图形的特征是本节课的难点，为此，在新知教学中为了让学生清楚地认识三角形概念的内涵和外延，本人有意识地呈现了锐角、钝角、直角三角形引导学生认识概念内涵，一方面为后面学习三角形的分类做铺垫，另一方面也更加突出三角形的本质属性。在概念揭示后，围绕概念外延及时穿插一些练习，例如让学生辨别是否为三角形，以增强学生对概念的数学理解。三角形的高是本节课的又一个难点，为帮助学生理解，我通过人的身高来进行过渡，起到一定的效果。

总的来说，本节课思路清晰，上得比较顺利，很好地达成预期目标。板书设计清秀整洁，整体上看框架结构感觉比较合理。当然，还是有一些值得反思的地方。

第一，在引导学生动手操作环节安排了“看一看”“画一画”，现场授课时可以考虑适当添加“摆一摆”“剪一剪”等操作过程。这样不仅可以为画三角形提供帮助，还能鼓励学生在自我探索的过程中收获成功，培养他们的空间观念和自主学习能力。

第二，针对三角形的高的巩固练习稍显单一，若添加形式多样的练习巩固可能更有利于学生触摸知识的本质，也可以为后续直角三角形的学习做铺垫。

例 6-5 可能性[苏教版义务教育教科书数学四年级上册]

执教：吴荣荣

教学目标：

(1) 通过摸球、摸牌等游戏活动，初步了解事件发生的确定性和不确定性，感受随机现象；能列举简单随机现象中所有可能发生的结果。

模拟授课 可能性

(2) 在具体情境中，通过实例感受随机现象发生结果的可能性是有大有小的，能对一些简单的随机现象发生的可能性大小做出定性描述，并进行交流，初步形成随机意识和数据分析观念。

(3) 通过参与游戏、操作等活动过程，体会可能性的学习与应用价值，获得学习成功的体验，增强对数学学习的兴趣。

教学重点：能用“可能”“一定”“不可能”来描述简单随机现象，感受简单事件发生的可能性是有大小的。

教学难点：感受简单随机事件发生可能性的大小。

教学过程：

1. 游戏引入，导入新知

游戏：设置一个男女大比拼比赛，出示三个小箱子，设定规则为当摸的次数相同时，谁摸的红球次数越多，谁就赢。（说明：口袋是不透明的，球除了颜色不同之外，形状、大小、材质完全相同）

课件出示三个球袋（每袋中分别装有黄黄、红红、红黄两球）。

提问：你们想选择在哪个袋子里摸球呢？

谈话：你们都选择了 3 号袋子，为什么不选择 1 号袋子？

预设：袋子里只有黄球，不可能摸到红球。（板书不可能）

提问：不能都是黄球，那我们可不可以选择 2 号袋子？

预设：不行。2 号袋子只有红球，每次摸的不是这个红球就是那个红球，所以一定能够摸到红球，没办法定输赢。（板书：一定）

提问：那在 3 号袋子里摸球，这个游戏公平吗？

预设：公平，因为可能会摸到红球，也可能会摸到黄球，要靠各自的运气。

谈话：说得不错！在袋子里的球除了颜色不同外，其他都完全一样，那么每个球都有可能被摸到，也就是说每个球被摸到的可能性是相等的。从三号袋子里摸球，摸到球的颜色事先不能够确定。那结果是不是和我们想的一样呢？我们就请男生派一个代表，女生派一个代表上来摸摸看！

2. 活动探究，感受现象

(1) 区分确定性事件与不确定事件。

活动：指名男女生各一名用 3 号袋子到讲台上摸球，共摸 10 次，并记录每次摸球结果。

活动要求：小组合作，从口袋里任意摸出一个球，摸后放回，一共摸 10 次，记录摸出球的颜色。一人记录结果，两人轮流摸球，一人汇报结果。

教师示范摸球，摸球前先用手在口袋里将球搅一搅，再任意摸出一个球。

注意：过程中可以让学生猜一猜接下来可能摸到什么球？前一次摸球的情况会不会影响下一次摸球的情况？（让学生再一次感受每一个球都有可能被摸到，每个球被摸到的可能性都是相等的）

出示两个同学摸球的表格。

横着看：摸球时可能会摸到红球，也可能会摸到黄球；竖着看：每一次摸的时候可能摸到红球，也可能摸到黄球，我们不能确定。

提问：请同学们回顾一下 1 号袋子和 2 号袋子摸球的情况，想一想同样是摸球，有什么不同？

小结：在我们生活中有一些事件的发生是确定的，要么一定发生，要么不可能发生，这样的事件叫作确定事件；而有些事件可能发生，也有可能不发生，这样的事件叫作不确定事件。今天我们研究的问题，也称作事件发生的可能性。板书课题：可能性。

(2) 感受可能性的大小。

提问：刚才输的一方我们想不想扳回一局？

提问：如果给男生们一个机会在袋子里放一个球，你们想放什么球？（预设：红球）

女生：不公平。

提问：为什么不公平？可能出现的结果有几种？（给球编上号码）

预设：可能摸到红球，可能摸到黄球，有两种可能；可能会摸到 1 号红球，可能会摸到 2 号红球，可能会摸到 3 号黄球，有 3 种可能。

讨论：可能出现的结果到底有多少种呢？请大家在小组里讨论，弄清楚哪种意见是对的，为什么呢？

明确：一共有 3 个球，所以可能出现的结果一共有 3 种。

提问：那么原来袋子里的摸球可能出现的结果有几种？（给球编上号码）

预设：可能会摸到 1 号红球，可能会摸到 2 号黄球。

提问：你们有什么发现？

预设：摸到红球的可能性会变大。

提问：那男生一定会赢吗？

预设：不一定。

男生在原有的袋子中加入一个红球，女生用原有的 3 号袋子摸球，多组活动。

活动：小组合作，从口袋里任意摸出一个球，摸后放回，一共摸出 20 次，记录每次摸出球的颜色。（小组分工合作）

教师提醒每次摸球前需要搅一搅。出示男女生各 3 组的表格。

提问：几组摸球的结果和你们想象的一样吗？

表格结果：有一组的女生摸到红球18次，次数较多。

预设：结果与我们想的基本一致，那一组女生可能是凑巧。

谈话：请同学观察表格的总体趋势。

观察得到：总体而言，男生组摸到的红球的个数比女生组摸到的红球个数多，但是每一组摸到的结果各不相同。女生组摸到的结果也各不相同，但是结果又是比较接近的。

总结：袋中有2个球，1个黄球一个红球，从袋中摸一个球，摸到红球和黄球的可能性是相等的；袋中有3个球，2红球1个黄球，摸到红球的可能性要比摸到黄球的可能性要大。

3. 变化规则，加深体验

谈话：刚才我们使用球来定输赢，现在老师将球换成扑克牌。这里有四张红桃，任意摸出一张，可能摸出哪一张？摸之前能确定吗？

预设：每张牌都可能摸到，摸之前我们不能确定。

提问：可能出现的结果有几种？

预设：摸之前我们不能确定，摸到的可能是红桃A，也可能是红桃2、红桃3或者红桃4。一共是4种可能的结果。

教师将一张红桃换成黑桃。

提问：规定摸到红桃算女生赢，可以吗？

预设：不公平。

提问：为什么你说不公平？

预设：可能摸到红桃A，可能摸到红桃2、可能摸到红桃3，还有可能摸到黑桃。红桃有3张，黑桃有1张，摸出红桃的可能性较大。

提问：那这样设定一定是女生赢吗？

预设：不一定，但是这样设定不公平。

提问：那你有什么办法可以使游戏变得公平呢？

预设：再把一张红桃换成黑桃，摸到红桃算女生赢，摸到黑桃算男生赢；摸到2算女生赢，摸到3算男生赢。

谈话：很好，同学们已经学会用今天所学的知识制定比赛规则了。

4. 整理收获，回顾总结

谈话：通过今天的学习，你知道了什么？怎么样判断事件发生的可能性的大小？还有哪些收获和体会？

附：设计说明与教学反思如下。

概率知识不仅仅是培养学生以随机观点理解生活的重要内容，也是未来公民应该掌握的重要知识。本节课“可能性”在设计时积极体现课程标准“四基”要求，让学生在一个完整情境中动手动脑充分经历知识形成的过程。在活动中积累数学经验，感受数学思想。

教学的第一个环节通过男女大比拼活动激起学习兴趣，孩子们根据生活经验判断要想这个游戏公平必须要选择3号袋子。通过1号袋子和2号袋子引出“不可能”与“一定”这两个词，初步感知确定事件，同时让学生感受到每个球都有可能被摸到，即使在确定事件中也蕴含着随机性，每个球被摸到的可能性都是相等的。

第二个环节继续利用原有的情境，通过学生对于随机事件中所有可能发生的结果的列举，引导学生感受可能性的大小。动手实验是让学生真正理解随机现象的最佳方法。为让学生真正体会到随机现象的特点，本节课安排了两次活动，让学生真正体会确定事件和不确定事件。通过学生对于事件情况的列举和描述，让学生体会随机事件的另一个特点为偶然中存在必然，从而加深了学生对简单随机事件的理解与体验。

体会可能性的大小是个难点，本节课通过让学生对于可能结果的列举和学生已有的经验，帮助学生学会比较可能性的大小。在可能性教学中经常会出现一些非常规性问题，例如本节课中就有女生组出现了这样的情况，我们并没有对此回避，而是充分利用这个教学资源，让学生充分去感知随机现象的特点，同时利用这一资源也可以让学生明白可能发生不一定是一定发生，二者概念并不一样。

整堂课教学力求使教师的教与学生的学构成了一个和谐整体，学生通过活动获得的不仅是知识与方法，更是从数学的角度观察世界的智慧眼光。最后变换规则再次巩固判断简单随机事件发生的可能性大小的方法，有利于学生循序渐进地理解和掌握所学知识，并且从深层次获得对简单随机事件的认识与体验，为以后学习随机事件发生的概率奠定基础。

例 6-6 年、月、日［苏教版义务教育教科书数学三年级下册］

执教：穆春凝

教学目标：

（1）认识时间单位年、月、日，知道一年有 12 个月，认识大月和小月，能记住和说出哪些是大月和小月，了解每个月和全年的天数，能说出一些重要节日的时间。

（2）通过观察年历、数每月天数等活动，深入了解年、月、日的知识，形成时间单位年、月、日的观念，培养观察、收集、归类分析、处理信息等能力。

（3）主动参与观察、比较、归纳等学习活动，培养学习数学的主动性，懂得并学会珍惜时间。

模拟授课 年、月、日

教学重点：年、月、日三种时间单位之间的关系。

教学难点：正确辨认大月和小月的月份。

教学过程：

1. 复习导入，揭示课题

和学生们谈话，聊一聊节日。

提问：今天是几几年几月几日啊？

年、月、日是我们今天要学习的新的时间单位，那我们以前学过的时间单位有哪些，它们的关系是什么？

师：1 分＝60 秒，1 时＝60 分。我们刚才回顾了时、分、秒之间的关系，接下来老师就和同学们一起进入年、月、日的世界，去探究年、月、日的相关知识。

2. 层次深入，探索新知

（1）年月关系。

学生观察自己的年历是哪一年的，有几个月。

明确：无论哪个年份，一年都是 12 个月。

（2）月日关系。

学生观察探究每个月的天数情况，认识大月、小月，并展示汇报。

① 学生举例说说，每个月的天数有哪些情况。

提问:一个月有31天的有哪些月?一个月有30天的有哪些月?

② 对比观察两位同学的学习单,观察相同处和不同处。

提问:两张学习单不同之处有哪些?

③ 给出大月、小月、特殊月的定义。

一个月有31天的叫大月,1、3、5、7、8、10、12月是大月,共7个大月。

一个月有30天的叫小月,4、6、9、11月是小月,共4个小月。

2月比较特殊,只有28天或29天。

(3) 年日关系。

提问:研究了年和月、月和日的关系,那年和日之间的关系呢?一年有多少天,我们可以怎样计算?

学生说一说计算方法,鼓励思考更简便的算法。

(4) 听历法故事。

提问:同学们对于年、月、日的知识还有疑问吗?

播放古罗马皇帝修订历法的小故事,加深学生对于大月、小月的认识。

(5) 巧记大小月。

① 联系小故事,识记大月的月份。(七前单数七后双)

② 大月顺口溜"一三五七八十腊,三十一天永不差。""腊"指12月。

③ 左拳记忆法:注意凸起的是大月,凹陷的是2月和小月。

3. 课堂练习

(1) 在年历卡上圈出这些有纪念意义的日子,儿童节、劳动节、教师节、国庆节,并判断这些节日是在大月还是小月。

(2) 猜一猜。

提问:你知道自己的生日吗?猜猜小兰的生日。

① 小兰的生日是4月的最后一天,是(4)月(30)日。

② 小红的生日在国庆节后的第三天,是(10)月(4)日。

③ 小明的生日在元旦的前一天,是(12)月(31)日。

④ 猜老师的生日。

4. 回顾总结

这节课我们学习了什么?你有哪些收获?

附:设计说明与教学反思如下。

时间单位对学生来说比较抽象,学生在前面已经掌握了时、分、秒,并在实际生活中积累了年、月、日方面的感性经验,有关年、月、日的知识,也越来越多地出现在他们的生活和学习内容之中,他们已经具备了这方面的知识基础。

本节课设想立足于学生现有知识经验,从复习时、分、秒之间的关系导入,引出年、月、日之间的关系这一教学重点,引导学生构建完整的知识体系。教学过程强调小组合作学习,围绕任务,提供材料,引导学生经历知识形成的过程。通过自主探究、合作交流的方式掌握年、月、日的知识,培养学生的问题意识和自主学习的能力。

学习的发生必须借助于学生原有的经验与知识基础。本节课需启发学生由模糊的经验到达准确的认知,这个过程就是用不同的年历卡引导学生逐步发现年、月、日之间关系的过程。但在此之前应让学生把自己已经了解的表达出来，学生表达得越充分，就越容易掌握新知。

从整堂课的模拟教学来看，教学安排层次清晰，时间分配合理，重点内容安排充裕时间引领学生自主探索，难点突破注意方法，可以有效达到目标预期。

例 6-7　“鸡兔同笼”［人教版义务教育教科书数学四年级下册］

执教：陆林艳

教学目标：

(1) 借助古代课堂情境，了解数学文化，掌握猜测、列表和假设的方法，能熟练运用假设法解决实际问题。

(2) 经历观察、猜测、分析从而解决古代数学趣题的过程，在独立思考和合作交流中，感悟化难为易的思想和解决问题的策略多样化，发展推理意识。

(3) 感受数学史源远流长，数学文化博大精深，增强文化自豪感，激发积极的数学探索欲望，增强学好数学的信心。

教学重点：了解数学文化，增强文化自豪感，掌握列表和假设的方法。

教学难点：能熟练运用假设的方法解决实际问题。

模拟授课　鸡兔同笼

教学过程：

1. 创设情境，引入新知

谈话：同学们，数学文化博大精深，今天让我们回到 1 500 多年前，走进古代的数学课堂。同学们，你们看到了什么？

预设 1：一个老师和一群学生。

预设 2：学生在抓耳挠腮，好像遇到了困难。

谈话：观察得真仔细！学生们在抓耳挠腮，遇到了困难。那你们想不想帮他们解决这个难题呢？(想)

［课件出示问题］

谈话：请看大屏幕，谁来解释这道题到底是什么意思？(看来你精通古文呢)笼子里有鸡和兔，从上面数，有 35 个头；从下面数，有 94 只脚。

揭示课题：这就是我们今天要一起探究的数学问题——鸡兔同笼。它记载于距今大约一千五百年的《孙子算经》中。(板书：鸡兔同笼)

2. 层层递进，探索新知

(1) 理解题意，化难为易。

谈话：现在难题来到了我们的手中，你们有好办法吗？

预设 1：可以边猜边试。

预设 2：数太大了，猜不准。

引导：是啊，数太大了，不好猜，这时候我们可以先从简单的问题入手。

(2) 合作探究，方法多元。

谈话：现在变成了 8 个头，26 只脚，问题是不是简单了许多，动手试一试，完成后在小组内交流。(巡视)

谈话：我看到大家都讨论得热火朝天，哪个小组先来？

预设小组 1：先猜有 4 只鸡和 4 只兔。［板书：$4\times4+4\times2=24$(只)］

谈话:相比实际是多了还是少了,少了几只?

引导:那接下来我们怎么猜?(3只鸡5只兔)

追问:你是怎么思考的?(兔的脚数比鸡多)

谈话:24只比实际脚数少了,而兔的脚数又比鸡多,所以我们把兔多猜一点。[板书:3×2+5×4=26(只)]

谈话:真的是这样,看来猜有时候也是一种好办法。智慧需要碰撞,其他小组有不同的方法吗?

预设小组2:我们是按照顺序列表的。(课件出示顺序列表)

谈话:不错!你们先假设兔0只,鸡8只,然后按顺序列举了每一种可能,最终确定了鸡和兔的只数,这是数学上常用的列举法。我们还可以如何列举?(假设鸡0只,兔8只)[课件出示另一种列举顺序,表略]

提问:观察第一张表,你们发现了什么?

预设1:从左到右,鸡的数量减1,兔的数量多1。

预设2:脚数加2。

谈话:那为什么脚数加2呢?

预设:从左到右鸡少1,兔多1,相当于把1只鸡换成1只兔,1只兔比1只鸡多2只脚。

小结:2是一只兔和一只鸡相差的脚数。

(3) 巧用假设,解决问题。

谈话:那像刚才的35个头,94只脚也要这样一一列举吗?如果更多的头、更多的脚怎么办呢?那是不是会有其他的办法呢?

谈话:同学们,请看课件。笼子中的兔子是经过特殊训练的,我一声令下,瞧,它们站起来了,现在出现什么情况?

预设:从下面数,兔子也是两只脚了。

引导:那我们是不是可以把兔子看成鸡,假设全是鸡。(板书:假设全是鸡)

谈话:那现在应该有多少只脚?[板书:8×2=16(只)]

谈话:比实际多了还是少了,少了多少?[板书:26-16=10(只)]

追问:为什么少了10只?

预设:把兔子假设成鸡了。

引导:同学们,现在可以求出结果了吗?想一想也可以动手画一画。

[请一位学生上台画图,补充到26只脚]

谈话:如果不画图,我们可以怎么求出兔子的只数?

预设:列式计算,一只兔子比一只鸡多出2只脚,10里面有5个2。[板书:10÷2=5(只)]

谈话:那鸡的只数也自然就出来了。[板书:8-5=3(只)]

引导:只能全部假设成鸡吗?我们还可以——全部假设是兔。自己在本子上试试写写。

提问:对比这两种方法有什么发现?

小结:无论是先把所有的都看成鸡还是都看成兔,我们都是用了假设的方法。(板书:假设法)

3. 巩固训练,学以致用

谈话:同学们,现在你们可以解决前面的"鸡兔同笼"问题了吗?请大家独立完成。

谈话:你们知道古人是怎么解决"鸡兔同笼"问题的吗?[播放视频:抬脚法]

4. 整理收获，回顾总结

谈话：同学们，通过今天的学习，你们有什么收获？

预设1：学会了运用假设法解决问题。

预设2：当问题困难时，我们可以试试让它简单一点。

谈话：对，这就叫化难为易。（板书：化难为易）

预设3：古代的数学问题很有趣。

小结：同学们，今天的数学课是一次智慧的碰撞，古人的想法是那么神奇。其实，《孙子算经》中还有好多值得我们探索的问题，课后可以进一步了解！

附：设计说明与教学反思如下。

自三年级上册开始，人教版小学数学教材每一册都有"数学广角"，这是人教版教材的一大特色。"鸡兔同笼"属于四年级下册"数学广角"部分的内容。我认为本节课在教学假设法的过程中，应侧重方法的渗透和文化的熏陶。

一是思想方法的渗透。首先，用"活"教材情境，让学生产生学习的需要。奥苏贝尔的建构主义理论提出了学习环境的四大要素，即情境、协作、会话、意义建构，因此情境的创设尤为重要。好的情境应能激发学生的兴趣，引发数学问题。根据教材主题图创设富有情趣的古代课堂情境，一方面可以生动地引出《孙子算经》中记载的"鸡兔同笼"问题，让学生了解数学文化；另一方面也可以通过古代课堂上学生冥思苦想的画面和小精灵的提问激发学生解决古代数学问题的兴趣。其次，重视思维体验，让学生体会解决问题的策略多样化。在理解题意的基础上，让学生经历猜测的过程，从而渗透化繁为简的数学思想。在探究方法的过程中，充分给予学生独立思考、合作学习的时间和空间，引导学生通过猜测、列表、假设等多元化的方法来解决问题。列举法是假设法的铺垫，从而渗透有序思考的数学思想方法，假设法是课堂教学的关键，借助课件演示，体现数形结合，抽象出算式，梳理解决问题的思路。在分析问题、解决问题的过程中发展学生的"四基"，增强学生的"四能"。最后，学以致用，教会学生方法的迁移。

二是数学文化的熏陶。鸡兔同笼问题是《孙子算经》中一道影响较大的名题，把"数学文化"和《孙子算经》及其中关于鸡兔同笼问题的原题，用课件科学而生动地再现于课堂，同时在巩固训练环节播放"抬脚法"的视频，向学生展现古人的解题智慧，既激发和调动了学生的探究兴趣，又充分地传承和弘扬了经典的数学文化，让"数学味""文化味"萦绕课堂，贯穿课堂始终。课堂小结环节，对学生进行积极引导，让学生对数学的探究欲望生成于课堂，延伸于课外。

本节课教学过程也有进一步改进之处。如利用学具拼摆突破假设法这一教学难点，进而让学生理解设鸡求兔、设兔求鸡的计算过程，开拓学生的思维空间，优化解题策略，提高学生的数学素养和能力。

第二节　说教课堂：基于说课与模拟课堂的传承与创新

日常教研活动中，"说课"或"模拟课堂"由于能及时反思、修正、优化教学设计，便于同行间交流、研讨，被教育界视为提升一线教师专业素养的高效活动形式并且广泛应用于各类人才选拔或教学比赛活动。然而实践中不难发现，由于关注角度不同，说课与模拟课堂实质并不能客观全面地考量教师的专业素养。从教师的综合性素养发展考虑，有必要融合二者优势，相辅相成，创新教研活动形式，以实现教研活动价值的最大期求。为此，我们提出“模课＋说课”这一新型教研活动，并称为“说教课堂”，本节试在前面说课与模拟课堂对比分析基础上深入探究说教课堂的内涵、实践价值与实施路径。①

一、说教课堂的内涵界定

说教课堂是授课者在相关学科专业知识、教育理论知识及学科教学知识等基础上，叙说教学设计的理论依据，以及教材解读、学情了解、教学目标与重难点的确定等，并通过模拟授课及教学反思，听取专家、同行或评委、考官评议，从而提升专业素养的一种教研活动形式。

由此可知，说教课堂核心内容包括两个方面，即“说”与“教”。成功的关键是说与教的融通与辉映。实施路径一般有以下两种方案。

一是“先说后教”。授课者先叙说教学设计的理念，以及对教材解读、学情了解、教学目标与重难点的确定等，然后在规定时间内模拟教学。这一方案实质是把两种教研活动形式简单叠加，虽有可取之处，但实践中容易覆陷程序化说教的回轮，也难以对模拟授课效果进行即时反思，该方案可能会造成教研活动的价值折损，推广价值不大。

二是“先教后说”。授课者首先模拟教学，结束后叙说教学设计理据，包括教材理解、教学目标与重难点确定的依据等，在此基础上反思教学的成败得失及改进措施。显然这与“先说后教”有本质区别。由于该方案中授课者往往需要结合课堂模拟情况进行反思性说课，因此不能视为说课与模拟课堂的简单叠加，可以有效避免说教流程的形式主义倾向。在当前流行的模拟课堂测试或比赛中，往往模拟授课后安排“专家提问”环节，专家所提问题通常也会包含这些内容，如“这节课难点是什么，你是如何突破的?”“你为什么这样引入新课?”“你觉得模拟教学中最为成功的处理有哪些?”“如果让你在现实课堂中再上这节课，你觉得哪些方面值得进一步改进?”该方案中，实质是把被动的问题回答转化为授课者主动的理据阐述，具有较强的实践价值。当然叙说不必面面俱到，可由授课者根据自身特点灵活把握。

二、说教课堂的实践价值

无论是基于现实课堂教学的前期打磨还是比赛、测试等活动，“说教课堂”这一新型的教研活动至少从四个方面凸显其实践价值。

（一）相对综合地考察授课者专业素养

在“实践导向”的教师教育背景下，专业实践素养是教师专业素养结构最为核心的要素，专业文化是专业实践素养发展的基石②，而课堂实践则是专业实践素养发展的主渠道。从说课与模拟课堂的实践模式的对比分析可知，二者侧重点不同，客观上都不能全面考量教师的专业素养。说教课堂实现了说课与模拟课堂的融合互补，可以相对综合地考察授课者专业文化与专业实践素养。

（二）引领教师自主建构个人知识

个人知识是教师在实践中运用或表现的对教育教学的认识，既包括教师本身对所学专

---

① 于国海．说教课堂的价值与实践[J]．教学与管理，2018(22)：30-32．

② 陈向明．实践性知识：教师专业发展的知识基础[J]．北京大学教育评论，2003(1)：104-112．

业理论的理解、应用与拓展，更包括个人经验的积累与领悟、同行间的交流及合作[①]。教师个人知识具有内隐性、缄默性、个体性等特点，虽难以言传却始终影响着教师的日常教学工作。教师教育研究的实践取向凸显了个人知识在教师专业成长中的关键地位。教师个人知识的生成根植于本人对外部理论知识的个人理解及对课堂教学知识的境域解读。在说教课堂活动中，"教"可以通过实践诠释与印证教师内隐的个人知识，"说"则指向教师对所学专业理论的个人修悟。因此，说教课堂这种教研形式打通了理论与实践整合的通道，可以促进教师个人知识的自主建构。

（三）促使教师主动及时反思教学

反思性教学是教师专业成长的关键，其本质是理论与实践之间的对话，也是理想自我与现实自我心灵的沟通[②]。著名心理学家林崇德曾指出：优秀教师＝教学过程＋反思。美国心理学家波斯纳（Posner，1989）也曾指出：一个教师若不对经验深入思考，其能力可能会永远滞停于一个新手型教师水准。波斯纳提出一个教师成长公式：成长＝经验＋反思。[③]说课与模拟课堂可实现对教学设计的反思、修缮，但课前说课主要指向教学预设及理据，无法对实际教学是否能达到预期效果进行反思，课后说课是说课者在上课之后进行叙说，教师可及时反思课堂教学情况，但这种形式在日常教研活动中具有实践价值，用在比赛、测试活动中显然不切实际。模拟课堂不仅可对教学设计进行反思，也可对模拟教学效果进行反思，但难以深入理据层面。二者结合起来（尤其是"先教后说"）可以引领教师及时主动反思，深度思考预测现实课堂教学中可能碰到的问题，以避免纸上谈兵，言行不一，从而变被动化、形式化的教研为主动的、积极的教研，实现更加高效的教学研究。

（四）实施过程更具弹性化，可操作性强

毋庸置疑，说课与模拟课堂都是省时高效的教研活动形式，但在长期实践中，活动设计本身客观上存在的一些弊端（如时间固定，流程机械等）在某种程度上约束了教师的自由伸展与灵活发挥。在近年来的一些比赛、测试活动中，模拟课堂逐渐替代长期流行的说课，其中关键原因就是说课实践中存在"形式主义""程序化"的倾向，但模拟课堂引入后，这一倾向也并未从本质上消解。若采用说教课堂模式，即使时间固定，教师也可以根据课题特点、自身优势灵活把控"说"与"教"的时间合理安排、主次内容抉择，从而使说教过程更具弹性化，也更具操作性。

三、说教课堂的实施路径

"先说后教"与"先教后说"两种"模课＋说课"的措施可不同程度地弥补说课与模拟课堂在教师专业素养考察方面的功能缺失，后一种方案更契合当前教育界倡导的反思性教学理念，更具推广价值。以第二种方案为例，说教课堂的活动流程可简要概括为"备、教、说、议"四个环节。

（一）"备"，即教学设计

这是模拟课堂成功的基础。授课者应首先对教材进行仔细解读，即明确"教什么"，所教内

① 陈向明.实践性知识：教师专业发展的知识基础[J].北京大学教育评论，2003(1)：104-112.

② 刘宗祥.反思性教学理论及其策略分析[J].教学与管理，2014(2)：14-16.

③ 王光明，康玥媛.小学数学教学设计[M].北京：教育科学出版社，2014.

容的知识基础是什么？对学生后继学习有何意义？教学内容的结构是什么？重点难点是什么？如何从教学的角度表征教学内容？等等。在国考模拟课堂测试中，我们经常发现授课者教学内容偏离主题，甚至盲目增加或减少教学内容，追根溯源是对教材解读不清的缘故；然后要考虑教学流程安排，每一环节安排多少时间，如何与学生互动以增加现场感，板书设计如何布排，等等，即考虑"怎么教"。若时间允许，应尽量撰写一个条理清晰、完整规范的设计文案。

（二）"教"，即模拟教学

授课者运用课堂教学语言模拟教学。当下模拟课堂一般追求教学环节的完整性，时间通常在10～15分钟，某种程度上制约了教师的灵活处理。我们认为，模拟课堂不必拘泥于教学环节的按部就班，在主要教学环节结束后安排弹性说课（即叙说"为什么这么教"及自我反思）不仅能使教师知道应该怎么教，怎么教更好，而且可促进教师主动思考教学设计理据，即"知其然而且知其所以然"。例如，新授课模拟课堂突出主要环节"新知引入"与"新知教学"，可使教师根据教学内容的特点更加灵活地调控"教"与"说"的时间安排，不至于出现规定时间内没有完成教学任务或者授课时间远低于规定时间。

（三）"说"，即说理反思

模拟教学结束后，授课者转直接教学语言为间接陈述语言，叙说教学目标达成情况、教学重点把握、难点突破、练习安排或新知教学的理论支撑等，即叙说"为什么这么教"，然后进行自我反思，包括教学成败得失，如新知导入、师生互动、板书设计等的成功或失误，也包括进一步改进措施，如新知导入有无更好做法，新知教学中碰到课堂意外如何处理更为妥善，板书设计可以怎样改进，等等。在教师资格证国考模拟课堂中，模拟课堂教学规定为10分钟，经常发现一些考生5～6分钟就结束教学，显然难以充分展示自身专业素养。若安排主动说课环节，则可更为客观地评测考生专业文化与专业实践素养。

（四）"议"，即活动议评

从教研指向看，应侧重"议"，活动参与者对授课者的模拟教学与理据阐述展开探讨。由于说教课堂具有检视专业文化与专业实践素养的双重功能，因此"议"应着力关注理据与实践的契合度；从测试、比赛指向看，应侧重"评"，当然"评"也可建立在"议"基础上，在当下一些测试、比赛活动中，专家提问往往是客观评价的重要依据之一。应予指出的是，评价不应割裂授课者的"教"与"说"，也就是说，评价指标设计应关注授课者"教"与"说"的相互映照。

本章项目训练

1. 分析说课、模拟课堂与说教课堂的实践流程的异同点。

2. 选择人教版或苏教版小学数学教材中的下列课题之一撰写模拟课堂教学设计并分组模拟课堂。备选课题如下：①小数的初步认识；②两位数乘两位数的笔算；③圆的认识；④三角形的面积；⑤数据的搜集与整理；⑥掷一掷。

实训要求：

（1）模拟课堂时间安排为10分钟。

（2）撰写教学目标与教学重点、教学难点。

（3）撰写设计说明与教学反思。

实训形式：小组讨论与自主设计相结合。

第七章　校内外实训

校内外实训是涵育师范生职业情怀、提升师范生专业实践素养的重要环节，也是师范生获取教师资格证书乃至成功入职的一个必要前提与重要途径。校内外实训主要包括教育见习、教育研习和教育实习，它们都是师范生教育实训的重要形式，三者开展的内容、阶段、实训侧重点各有不同，但又互为衔接、相互促进。

第一节　教育见习

数学教育见习是师范生以观摩小学数学教学为主，通过观察与反思小学数学教师的教育教学操作行为，获得与积累间接数学教与学经验的过程。教育见习既有隐性价值，也有显性价值，显性价值在于直接为师范生提供更多的感性认识、积累间接的教育实践经验；隐性价值在于间接地巩固师范生自己的专业思想、职业情怀，明确自己的努力方向，制定改进措施。

一、数学教育见习的基本目标

明确的目标对于教育见习的开展至关重要，它有利于分解教育见习的任务，为师范生指出教育见习活动努力的方向，保障教育见习活动的有效开展；有利于促使师范生积极、主动与深入地了解当前小学数学教育教学的现状，为今后的教育实习与学校工作打下坚实基础。根据数学学科教育教学的特点，小学数学教育专业师范生教育见习的基本目标如下。

(1) 通过初步的职业体验，对小学数学教师职业形成全面的认识与体会，感受学生、家长和社会对教师的热爱与尊重，坚定自己的职业选择。

(2) 通过课堂观察，透过教学现象反思数学教育教学的本质，挖掘数学知识所蕴含的教育价值，反思小学指导老师在课堂教学中体现的教学理念、教学思路和教学技巧。

(3) 通过各种途径，了解小学生在校生活与学习状况，特别是课堂教学中，小学生数学学习的心理特点及学科情感。

(4) 认真学习和研究教育教学理论及小学数学教材，初步探索小学数学教育教学规律，了解小学数学教育教学改革的历史进程。

(5) 注意分辨所观察到的教育现象哪些符合教育规律，哪些违背教育规律，哪些需要进一步思辨。

(6) 对照优秀小学数学教师所具备的素质，对照自身实际，查找自己存在的问题与不足，找到改进的途径与方法。

二、数学教育见习的主要任务

数学教育见习主要任务包括数学教学工作见习、班主任工作见习和教研工作见习。

（一）小学数学教学工作见习

小学数学教学工作见习是教育见习的重要内容。参与见习活动的师范生深入小学数学教学课堂，了解小学生的学习和认知特点，熟悉课堂教学的环节与要求，对照小学指导教师的教学，体会优秀小学教师应具备的素养，可为今后的研习与见习打下良好基础。具体任务如下。

（1）尝试感悟数学的本质，思考小学数学的教育价值，以及它在学生发展过程中的重要作用，整体理解小学数学的教学内容及所渗透的数学思想方法。

（2）了解小学数学教学的基本流程，即教学设计、课堂教学、作业辅导、批改作业、课后评课、考试测评等，知道每一环节之间的关联，学会处理全体与个体、预设与生成的关系。

（3）认真研读数学课程标准，主动反思课程标准的课程理念、实施建议等的落实情况（如《课标（2022 年版）》背景下小学数学课堂教学设计与实施的变化），自我总结小学数学教学的指导思想与基本原则。

（二）班主任工作见习

（1）了解德育的主要内容，了解国家和教育行政部门对小学生德育教育提出的总体要求与具体措施。

（2）了解班主任工作内容和少先队辅导员的工作，了解小学生心理特点与成长需求，感知小学课堂德育的时代要求和多样形式。

（3）体验学校德育与校园文化建设的特色，通过观察与学习，初步培养班级组织管理与处理意外事件的能力。

（三）数学教育科研工作见习

（1）参与数学学科组备课教研活动，积极完成学科组布置见习生的科研任务。

（2）尝试完成针对性见习任务，如微课题研究、教师的教学行为的观察与记录、小学生的学习行为的观察与记录，形成较高质量的实证见习成果。

（3）初步掌握基础教育科研活动开展的方法和步骤，提升科研意识，培养科研能力。

三、数学教育见习的主要活动内容

（一）观察

观察是全方位了解小学数学日常教育教学工作的基本路径，包括教学工作与班主任工作观察等。这里重点谈谈课堂观察。

课堂观察是见习生通过观察他人课堂而学习他人的教育理念和教学行为、感悟和提升自己教育教学能力的见习方式。见习生可以根据自己的实际需要，有针对性地进行课堂观察，通过平等对话、思想碰撞、问题探讨获得实践知识，汲取他人的经验，改进教学技能，提升专业素养。另外，高质量的课堂观察本质上也是一种实景研究活动，它可在教学实践和教学理论之间架起一座桥梁，为师范生专业成长提供一条很好的途径。

全方位观察课堂教学，不仅要注意观察学生的学习行为，如学生课堂参与状态、注意力是否集中、有无心不在焉的现象等，也要注重观察教师是否受到学生欢迎；是否尊重学生人格、关注个体差异，为学生营造和谐愉悦的学习氛围，唤起学生主动探究学习的动机和热情；是否为学生创设问题情境，提供自主探索和独立思考的时间和空间。[①]在新课程背景下，课堂观察还应该注意观察教学活动中哪些学习方式更适合学生，哪些数学问题更能够激发或难以调动学生学习热情，教师是否科学合理地处理课堂教学出现的意外，注重培养学生学会数学思维，是否关注数学知识的本质与教育价值，注重培养学生的核心素养。

（二）倾听

倾听是师范生见习过程中感悟课堂教学运行模式、技巧的重要方式。教学是师生对话互动的过程。通过倾听，师范生能感受到来自指导教师的期望与尊重，也能及时准确地把握学生的学习实况，调节好教学节奏；通过倾听，师范生可自觉体悟教师的语言艺术和师生的思想碰撞；通过倾听，师范生可真正融入小学生的学习过程，感受他们的思维方式、认知特点，为后续教学实践提供针对性帮助。

1. 倾听指导教师的语言艺术

首先，注意倾听富于启发性的教学语言。启发式教学可以更好地激发学生的思维活动。在小学数学教学中，“教师的主导作用就在于激发学生的学习兴趣、学习热情和强烈的求知欲，启发性教学语言，可以把教师的主导作用和学生的主动热情结合起来”[②]。“启发性教学语言能把学生引入知识的殿堂，活跃学生的情绪，消除小学生的紧张和疲乏，给他们留下深刻的印象。丰富、生动的教学语言，可以调节小学生的心理平衡，增强感染力，提高他们对教学信息的接受和反馈效率”[③]。

其次，注意倾听通俗易懂的教学语言。通俗易懂的教学语言，不但可以促进学生对深奥数学知识的理解，而且便于学生牢固记忆。例如，在教学抽象数学概念时，如果先用口头语言来叙述，再进一步精准到数学定义，经过这样的过程，学生对抽象的数学概念就容易理解。

最后，注意倾听准确连贯的教学语言。“数学语言讲究逻辑性，一方面表现在所传授数学知识的逻辑关系，符合由浅入深、由表及里、由具体到抽象、由特殊到一般的认识规律。对每个概念的内涵和外延，都要注重采用准确语言明确地表达。另一方面表现在课堂语言的上下衔接，对每一个环节之间的关系都要解释清楚。数学语言表达的准确性是指对数学知识的描述要确切、肯定，力戒含糊其辞，说话要精确、鲜明，不能使用模棱两可、似是而非的言辞，否则会使学生怀疑所讲内容的正确性。”[④]

2. 倾听师生的课堂交流

倾听指导教师是否理顺学生发言，提出问题。课堂中，对于学生的问题及发言，教师不可简单地否定或肯定，尤其是教学过程中产生的新问题，这些问题往往是真实的，若围绕主题正确引导、巧妙追问，有可能成为激发新知探索的生长点；若教师粗暴处理或漠然置之，这些有价值的问题或许会越来越少。因此，师范生在课堂倾听中关注教师对学生问题的应对策略可以为自己以后的教学实践提供启发。

倾听指导教师是否打破思维惯性，及时引导。在小学数学教学中，“教师和小学生的交替讨论才能将话题引向深处，才能使教学处于动态生成的过程中。当学生的思维处于定式

---

① 巨鹏.有效听课评课“三步曲”[J].中国教育学刊，2020(8)：3.

② 侯宝坤.数学教学中教师倾听不足的表现、原因及对策[J].中小学教师培训，2021(9)：58-62.

③④ 周玉兰，艾立新.略论数学课堂教学的语言艺术[J].教学与管理，2007(18)：139-140.

状态、低水平重复时，教师要善于打破学生的思维定式；当学生的认识有所偏颇，与教学重点相差很远时，教师要善于抛弃无意义的问题。倾听和表达如何转换，需要小学数学教师的教育智慧。"[①] 因此，师范生在课堂倾听中关注教师的引导策略可以为自己以后教学实践提供借鉴。

倾听指导教师是否深入思考内容，串联分析。教师要把学生的发言内容和教学进行关联，将一个学生的发言与其他学生的发言联系起来，将一个数学知识点和另一个数学知识点串联起来，把学生的发言和先前的思考串联起来，把课堂的数学知识和生活中的数学知识串联起来，把学生的现在所学和未来所学串联起来，才能建构出数学知识之间的网络结构。因此，师范生在课堂倾听中关注教师的上述教学智慧可以为自己以后教学实践提供启发。

倾听指导教师是否给予学生思考时间，耐心等待。教学过程中，对于小学生欲言又止、含混不清、默默无语等行为，数学教师要耐心等待。这种等待，并不是消极无为，其中包含了对学生的耐心、对学生思考的重视，更是对学生的信任，以及对学生深思熟虑后回答问题的期盼。实践表明，如果教师缺少耐心或者为了节省教学时间而急于和盘托出答案或者催促学生回答，往往会打击学生的思维的积极性与为学的自信心。因此，师范生在课堂倾听中关注教师的上述教学行为可以提醒自己在以后的教学实践中更加关注学生的生命成长。

(三) 记录

见习过程中的及时记录是非常必要的。以听课为例，无论是全程实录还是选择性记录，我们认为重点应记录课堂中的亮点和失误，以及引发的个性化思考，让课堂记录有"真货"。

1. 记录课堂教学中的思维亮点

课堂教学的亮点，是课堂中最出彩、最吸引学生之处。亮点是教师授课的出彩点，是学生思维的连通点，是教材难点的突破点。教师如果能在每节课创造几个亮点，就会让学生感觉到眼前一亮，学生就会情不自禁地爱上学习。

见习生要善于记录课堂教学的亮点，可以把教学过程中的精彩导语、重点提问、自然过渡、精彩发言、巧妙方法和有效手段等及时记下来，以便从中体会和领悟。用欣赏的眼光看课堂的亮点，才能取到"真经"。

2. 记录课堂教学中的独立思考

在听课时，见习生不要人云亦云，而要有自己独立的思考，要透过"热闹"看"门道"。对授课教师教学的成功之处，要思考其背后的理论依据；对授课教师教学中的失误，要思考其中的原因，考虑合理的建议；要学会换位思考：如果我是学生，是否也真正学会了？如果是自己来上这节课，我会有哪些超越和突破？

3. 记录课堂教学中的精彩生成

课堂生成大多是原生态的，虽是意外，却极富有价值。这种意外的课堂生成也是一种教学资源，利用好它，将会使我们的教学锦上添花。教师面对课堂生成时，需要及时地捕捉并进行分析、判断、筛选，更好地促进学生深度学习。见习生录下意外的课堂生成场景，可从中学习和借鉴，不断提升教学智慧、积累教学经验。

4. 记录课堂教学中的错误资源

学生的错例是课堂教学中重要的教学资源，能够帮助教师很好地读懂学生。教师在课

---

① 李海波. 有效课堂需要教师善于倾听[J]. 北京教育(普教版)，2018(11)：91.

堂教学中及时拍下学生的典型错例，可以进行诊断分析，提出改进教学的合理建议，从而科学合理地设计课堂教学。

5. 记录课堂教学中的合理板书

“板书设计是一节课的微型教案，浓缩了一节课的精华。它是课堂教学的眼睛，可以清楚看出这节课的知识板块结构。它凝聚了授课教师的心血，彰显了授课教师的课堂教学智慧，值得教师仔细品味。”① 师范生要及时记录好的板书设计并主动思考、体会其中的设计艺术。

(四) 反思

反思是积累和提高教育智慧的有效途径，是教育科研的高效路径，及时反思课堂见习，是师范生专业能力发展的关键。

1. 反思教学目标达成

新知识教学中挖掘与渗透了哪些思政元素？学生学习新知前是否已经具备相关基础与能力？学生是否已经初步掌握新知内容？掌握的程度如何？教师进行了哪些点拨和引导？

2. 数学问题提出的作用

问题是数学的心脏，是未知与已知链接的桥梁。回顾教学过程，教师设计的问题情境是否有效激发学生探索的兴趣，问题的设计是否为学生提供探索、讨论和发现甚至创新的机会，问题的背景是否关注了学生创新情感的孕育与培养，等等。围绕问题的提出进行细节推敲，是反思教学、改进教学的重要方面。

3. 考虑教材插图的使用

教材中的插图创设的生活情境是否贴近学生的生活，有没有不妥之处？有没有渗透立德树人的目标？在教学中能不能引起学生的共鸣？教师能不能创造性、个性化处理？在质疑插图合理性的基础上，要更好地使用插图。

4. 捕捉学生思维的火花

学生创造的机器启动之后，新旧知识与思维的交汇、碰撞，自身与他人思想的交锋、碰撞，都不免撞击出发现或创新的火花。这些转瞬即逝的智慧的火花，或许就是珍贵的发现与创造的矿苗。关注并及时捕捉，是教师鼓励创新的重要表现。

5. 探讨学习开展的时机

教学过程中，什么时候可以开展真正的学习？学生可以自主学习，教师是否抓住时机鼓励学生自主；学生能够自己解决问题，教师是否还不放心而细致讲解；学生能够独立思考获得认识，教师是否还组织学生进行形式化的合作；学生已经充满强烈的探究欲望，教师是否低估学生热情而直接告知结论。这些反思有助于课堂教学运行的优化提升。

6. “自主性”适度的反思

自主性的适度，应当是教师放手但不放任，扶植但不牵制，协调而不乏民主，合作又不包办。其中的“度”就是学生主体性与教师主导性之间的关系，两个方面都不能忽视。比如“设疑”与“质疑”的整合问题，“设疑是教师调动学生积极思维的手段，质疑则是学生的反思性活动。设疑与质疑在教学运行中既相互对立，又相互依存。”② 很值得在课后反思中细细品悟。

---

① 夏永立. 听课，需要什么样的记录[J]. 江西教育，2020(20)：13-14.

② 杨忠良. 试谈数学教学的课后反思[J]. 教育实践与研究，2006(8)：35-37.

四、数学教育见习需要注意的几个问题

（一）充分认识教育见习价值

不可否认，教育见习在有些学校的小学数学教育专业课程设置中可能处于为完成任务而实施的被动状态，见习次数少，见习内容单一，甚至流于形式。实际上，教育见习是师范生在积累了一定的本体性知识和条件性知识的基础上，进行验证学习进而获取实践性知识的一个重要环节。这一实践环节是架构理论知识与实践知识的桥梁，利于唤醒师范生的职业实践意识。因此，无论是管理者还是师范生都应该充分认识教育见习的价值。

（二）明确教育见习目标任务

教育见习是师范生到小学一线围绕专业课程教学观摩、班主任工作、教学调研开展的综合性观察、倾听、记录、反思过程。师范生通过现场观摩、调查、体验，明确基础教育的学科教育教学现状，了解教育对象的特点，观摩见习单位学校的教育教学的组织情况，可以进一步明确教师职业特性，唤醒实践意识，孕育专业情怀。因此，在见习前，见习生应该深刻认识见习的意义与见习的目标任务，才可能做出有价值的见习报告与体会。

（三）加强教育见习理性思考

见习生要善于在校内外导师指导下运用所学知识观察分析教育现象、理性思考教育问题，在研究与讨论、探索与反思中提升专业的敏感性。实践表明，带着问题进行教育见习往往能更加有效地促进见习生关注教育现象，思辨教育问题，并形成主动尝试探寻新的教学模式、教学内容、教学方法的意识。

（四）重视见习活动的成效检测与评价

见习结束不是简单地写个总结，应注重检查教育见习的成效性。班主任工作、教学工作、教学研究等活动都应注重见习成效。师范生要全身心地投入到教育见习中，把自己所见、所记、所思记录下来；除此之外，还要积极参与师生交流互动，深入了解不同年级、不同学校、不同地区的小学数学教育现状。管理部门应通过见习过程与见习总结及时检测与评价师范生见习目标达成情况。

第二节　教育研习

教育研习是指师范生在校内外导师指导下，通过小组合作的形式，运用所学教育学、心理学理论及专业学科知识，对教师职业专业化过程和教育实践过程中出现的问题进行项目化分析、研究与讨论，在理论与实践的互动、在探索与反思的交替中发展师范生的教育教学研究能力，提升师范生的职业技能水平，以便更好地适应将来的教学与教科研工作。

一、数学教育研习的基本目标

教育研习是提升师范生专业实训质量的重要途径，“不仅可以增强小学数学师范生教育研究的意识和能力，促进师范生深入体验教育教学工作，逐步形成良好的师德素养和职业认同，也能促进师范生更好地理解与运用数学教育教学专业知识，获得必要的教育教学设计与实施、班级管理与学生指导等能力，为从事小学数学教育教学工作和持续的专业发展奠定扎

实的基础。”[①]根据数学学科教育教学的特点，小学数学教育专业师范生教育研习的基本目标包括以下方面。

（1）评析教育见习过程，提高教学实践能力。教育见习后的教育研习主要目的是通过对小学数学课堂教学的观察、记录与反思，思考小学数学教育教学的理念、特点及注意点，不断探索与理解教学策略、方法与技巧，不断提升自己的教学水平与教学质量，为后续教育实习打下坚实基础。

（2）对照专业要求与标准，完善专业知识结构。师范生在教育研习过程中，有计划地查漏补缺，完善自身的专业知识结构。同时，进一步丰富理论性知识，形成实践性知识。

（3）通过研究教育见习中遇到的问题，学会选择课题、设计方案、组织实施，尝试撰写研究论文，树立教科研意识，培养自身教科研能力。

二、数学教育研习的主要任务

1. 逐渐明确教师角色

教师是课堂教学的组织者、引导者与合作者，也应是学科教育价值的开发者，是整体把握教材的重组者，是面向全体学生的维护者，是教学互动生成的推进者。教师在课堂教学中只有正确地认识自身的角色定位，才能促进学生真正成为教育活动的主体。

2. 逐步深刻理解数学

只有对数学的本质特征有比较清晰的认识，才能在教育教学中把握正确的方向。正如英国学者贺斯所说：“对学科本质的认识是一切教学法的基础。”所以数学教育教学的首要问题，不在于教学的更好方式是什么，而在于所教内容的数学本质是什么。

3. 主动提升专业素养

研习活动中，师范生对某些教育现象、问题进行集中研讨和交流，可以提升问题研究意识，还可以通过开展小课题研究、参加师范生技能大赛、组织社团活动等方式，集聚项目、论文、获奖、荣誉称号等“硬通货”，让取得的标志性成果成为个人求职就业的最佳推荐信。

4. 参与实践教学专题

充分运用“课例诊断”“现场观摩交流”“教育教学成果评鉴”“个人课堂操练”等手段，锤炼教育教学现场操控能力。同时，学习方式“转向更多采用问题为本的学习，转向参与式、研究性学习，更多地进行真实情景学习”。[②]

5. 自觉挖掘专业特长

挖掘潜力，发挥优势，持之以恒，练就稍胜一筹的数学教育教学妙招、绝招和狠招。这三件事做好了，既可最大限度破解师范生“实践下不来”之困，又能为师范生由“准教师”迈向合格教师奠定坚实基础。

三、数学教育研习的主要活动内容

（一）对“数学理解”深入探讨

在进入教法学法层面的研讨之前，有必要先在“理解数学”上达成较有深度共识。改变

① 杨必武，尚继武，朱凯．师范生教育研习的问题与改进策略[J]．湖北工程学院学报，2018(1)：82-85.

② 朱小蔓．建设高素质教师队伍当前亟待解决的三个问题[N]．中国教育报，2007-09-06.

“教材有什么、教师教什么、学生学什么、考试考什么”的教学工作老套路。

1. 整体把握知识结构

不要做“只比学生领先一课时”的教师，要将数学的视角自觉向前、向后、向深处、向结构化延伸。例如，教学“三角形面积的计算”一课时，除了要思考三角形面积的计算与刚学过的平行四边形面积的计算有何联系、有何不同、关键何在、难点在哪，这样对确定教学的起点至关重要，还应思考与将要学习的梯形面积的计算、组合图形面积的计算有何关联、如何发展，思考这一系列的面积计算课共性在哪、各自的着力点在哪、如何实现数学思想方法层面的“通”与“进”。

2. 扼准知识发展节点

例如，教学“用字母表示数”不能只是简单地教用字母“替换”数，而是要把握“用数字表示数”到“用字母表示数”认识链发展的节点在于“数”发生了变化，“以前的数都是确定的，所以用数字表示”到“现在的数是不确定的，无法表示为唯一的数字，于是选择用字母表示”，进而为从算术思维到代数思维的飞跃奠定基础。

3. 体现数学思维特质

数学教师有着区别于人文学科教师的思维特质，更侧重理性分析，更侧重逻辑思辨。这种职业的特质归因于对数学科学的深层理解，能使得课堂教学更有深度、更有张力。正如张齐华老师在《教什么比怎么教更重要》一文说：数学教学并不是教师“外在于”数学，以数学为纯粹“客体”“对象”而从事的搬运工作。教师与数学，二者理应相互交融、合二为一。一个优秀的数学教师站在讲台上，他就是数学！教学活动中，他的身上应该自然散发着一种独特的数学光华与气息，一种源自理性、智慧、思辨的内在气质。

4. 重视教材研习测评

对教材的理解程度直接关系到师范生专业实践的层次水平。早在20世纪八九十年代，我国数学教育界高度重视师范生的教材研习能力培养，许多学校把其列为教学基本功的一个重要方面进行测评，这种做法极大增强了数学教师的学科功底。近年来数学教师教育类课程中也常常包括教材研究课程。实践表明，重视教材钻研的基本功有利于师范生学科素养的提升。

（二）从学生到教师身份的转变研究

《课标(2022年版)》强调“教师是数学学习的组织者、引导者与合作者”。如何在聚焦学生核心素养发展的大环境下，细化与落实教师身份，是一个有价值的研究方向。师范生可从以下几个维度思考教师的角色。

1. 学科教育价值的开发者

数学教育除了关注数学学科知识本身之外，更应借助数学为学生提供学科所独有的思维路径、视角与策略，帮助学生提升数学思维品质和数学素养。如对数学教育与社会责任、数学教育与爱国主义教育、数学教育与理性思维等开展积极研究。

2. 教材整体重组的思考者

整体性教学、结构化设计是新课标的重要理念。一线教师是教材整体重组的思考者与实践者，教师要改变按课时知识点进行教学的传统思路，整体思考单元教材的学习目标、知识结构、育人价值，对于每一课时的教学设计既考虑长远目标，又考虑近期目标的递进关系。

3. 面向全体学生的维护者

面向全体学生教学，意味着必须将课堂还给学生，使课堂真正属于全体学生。教师要自觉并有意识地去规避保姆式教学，不能包办学生的学习，应该让学生自己亲身经历、亲自操作，自己主动去发现问题、提出问题，分析问题和解决问题；也要避免工厂式教学，学生的性格、能力和反应存在差异，教师不能用相同的规格来培养学生，应注意应生而异，因事而异。

4. 教学互动生成的推进者

教与学是教学活动过程不可分割的两个层面，课堂教学应是通过互动生成促进学习者生命成长的活动过程，教师是教学互动生成的推进者。例如，大问题设计有助于教学活动的互动生成，通过大问题不同角度、不同层次的思考，可使每个学生都能参与问题的解决过程，在师生互动、生生互动中达成共识，甚至生成新的认识。

(三) 教育教学微课题研究

微课题研究是师范生对自身教育见习中具体细微的教育问题、有意义的事件和有价值的困惑进行观察、分析和反思，从中发掘和把握日常教育现象之间的本质联系与规律的一种认识活动。

微课题研究有利于教师逐步养成科学的思维习惯，切实提高研究能力和水平，进而不断提高专业素养，形成教育教学的独特风格。

小学数学可以研究的微课题很多，一般可以分成三大方向。

一是数学教育的基本理论。例如：①弗赖登塔尔的数学教育理论；②波利亚的解题理论；③建构主义的数学教育理论；④数学教育的中国道路；⑤中国数学教育的传统优势。

二是数学教育研究中的一些特定课题。例如：①数学教学中数学本质的揭示；②学习心理与数学教育；③数学史与数学教育；④数学学困生的诊断与转化；⑤数学课程中的核心素养表现；⑥数学知识的背景研究；⑦数学教材不同版本之间差异研究。

三是数学教学实践研究。例如：①创设情境的研究；②促进数学理解的教学研究；③课堂语言艺术研究；④板书设计的研究；⑤提问的艺术研究；⑥教学留白的研究……

(四) 微格模拟教学

微格教学是一种利用现代教育技术手段来集中解决某一特定教学问题行为的实践性较强的师范技能训练形式，可为训练和提高教学技能提供一种行之有效的方法。[①]创设模拟环境开展微格授课，可引领师范生感受和体验真实教学场景。教师通过授课视频回放，以“旁观者”的角度回顾自己“生态”课堂，尤其是请有实践经验和理论素养的教师帮助分析反思，其效果必然有所不同。

(五) 实习经验交流与成果评析

教育研习通常是教育见习的延续。师范生通过见习成果评析、同伴之间见习的反思与经验交流，发现自己在见习过程中存在的问题，以及借鉴别人见习过程中的宝贵经验，并找出别人教学方法的好处与不足。从而在这种不断相互学习与反思的过程中，完善教学过程，提高自己的教育实践能力。[②]但需指出的是，研习阶段评课一般应偏重理论层面分析，与见习阶段评课有所不同，即这样教不行是为什么，那样教非常好又是为什么，尝试找到评判的标

① 吴伟华.“新基础教育”理念下数学教师角色新定位[J].教育实践与研究，2017(10)：59-62.

② 包燕琴，林一钢.师范生教育研习研究[J].太原大学教育学院学报，2014(2)：22-25.

准与理论。也就是说，研习阶段的评课时更关注教学实践所体现的教育教学理论与理念问题。

四、数学教育研习需要思考的几个问题

(一) 主动开展课堂录像研究，促进自己教学技能提升

课堂录像研究是教师专业研修的一种有效途径，有助于改进教师的课堂教学，促进教师的专业发展。近年来，随着信息技术的发展，录像研究变得非常方便。例如，在技术要求不高的情况下，手机成为人们常用的录像设备。运用录像设备，记录完整的课堂运行，借助文字实录开展质性研究或量化分析教师的课堂教学行为，如环节用时、提问频次、评价用语等。师范生充分利用他人或自己的课堂教学录像进行研习反思，往往能够迅速提升教学技能技艺，发展专业实践素养。

(二) 树立教育科研意识，提升自己的教科研能力

师范生要树立起一种"教学即科研，科研即教学""科研与教学相互促进"的观念；要认真对待每一次的研习机会，积极参加教育教学小课题研究，在实战中提升自我；要提高自身的实践反思能力，立足于实践过程的情境，从情境中反思自身的不足，寻求对策，再回到情境中去检验，从而改进自己的教学实践。

教育研习离不开导师的指导，师范生对见习中发现的问题进行分析和研讨往往需要指导教师的帮助与共同努力才能达到预期效果。因此，师范生要主动向指导教师请教，积极主动地与指导教师开展交流，介绍自己的研究内容，恳请指导教师给予帮助和指导。

(三) 利用各类学习资源，不断丰富自己的理论水平

随着社会经济的进步，网络信息技术发展极为迅速，如人民教育、基础教育课程、数学教育学报、教师博雅、优师行等微信公众号，这些公众号有一些好的文章，也会不定期开展一些热门话题的讨论，值得师范生学习与思考。还有一些在小学数学界很有影响力的杂志，如《小学教学(数学版)》《小学数学教师》和《小学教学设计》等，它们会定期开展期刊导读活动，邀请专家做讲座，有时也请文章作者谈谈自己写作目的与过程，期刊导读活动会提升师范生的理论水平。

除了利用网络资源以外，还可阅读一些数学教育教学名著，如《教育的目的》《数学：它的内容、方法和意义》等，这些著作可以帮助师范生更好地理解数学教育的本质；阅读小学数学本体性知识的著作，提升师范生对数学知识理解的水平，如《小学数学教学基本概念解读》(吴正宪等)、《小学数学教材中的大道理——核心概念的理解与呈现》(张奠宙等)、《小学数学研究》(张奠宙等)，这些著作能够开阔视野，提高师范生的数学素养。

(四) 研究数学课标演变，整体把握课程改革趋势

课程标准是行业教育教学指导的重要文件，是教材编写、教学评估和考试命题的基本依据。随着当代科学技术的发展、数学自身的进展、教育观念的更新，国家行政部门会结合当前数学教育教学现状，对数学课程标准进行及时修订。当前，《课标(2022 年版)》已经推出，为新一轮小学数学教育改革指明了方向，一线数学教师是否具有课程标准意识，直接影响到数学课程改革的实施和推进，作为师范生有必要从多种渠道了解新课程标准的新变化、新理念与新建议，结合国家的教育方针政策，了解新课标的政策背景，从整体上把握义务教育阶段数学课程改革的趋势，进而不断提高自己的专业水平。

第三节　教育实习

教育实习是师范生的教学技能技巧和专业实践能力由纸上谈兵走向感同身受进而身体力行的重要举措。教育实习的目的是培养师范生的职业意识，促使师范生掌握教师职业的基本技能，提高从事教育教学及教科研工作的实际能力。教育实习也可为师范专业的人才培养模式的改进提供可靠依据。

一、数学教育实习的基本目标

(1) 学会如何分析教材与使用教材，厘清小学数学知识的来龙去脉，挖掘小学数学知识的教育价值，理解数学学科的本质与育人价值，落实小学数学课程思政要求。

(2) 深入接触小学数学课堂教学，掌握小学数学课堂教学的基本环节，感知数学教育理论与数学教育实践的有机融合，增进对小学数学课堂教学的理解与驾驭。

(3) 结合课程标准，体会课程理念、教学建议等在小学数学教育教学中的实施与落实，全面了解小学数学教育教学依据的理论与原则。

(4) 了解小学生学习数学的特点，学会针对不同课型、不同内容、不同领域而采用的不同教学方法，感知教学方法灵活运用的重要性。

(5) 通过观察与反思自己的教学行为，发展问题意识与研究意识，促进自己带着问题进行“案例研究”与“行动学习”，为毕业论文撰写及职后发展打下良好的基础。

(6) 通过自己的上课视频回放与实习组的评课，主动查找自己上课时存在的问题与不足，积极探寻改进与提升教学质量的方法与途径。

二、教育实习几个阶段的主要任务

(一) 准备阶段

(1) 明确教育实习的重要意义和具体目标，知道教育实习的规章制度，认真学习学校教育实习手册，端正态度，严格遵守纪律，以良好的道德品质和精神面貌面对小学生。

(2) 进入实习学校，请实习学校领导介绍全校情况，请有关教师进行教学工作和班主任工作经验介绍，尽快熟悉实习学校的环境。

(3) 了解实习班级的数学教学进度，明确自己的实习任务、实习内容等。

(4) 研读小学数学教材，编写教学设计，在实习小组内及时试讲。

(5) 妥善安排好食宿和交通问题。

(二) 实习阶段

(1) 课堂教学。实习生上课前，应完成详细的教学设计，经指导教师审核签字后，方能上课。实习生上课应邀请指导教师随班听课，下课应主动请教指导教师，虚心接受他们的指导。在听取指导教师意见的基础上，反思课堂教学存在的问题，培养自己观摩和分析课堂教学的能力。

(2) 班主任工作。实习生应按照原班主任批准的计划开展日常工作，每次组织班级活动时，应事先将计划交原班主任审阅同意后实施。工作中要做好记录，并随时向原班主任汇报请教。

(3) 教育调查。实习生要根据基地小学实际，选择适当的调研题目，在指导教师的指导下，及时完成调研报告的撰写工作。

(三) 总结阶段

实习总结是实习评价的重要内容。实习结束前，实习生应认真做好总结工作。总结内容包括实习表现和实习体会等。总结写出后，应在实习小组汇报交流，并邀请小学指导教师指教审阅。

三、数学教育实习的主要活动内容

(一) 撰写小学数学教学设计

(1) 实习生应该首先认真研读行业指导文件(如义务教育阶段数学课程标准)和小学数学教科书，领会教材编写的意图，明确教学目的任务，把握教材重点难点，做好课前相关准备工作。

(2) 实习生要全面了解学情，包括小学生的学习态度、学习基础、接受能力、学习习惯和学习方法等方面，使教学设计从实际出发，做到有的放矢。

(3) 在钻研教材和了解学生的基础上，实习生要认真研究教法，精心设计教学环节，做好每一环节的过渡与衔接，并根据各类学生的知识水平实际，确定课时教学要求，找出具体的要点、难点。

(4) 对讲课方法、教具选用、课题揭示、提问内容、板书编排、作业布置等方面作周密考虑、细致推敲，形成教学设计文案。

(5) 实习生应严守执教规范，课前认真试讲，并将誊清的教案送请小学指导教师审批签字，经小学指导教师认可后方准上课。

(二) 根据教学预案开展课堂教学

(1) 根据小学生的年龄特点与认知基础，立足核心素养发展，落实立德树人要求，围绕规定的教学目标任务开展课堂教学。在传授知识的同时注重培养学生的必备品格与关键能力，注重挖掘数学学科的隐形教育价值。

(2) 课堂教学要把数学知识的来龙去脉讲清楚，要注意揭示数学概念、数学规律所蕴含的数学思想方法，逐步培养学生发现与提出、分析与解决问题的能力。讲课时要注意思想性和科学性，不要用“大概”“可能”之类的不准确语言进行讲课，也不应照本宣科，死背教学设计，更不能把错误的认识传授给学生。

(3) 课堂教学要突出重点，在重点、难点处下功夫。做到讲有重点，练有目的，讲练结合，避免满堂灌。讲课要面向多数、兼顾两头，使各类学生都能在原有的基础上有所提高。

(4) 课堂教学要随时注意观察学生接受知识的状况，善于抓住小学生的注意力、兴趣点，善于通过问题引领促进他们的思维和谐发展，提高课堂学习效率。

(5) 课堂教学要注意语言规范，板书工整，力求把这一节数学课最重要的知识、思想方法和知识结构等呈现在黑板上。要树立一丝不苟的严谨教风，克服板书的随意性。

(三) 学会如何评价学业质量

1. 关注数学学习过程的参与度

评价学业质量首先要关注小学生数学学习的参与度。“关注全体学生学习的积极性和主动性，是否能始终保持良好的学习状态，是否专注投入；关注学生是否能在轻松安全的学习氛围中质疑问难，积极主动发表意见；关注学生学习方式的丰富性，既有独立思考又有合作交流，既有动手实践又有理性思辨等。”[①]

2. 关注知识技能学习的达成度

学生学业质量评价的重点是核心素养达成与发展，而学生核心素养的培育离不开知识技能这一学习载体。因此，学业评价要关注学生获取新知识、新技能的过程经历，可以通过课堂观察、定量检测等方式关注不同水平学生的差异性发展，以及对新知识、新技能掌握的程度，比如对知识认识的深刻性、对技能掌握的熟练度等。

3. 评价数学思想方法的发展度

数学思想方法是数学科学最为本质的元素，重视数学思想方法是现代数学课程与教学的关键表征。在核心素养为本的小学数学教学中，引导学生感悟数学思想方法体现于数学学习的全程。因此，小学数学课堂学习评价不但要评价知识与技能学习的达成度，还要评价学生思想方法的发展度，如在知识学习、技能训练、问题解决中能否对数学思想方法建立不同程度的感悟与理解，在独立面对新知识、新技能时，能否借助已有的数学思想方法，自主思考，主动探索。

4. 考察学科立德树人的渗透度

学生通过数学学习，了解数学学科的一些科学特性，对唯物主义观点产生领悟。例如，通过乘法与除法的学习，学生领悟了矛盾的对立与统一等。再如，数学文化是数学发展历史中积淀衍生的人文底蕴与理性精神，在数学学习中具有独特的教育价值。通过介绍数学重大理论发现过程，可以培养学生探索精神、坚强意志，追求真理、不畏权威，敢于提出自己独特见解的能力与信心。

(四) 反思总结课堂教学得失

反思总结即是实习生在教了一堂课后，用简明扼要的文字，把课的实施情况进行全面、系统、有重点的回顾，找出存在的主要问题和具体改进办法，以利于今后实习工作的进一步开展与完善。

课后总结主要形式有全面总结和专题总结。就具体内容来说，主要有对教学设计本身进行检查和对教学设计执行情况回顾和总结。下面就具体内容来简述课后总结反思。

1. 对教学设计本身进行检查

对教学设计本身进行检查，实际上就是实习生对教案进行自我鉴定。主要包括：教学内容是否体现数学知识的本质、安排是否合理、步骤是否符合实际、重难点是否突出、组织结构是否严谨、教法选择是否得当，等等。具体反思内容如下。

反思 1：教材内容写得非常清晰，教学设计还有什么可写？

例如：认识 11～20 以内的数。

如果按照教材来教学，学生一定很茫然，所学内容与前面所学有什么关系啊？为什么要捆成 1 捆啊？这样做的目的是什么？学生在学习过程中会产生许多问题，学数学不是变魔术，直接按照教材教学肯定不行，要重新进行设计。

环节 1：数数，数出 11，让学生初步感受到有 11、12 这样的两位数的存在。相信一年级的小朋友，生活中肯定见过 11，也肯定数过 11。

---

① 朱国荣. 基于学生视角的课堂教学评价[J]. 上海教育科研，2016(8)：67-69.

环节2:购物时买11支铅笔,猜猜售货员会怎么卖?请小朋友把11支铅笔用自己的方法摆出来。教师肯定小朋友摆的方法是对的,然后教师让小朋友猜想售货员是怎么摆的?在小朋友的好奇中,教师出示一盒铅笔与一支铅笔,让小朋友看这个铅笔图,能不能看懂营业员拿出的是11支,是怎么看出来的?有些小朋友会数出一盒有10支,加上1支是11支。有些小朋友一看,"哦,这里的一盒就是10支呀",小朋友激活了数数"10"的经验。这时小朋友第一次有了"十"这个计数单位的意识。

环节3:观察比较讨论,为什么把10支做成一盒?然后教师课件出示11根一一摆成的小棒和1盒加1根的小棒,启发小朋友观察,讨论:为什么营业员拿出的是1盒加1支铅笔,这样拿有什么好处?在讨论交流中小朋友渐渐明白11表示1个十与1个一。随即进一步变式,拿出12支铅笔怎么拿?怎样让大家一眼就看出是多少?拿出15支呢?19支?数量越来越多,"十"的单位意识越来越浓。

反思学生原有认数的经验:不要低估一年级孩子的认数的经验,现在刚读幼儿园小班的小朋友就认识了11,甚至30,他们在数数时,遇到9然后拐弯是10,数到19拐弯到20都行的。

反思数学理解追求的过程:学生虽然会数出11,但不代表他们就明白11的意思。在他们眼里11更多是一个符号,不能理解这个符号真正的含义,但通过教师的教学设计,让小朋友渐渐明白11表示1个十与1个一。

反思数学知识体现的本质:通过对比,学生真正体会到了"满十进一"的妙处,"满十进一"这个词不用出现,但是"将10支铅笔装成一盒"的朴素需求会成为学生的自觉行为,这正是数学追求简单的本质。

反思2:查阅一些名师的教学设计时,发现他们的设计为什么那么巧妙?

以下是华应龙老师在《圆的认识》一课的课堂实录。

师:同学们请看题目:"小明参加奥林匹克寻宝活动,得到一张纸条,纸条上面写的是:宝物距离左脚3m。"宝物可能在哪呢?(生思考)

师:有想法,你的桌子上有张白纸,上面有个红点,你们找到了吗?

生:找到了。

师:那个红点代表的是小明的左脚,如果用纸上的1cm代表实际距离的1m,能把你的想法在纸上表示出来吗?想,开始。

学生动手实践,师巡视。

师:真佩服,真佩服,我们西安的小朋友真棒!会动脑子。除了你表示的那个点,还有其他可能吗?(生思考)

师:好,很多同学都想好了,我们来看屏幕。红点代表小明的左脚,[课件演示:在红点右侧找出一距离红点3m的点]刚才我看到,很多同学都找到了这个点,找到的同学举手。(生纷纷举手)

师:除了这一点,刚才我看到,还有的同学找到了这一点。[课件演示:在红点左侧找出一个距离红点3m的点]还有这一点,这一点[课件演示:分别在红点上下的距离为3m的点]我看有的同学还画了这些斜点,是吗?还有其他的可能吗?[课件演示:越来越密,最后连成了圆]

师:想到圆的举手。哇,真佩服,刚才我看有的同学都画出圆了,是吗?看屏幕,这是什么？认识吗？

生：认识，是圆。

反思：这个数学情境创设非常巧妙，华老师没有照搬教材中情境，而是创设这个有趣的数学游戏，这个情境创设让学生意识到圆是有无数个点组成的，并且这些点与红点（圆心）的距离都等于3m（半径），初步感知了圆的本质。

2．对执行教学设计进行反思

对教学设计执行情况进行反思有助于实习生专业实践素养的不断提升。例如，能否根据不同教学对象及课堂教学意外机智应变，教法学法是否灵活多样、驾驭自如，教学环节与时间安排是否适切合理，教学目标达成是否符合预期，教学任务是否顺利完成，学生对新知的理解和掌握程度如何，是否积极参与师生互动，等等。具体反思内容如下。

反思1：学生已经知道了所教内容，我们如何教？

例如《9的乘法口诀》，本课是乘法口诀教学的最后阶段，学生已有了1～8的口诀的理解和编制经验，许多学生对9的乘法口诀也已经有了一定的了解。很多教师在教学9的乘法口诀之前，发现有些孩子已经会背诵9的口诀了。学生都会了，该怎么教呢？

其实，细致分析和了解，会发现学生虽然基本都会背9的乘法口诀了，但记忆口诀的方法属于"死记硬背"。学生需要记忆口诀的方法指导，以及在解决具体问题中的实际应用。所以教学中不能停留在学生是否会编口诀和背口诀的层面，要把研究口诀、记忆口诀（找规律、手指操）、应用口诀作为本课的重点。如何指导学生记住口诀呢？教师要引导学生在理解9的乘法口诀的意义的基础上，从不同的角度去发现隐藏的规律，寻找记忆口诀的途径。变重知识传授为重主动探索，变重结果为重过程，变重死记硬背为灵活识记，让学生在课堂中自主学习。

学生都会了，教师还是要研究数学知识产生的背景，结合学生实际组织教学，把学生作为教学的出发点，为学生的思考留下充分的空间，借助学生的知识基础，引导学生经历知识的形成过程。

反思2：教学过程中的失误。

"人非圣贤，孰能无过。"在教学过程中教师出现失误错误在所难免，有了失误没关系，应该本着实事求是的精神，用正确的态度来对待。实习生要敢于面对课堂失误，并积极改正，为小学生树立榜样。[①] 例如，实习生在教学中经常会出现语言失误、忘写板书、操作实验失误、使用教具出错等现象。及时反思课堂中失误，从中深入分析原因，找到问题症结，对症下药，才能不断改进我们的课堂教学。

例如，长方形面积公式教学（苏教版小学数学第66页），教材中例4是要求学生小组合作，用几个$1cm^2$的正方形摆3个不同长方形并填表，例5则是用$1cm^2$正方形量两个长方形面积。有些老师只关注了教材中填表这一部分内容，在教学过程中先让学生填表，发现长方形的长、宽与面积之间的关系，学生归纳出长方形的面积等于长×宽，而忽视了教材之后的内容，没有理解教材编写的意图是什么。

教材处理失误只是教学失误一个方面，教师要坦诚面对出现的失误，反思出现这些失误的根本原因，要从数学学术形态与教育形态两方面思考数学教学。此外，教师要重视知识形

① 夏永立．听课，需要什么样的记录[J]．江西教育，2020(20)：13-14.

成过程及其表达方式，也不要忘记任何数学活动都应该是建立在精确表达、严谨推理与理性思考基础之上的。

反思 3：小学数学中“规律”比较简单，为什么到课堂教学时学生却发现不了？

在多边形内角和的教学中，教师给出一个四边形，让学生探索如何求出四边形的内角和，接着教师再给出五边形，进一步探讨如何把五边形的内角和问题转化为三角形内角和问题，教师一再强调从五边形的一个顶点出发，连接其他不相邻的三个顶点。结果是如图 7-1 所示，有同学正确画出了(a)图，也有一些学生画出(b)图，但也有不少学生画出(c)图。

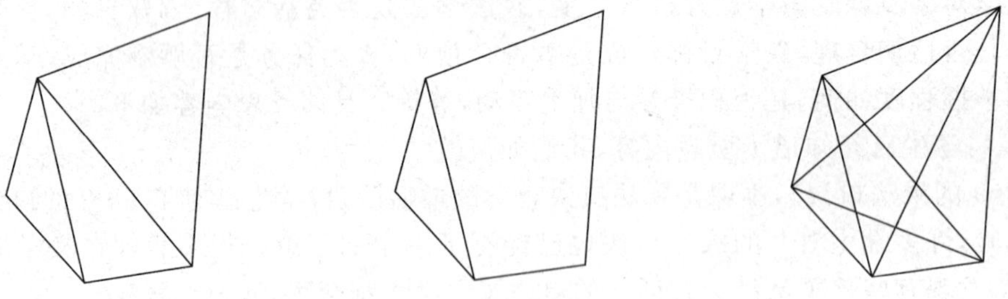

(a) (b) (c)

图 7-1 五边形

出现这种情况，很大程度是因为缺少对(a)图作对角线目的的洞察，把五边形分割成三角形，五边形的内角被分成 9 个角，而这 9 个角又可以重新组合到 3 个三角形中，从而五边形的内角和就等于 3 个三角形的内角和，所以在求四边形内角时，最好把分割的 6 个角组合到 2 个三角形中的过程清晰呈现，这样遇到求五边形内角和时就不会盲目瞎连了。

反思 4：课前精心准备的教学设计，为什么会出现那么多的意外？

例如，探究三角形面积公式之前，先要向学生介绍必要的操作方法，如切割、中分、平移、旋转、拼接等，再让学生用硬纸板剪出形状、大小完全一样的两个三角形，让学生通过操作发现三角形面积公式的推导过程。

有一个同学说，他拿了两个三角形不能拼成平行四边形，老师检查后发现这个学生拿的两个三角形不是完全相同，教师并没有批评这个同学，而是以此为契机，请其他学生帮忙分析出现这种情况的原因，从而让所有同学意识到“只有两个完全相同的三角形才能拼成平行四边形”这句话的真正含义。

又有一个同学发现了另一种推导三角形面积公式的方法，学生是这样做的，如图 7-2 所示。

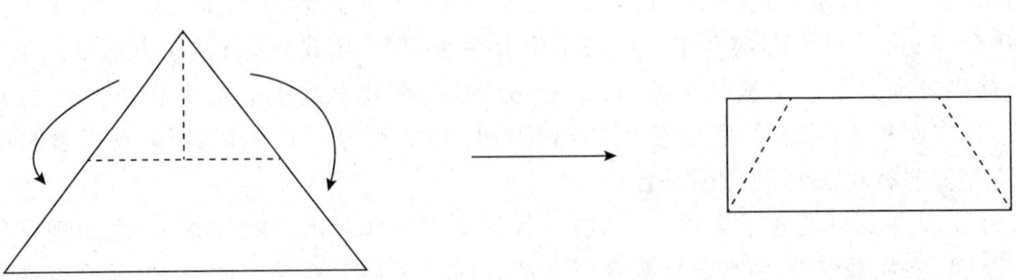

图 7-2 推导三角形面积公式

教师表扬了该学生的探索精神与动手能力，并把学生的这种发现与中国古代数学家刘徽推导三角形面积公式的方法联系起来，极大地满足了学生的成就感。

教学过程中随时都有可能发生意想不到的种种意外。虽然我们在课前做好充分准备，但再周密的教学设计，也不可能为课堂意外先设计好具体的解决方法和步骤。面对意外，教师应从容面对，敏锐捕捉，机智处理，从而把课堂意外变成独具魅力的教学资源，引导学生开展探究性学习，促进学生核心素养的形成与发展。

四、数学教育实习需要注意的几个问题

（一）对教育实习工作的准备要充分

实习生要明确教育实习的重大意义，做好充分的前期准备。例如，小学数学教材中的习题看似简单，但是如果在思想上不重视的话，很可能在教学中就会出现问题。最好把小学数学教材里的题目无论难易都认真做一遍，不做不知道，自己经历过了，才能更好地体会题目的来龙去脉，了解题目在教学中所起的作用，达成对数学知识的深度体会和整体把握。除此之外，还应注意：对小学教材知识的逻辑体系与知识之间的联系要提前熟悉，可提前查阅相关内容优秀的教学设计与教学参考书等，把握教学内容的重点与难点；了解小学数学课堂教学各个环节的教学注意点与时间分配；练好粉笔字、普通话，要通过参加各种活动，提高语言表达等能力，为顺利走上讲台打下坚实的基础；重视实习前的模拟授课，多与校内指导教师交流请教，认识自己的优点是什么，不足之处在哪里，如何改进不足之处。

（二）对小学生学习数学的方式理解要到位

《课标(2022 年版)》明确指出："学生的学习应是一个主动的过程，认真听讲、独立思考、动手实践、自主探索、合作交流等都是学习数学的重要方式。"也就是说，认真听讲、独立思考是重要的，但并不是学习方式的全部。实习生如果没有真正理解课标中对学生学习方式的要求，就会忽视"动手实践，自主探索，合作交流"，最直接的表现就是实习生一味地讲，学生只是被动地接受，直接记忆结论，缺少讨论、探索的过程。这样就使得小学生只知其一，不知其二；只知道"果"不知道"因"，所以在做题时不会变通。题目的设置稍微有些变化，学生就不会做题了。小学生数学思想方法的渗透、解决问题能力的培养是漫长的过程，需要层层深入，要通过多种学习方式调动学生的学习积极性与主动性，参与到数学学习过程中来，让他们学会怎样学习，如何倾听，如何请教他人。这就要求实习生在实习期间不仅要了解所传授的知识，更要培养学生学习能力与解决问题的能力，让他们自己学会学习，在动手实践、自主探索、合作交流中解决更多的未知问题。

（三）对小学生的生理与心理的特点要重视

小学生天性好动，遇到实习老师上课，经常不能按时安静下来。如果遇到这种情况，实习生不要大声呵斥，可以先跟几个看上去已经准备好听课的学生安静地聊上几句，利用人类的好奇心是个好主意，因为人类天性包括了不肯错过任何事的好奇心。与离你最近的几个学生小声说话，其他学生也将会停止谈话，以便能听到你们在说什么。小学生精力集中的时间只有 20 多分钟，甚至更短，如果不在课堂上的这个时间段内把要解决的问题解决了，那么授课质量就容易下降。所以教师在备课时不但要精心准备上课的内容，提出有挑战性的问题激发学生的学习兴趣，还要考虑到小学生的生理特点，充分利用 20 分钟左右的时间，两者结合，才能达到理想的教学效果。

另外，小学生对教师是很崇拜的，教师的一言一行对他们的影响很大。如果哪天得到了教师的表扬或关注，学生就会喜欢这个教师，转而喜欢这个教师的课程，所以实习生要从内心关心学生，哪怕那些特殊学生，要让学生感受到你对他的关注与关心，感受到教师的爱，即使批评学生，也要顾及学生的感受，采用委婉、幽默的方式进行批评，让学生真正感觉到你是在真心帮助他。

(四) 对自己在教育实习中角色定位要得当

实习生要调整好自己的心态，定位好自己的角色。实习生在小学生眼里就是一个教师，所以实习生要处处做表率，不说不应该说的话，不做不应该做的事，要保持与小学生之间的距离，要处理好课堂以外跟学生的关系，即使课后与小学生打成一片，也要明确告知小学生课后可以这样，但上课时不能这样，不能让师生关系变成课堂上的朋友关系，这对实习工作的开展是不利的。虽然实习生自己心理上仍觉得自己是个学生，但实习生在指导教师眼里就是一名准教师，所以实习生要遵守实习学校的各项规章制度与作息时间，不能表现出懒散与随性，给指导教师和实习学校留下不好的印象。实习生要善于与指导教师、实习学校沟通，虚心接受指导教师的意见，提高抗压能力，不能因为指导教师的评判就心理崩溃，也不能把指导教师的建议当耳边风，依然我行我素，听不进指导教师的建议。

(五) 对小学生智力发展的三个阶段要关注

怀特海在《教育的目的》一书中把智力发展过程分为：浪漫阶段、精确阶段和综合运用阶段。浪漫阶段一直延续到十三四岁，在浪漫阶段“知识不受系统程序的支配……孩子们处于对事实的直接认知中，只是偶尔对知识的事实进行系统化分析。”14～18 岁是精确阶段，在精确阶段“知识之间的广泛关系居于次要地位，从属于系统阐述的准确性。”精确阶段追求数学精确，不能否定与打击浪漫阶段那些不精确的回答与理解，如果没有浪漫阶段对这些事实广泛且普遍的模糊认识，那么精确阶段的分析会变得毫无意义。[①] 如果课堂教学中遇到不准确回答或者错误回答，教师不能直接否定，而应该让学生说说他是怎样想的，在教师与学生的交流中，明白学生的理由，展示追求精确的过程。如果在学习开始就给学生灌输精确的数学知识，这会扼杀学生的求知兴趣和创新意识。

(六) 对自己各方面存在的问题调整要及时

实习生初涉教学一线，难免出现一些问题。实习生要有问题意识，及时发现存在的问题并积极应对与弥补，过分自信不利于自身专业素养的尽快养成。指导教师对自己的教学设计提出了意见，实习生不能一改了之，要反思自己的教学设计存在的问题到底是什么原因造成的，指导教师的修改意见的理论与实践依据是什么。数学课堂教学中出现了问题，学生学习不主动，不能用“学生不配合”来解释，要深层次分析自己的原因，是不是自己提出的问题没有挑战性；是不是自己讲得太多，没有让学生展示的机会；是不是自己的语言太平淡了，不能吸引学生的注意力等，找到原因后再及时解决，这一点对以后的实习改进很关键。在实习过程中，平时成绩好的学生的表现可能不是最出色的，遇到这样的情形，这些学生不要对实习失去信心，应及时调整好心态，多向他人学习，在不断磨炼中成长。

---

① 怀特海. 教育的目的[M]. 庄莲平，王立中，译. 上海：文汇出版社，2012.

第八章　小学数学教育教学论文写作

教育教学论文撰写是教师专业成长的必由之路。一位有着职业追求的教师都非常重视自身教育教研能力的发展。因此，在职业发展的早期阶段，了解一点论文写作常识，学着写一点东西，可为后续专业成长奠定基础。

第一节　教育教学论文写作的价值与类型

一、教育教学研究：教师专业成长的铺路石

俗话讲，不想当将军的士兵不是好士兵。一位有着职业追求的教师都希望在职业旅途中不断突破自我，成为优秀教师、行业标兵。如何成为一名优秀教师？在一些教师观念中，只要能上好课，就是好教师。现实中，课上得漂亮的教师自然会获得学生喜爱、家长称道、领导赏识。这些教师自己也可能很享受这种社会认同，尤其是在地区获得赛课奖项，可能自我感觉更加不错。有些教师课上得虽好却写不出高质量论文，算不算一位优秀教师呢？不妨看看 2019 年全国优秀教师的评选基本条件。[①]

(1) 全面贯彻党的教育方针，落实立德树人根本任务，坚持以德立身、以德立学、以德施教、以德育德，为人师表，师德高尚。

(2) 坚持把思想政治工作贯穿教育教学全过程，注重全程育人、全方位育人，守好一段渠、种好责任田，使课程教学与思想政治教育同向同行。

(3) 坚守教育教学一线，切实履行教师岗位职责和义务，高质量地完成教育教学工作任务，努力推进教育教学改革创新，在教学改革、教材建设、实验（实训）室建设、提高教育教学质量等方面表现优秀，成绩显著。

(4) 积极实施素质教育，促进学生全面发展，敬重学问、关爱学生，在培养人才等方面表现优秀，成绩显著。

(5) 在教育教学研究、科学研究、技术推广等方面取得创造性的成果，且成果具有比较重要的科学价值或取得比较良好的社会效益。

由此可知，上好每一节课是教师工作本分，如果不能使得自己的独特或者创新的教学方法、思想等产生社会效应，形成推广价值，就不能称为一位真正优秀的教师。优秀教师不仅要具有很强的教育教学能力，还应具有教育教学研究能力自我提升的意识，这样才能在专业发展的各个阶段不断突破自身的专业发展瓶颈，成长为高素质教师。实践表明，从入职教师到新手教师，从新手教师到成熟教师，从成熟教师到专家教师的成长历程中，阶段的突破往

---

① 甘肃省教育厅关于认真做好 2019 年全国优秀教师和全国优秀教育工作者评选推荐工作的通知. https://zxxy.nwnu.edu.cn/uploads/soft/20190710/1562777136.pdf.

往更多依赖于教育教学研究。

2018年年初，中共中央　国务院《关于全面深化新时代教师队伍建设改革的意见》指出：全面深化新时代教师队伍建设改革，目的是要培养造就党和人民满意的高素质专业化创新型教师队伍。到2035年，教师综合素质、专业化水平和创新能力大幅提升，培养造就数以百万计的骨干教师、数以十万计的卓越教师、数以万计的教育家型教师。教师管理体制机制科学高效，实现教师队伍治理体系和治理能力现代化。教师主动适应信息化、人工智能等新技术变革，积极有效开展教育教学。尊师重教蔚然成风，广大教师在岗位上有幸福感、事业上有成就感、社会上有荣誉感，教师成为让人羡慕的职业。[①]

一位教师能否在同龄人中脱颖而出，成为骨干教师、卓越教师，较强的教学能力固然是必备的基础，但是若想成为同辈的佼佼者、行业标兵甚至领军人物，教育教学研究能力不可或缺。纵观许多行业领军教师的专业成长，往往具有非常强的教学能力，同时通过长期的理论与实践研究逐渐形成自身独特的教学主张或思想体系。例如华应龙老师的“化错教学”、许卫兵老师的“简约教学”等。

教育教学研究难不难？如果我们有心去阅读一些教育期刊文章，可能会发现许多文章所论所说在我们日常教育教学中似曾相见。因此，平心而论，一些教师畏惧论文写作，把论文看得玄乎神秘，本质上是思想意识问题，只要我们善于观察、善于思考、善于练笔，跨出第一步，就不会觉得难了。实际上，近年来各级各类教育期刊可谓百花齐放、各有特色，我们经常可以看到小学教育类期刊出现教材解读、教研札记、教例评点、教学一得等，其中不乏名师手笔、神来之作。

总之，我们认为，不写文章的教师成不了一位真正的优秀教师，要使得自己的专业不断成长，就应重视教育教学研究。只要重视，只要勤奋，就会不断取得成绩。

二、撰写教育教学论文的价值

英国文学家萧伯纳曾说过：“倘若你有一个苹果，我也有一个苹果，而我们彼此交换，那你和我仍各有一个苹果。但倘若你有一种思想，我也有一种思想，而我们彼此交流，那我们将各有两种思想。”撰写论文就是把自己的思想观点以文字形式呈现，与同行进行学术交流，获得社会认可，从而促进研究成果的推广和应用。教师撰写教育教学论文的价值如下。

1. 社会层面：通过精神财富交流共享促进教育改革与发展

论文的公开发表意味着作者思想观点的社会认可，可在更广泛范围内被读者阅读、借鉴，读者可从中汲取自己所需，也可对问题进行进一步探讨甚至争论，从而促进人们对某个领域获得更深刻认识，产生任何物质财富都难以相提并论的社会价值。近年来教育类期刊种类众多，一些优质教育报刊拥有庞大的读者群体，一个有价值的问题探讨可以引发人们在更深更广层面研究探讨，一篇高质量的教育教学论文通过社会共享有力促进教育改革与发展，甚至产生超越作者预期的宣传与推广效应。

2. 学校层面：通过营造教科研氛围提升学校办学品位

一所学校教师教育教学论文的数量和质量往往是衡量这所学校师资力量的标尺之一。

---

① 中共中央　国务院. 关于全面深化新时代教师队伍建设改革的意见[EB/OL]. (2018-01-20)[2018-01-31]. http://www.moe.gov.cn/jyb_xwfb/moe_1946/fj_2018/201801/t20180131_326148.html.

在教育改革日趋深化、办学竞争日趋激烈的新形势下,"科研兴校""科研兴教"已不再是空洞口号,睿智的学校管理者往往重视教科研工作管理,制定相关激励制度鼓励教师撰写教育教学论文、开展课题研究。我们经常看到媒体报道一所先进学校时,总会介绍学校的教科研情况,尤其突出强调学校教师发表论文的数量和质量。可见,一所学校的教师教科研能力强,一方面可以促进学校内涵提升,另一方面可以提高学校的声誉和知名度,从而有助于打开学校的生存和发展空间。

3. 教师层面:通过撰写教育教学论文促进教师专业成长

科研能力是教师专业素质结构的重要组成部分。教师撰写教育教学论文可以加速自身专业发展进程。由于广大教师撰写教育教学论文大多来源于一线教育教学的思考,或者是经验总结,或者是对教材教法研究所得,往往离不开教育教学实践,特别是撰写高质量的论文,更离不开持续的学习和研究。因此,撰写教育教学论文的过程,本质上是源于实践又用于实践的过程,是实现由感性认识向理性思辨的飞跃和升华过程。在此过程中,教师的教学业务水平必然会不断提高,也会进一步促进自身对教育教学更多、更广、更深的思考与探索,从而推动教师从经验型教师向研究型教师逐渐转化。

三、教育教学论文的类型

教育教学论文是针对特定教育教学范畴内理论与实践问题开展有目的、系统探讨的文章。在一位教师的专业成长过程中,教育教学论文撰写会一直伴随始终,大学毕业需要撰写毕业论文,职务晋升需要发表论文。论文根据用途可分为多种类型,毕业论文、期刊投稿论文是我们最常接触到的类型,当然还有课题、成果论文和科技论文等诸多分类。根据不同标准可有很多不同角度的类型划分。

如果从研究层次看,教育教学研究论文包括:理论研究型、实践探索型、经验总结型等。其中理论研究型还可分成学科理论研究与教育理论研究,实际上教育教学研究论文可能介于理论与实践之间,也即理论与实践相结合的研究。一般来说,师范生毕业论文属于实践型或理论与实践相结合的论文。

如果从研究性质,常见的教育教学论文大体上可分为以下三类:方法型、观点型、随笔型。在当前期刊论文中,还有一类实践性非常强的文章,例如课堂实录、案例设计、随笔叙事、教育散文等。严格来说,课堂实录等并不能视为论文,但是这些研究对于一线教师来说非常实用,尤其是一些名师课例,能够产生广泛的借鉴与引领作用,频频出现于一些教育期刊,普通作者没有充分的实践经验,要写好这些文章实际上比较困难。因此,对于普通作者来说,写理论与实践相结合的论文相对来说更容易下手。学科教育理论研究类文章层次更高,也需要教师具有相当的学科理论功底。学科理论研究文章虽然不涉及学科教育教学,但是能为学科教育提供更多的启发,因此这类论文的撰写也可以适当涉足。

第二节 教育教学论文的撰写格式

论文的撰写格式是指论文撰写的规范性要求。简单地说,论文格式就是公开发表应该具备的基本规范与内容要求。

无论是公开发表的论文还是学生的毕业论文都具有规范格式。以公开发表论文为例,如果一个作者辛辛苦苦花费时间写了一篇自感不错的文章,结果投稿后石沉大海,个中原因当然可能是质量问题,但规范性可能也会成为一个关键因素。当然,公开出版物的论文规范各家期刊有所不同,比如字号、小标题序号、参考文献著录格式,等等。如果作者想投哪家期刊,建议找到这家期刊的原发作者文章,看一看规范,或者直接找到期刊关于规范性要求的公告。这里就论文撰写的共性规范要求作简要介绍。

一、论文的撰写格式

公开发表论文一般由题名、作者、单位、摘要、关键词、正文、参考文献等几部分要素构成。有些教育期刊还要求作者提供英文题名、英文摘要、英文关键词等。

(一) 题名

题名也称题目、文题,要求用最恰切、最简明语词组合反映论文主题。一般来说,论文标题包括三种类型:论题式标题(论文研究的内容领域)、论点式标题(呈现鲜明的观点或主张)及论题与论点结合式标题(有必要可借助主副标题呈现)。

1. 精准呈现

题目应能精准反映论文的研究领域、研究内容,以及研究的深度、广度与创新度,以便读者看到题目就能大致从直觉上了解论文研究指向,避免含糊、笼统词语表达,务必能使读者直白看出这篇文章的主体是什么,不应拐弯抹角,更不能语意不明或出现明显逻辑错误。

2. 精练表述

题目用词要反复推敲,力求精练,对读者产生吸引力。字数一般按照《学术论文编写规则》(GB/T 77B・2—2022)规定:不宜超过 20 字,这当然不是硬性规定。有时为了比较到位地明晰主题,字数多一点也无妨。如果题目不足以表达论文内容领域或反映研究性质,则可通过设置副标题的方法减少主标题字数。

例如,题目“生成性教学的实践困境与应对方略——以小学数学教学为例”。该题目论点明确,论述内容领域为“生成性教学”,但是还不够明确,若在题目中明确“小学数学教学”,则字数较多,因此采用副标题,明确“以小学数学教学为例”,同时提升论题的论述高度与适用广度。

(二) 作者

罗列文章作者,若有多位作者,务必注意顺序安排;若是独立撰写,不要轻易增加第二作者,这不符合学术规范,况且每位作者都需承担文责。一般公开发表文章还要写明单位与邮政编码。有些期刊要求该项简要罗列文后。一些学术层次高的期刊还需附注作者简介等。

(三) 摘要

摘要撰写是一篇规范论文的重要环节。摘要文字不多,字数一般限制为不超过正文字数的 5%。例如,对于正文 5 000～6 000 字的一篇论文,其摘要篇幅一般以 200～300 字为宜。一些期刊规定摘要不得超过 300 字。

摘要是对论文内容不做解释与评论的概括性陈述,精致、简练的摘要可使读者在不阅读论文全文情况下即能获得论文信息。一般来说,一篇论文是否能引发读者注意并阅读,文题与摘要是关键。文题提供了论文涉及领域与研究方向,而摘要则担负着进一步吸引读者深入阅读的功能。现在是信息社会,由于中国知网等网站的查阅便利,使读者可以很容易找到感兴趣的数量庞大的论文信息,要能够吸引读者关注,需要在撰写摘要上做足功夫。应尽量使用概括简练的语言呈现主要研究成果与研究的创新点。

摘要撰写可归纳为以下几个注意点。

(1) 要素完整,格式规范。论文摘要有其基本要素,一般包括论文的研究目的、研究方法和研究的主要成果。论文摘要有一定的规范格式,通常是置于作者之后、关键词之前的不分段表述,尽量使用规范术语表述。一般不重复题名中已有信息,切忌罗列段落标题来代替摘要。一般采用第三人称表述,不出现表格、插图,不使用引用文字、公式,不列举例证,不作自我评价。一些期刊会明确反对用"本文如何如何"表述。

(2) 简明扼要,精准表述。摘录出原文精华内容,没有含糊、空泛、多余、笼统的词语。文字阐述言简意赅,观点鲜明,凸显创新点与研究亮点。

(3) 语言流畅,结构严谨。摘要语言应反复推敲,不能出现违背现代汉语的语法规则、逻辑规则、修辞规则的语病,甚至标点符号都应该反复推敲。

(四) 关键词

关键词是规范论文的必要组成部分,列于摘要之后,一般 3~8 个。关键词的使用主要是为了适应计算机联机检索的需要。一篇公开发表论文具有"关键词"这一项可以提升该文的引用率。例如,一位读者需要查阅某个方向的论文,可以锁定某个教育术语作为关键词进行查找。因此,关键词选择恰当,往往会增加作者论文的阅读率与引用率。

关键词一般是从论文中选取出的关键术语或词组,或者最能代表文章中心内容,说明文章论题或观点;或者读者可通过本词语迅速搜索到作者文章。

一般来讲,作者完成论文写作,纵观全文后,筛选能表示论文主要内容的词汇,这些词汇可能包含在论文标题中,也可以包含在论文的主体内容中。

例如,"生成性教学的实践困境与应对方略——以小学数学教学为例"可选用关键词:生成性教学;实践困境;应对方略;小学数学。

(五) 正文

论文的正文一般由引论、本论、结论三部分组成。

1. 引论

引论就是论文的起始段落。撰写形式可以是引言、问题的提出或者无标题叙述等。俗话说:"良好的开端是成功的一半。"撰写教育教学论文也是如此。风格独特、简洁明了的引论往往可以吸引读者阅读。引论过长会有头重脚轻之感,应尽快切入主题,一篇 5 000~6 000 字的论文通常两三百字即可。引论的常见写法有三种。

(1) 开门见山式。即直接采用简短语言提出论题或表明作者观点。

(2) 背景描述式。即交代论文写作的背景或问题提出的背景。

(3) 范围界定式。即在文题基础上进一步明确论文涉及的研究范围,指出研究要点或表明作者观点。

2. 本论

本论是论文的主干部分。我们知道,论点、论据、论证是议论文的三要素,许多教育教学论文属于教育领域的议论文。论点若在引论中提出,本论就可直接对论点展开论证。即以理论论据或事实论据来论证引论中所提出的论点。为了深刻地论述论点,通常可在本论中提出若干分论点进行论证。论点鲜明,论证有力,论据充分,这是教育教学论文成功的保证。理论论据要推敲表述的科学性、逻辑性,事实论据应注重可靠性、说服力。对于篇幅较长的论文,可以在总论点基础上通过小标题罗列若干分论点进行论证。分论点应注意阐明作者自己的独特、创新的见解,分论点往往可以反映出论文学术水平的高低。

本论的常见结构有并列式、递进式、综合式三种。

并列式即围绕中心论点,罗列若干并列的分论点,从不同角度、不同侧面进行论述。

递进式即对论文主题,罗列若干递进的分论点,通过层层推进、步步深入的方式把问题论证清楚。

综合式即罗列若干递进与并列相结合的分论点,把并列与递进两种方式结合起来搭建论证框架,或以“递进式”为主,局部采用“并列式”;或以“并列式”为主,局部采用“递进式”。

3. 结论

在本论之后通常应运用精练的语言对论点进行概括,这就是结论。文字不宜过长,应是画龙点睛之笔,而非画蛇添足之言。可对论述内容进行综合概括,提出总体性观点与看法;也可对本论进一步阐述,以使文章观点更加鲜明;还可就论述主题进一步拓展延伸,提出后续研究的方向。

(六) 参考文献

参考文献是一篇规范性论文的必要组成部分。在论文中,凡是引用已发表文献的观点、材料、数据等(包括他人与作者自己),都应该在论文相应位置明确标注,并在论文末尾详细罗列参考文献信息。参考文献通常著录公开发表的文献(包括电子公告等),一般应回避不具权威的网络文库资料。另外,参考文献还应尽量选用最新的、层次比较高的文献,务必不要引用那些业内公认的“垃圾”期刊文献。参考文献要求采用标准化著录格式。这里通过一些具体案例说明著录格式,读者可以举一反三。

1. 专著(书籍)

格式:[序号] 作者. 书名[文献类型标识]. 出版地:出版单位,出版年,起止页码(选择项).

若有两位作者,则详细罗列,中间用逗号隔开;若有多位作者,则罗列第一位作者,后加“等”。示例如下。

[1] 孙国春. 小学数学教学设计[M]. 上海:复旦大学出版社,2019:102-105.

[2] 金成梁,刘久成. 小学数学课程与教学[M]. 南京:南京大学出版社,2020.

2. 期刊

格式:[序号] 作者. 文献题名[文献类型标识]. 期刊名称(外文期刊可缩写,缩写后的首位字母应大写),年,卷(期):起止页码(选择项). 示例如下。

[12] 杨继全. 生成性教学的失范与规范[J]. 当代教育科学,2012(15):10-13.

3. 报纸文章

格式:[序号] 作者. 题名[文献类型标识]. 报纸名,出版日期(版次). 示例如下。

[2] 谢维和. 从教育的间断性与连续性看高中改革[N]. 中国教育报,2012-03-02.

4. 电子文献

格式:[序号] 作者. 电子文献题名[电子文献及载体类型标识]. 电子文献的出处或可获得的地址发表或更新日期(任选). 示例如下。

[10] 刘园园,操秀英. 黎曼猜想被证明了吗?[OB/OL]. [2018-09-25]. http://www.chinadaily.com.cn/interface/toutiaonew/1020961/2018-09-25/cd_36972130.html.

5. 标准

格式:[序号] 作者. 标准名[文献类型标识]. 出版地:出版单位,出版年,起止页码(选择项). 示例如下。

[4] 中华人民共和国教育部. 义务教育数学课程标准(2011 年版)[S]. 北京:北京师范大学出版社,2012.

附:常见文献类型标识符如下。

专著 M	期刊文章 J	论文集 C	学位论文 D	报告 R
标准 S	析出文献 A	专利 P	报纸文章 N	其他 Z

二、论文格式样例分析

要使撰写论文格式符合规范性要求,模仿是一个非常重要的路径。这里选用朱俊华老师的论文框架结构为例作简要阐述。

从"惰性知识"到"活力素养"①

——指向儿童经验连续的小学数学教学探索与实践

[摘要]"惰性知识"隔离了知识教学与儿童的个人经验、生活情境、主动探究,让学生经验无法对接与连续。"活力知识"是学生头脑中获得加工、被积极运用,同时又被深刻内化理解的知识信息。"经验连续"是学生从惰性知识走向活力素养的重要途径,包括经验连续、目标连续、元素连续和思维连续等。

[关键词] 惰性知识;经验连续;元素连续;思维连续;活力知识;小学数学

[中图分类号] G623.5　[文献标识码] A DOI:10.3969/j.issn.1005—1058.2020.02.009

"惰性知识"是学生仅靠授受方式为核心的教学所获得的知识,并不完全理解,仅能在应试场合或有限的非结构化生活情境中运用。核心素养重构小学数学教学的体系和育人价值,并达成共识:知识只是载体,而发展学生核心素养才是最终的目标,这势必让我们重新审视现阶段的数学教学,并力求处理好知识与素养的新型关系。要想让知识与儿童的核心素养产生"化学反应",知识就必须有"活性",有活性并非无限制"量"的叠加,更在于知识"活力因子"的活性作用,在于儿童知识获得过程的能力、经验、情感等各种元素的相互融合。

1. 审视:"惰性知识"的典型表现与成因分析

(1) 小学数学"惰性知识"的典型表现

(2) 小学数学"惰性知识"的成因分析

2. 探寻:"活力知识"——知识教学的本原诉求与价值要义

(1)"连续意识"的内涵特征

(2)"连续意识"的价值认知

3. 践行:连续意识让知识从"惰性"走向"活力"

(1) 关注儿童经验连续性,激活儿童知识探究的向心需求

---

① 朱俊华. 从"惰性知识"到"活力素养"——指向儿童经验连续的小学数学教学探索与实践[J]. 中小学教师培训,2020(2):36-40.

(2) 关注儿童认知连续性，激活儿童认知结构的关键元素

(3) 关注儿童思维连续性，激活儿童思维品质的活性因子

总之，"连续教学"关注的是儿童学习、能力、思维发展的连续性，也是让数学学习从"惰性知识"走向"活力素养"的重要途径，体现了核心素养的本质要求。

参考文献：

[1] 冯卫东. 碎问而"闪存"的能不是惰性知识吗?[J]. 福建教育，2017(33)：22-24.

[2][7] 张良. 论素养本位的知识教学：从"惰性知识"到"有活力的知识"[J]. 课程・教材・教法，2018(3)：50-55.

[3] 颜春红，吴玉国. 结构化学习的活动设计与组织[J]. 江苏教育研究，2018(1)：35-39.

[4] 吴玉国. 走向深度学习的小学数学结构化学习[J]. 江苏教育，2017(9)：67-68.

[5] 吴玉国. 结构化学习：让教育回归自然[J]. 江苏教育研究，2016(25)：10-14.

[6] 卢梭. 爱弥儿[M]. 孟繁之，译. 上海：三联书店，2017.

[8] 郑毓信. 新数学教育哲学[M]. 上海：华东师范大学出版社，2015：174.

论文格式分析：该论文版面字数 8 000 左右。由于文题中主标题难以说明研究领域，因此通过副标题进一步说明。这样从文题中就可以清楚地了解作者大概的研究内容领域与基本观点。摘要 133 字，简明扼要，直白精致，可使读者大致了解作者的论述思路与要点。论文的本论部分包括引论、论证与结论。层次清楚，重点突出。引论 240 字，以核心素养重构为背景，对文题中的"惰性知识"进行解释，并过渡到知识"活力因子"的阐述，表明基本观点；论证部分包括"审视""探寻""践行"三个递进的层次，同时每个分论题还搭建了并列式论证框架，如"惰性知识"审视从典型表现与成因分析两个层面论述。在本论结束时作者通过简短精练的语言对其论点进行了概括与提升。本论结构严谨，论证逻辑清晰。参考文献罗列规范，标识严格，层次性高，包括北大核心期刊与正规省级期刊，书籍引用经典，说服力强。

第三节 教育教学论文的选题与写作

要想写出一篇高质量教育教学论文，选题是一个非常重要的环节。题目一旦选定，研究的性质、基调、指向就会基本确定，会直接影响论文的层次质量。对于教育教学论文写作新手来说，往往难以找到一个有价值、有新意的论题、实践中出现闭门造车、主观臆想、人云亦云等做法。因此，选题环节要特别慎重。

一、教育教学论文的选题

(一) 教育教学论文选题的原则

1. 专业性原则

教育教学论文写作的根本目的是促进教师自身的专业发展。教师对自己专业领域的熟悉程度必然超过非专业领域，也只有本专业论题才可能产生比较深刻的或者创造性见解。例如，数学教师撰写数学教育教学方面的论文更容易保证质量，因为具有实践经验的积累。因此，不要随意地涉足非专业领域。

2. 价值性原则

选题要有研究价值，缺失价值的选题即使成文也难以吸引读者阅读。选题的价值体现

在理论与实践两个方面。从理论方面看,论题可以围绕一个学术热点进行理论思辨,也可就专业领域某个问题进行理论探索,提出有创造性见解、观点,引发人们进一步思考;从实践角度看,论题的成果应能为教育实践提供帮助、借鉴。

3. 创新性原则

好的论文必然具有创新点。或理论创新,或实践创新,如围绕热点问题提出与众不同的观点,涉足他人没有研究的领域,往往可以产生创新点,人云亦云难以创新。一些研究话题若已经反复被他人研究,就难以再产生创新点,应尽量回避。如"如何培养学生学习兴趣"之类的话题,即使具有特色也难以吸引读者。应选择迫切需要解决的理论问题或者教育实践新问题、新动向进行研究。

4. 可行性原则

好的选题应该充分体现作者的专业优势与兴趣爱好。写自己最熟悉的,才可能写出特色、写出亮点、写出创新点。选题要充分认识到自己的研究层次,不要盲目脱离自身研究实际能力。一线教师、教研员、行业专家的视角必然不同。例如,一线教师如果不立足自身教学实践选题,就容易出现东拼西凑、缺失独立见解的空话套话、大话废话。

(二) 教育教学论文选题的技巧

了解论文选题的方法技巧可以避免陷入实践误区。

1. 立足教育实践,旧瓶装新酒

一线教师教育教学研究关注的基本问题其实长期来说具有相对稳定性。例如,学生的学习方式、学习习惯、学习能力等,教师如何理解教材、改革教学方法模式,如何教学知识、培养学生能力,以及教学中面临的各类问题处理等。选题就可以在这些所谓的"旧瓶"里装填与时俱进的"新酒",通俗讲就是"翻新"。可以提出新的观点,也可以提出新的研究方法。例如,"合作学习"话题已经存在多年,并不容易写出新的观点,如果立足于"课堂教学中如何培养小学生的数学合作能力",就不容易写出新意;如果选择"小学生数学合作学习的实践困境与应对策略",可能就会有论证亮点。再如,可以梳理出一些研究方向的海量论文,可能是一种定性思辨,如果采用一种新的研究方式,如定量研究,或者引进其他学科的先进理论或手段进行研究,也有可能产生新意。例如,小学生数学合情推理能力的培养等话题,立足于定性层面的论文非常多,如果换一个角度,设计"小学生合情推理能力发展状况问卷调查"(调查对象还可集中于某个特殊年龄段,如转段期),然后对调查结果进行定量分析,得出结论及教学建议,可能就有价值。

2. 紧跟研究热点,新瓶装陈酒

随着教育改革持续发展,新思想、新观念不断涌现。通常在一个发展时期会出现相应的研究热点。紧跟研究热点,在新的教育改革潮流下审视传统的教育教学,往往可以产生与时俱进的独特观点。例如,当前的基础教育已经转向聚焦学生核心素养发展,这并不意味着抛弃传统,因此在核心素养发展背景下研究数学知识教学、数学解题教学,往往可以产生有价值的论题;再如,2021 年教育"双减"政策落地,在这一背景下探讨数学作业的设计、布置与评价,此类论题必然具有非常强的时代意义。当然,教育教学论文应避免"新瓶"装着一成不变的"陈酒",要让"陈酒"充满时代气息。

3. 掌握学术动态,新瓶装新酒

掌握专业领域的学术动态,追踪教育研究动向,可以避免选题盲目性,也容易产生创新点。从数学学科教学看，常见的选题方向是破除传统教育教学观念、革新封闭型教学方法、发展学生的数学核心素养、教材的个性化与创造性解读、计算机多媒体与数学教学的深度融合等。这些选题方向可能是人们耕作已久的熟地，有可能过时或是别人已经研究过，但若善于梳理文献资料，也可能挖掘到别人没有研究过的“空白点”“新大陆”，甚至未开垦的“处女地”。例如，如何培养学生的数学思维能力似乎是一个传统的话题，但如果有心去梳理阅读文献资料，会发现可视化思维、视觉空间思维等选题方向往往可以提出新见解，写人所未写，言人所未言，从而产生较高的学术价值。

(三) 教育教学论文选题注意点

1. 选题大小适切易行

题目的大小要与自身的研究条件匹配，自身的理论水平、研究能力、研究视野都应充分考虑。一般来说，一线教师立足微观层面实践探讨，教研人员立足中观层面的理论与实践相结合的探讨，专家学者立足宏观层面的理论探讨，可能更容易产生创造性成果。例如，对于一线教师来说，选择诸如“数学核心素养模型构建”之类的论题说服力弱，但是选择“如何发展学生数学核心素养”之类的话题却比较现实。即使立足微观层面，选题也有一个大小问题，如选择“如何渗透数学思想”之类的选题容易泛泛而谈，但是选择“如何渗透对应思想”之类的选题却更容易写出特色。

2. 论题要有创新亮点

创新点是衡量选题价值的重要指标。即使一个老生常谈的选题，在新的教育背景下只要善于分析也可挖掘创新亮点；一个时下教育研究的热点，要避免人云亦云，挖掘别人没有涉足的“空白点”，提出新见解；一个别人没有涉及的领域，要根据自身情况敢为人先、主动尝试，才可能产生突破性成果。

3. 根植自身熟悉领域

围绕自己从事的专业，写熟悉的领域，才是正确的选题思路。虽然有的题材非常好，但自己不熟悉，或者不是自身专业领域，或者难以占有资料，往往难以驾驭，写不出高质量文章。一线教师往往围绕课堂教学进行思考得心应手，但思辨探讨一些教育理论问题往往力不从心，就是这个道理。

4. 回避雷同陈旧论题

陈旧的问题往往难以写出新意，难以出现论述亮点，雷同的选题往往难以回避论述过程的相似度。对于陈旧雷同论题，要变换研究方式、论述形式、论证角度，提出不同观点，否则就应该尽量回避。例如，选题小学数学教学研究方向“几何直观”要优于“数形结合”，而“可视化思维”则比“几何直观”更具时代研究价值。

二、教育教学论文的写作步骤

1. 搜集分析素材，确定选题方向

我们身处教学第一线，只要具有教研意识，善于思考，就能通过自身的工作实际获得有价值的选题。例如，学生学习中存在的一些典型问题、关于教材或教法的某种见解等。好的文章不可能空起炉灶，要有文献检索与分析意识，确定选题方向后，要善于占有充分的文献资料，从中梳理出他人研究的空白点，从而确定出符合本人实际的选题与论述的突破口。

2. 明确论述观点，拟定撰写提纲

在梳理文献资料基础上明确论文的核心观点，即确定论述的主题；再紧扣主题，搭建论文的基本框架和总体构思，也就是拟定出写作提纲。提纲要具有可行性与操作性，一般应体现以下几点。

(1) 论述层次合理，思路清晰。总论点、分论点观点鲜明，论证结构严密，条理清晰，推论合乎逻辑。例如，从问题的提出、概念界定、现状审视、策略路径建议等呈现清晰的逻辑序列。

(2) 材料使用恰当，目的明确，说服力强。框架搭建应注意论据素材的初步选择。枚举的论据材料事实与各部分、各个论点对应吻合，有显著说服力，从而在研究过程中可以与进一步搜集和积累的材料交互辉映，形成论证的逻辑链。

(3) 合理预设论文篇幅。全文大约多少文字，各部分大约多少文字，要有大致预估。这样，具体撰写时就能更有计划。虽说一篇论文对于字数预估应考虑论题特点与研究方式，但是篇幅过短可能产生论述不透、分析不深之感。另外，篇幅饱满的论文若思维混乱、杂乱无章，也易形成无病呻吟之嫌。另外，论文字数预设还应该考虑到撰写目的，例如投稿论文，就应该考虑期刊论文的字数要求，一些期刊的论文字数相对稳定，如三个版面或四个版面。字数过多或过少可能会减少用稿机会。

3. 灵活谋局布篇，撰写文章初稿

拟定提纲后，就可按提纲进行写作。虽然写作过程应该遵循提纲安排，但是也没有必要机械实施，高质量论文往往是与写作过程中的进一步谋局布篇分不开的。论文的框架结构随着过程的展开是否存在调整之处，是否存在更有说服力的论据实例，总论点与分论点的逻辑层次是否存在推敲之处，这些都是写作过程进一步思考的问题。这里梳理一些写作过程中出现的共性问题。

(1) 主题鲜明，见解独特。主题鲜明是论文撰写的关键，初写论文者易出现不知从何下手、东扯西拉、文不对题或走偏主题现象，应反复推敲分论点与主题的切合程度、数据案例对主题的支撑力度。高质量论文务必善于挖掘独特见解，人云亦云是无论如何也写不出好文章来的。因此，写作过程务必要清楚自己的文章的创新点与亮点。

(2) 层次清晰，逻辑严密。三论（论点、论据、论证）逻辑统一才可能产生高质量论文。只关注观点陈列，缺失充分材料印证，显然会有行文空洞之感；只注重材料堆砌，不善依据论点优选论据，也会弱化论文的层次水平。另外，论点、论据明确，却不注重严谨、逻辑的论证，也会使读者产生层次不清、废话连篇之感。因此，作者要善于遴选素材，推敲论点、论证与论据之间的内在逻辑，科学合理地谋局布篇。

(3) 科学表述，严谨为上。忽视科学性，教育教学论文就容易变成没有价值的文字游戏。写作过程中，从论点的提出到论证的层次展开，都应反复推敲语言严谨表述，定性或量化分析都要注意数据资料和文字表述相互吻合，尤其要注意杜绝根据主观臆想杜撰不切实际的数据与素材。

4. 反复推敲锤炼，修改优化成文

有人说，好的文章不是写出来的，而是改出来的，不无道理。一篇高质量的教育教学论文离不开不断地推敲修改。从确认主题、查阅文献、撰写论文、修改润色到最后投递发表要经过漫长而艰辛的过程。修改是对于一篇初稿论文进行升华从而提高发表概率的重要步骤。

第四节 教育教学论文的修改与发表

一、教育教学论文的修改

由于作者的知识水平、经验积累、专业能力等各有不同，论文撰写过程也有差异。有的作者初稿行文步步为营、一气呵成；有的作者习惯随思随想随写，再围绕主题逻辑进行整理；有的作者则习惯精细揣摩、酝酿腹稿，待思路成熟下笔成文。虽然撰写教育教学论文过程各有方法技巧，但修改这一重要环节不可或缺。高质量的教育教学论文往往需要经历反复的修改、完善。修改可不断升华论文的思想内容与表述形式，使论文更加中看中用。

我们都知道"推敲"一词的由来。据五代十国后蜀何光远的《鉴戒录·贾忤旨》记载：(贾)岛初赴举，在京师。一日于驴上得句云："鸟宿池边树，僧敲月下门。"又欲"推"字，炼之未定，于驴上吟哦，引手作推敲之势，观者讶之。时韩退之权京兆尹，车骑方出，岛不觉，行至第三节，尚为手势未已。俄为左右拥止尹前。岛具对所得诗句，"推"字与"敲"字未定，神游象外，不知回避。退之立马久之，谓岛曰："'敲'字佳。"遂并辔而归，共论诗道，流连累日，因与岛为布衣之交。

上述典故充分说明了文章润色修改的意义。我们撰写教育教学论文初稿完成后，不要以为大功告成，实际上还应有一系列后续的修改工作。例如，文题是否有吸引力，文章结构是否严谨，论点、论据、论证是否恰切充分，用词造句是否存在科学性错误，行文规范是否符合相关要求，等等。那么如何修改论文初稿呢？简单地说，可用"字斟句酌，反复推敲"概括。具体可以从五个方面考虑。

(一) 推敲文章结构

文章结构直接关系到整个文章的布局和安排，结构的好坏，直接影响论文内容的论述效果。调整结构，就是要推敲开篇、结语、上下文过渡是否自然。论点是否鲜明，层次是否清晰，段落布排是否合理，修改结构，可重点关注以下几个方面。

一是框架是否完整。教育教学论文一般包括绪论、本论、结论。绪论要吸引读者，论证部分要包括理论分析与实证材料，结语要锦上添花而不是画蛇添足。同时还要审视各部分论述主次、详略是否恰到好处。若某个部分存在缺少疏漏，应及时补充。

二是论述是否严密。就是要推敲总论与分论的逻辑严谨性，以及论据对论点的支撑力度。若论述结构松散、文不对题，要舍得删减、紧缩那些离题太远或无关紧要的句段、材料。

三是层次是否分明。一般来说，教育教学论文的论述可以无标题也可有标题。对于无标题论文，可以根据内容呈现序列判断行文的层次逻辑；对于有标题论文，可从大小标题之间的关系来看文章的思路和层次。小标题若采用并列式，应推敲是否存在交叉，若采用递进式，应推敲是否层层深入，甚至应推敲每一个标题的论述文字的字数，是否给人以"头重脚轻"或"头轻脚重"之感。例如，引论与本论字数差不多显然是不合适的，同一级小标题的字数相差太大也是不合适的。

(二) 锤炼观点表述

教育教学论文的观点表述是核心。如果观点不深刻，甚至有错误，就难以产生积极的社会影响。

一是文题修改。文题是论文的"眼睛"，如果题目研究方向鲜明、表述短小精练，关键词语不落俗套，往往能吸引读者关注。所以对初稿题目进行斟酌、推敲，非常重要。

二是论点修改。围绕文题，综观全文论述，审视文章总分论点是否鲜明、是否吻合，是否具有独创性，是否能说明论题，是否要增删分论点。

三是论证修改。对于论文中出现的主观、绝对、片面、空洞之语，进一步推敲、增删，避免模糊性说法、片面性表述、绝对性断语。

(三) 斟酌材料选用

材料是证明观点的论据，是论点成立的支撑。对材料的斟酌即对选用的材料进行增删或调整。材料的斟酌一般可以从以下几个方面考虑。

一是材料是否真实可靠。应本着科学的研究态度核查材料本身的真实性与可靠性，包括对初稿中量化数据、引文出处等的细心核查。若发现前后矛盾之处，一定要细心比对，如果引用了行业专家的理论性材料，务必追根溯源，核对原文，把一切有出入的材料修改准确。

二是材料是否合乎逻辑。选用材料无论是理论性的还是实证材料，目的是支撑论点。材料引用要恰到好处地说明论点。根据论点和各分论点的论证需要，进一步推敲材料的逻辑性，材料与观点是否相互对应，材料是否单薄、说服力弱而不足以举证论点，不合乎逻辑的材料要及时替换或调整。另外，材料的数量也应充分考虑。材料不充实会让读者觉得空洞无味。当然，材料也不宜堆砌太多。

三是材料说服力是否较强。要使论证充分有力，材料的代表性、有典型性是重要的一个方面。对于理论性材料的选用，要注意时代性，一般应回避陈旧过时的、一般化材料，与主题无关的材料坚决删除。若引用其他作者观点，应考虑多家应用行业专家、领军人物观点，多考虑高层次期刊中的引文观点，应多考虑专业领域文献观点。对于实证材料选用要与时俱进，符合教育潮流，同类材料应善于斟酌选用说服力更强的材料。

(四) 推敲语言表达

推敲语言表达是一篇高质量论文必不可少的环节。为了更加准确、简洁地表达文义，提升文章的可读性，应在语言表达上反复推敲锤炼。推敲语言表达应注意以下几个原则。

第一，精练准确原则。初稿的啰唆、重复难以避免，修改时对于可有可无的字词，坚决删除，设法用最少的文字说明尽可能多的问题，把似是而非的词句，改用准确文字表达。坚决消灭错别字，改掉生造词语、词类误用、词义混乱等用词不当、词不达意的毛病。对论文中的图表、符号、公式要细心检查，不能出现科学性问题。

第二，合乎语法规则。这是论文修改应特别注意之处。教育教学论文撰写容易出现不符合语法规则的表述，修改时应细致推敲，反复阅读，避免出现结构混乱、搭配不当表述，力求通顺流畅、前后贯通。标点符号也是应该关注的方面，要用得恰当，能够准确表达内容；反之，可能会出现表意含糊，甚至产生歧义。修改时，要按约定俗成的用法，严格按规定的格式进行书写。①

第三，适当润色原则。虽说教育教学论文不提倡精细雕琢文辞、追求华丽表述，但是语言润色实际上难以回避。就投稿论文讲，虽然一些杂志不讲究用词的华丽独特，但是更多的

---

① 肖胜中. PDCA 循环理论在改进论文质量中的应用[J]. 广东农工商职业技术学院学报，2014(2)：61-65.

杂志文风却存在这种倾向。要表达一个意思，有多种说法，通篇大白话可能被认为文笔低下，也不太容易吸引眼球，有时一个独特的词语可能会让人眼前一亮。因此，适当润色可以锦上添花。

（五）优化行文规范

教育教学论文虽然行文自由，没有固定模式，但作为一种特殊的议论文体，大部分论文还应注意基本规范。例如，文字表达、文章格式，甚至标题标点、留空转行、符号图表、文献格式等。尤其是期刊论文，通常都具有明确的行文规范，不遵循规范可能会减少用稿的机会。

关于行文规范，如果作者想投哪家期刊，最好找到这家期刊的原发作者文章，看一看规范，或者直接找到期刊的规范性要求公告，有些杂志公告在中国知网上也能找到。当然，最直接有效的是从知网上找到一篇原发作者文章，进行模仿优化。

二、教育教学论文的发表

论文的公开发表在某种程度上是对作者研究的一种社会认可，不仅可以实现论文的社会价值，也是促进教师持续教育研究的内在动力。要使论文顺利通过编辑评审，还有一些功课要做。

（一）论文的查重

正规期刊审稿一般都有论文查重这一环节。如果论文在初审阶段符合规范性与杂志选题偏好后就会进行查重，如果查重不通过，可能就会被淘汰。各家期刊查重要求不尽相同。撰写论文免不了参考文献资料，但是如果引用他人资料不加说明，则会被视为学术不端。直接引用（指加双引号）可能会被编辑注意到，但是间接引用（不加双引号）难以通过查重。这里建议作者写作过程若参考前人资料要及时标注，若非原创文章，有条件的话在投稿前进行适当知网查重，根据查重结果进行最后润色。

（二）期刊的选择

1. 研究期刊的用稿思路

这是投稿非常关键的一步，有经验的作者在撰写论文初稿时可能就已经考虑。为什么呢？一般期刊都具有相对明确的读者群定位，如果作者文章与期刊读者群不相吻合，文章再漂亮也难以录用。另外，许多期刊采用的文章版面相对稳定。如有的期刊文章一般刊登三个版面、四个版面，当然也有两个版面甚至一个版面。务必根据期刊的用稿规范选择。如果某期刊文章一般刊登三个版面，你写了四个或两个版面，即使文章非常漂亮，被编辑看中，也免不了后期来来回回地修改。把两个版面扩写或把四个版面缩写，这对于一份成稿来说是不合适的。

2. 根据自己的实际情况选择

由于投稿人职称与单位背景、课题背景在编辑部用稿中一般是不可或缺的考虑因素，因此选择期刊要根据自己研究实际情况，一开始不要有高期望，正规期刊即可。当然，一位普通作者确实觉得文章不错，也可以试着投到比较高级的期刊，但对用稿结果不必太在意。

3. 选择合法期刊

这是投稿特别应注意的问题。实践中一些富有经验的作者也可能出现失误。现在期刊鱼龙混杂，要注意鉴别。非法期刊、商业化运营的合法期刊比较多，收费期刊如果是正规的，也可以考虑，若非法期刊收费，千万不要投，因为没有丝毫价值。

(三) 期刊介绍与投稿渠道

现在是信息时代，许多期刊设有电子投稿平台，少数期刊需要纸质稿件，因此投稿比较方便。但应注意的是，如果你从百度上搜一家期刊，可能会跳出不同的网址，其中就有非法钓鱼网站或信箱。不要轻易上当，最佳路径是找到期刊的纸质刊物，刊物上会标注投稿渠道。在小学数学教育领域，一些比较正规的获得广大读者欢迎的期刊，如《小学数学教师》《小学数学教育》《小学教学设计》(中旬刊)《教学与管理》《小学教学(下半月·数学)》《教学月刊(小学版)》《教育视界》等。千万注意：不要一稿多投。务必注意期刊的相关说明，例如有的期刊会说明若有其他杂志使用，请及时说明之类的话。

参考文献

[1] 中华人民共和国教育部. 义务教育数学课程标准(2022年版)[S]. 北京:北京师范大学出版社,2022.
[2] 义务教育课程标准(2022年版)课例式解读小学数学[M]. 北京:教育科学出版社,2022.
[3] 郑毓信. 小学数学教育的理论与实践[M]. 上海:华东师范大学出版社,2017.
[4] 孙国春. 小学数学教学设计[M]. 上海:复旦大学出版社,2019.
[5] 金成梁,刘久成. 小学数学课程与教学[M]. 2版. 南京:南京大学出版社,2020.
[6] 吴晓红. 小学数学教学设计[M]. 北京:北京师范大学出版社,2022.
[7] 孔企平. 小学数学课程与教学[M]. 上海:华东师范大学出版社,2016.
[8] 王永春. 小学数学核心素养教学论[M]. 上海:华东师范大学出版社,2020.
[9] 于国海. 数学欣赏与发现[M]. 北京:清华大学出版社,2021.
[10] 王光明,康玥媛. 小学数学教学设计[M]. 北京:教育科学出版社,2014.
[11] 沈重予,王林. 小学数学内容分析与教学指导[M]. 南京:江苏凤凰教育出版社,2015.
[12] 马云鹏. 小学数学课程标准与教材研究[M]. 北京:高等教育出版社,2016.
[13] 顾志能. 创新照亮课堂[M]. 北京:中国人民大学出版社,2018.
[14] 曾令鹏. 小学数学综合与实践活动课程实施研究[M]. 广州:广东高等教育出版社,2020.
[15] 李亚男. 小学数学教学攻略大全[M]. 长春:东北师范大学出版社,2010.
[16] 华应龙. 我这样教数学——华应龙课堂实录[M]. 上海:华东师范大学出版社,2010.
[17] 吴正宪,钟建林. 小学数学名师名课经典篇[M]. 北京:教育科学出版社,2011.
[18] 莫雷. 教育心理学[M]. 广州:广东高等教育出版社,2002.
[19] 裴娣娜. 教学论[M]. 北京:教育科学出版社,2007.
[20] 腾鲁阳,等. 小学数学教学论[M]. 长春:东北师范大学出版社,2000.
[21] 特雷弗·克瑞. 有效讲解和提问的技巧[M]. 朱晶,译. 广州:广州教育出版社,2013.
[22] 刘娟娟. 小学数学教学技能[M]. 上海:华东师范大学出版社,2011.
[23] 袁晓萍. 学会向学生借智慧[M]. 杭州:浙江教育出版社,2018.
[24] 章飞,等. 小学数学教学研究与教学指引[M]. 南京:南京大学出版社,2016.
[25] 胡淑珍. 教学技能[M]. 长沙:湖南师范大学出版社,2001.
[26] 罗新兵,刘阳. 数学学科教育实习指南[M]. 西安:陕西师范大学出版总社有限公司,2012.
[27] 怀特海. 教育的目的[M]. 庄莲平,王立中,译. 上海:文汇出版社,2012.
[28] 张奠宙,等. 小学数学教材中的大道理——核心概念的理解与呈现[M]. 上海:上海教育出版社,2018.
[29] 钟铧,徐立明. 职前教师教育质量观刍议——以师范毕业生参加"双考"为背景[J]. 教师教育学报,2016(1):26-32.
[30] 郭冬梅. 高职院校推行专业教师班主任负责制的思考与实践[J]. 教育与职业,2015(25):60-62.
[31] 伍红林. 论指向深度学习的深度教学变革[J]. 教育科学研究,2019(1):55-60.
[32] 陈静静,谈杨:课堂的困境与变革:从浅层学习到深度学习——基于对中小学生真实学习历程的长期考察[J]. 教育发展研究,2018(Z2):90-96.
[33] MARTON F, SÄLJÖ R. On Qualitative Differences in Learning I: Outcome and Process[J]. British

Journal of Educational Psychology,1976(46):4-11.
[34] 林崇德,申继亮,辛涛.教师素质的构成及其培养途径[J].中国教育学刊,1996(6):16-22.
[35] 陈向明.实践性知识:教师专业发展的知识基础[J].北京大学教育评论,2003(1):104-112.
[36] 范颖杰.国外教师专业发展阶段理论对我国中小学教师评价的启示[J].吉林教育,2011(11):18-19.
[37] 宋萑.说课与教师知识建构[J].课程·教材·教法,2012(4):120-124.
[38] 谭永平,何宏华.项目化教学模式基本特征及其实施策略[J].中国职业技术教育,2014(23):49-52.
[39] 谢明明,周平.师范生职业能力培养的困境及其对策[J].教育观察,2018(3):58-60.
[40] 孔德兰,王玉龙.高职院校专业教学有效融合职业精神的路径[J].现代教育管理,2018(10):100-104.
[41] 于国海,孙国春.智慧融合:SPOC下教师教育课程深度教学研究——以职前小学数学教师课程为例[J].教育观察,2019(16):135-137.
[42] 于国海,冯桂群,孙国春.指向"双考"的职前教师专业实训体系构建与实施路径[J].教育观察,2021(10):42-45.
[43] 于国海,孙国春.基于SPOC的职前教师专业实训路径[J].教育观察,2018(17):87-89.
[44] 贺斌,曹阳.SPOC:基于MOOC的教学流程创新[J].中国电化教育,2015(3):22-29.
[45] 何二毛.教师实践智慧:理解、建构教师教育理论与实践融合的关键[J].河南师范大学学报(哲学社会科学版),2015(6):178-181.
[46] 黄建锋.基于SPOC的智慧课堂构建策略研究[J].教学与管理,2017(4):74-76.
[47] 朱桂琴.核心素养视域下的师范生实践教学变革:方向、困境与路径[J].教育发展研究,2017(12):46-51.
[48] 于国海.新手教师教学设计常见误区例析[J].教学与管理,2017(23):23-25.
[49] 于国海.模拟课堂的实践失位与归正[J].教学与管理,2018(3):9-11.
[50] 肖荣,黄宏新,车云霞.论课堂导入及其设计[J].天津市教科院学报,2001(2):38-41.
[51] 金姝茜,施乐旺."法""理"并举,发展数学运算素养[J].小学数学教师,2019(5):43-49.
[52] 邝孔秀,胡娟淼,姚璐,等.提高小学数学课堂"提问"教学质量的策略探析[J].湖州师范学院学报,2016(6):27-30.
[53] 张齐华."24时记时法"教学实录[J].小学教学(数学版),2013(4):17-20.
[54] 俞正强.平均数,不可省略的理解[J].小学数学教师,2018(10):36-39.
[55] 刘德武,李礼."两位数加减练习课"教学实录及赏析[J].小学教学(数学版),2013(7-8):37-40.
[56] 张齐华."认识百分数"教学实录[J].小学教学(数学版),2020(11):24-29.
[57] 高小娣.整体建构教学:数学学科育人的实践探索[J].小学教学(数学版),2020(12):16-18.
[58] 石汉兰.小学数学复习课的教学实践与思考[J].小学数学教育,2020(12):16-17.
[59] 卓斌.例谈数学新授课有效课堂达成之法[J].上海教育科研,2010(8):92-93.
[60] 陈刚.让学生的思维走向更深处——"含有中括号的混合运算"教学实录与反思[J].小学数学教育,2020(20):36-38.
[61] 任卫兵.在亲历故事中实现数学知识和数学精神双丰收——"用字母表示数"教学设计与说明[J].小数数学教育,2020(24):71-72.
[62] 邹瑞荣,罗鸣亮."梯形的面积"教学实录与评析[J].小学数学教育,2020(Z1):122-124.
[63] 程华,郭利霞,庄小芹."折扣问题"教学实录与评析[J].小学数学教育,2020(23):58-60.
[64] 申继亮,刘加霞.论教师的教学反思[J].华东师范大学学报(教学科学版),2004(9):44-49.
[65] 杨熠.学在当学处 教在该教时——微课视域下的"三角形的特性"教学实践与思考[J].教学月刊(小学版),2020(3):31-34.
[66] 王映学,赵兴奎.教学反思:概念、意义及其途径[J].教育理论与实践,2006(2):53-56.
[67] 张定强,赵宏渊.论数学反思能力[J].课程·教材·教法,2005(3):49-54.

[68] 赵玉梅.建构数学深度学习三大“真学支架”[J].教学与管理,2020(3):51-54.
[69] 曹国玺.我的“概念课”教学初探[J].内蒙古教育,2012(12):54-55.
[70] 马云鹏.怎样理解“数量关系”学习主题[J].小学数学教育,2022(11):11-13.
[71] 张齐华.着眼核心素养的数学学习[J].江苏教育(小学数学),2016(Z1):78-80.
[72] 张昆.从“数据分析观念”到“数据意识”——课标修订后的教学变化[J].教育研究与评论(小学教育教学),2022(1):16-18.
[73] 刘宗祥.反思性教学理论及其策略分析[J].教学与管理,2014(2):14-16.
[74] 刘芳.“说课”的现状分析和创新操作——以小学数学学科为例[J].中小学教师培训,2017(3):24-27.
[75] 于国海.说教课堂的价值与实践[J].教学与管理,2018(22):30-32.
[76] 陈向明.实践性知识:教师专业发展的知识基础[J].北京大学教育评论,2003(1):104-112.
[77] 刘宗祥.反思性教学理论及其策略分析[J].教学与管理,2014(2):14-16.
[78] 巨鹏.有效听课评课“三步曲”[J].中国教育学刊,2020(8):3.
[79] 侯宝坤.数学教学中教师倾听不足的表现、原因及对策[J].中小学教师培训,2021(9):58-62.
[80] 周玉兰,艾立新.略论数学课堂教学的语言艺术[J].教学与管理,2007(18):139-140.
[81] 李海波.有效课堂需要教师善于倾听[J].北京教育(普教版),2018(11):91.
[82] 夏永立.听课,需要什么样的记录[J].江西教育,2020(20):13-14.
[83] 杨忠良.试谈数学教学的课后反思[J].教育实践与研究,2006(8):35-37.
[84] 高松,袁潇.德国教师教育见习制度探析[J].外国教育研究,2018(3):35-48.
[85] 武江红.促进教师专业化的数学教育实习改革研究[J].数学教育学报,2010(1):89-92.
[86] 章跃一.关于我国教师教育实习课程教革的思考[J].课程·教材·教法,2008(11):84-87.
[87] 吉智深,陈颖.小学数学归纳教学中的缺失现象及应对策略[J].小学数学教师,2018(9):50-55.
[88] 杨必武,尚继武,朱凯.师范生教育研习的问题与改进策略[J].湖北工程学院学报,2018(1):82-85.
[89] 朱小蔓.建设高素质教师队伍当前亟待解决的三个问题[N].中国教育报,2007-09-06.
[90] 吴伟华.“新基础教育”理念下数学教师角色新定位[J].教育实践与研究,2017(10):59-62.
[91] 包燕琴,林一钢.师范生教育研习研究[J].太原大学教育学院学报,2014(2):22-25.
[92] 朱国荣.基于学生视角的课堂教学评价[J].上海教育科研,2016(8):67-69.
[93] 夏永立.听课,需要什么样的记录[J].江西教育,2020(20):13-14.
[94] 朱俊华.从“惰性知识”到“活力素养”——指向儿童经验连续的小学数学教学探索与实践[J].中小学教师培训,2020(2):36-40.
[95] 肖胜中.PDCA循环理论在改进论文质量中的应用[J].广东农工商职业技术学院学报,2014(2):61-65.